설화작품의 현장론적 분석

책 이 름 / 설화작품의 현장론적 분석

지 은 이 / 임 재 해
펴 낸 이 / 김 경 희
펴 낸 곳 / (주)지식산업사
등록번호 / 1-363
등록날짜 / 1969. 5. 8
초판 제 1 쇄 발행 / 1991. 1. 30
초판 제 2 쇄 발행 / 1999. 10. 5
주   소 / 서울시 종로구 통의동 35 -18
전   화 / 734-1978, 1958 팩스 720-7900
천리안ID / jisikco
홈페이지 / www.jisik.co.kr
책   값 / 14,000원

ⓒ 임재해, 1991

ISBN 89 -423 -4802 -5   03380

* 이 책을 읽고 지은이에게 문의하고자 하는 이는
  지식산업사 편집부로 연락 바랍니다.

머릿글 : 설화를 보는 눈

무엇을 택하여 어떤 방법으로 연구할 것인가? 이 질문에 대한 답은 역사적 사명과 사회적 현실에 대한 학자의 주체적 인식에 의해서 마련되어야 한다. 왜냐하면 학문활동이란 학자의 시대상황에 대한 인식과 대응에서 비롯된 지적 작업이자, 현실적인 삶의 한 치열한 모습에 다름 아니기 때문이다. 따라서, 연구대상의 선정과 방법론의 개척이 역사적 흐름과 사회적 실천에서 분리되어 있어서는 창조적 학문의 길도 막히지만 주체적인 삶의 길도 열리지 않는다. 이 시대를 살아가는 배운 자로서의 고민과 해당분야의 학문적 진전을 모색하는 연구자로서의 고민이 유기적으로 연관되어야 두 길이 함께 열릴 수 있다. 그러므로 연구의 객관적 근거를 삶의 현장에서 마련하고, 연구의 가치관적 지향을 더 자유롭고 건강한 인간적 삶의 세계 수립에 두고서, 제각기 자기 학문의 터를 닦고 이론적 틀을 개척해 나가야 할 것이다. 이 책이 자리잡고 있는 연구영역과 개척하고자 하는 이론적 틀도 알게 모르게 이러한 질문과 대답의 과정 속에서 결과적으로 생산된 것이다.

이 책은 '설화의 현장론적 연구'라는 더 큰 학문적 포석을 겨냥하면서 이루어지는 일련의 집 가운데 가장 중심에 터잡고 있는 하나의 집이다. 설화를 집터삼아 현장론적 방법으로 집을 짓겠다는 생각에는 쓴이 나름대로 세상을 읽고 보는 눈과 관련되어 있다. 세상살이의 이치와 학문하는 이치가 결코 별개의 것일 수 없기 때문이다. 학자의 세상살이는 좁게 보면 학계로 한정된다. 초학시절인 70년대에는 대학가에 탈춤 바람이 일고 선구적 학자들의 민속극 연구가 활기를 띠는 한편, 이론적으로 구조주의적 방법이 우리 학계에 새로 소개되고 적용되는 시기였다. 민족문화의 주체성, 전통

문화의 독창성, 민중문화의 풍자성 등 민속극이 가지는 연구거리로서의 매력과, 구조주의적 분석방법이 지닌 명쾌함이 70년대적 시대상황과 맞아떨어져 꼭두각시놀음을 구조적으로 분석하는 작업에 몰두했다. 그 결과로 80년대초에 《꼭두각시놀음의 이해》라는 이름의 책을 묶어내게 되었다.

민속극을 실마리로 하여 민속문학을 두루 공부하는 가운데, 다른 어느 갈래보다 설화가 민중적 민족의식의 폭과 깊이를 한층 넉넉하게 갈무리하고 있다는 사실을 확인하게 됨으로써, 민속극에서 설화 쪽으로 눈길을 돌렸다. 설화는 민속극과 달리 예사사람 일반이 널리 공유하고 현재까지 삶의 현장에서 줄기차게 전승되고 있을 뿐 아니라, 이 시대의 삶과 생각을 적극적으로 담아내는 구실까지 너끈히 해내고 있다. 게다가 새로운 설화도 계속 지어져서 전승되고 있으며, 우리 삶의 일상 속에서 생생하게 살아 있는 문화양식으로서 그 현장성을 잘 확보하고 있다. 따라서 민속극보다 설화 쪽을 다루는 것이 우리 민중의 총체적인 삶을 이해하고 그 전망을 열어가는 데 더 적절한 논의가 되리라 여긴 것이다.

설화는 언제 어디서 누구든지 하고 들을 수 있는 열린 구조의 문학양식이다. 자연히 민중적 향유의 폭이 넓다. 태초의 이야기인 신화에서부터 지금 막 지어진 농담들에 이르기까지 역사적 깊이도 대단하다. 민족문화의 시공간적 이해를 고루 확장할 수 있는 연구거리로 주목된다. 따라서 설화를 통해 당시 사람들의 삶과 의식을 깨치고 오늘의 현실을 재인식하는 계기를 마련할 수 있다. 이런 계기는 저절로 마련되는 것이 아니다. 보는 방법이 문제이다.

여기서 설화의 연구방법이 제기된다. 민속극을 다루던 70년대에는 극적 갈등양상을 구조적으로 분석하고자 했다. 그래서 연구거리만 바꾸고 보는 눈은 그대로 가져와서 설화를 구조적으로 분석하고자 시도한 바도 있다. 그런 중에 구조적 분석은 연구자 중심의 추상적 해석으로 빠질 위험성이 있음을 인식하게 되었다. 이야기꾼이 어떤 의도에서 이야기를 했든, 또는 듣는이가 어떤 방향으로 들었든, 연구자의 선험적 논리에 따라 작품을 분석하게 마련이다. 그러나 설화가 실제로 제구실을 하며 생동하는 것은 이야기판이다. 이야기꾼이 있고 듣는이도 있어야 이야기판이 형성된다. 거기에는 민중의 일상적인 삶이 있다. 이야기판은 일정한 공동체 안에서 구성된다. 이들 공동체와 이야기판을 구성하고 있는 사람들이 설화의 주인이다. 이야기꾼과 이야기판, 그리고 공동체에 따라 이야기는 역동적으로 존재한다. 설화의 전승지역은 물론, 실제로 이야기되는 연행과정과 이야기판의 현장을 주목할 필요가 있다. 현장론적 방법이 제기되는 것은 지극히 자연스럽다.

70년대는 민속(극)의 시대이자 구조주의시대였다. 그러나 80년대는 민중(문화)의 시대이자 현장의 시대이다. 현장 중심의 민중문화가 주목되는 상황이다. 구조주의시대는 민속의 주체가 분석에서 추방된 채 제3자인 분석자만 군림한다. 분석의 기술이 재능을 발휘하던 때이다. 민중의 시대에는 받아들일 수 없는 시각이다. 설화와 함께 그 주체인 이야기꾼이 주목되고 듣는이가 주목될 수밖에 없다. 그러기 위해서는 현장에서 설화를 지켜보지 않을 수 없다. 전승과 연행의 주체들로부터 설화이해의 통로를 마련하는 것이 온당하다. 현장에서 그들로부터 설화의 이치와 뜻하는 바를 배우겠다는 태도가 현장론적 방법을 개척하기에 이른 것이다. 대학생들의 농촌활동(농활)도 같은 맥락에서 달라졌다. 70년대의 농활은 무지한 농민들을 계몽하겠다는 각오로 새 문물의 소개와 생활양식의 개선에 일방적으로 열을 올렸다. 참으로 시건방진 태도였다. 80년대의 농활은 현장의 삶을 민중과 더불어 체험하고 세상살이의 모순을 스스로 깨치는 데 초점이 맞추어져 있다. 무엇을 계몽하기는커녕 그들로부터 풍물도 배우고 민요도 익히며 일하는 보람과 농촌의 모순을 경험적으로 터득하고자 시골로 들어간다. 농활마저 구조주의적 태도에서 현장론적 태도로 바뀌었다고 해도 좋겠다.

그렇다고 해서 이 연구를 순전히 설화의 이치나 현실인식의 결과로만 받아들일 수 없다. 서구학계에서 제기된 이른바 연행 중심적 방법이나 상황론적 방법이 현장론적 방법의 체계를 세우는 토대가 되기도 했다. 그러나 이들 방법은 한결같이 방법적 당위성과 지시적 주장만 펴고 있다. 그러다 보니 방법론에 기초한 분석항목도 없고 분석모형도 마련되지 못하고 말았다. 학자들의 병폐 가운데 하나가 '무슨 연구는 이러저러하게 하는 것이렷다' 하고 주장하는 것으로 만족하는 일이다. 마치 어떻게 연구해야 한다고 지시하는 것이, 또는 앞으로 이렇게 연구할 것이라고 말하는 것이, 실제로 연구를 한 것인 양 착각하는 경우를 더러 본다. 그것은 교육활동일 수는 있어도 학문활동은 아니다. 더 길게 따질 것 없이 교육활동조차도 실천적인 연구를 토대로 한 학문활동을 통해서 제기되고 실증적으로 보여주어야 한다. 그러므로 이 책에서는 어떻게 해야 한다는 것을 지시하는 데서 만족하지 않는다. 현장론적 분석항목과 분석모형을 새로 개척해 내고, 개척된 준거에 따라 구체적인 작품을 분석해 보여서 그 타당성을 검증하는 데까지 나아갈 것이다. 그러므로 이 책의 논제를 설화 일반으로 하지 않고 설화작품으로 한정했다.

이 책은 표제 그대로 설화작품을 현장론적으로 분석하고자 씌어졌다. 그러니 연구대상은 설화작품이고 분석방법은 현장론적 방법이다. 대상을 설화라 하지 않고 설화작품이라고 한 것은 설화를 보는 현장론적 방법과 관련되어 있다. 현장론적 방법에서는 설화작품만 주목하는 것이 아니라, 이야기꾼과 설화작품, 듣는이들을 모두 같은 수준에서 주목해야 한다는 관점을 확보하고, 설화가 전승되는 마을과 전승력 및 설화가 연행되는 이야기판의 상황도 설화작품 못지않게 중요하게 다룬다. 자연히 작품을 둘러싸고 있는 현장론적 요소들을 총체적 시각에서 다루게 된다. 이때 총체적이라는 것이 각 요소들의 총합을 뜻하는 것은 아니다. 각 요소들 속에 다른 요소들의 문제가 상호관계 속에서 내포되어 있을 뿐 아니라, 각 요소와 전체의 관계는 서로 역동적으로 얽혀 있는 양상을 이루고 있다. 따라서 우리는 설화작품 또는 이야기꾼, 이야기판 등에 제각기 논의의 초점을 맞추어두고 다른 요소들과의 체계적인 관련을 총체적으로 검토할 수 있다. 그러므로 작품 중심의 연구에 이어서 전승현장, 연행현장, 이야기꾼, 듣는이 중심의 총체적 연구가 계속될 것이다.

계획대로 연구가 순조롭게 진행된다면 모두 5부작의 연구가 다섯 권의 책으로 간행될 것이다. 그러나 이 책을 쓰는 데도 여러 해가 걸렸다. 80년대 초반에 방법론적 모색을 거쳐 1986년 2학기에 겨우 학위논문으로 정리를 마칠 수 있었다. 책으로 묶어내기 위해서 대폭적인 보완작업을 계획하면서 계속 머뭇거리다가 다시 서너 해를 넘겼다. 끊임없이 밀어닥치는 단편적인 연구과제로 시간을 내지 못해 늘 밀쳐두기만 하다가, 지식산업사 김경희 사장의 권유를 받아들여, 이제서야 원고를 넘기게 되었다. 본디 내용의 틀거리는 바꾸지 않은 가운데 원고보완을 하는 데에 그쳤다. 자연히 80년대 중반까지 터득한 연구역량과 자료수집의 한계를 그대로 드러낼 수밖에 없다. 앞으로 다루어야 할 별도의 연구들도 묵은 숙제로 밀려 있다. 《민속학 입문》, 《한국의 탈 연구》 등이 그러한 숙제들에 속한다. 그러니 5부작의 연구를 완결하는 데는 적지않은 세월이 걸릴 것이다. 이 긴 여행에 지식산업사가 동반자로 나선 것을 퍽 미덥게 생각하고 마음 든든하게 여긴다. 이 연구에 관심을 기울이며 교정을 도와준 임형진군도 이 여행에 동참할 뜻이 있는 것으로 보여 반갑다. 같은 또래의 젊고 진취적인 학생들의 동참을 기대한다.

현장론적 연구는 현장에서 느끼고 현장에서 이해하며 현장에서 분석하는 것이다. 방법적 논리도 현장에서 발견하고 해석의 관점도 현장에서 확보해야 한다. 이 책에서 집중적으로 주목하는 현장은 설화작품이다. 현장성을 제대로 살린 연구가 이루어졌는지 아무래도 염려된다. 지나치게 연구자 중심의 논리 전개와 분석으로 이야기의 현장감을 잃어버렸다는 비판과, 현장론에서 문제되는 다양한 분석요소들을 자질구레하게 일일이 다룸으로써 논지가 흐려졌다는 상반된 내용의 비판을 함께 들을 만하다. 초학시절에 익혔던 구조주의적 분석태도를 지닌 채, 현장론적 이론의 모색에 뛰어든 연구자의 학문적 이력 탓이 아닌가 한다. 계속해서 현장론적 연구의 심화와 비판적 극복을 모색해 나갈 것이다. 설화는 끊임없이 생동하는 살아 있는 실체이기 때문이다.

1990년 1월 30일 솔뫼골에서
임 재 해

차 례

제 1 장 서   론

1. 설화에 대한 현장론적 인식

'설화란 무엇인가?' 이 질문에 답하지 않고서는 설화에 관한 온전한 연구가 이루어질 수 없다. 사실 이 질문에 대한 답은 누구든지 알고 있다. 설화가 곧 옛날 이야기라는 점만 염두에 둔다면 설화가 무엇인지 답하지 못할 사람은 없다. 현장에 나가서 누구에게나 옛날 이야기를 들려달라고 하면 주저하지 않고 들려줄 정도이다. 들려주길 주저하는 경우에도 옛날 이야기가 무엇인지 몰라서 그러지는 않는다. 심지어 어린이들까지 특정 이야기를 들으면 옛날 이야기인지 아닌지 단박에 알아먹는다. 옛날 이야기를 하고 듣는 데에는 이 정도의 인식만으로도 그만일 수 있다. 그러나 옛날 이야기를 연구하고자 하는 경우는 사정이 다르다. 막연하게 아는 정도로 이 질문에 답하려 든다면 설화연구는 포기해야 한다. 연구는 대상의 이치를 따져서 과학적으로 분석하고 체계적으로 설명하는 일련의 유기적인 작업이기 때문이다.

설화연구자는 설화의 실체에 대한 과학적이고도 체계적인 인식이 필요하다. 특히 기존의 연구를 극복하고 새로운 연구를 시도하려는 경우, 설화에 관한 새로운 인식이 있어야 한다. 설화에 관한 기존의 인식이나 고정관념에서 벗어나지 않고서는 새로운 연구가 불가능하기 때문이다. 따라서 설화에 관한 새로운 인식의 전제 없이 새로운 연구를 기대하는 것은 무리한 욕심이다. 설화에 관한 인식을 새롭게 하는 길은 어려운 이론이나 새로운 방법론을 자세하게 익히고 이해하는 데서 마련할 수도 있지만, 선입관이나 고정된 편견에서 벗어나려면 설화가 살아 있는 현장을 주목하는 것이 오히려 바람직하다. 그러므로 여기서는 그간의 논의들은 다 접어두고 실제로

12

설화가 살아 숨쉬는 현장을 토대로 설화가 무엇인지 답하고자 한다.

현장에서 보면 설화는 한마디로 규정할 수 있다. '설화는 이야기되고 있는 문학이다.' 이것이 '설화는 무엇인가?' 하는 질문에 대한 답이다. 이 답은 자연히 현상적일 수밖에 없다. 그래서 들으나마나한 답일 수도 있다. 그렇다고 해서 현장에서 확인되는 실체를 인정하지 않는 데서 논의를 시작할 수 없다. 설화의 살아 있는 모습은 '이야기되고 있는' 현장, 즉 이야기판에서만 확인할 수 있다. 그러므로 '이야기되고 있는 문학'이라는 현상이 가장 중요하다. 이제 현상적으로 드러난 설화의 실체를 차근차근 따져보는 데서, 설화의 본질적 인식을 가다듬어보기로 한다.

'이야기되고 있다'고 하는 진술은 몇 가지 의미를 아울러 지니고 있다. 우선 이야기되고 있다고 하는 것은 '말로 표현된다'는 뜻을 먼저 떠올릴 수 있다. 말로 표현된다는 것은 말로 작품을 엮어내고(composition), 말로 퍼뜨리고(transmission), 말로 연행(performance)한다는 것을 두루 뜻한다.[1] 이처럼 설화가 말로 표현된다는 데 입각해 보면, 설화는 이야기하는 사람이 이야기판에서 듣는이들을 상대로 구연(口演)하는 것을 한정해서 나타내게 된다. 이는 공시적인 시각에서 설화의 실체를 인식한 개념이다. 그러나 말로 표현된다는 것은 통시적인 개념도 함께 내포하고 있다. 이 사실을 더 정확하게 나타내려면 말로 표현되어 온다고 진술해야 할 것이다. 그래야 설화의 통시적 성격까지 온전하게 나타낼 수 있다.

'이야기되고 있다'는 규정을 통시적인 시각에서 받아들이면 말로 표현되어 온다는 것으로서, 말로 전승(tradition)된다는 뜻이다. 지금 이야기판에서 말로 이야기되려면 그 이전부터 말로 이야기되어 오던 자료가 있어야 하기 때문이다. 그것 없이 이야기되는 자료는 이야기일 수는 있어도 설화, 즉 옛날 이야기일 수는 없다. 적어도 옛날 이야기가 되려면 단순히 말로 표현되는 것만으로는 충족될 수 없다. 따라서 말로 표현되어도 전승되는 것이 아니면 설화일 수 없다.[2] 이야기가 구비전승된 것이 아니면 설화일 수도

---

1) Ruth Finnegan, *Oral Poetry*, Cambridge University Press, 1977, p. 17.
2) 최초의 이야기는 實話이거나 경험담이기 쉽다. 허구적인 이야기라도 그것은 설화의 싹일 뿐이다.

없고 구비전승되지 않으면 설화로 살아남을 수도 없다. 따라서 최초로 지어낸 이야기도 그 자체로서는 설화일 수 없다. 구비전승된 이야기가 아니기 때문이다. 최초의 이야기가 전승력을 확보하여 역사적으로 전승되며 재창조되는 가운데, 전승자들의 공감대를 형성하고 집단의식이 일정한 양식으로 형상화되어 있을 때 설화일 수 있는 것이다. 그러므로 말로 표현되어 온다는 것은, 말로 연행(oral performance)된다는 뜻과 말로 전승(oral tradition)된다는 뜻을 함께 지니고 있는 것이다.

말로 표현되어 온다는 것은, '이야기되고 있는' 문학으로서의 설화가 지닌 일면적인 성격을 드러낼 뿐이다. 말로 연행되고 전승되더라도 이야기되지 않고 노래로 불리어지는 것은 설화일 수 없기 때문이다. 따라서 이야기되고 있다는 것은 노래로 불리어지지 않는다는 뜻으로도 받아들여져야 한다. 설화는 노래가 아니라 그야말로 '이야기'여야 하기 때문이다. 그러자면 설화에는 가락이 없어야 한다. 사설로만 이루어져 있어야 한다. 설화가 구비전승되는 서사민요와 서사무가, 판소리 등과 구별되는 근거도 노래되는 것이 아니라 이야기되는 데 있다. 그러므로 '이야기되고 있다'는 말의 또 다른 뜻은 산문형식으로 구연된다는 사실에 있다.

노래로 불리어지지 않고 이야기로 구연하되 예사 이야기는 설화라 하지 않는다. 이를테면 신변잡담이나 역사적 사실 및 현재의 사실을 있는 그대로 이야기하는 것은 설화가 아니다. 이런 이야기는 담화(談話)이거나 실화(實話)일 따름이다. 따라서 이야기가 곧 설화일 수 없다. 단순한 의사전달로서의 진술이 아니라, 서사적 구조와 허구성을 지니는 진술이어야 한다. 이러한 진술이 바로 문학적 진술이다. 문학적 진술로서 이야기되려면 일정한 체계를 갖춘 '이야기'(story)가 되어야 한다. 이렇게 이야기가 되기 때문에 설화는 전승력을 지니며 계속 '이야기되고 있는' 것이다. 설화의 전승력을 뒷받침하고 있는 것이 바로 '이야기'의 문학성이다. 설화를 단순히 '이야기되고 있는 것'이라 하지 않고 '이야기되고 있는 문학'이라고 한 까

Jan Vansina, *Oral Tradition*, Penguin Books, 1965, p. 21에 있는 구비전승의 연쇄에 관한 도식을 보면, 최초의 이야기를 관찰자에 의한 실제 사실(fact)이나 사건(event)의 목격담으로 규정해 두고 있다.

닭이 여기에 있다.

설화가 '이야기되고 있기' 위해서는 이야기 작품 자체만으로는 불가능하다. 우선 이야기하는 사람이 있어야 한다. 노래가 불리어지기 위해서는 노래하는 사람이 있어야 하는 것과 같은 이치이다. 그런데 설화는 노래와 달라서 듣는 사람이 반드시 있어야 한다. 노래는 듣는 사람과 상관없이, 부르는 사람도 스스로 자족감을 느끼기 때문에 혼자서도 노래를 부르며 즐길 수 있지만,[3] 설화는 듣는 사람 중심의 즐거움 때문에 이야기된다. 듣는 사람의 즐거움을 통해서 상대적으로 이야기하는 사람도 이야기하는 재미를 느낄 수 있으나, 듣는 사람이 없으면 그러한 상대적 즐거움을 느낄 수 없으므로 혼자서는 이야기가 되지 않는다. 따라서 혼자서 노래 부르는 사람은 문제되지 않지만 혼자서 이야기하고 있는 사람이 있다면 그는 정신적인 문제가 있는 것으로 봐도 좋겠다. 그러므로 이야기가 되려면 마땅히 '이야기꾼'과 '듣는이'가 있어야 한다. 설화는 이야기꾼과 듣는이 사이에서 가변적으로 존재하는 것이라고 규정할 수 있는 근거도 여기에서 마련된다.[4] 자연히 이야기판의 현장에서는 이야기되고 있는 작품이 이야기꾼과 듣는이의 유기적인 연관 속에서 살아 있다는 것을 확인하게 된다.

'이야기하는' 문학이나, '이야기로 된' 문학이 아니라 '이야기되고 있는' 문학이라고 하는 근거도 다시 따져봐야 한다. '이야기하는 것'은 대화로서의 의사교환을 뜻하기도 한다. 서사적 문학성과는 무관한 개념일 수 있다. 오히려 희곡작품의 성격에 가까울 수 있다. 그리고 '이야기로 된' 문학은 서사문학 일반을 뜻한다. 소설이나 창작동화도 이야기로 된 문학이다. 그러나 이들 작품은 씌어지고 읽혀지는 문학이지 이야기되거나 이야기되고 있는 문학은 아니다. 소설과 설화는 서사문학으로서 동질성을 지니지만 그 존재양식이나 전승양식에서 차이를 보이는 것이다. 이야기되고 있는 설화

---

3) 林在海, 〈민속연구의 현장론적 방법〉, 《민속문화론》, 문학과지성사, p. 220에 노래가 자족성을 지닌 까닭은 이야기와 달리 '가락'이 있기 때문이라는 것을 자세하게 밝혀두었다.
4) 趙東一, 《人物傳說의 意味와 機能》, 영남대출판부, 1979, p. 2에서, 인물전설을 다루는 전제로 "문학은 그것을 창작하는 사람과 수용하는 사람 사이에서 존재하는 가변적인 구조"라고 정의한 바 있다. 이 규정도 같은 근거에 입각해 있다.

와 이야기로 된 소설은 그래서 구별되는 문학양식이다.

'이야기되고 있는 문학'인 설화는 '이야기로 된' 소설과 달리, 구비전승
된다는 의미와 함께, 계속해서 재창조되고 있다는 뜻을 아울러 지니고 있
다. 소설은 일시에 어느 개인에 의해 창작·완성된 작품이다. 그렇지만 이
야기되고 있는 설화는 여러 사람들이 오랜 기간에 걸쳐서 전승의 연쇄에
의하여 재창조되는 것이면서, 계속해서 완성되어 가는 것이다. 이야기꾼
(story-teller)은 전승적인 이야기를 하고 있는데, 그를 움직이는 충동은 역사
적인 것도 아니고 창조적인 것도 아니다. 그것은 오로지 재창조의 충동이
다.[5] 따라서 설화는 구연될 때마다 이야기꾼 개인에 의한 재창조가 이루어
진다. 그러므로 '이야기되고 있는 것'이라는 말에는 공동작의 의미와 함께
계속 재창조되면서 전승되므로 완성이 없다는 뜻이 포함되어 있다. '이야
기되고 있다'는 진술 자체는 '이야기가 만들어져가고 있다'는 뜻이 내포된
것이다. 즉, 이야기되고 있는 문학이란 현재 진행형으로서 이야기가 계속
완성되어 가는 문학이라는 뜻이다. 따라서 설화는 완성된 작품의 집합적
개념이 아니라, 작품이 만들어져가는 과정(process)으로 인식되는 것이다.[6]

이러한 인식은 설화에 한정되는 것이 아니다. 구비문학 또는 민속문화
일반에까지 확산되고 있다. 그러므로 전승과정에서 연행되는 각편(version)
들은 그 자체로서 하나의 작품이긴 해도 유형(type)을 대표하는 작품이거나
완결된 작품은 아니다. 다양한 각편들이 그 이전에도 무수하게 있었고, 그
이후에도 얼마든지 있을 수 있기 때문이다. 자연히 설화의 각편은 작품이
되어가는 과정으로서뿐만 아니라, 전승의 연쇄를 이루는 한 고리로서 인식
될 필요가 있다.

이상의 논의를 통해서, 설화를 설화답게 다루려면 서사문학 일반을 다루
는 것과 같은 방식으로 설화를 다루어서는 안되겠다는 것을 알 수 있다.
'이야기되고 있는 문학'이라는 사실에 논의의 초점을 맞추어야 설화를 온

---

5) Robert Scholes·Robert Kellog, *The Nature of Narrative*, Oxford University
Press, 1966, p. 12.
6) Dan Ben-Amos, "Toward a Definition of Folklore in Context"; Américo
Paredes·Richard Bauman eds., *Toward New Perspectives in Folklore*, The Uni-
versity of Texas Press, 1972, p. 9.

전하게 다루는 새로운 길이 모색될 것이다. 또 하나의 사실은 학술적 용어로서 고정된 '설화'라는 말보다 이야기를 직접 하고 듣는이들의 토착용어인 '이야기' 또는 '옛날 이야기'라는 말을 통해서 설화를 인식하는 것이 더 쉽고 체계적이며 포괄적이라는 것이다. '이야기'라는 순 우리말의 다의성, 즉 말(talk, speech)이라는 뜻과 줄거리를 갖춘 재미있는 이야기(story)라는 뜻으로 인해서, 이야기의 표현양식과 작품으로서의 존재양식을 함께 나타내줄 뿐 아니라, '되고 있다'는 서술어의 다의성 역시 지금 이루어진다는 현재진행의 뜻과 이전부터 이루어져왔다는 역사적 전승의 뜻, 그러면서 아직 완결되지 않았으며 계속 이루어져가고 있다는 과정의 뜻을 함께 나타내고 있다. 그러므로 우리는 설화를 연구하는 사람의 입장에서보다 이야기를 실제로 향유하는 사람의 입장에 설 때, 그리고 논리적 이론적 인식보다 감각적 현상적 인식이 먼저 이루어질 때, 연구대상의 실체를 더 쉽고 온전하게 포착할 수 있다는 사실도 확인할 수 있다. 현장적 경험과 실천에 기초하여 피상적인 인식에서 체계적 인식으로 나아간다는 변증법적 유물론은 이 경우에도 참고할 만하다.

> 인식의 진정한 과제는 감각을 거쳐 사유에 도달하고 더 나아가서 객관적 사물의 내적 모순, 그것들의 법칙, 그리고 하나의 과정과 다른 과정 사이의 내적 관계를 이해해 나가는 것, 즉 논리적 인식에 도달하는 것이다. 다시 말하면 논리적 인식이 감성적 인식과 다른 까닭은 감성적 인식이 사물의 일면적 부분, 현상, 외적 관계에 관련된 반면, 논리적 인식은 크게 한걸음 나아가서 사물의 전체성, 본질, 내적 관계에 도달하여 주변세계의 발전을 그 전체 속에서, 모든 측면의 내적 관계 속에서 파악할 수 있다.[7]

이제 이야기판에서 경험한 감각적이고 현상적인 인식에서 한층 더 논리적이고 이론적인 인식으로 나아가야 할 단계이다. 그러나 이러한 인식 역시 현상적인 인식과 함께 어느 정도 이루어졌으므로, 앞의 논의를 정리함으로써 설화의 인식을 체계적으로 가다듬고 그 연구의 방향도 구체적으로 마련해 나가야겠다.

이야기되고 있다는 것은 일차적으로 설화의 공시적인 연행성과 통시적인

---

7) 毛澤東, 李騰淵 역, 《실천론·모순론》, 두레, pp. 14~15.

전승성을 함께 내포하고 있다. 따라서 사회적 집단으로서의 연행공동체와 전승공동체를 사회적 역사적 시각에서 함께 고찰해야 한다. 연행공동체는 설화가 연행되는 이야기판에 직접 참여하고 있는 사람들의 집단으로서, 이 야기꾼의 역할과 청중의 역할을 담당하고 있는 사람들이다. 이야기를 직접 하고 듣는 관계에 의해 이루어진 집단이므로 자연히 소규모의 또래집단이 기 쉽다.[8] 전승공동체는 설화가 전승되는 지역사회에 거주하고 있는 사람 들의 집단으로서 설화의 구연능력을 보유하고 있어, 필요와 상황에 따라 연행공동체의 성원이 될 수 있는 사람들의 모임이다. 일반적으로 자연스런 모둠살이를 이루고 있는 마을공동체가 여기에 해당된다. 이때 연행공동체 는 이야기판을 형성하게 되고 전승공동체는 마을을 이루게 된다.[9] 자연히 사회적 역사적 검토는 이야기판과 마을을 제각기 주목하는 데서 이루어질 것이다.

다른 한편, '이야기되고 있다'는 것은 서사적 줄거리를 지닌 구체적 작 품으로서 각편의 연행과, 각편의 연행을 가능하게 하는 추상적 작품으로서 유형의 전승을 함께 포괄하는 개념이다. 따라서 이야기할 때마다 달라지는 각편 중심의 작품론을 펴면서 그 변이형(variant)의 문제도 논의되어야 하 며, 전승과정에서 추상적으로 일정한 틀을 지니고 있는, 유형차원의 주제 와 변이유형(allotype)에 따른 분석도 이루어져야 할 것이다. 그리고 각편의 연행과 유형의 전승은 제각기 연행공동체와 전승공동체, 또는 이야기판과 마을 문제와 일정한 관련을 지니고 있게 마련이다. 이들 상호간의 관련성 도 체계적으로 검토되고 그에 따른 분석항목과 분석의 틀이 함께 제시되어 야 할 것이다.

이야기되고 있다는 것은 또한 이야기꾼의 개인적인 연행을 뜻하면서, 공 동작으로서의 집단적 전승을 함께 뜻하는 것이다. 따라서 이야기꾼의 창조

---

8) 이때 '또래집단'이란 교육학에서 말하는 아동발달 과정의 특정 시기 어린이 집 단을 뜻하는 것이 아니다. 함께 모여 옛날 이야기를 하고 들으며 어울릴 수 있을 정도로 친화력을 지닌 모임집단을 뜻한다. 자연히 이들 집단은 연령이나 성별·거주지·신분·직업 등에 따른 공통성을 지니게 마련이다.
9) 연행공동체로 이루어진 이야기판을 특히 '연행현장', 전승공동체로 이루어진 마을사회를 특히 '전승현장'이라고 일반화해서 규정할 수 있다. 여기에 관한 자세한 논의는 본론에서 별도로 이루어진다. 林在海, 앞의 책, p.203 참조.

력과 구연능력에 따른 각편의 생산 및 청중의 수용태도가 각편 중심으로
다루어지는 한편, 전승공동체와 생태적 문화적 환경에 따른 설화의 전승이
유형 중심으로 논의되어야 한다. 그러므로 설화의 실상을 온전하게 다루는
길은 설화의 각편과 유형, 원형과 변이형 등을 이야기꾼 개인과 전승집단,
그리고 사회적 상황과 역사적 전승의 문제와 더불어 상호관련성 속에 총체
적으로 해명하는 데 있다고 하겠다.

　이러한 문제의 제기는 새삼스러운 것이 아니다. 설화가 구전되는 현장에
서 실제로 살아 있는 설화작품의 모습을 직접 보게 되면, 이러한 문제인식
은 쉽사리 할 수 있다. 그러나 문제를 제기하고 연구의 방향을 주장하는
것은 쉬운 일이되, 그러한 주장에 입각해서 적절히 연구를 수행하는 일은
여간 어렵지 않다. 우리에게 놓여 있는 과제는 지시적인 주장이 아니라 실
천적인 연구이다. 본격적인 연구에 들어가기 전에 기존 연구의 성과를 점
검하면서 연구의 흐름과 방향부터 가늠해 보기로 한다.

2. 현장론적 연구의 방향모색

1) 기존 연구의 검토

　설화연구는 상당히 이른 시기부터 다각적으로 이루어졌다. 자료를 정리
하고 개설적인 논의를 편 기초적인 연구와, 설화해석의 방법을 모색하면서
연구의 모형을 수립하려는 이론적인 연구로 나누어볼 수 있다. 최근에는
설화를 다룬 박사학위 논문이 다수 쏟아지기도 했다. 따라서 이제는 단편
적인 논문으로는 설화연구사의 중요한 자리를 차지하기 어렵게 되었다. 그
러므로 연구의 성과를 단행본과 학위논문을 중심으로 검토하기로 한다.

　기초적인 연구는 문헌설화를 점검하고 자료의 유형분류를 시도하여 목록
화하는 한편, 설화연구의 입문에 필요한 개설을 정리하는 데서 시작되었
다. 입문서로는 문학적인 시각에서 정리된 《구비문학개설》(口碑文學槪說)
과,[10] 민속학적인 시각에서 정리된 《한국민속학개설》(韓國民俗學槪說)이[11] 있

　10) 張德順 외, 《口碑文學槪說》, 일조각, 1971.
　11) 李杜鉉 외, 《韓國民俗學槪說》, 민중서관, 1974.

으며, 양쪽의 시각을 두루 염두에 두고 설화만을 집중적으로 다룬 것으로
는 《한국설화론》(韓國說話論)과[12] 《민담학개론》(民談學概論), [13] 《설화학강요》
(說話學綱要)가[14] 있다. 이 가운데 《구비문학개설》은 구비문학을 문학작품으
로 평가하면서 설화와 문학적 특징과 기원·유형·문체·형식·구조 등을
체계적으로 정리함으로써 구비문학 일반을 비롯하여 설화연구의 길잡이 노
릇을 충실히 했다. 《민담학개론》은 '설화연구방법론'이라고 해도 좋을 만
큼 전파론에서 연행 중심적 방법에 이르기까지 서구의 여러 방법론들을 두
루 소개하고 우리 자료에 적용하는 시도를 보였다. [15] 나머지 두 책은 설화
의 개념과 갈래별 특징, 용어분류 등을 서론적으로 정리한 입문서이다. 앞
의 책은 동화론을, 뒤의 책은 현지조사 방법과 설화의 작제법(作制法)을 다
룬 부분이 특성을 지닌다고 하겠다.

  문헌설화의 점검은 자료의 정리에서부터 시작되었다. 《한국설화문학연
구》(韓國說話文學硏究)에서[16] 《삼국사기》(三國史記)와 《삼국유사》(三國遺事) 등
고문헌의 자료들이 분류·정리되고, 《신라불교설화연구》(新羅佛敎說話硏究)
와[17] 《한중소설설화비교연구》(韓中小說說話比較硏究)에서는[18] 문헌설화가 당대
의 사회문화와 관련성 속에 논의되는 한편, 인도와 중국의 설화가 전래되
어 변모·정착되는 양상들이 자세하게 검토되었다. 초기의 문헌설화 일반
에 대한 자료 중심의 개괄적 연구가 《한국고설화론》(韓國古說話論)으로[19] 발
표되고, 근대의 문헌설화가 설화집 중심으로 연구되어 《조선후기문헌설화
의 연구》로[20] 발표되었다. 뒤의 연구는 19세기의 설화집을 집중적으로 다루
면서 설화집의 성격과 설화의 소설화 과정, 역사와의 관계 등을 체계적으

---

  12) 崔仁鶴, 《韓國說話論》, 형설출판사, 1980.
  13) 金烈圭 외, 《民談學槪論》, 일조각, 1982.
  14) 曹喜雄, 《說話學綱要》, 새문사, 1989.
  15) 이 연구는 서구에서 개발된 방법론의 일방적 수용에 의한 무리한 적용이 있는
      가 하면, 용어와 체제의 불통일성으로 입문자들에게는 다소 혼란을 불러일으킬
      수 있다.
  16) 張德順, 《韓國說話文學硏究》, 서울대출판부, 1970.
  17) 黃浿江, 《新羅佛敎說話硏究》, 일지사, 1975.
  18) 金鉉龍, 《韓中小說說話比較硏究》, 일지사, 1976.
  19) 金鉉龍, 《韓國古說話論》, 새문사, 1984.
  20) 曹喜雄, 《朝鮮後期文獻說話의 硏究》, 형설출판사, 1980.

20

로 밝힌 연구서이다.

설화의 유형분류도 몇 차례 이루어졌다. 《한국설화문학연구》에서 소재 중심으로 이루어진 문헌자료의 분류를 뛰어넘어, 아르네-톰슨(Aarne-Thompson)의 유형을 수용·보완하여, 이를 우리 민담에 적용한 분류목록이 *A Type Index of Korean Folktales*이다. [21] 최근까지 유일한 한국 설화유형분류집의 구실을 해온 책으로서 AT 유형번호 외에 국내외 한국 설화집에 수록된 자료의 출처까지 밝혀두어 유용성을 발휘하고 있다. 역시 아르네-톰슨 유형에 근거한 가운데, 대상을 신화와 전설까지 확대하면서 한국 설화의 독자적인 분류안을 마련한 것이 《한국설화의 유형적 연구》이다. [22] 실제 분류작업을 하고 그 목록을 작성하는 작업까지는 하지 않고 안을 제시하는 데서 머물렀다. 한국정신문화연구원에서 전국구비문학 조사사업이 실시되고, 이에 따라 설화자료가 방대하게 수집되자 과학적인 분류작업이 현실적으로 필요하게 되었다. 그 결과 설화의 기본적인 존재양상을 대립적인 구조로 파악하고 상위유형에서 하위유형에 이르기까지 분류의 원리를 논리적으로 체계화한 것이 〈한국구비문학대계의 분류체계〉이다. [23] 이 성과를 구조적 관련에 의한 분류체계라고 할 수 있는데, 개별적인 자료가 설화의 전체적인 체계 속에서 어디에 속하며 다른 자료들과 어떻게 구별되는가 하는 것을 논리적으로 보여줄 뿐 아니라, 설화의 존재양상을 총체적으로 조망해주는 의의를 지니고 있다. 이 분류체계에 따라 《한국구비문학대계》(韓國口碑文學大系) 82권의 설화자료를 모두 분류한 색인집 〈한국설화유형분류집〉(韓國說話類型分類集)이 [24] 《한국구비문학대계》 별책부록(Ⅰ)으로 간행되었다.

이론적인 연구는 설화의 국제적인 이동에 관심을 기울이는 역사지리학적 방법의 적용에서부터 비롯되었다. 가장 선구적인 업적인 《조선민족설화의

---

21) In-Hak Choi, *A Type Index of Korean Folktales*, Myong Ji University Publishing, 1979.
22) 曹喜雄, 《韓國說話의 類型的 硏究》, 한국연구원, 1983.
23) 趙東一, 〈《한국구비문학대계》 자료수집과 설화분류의 기본원리〉, 《정신문화연구》 겨울호, 한국정신문화연구원, 1985 외 한국설화의 분류체계에 관한 일련의 논문. 이 분류체계의 성과에 관한 논평으로서 임재해, 〈설화 유형분류의 평가와 활용〉, 《口碑文學》 9, 한국정신문화연구원, 1989가 있다.
24) 趙東一 외, 《韓國口碑文學大系》別冊附錄Ⅰ —— 韓國說話類型分類集, 한국정신문화연구원, 1989.

연구)는[25] 세계적인 유형들을 두루 망라하면서 문화사적 연구를 통해 우리 민족설화가 세계적인 보편성을 지니고 있음을 밝혔다. 더 구체적인 작업으로는 《한일민담의 비교연구》를[26] 들 수 있다. 한·일 민담의 비교와 분포를 통해서 그 전파관계를 집중적으로 고찰한 연구서이다. 나아가 역사지리학적 방법의 한계를 극복하고자 국내에서의 전파와 분포 및 변이를 검토한 업적이 《한국구비전설의 연구》이다.[27] 이 연구는 현지조사 자료를 광범위하게 동원하여 실증적이고 정밀한 작업을 통해 전파와 변이의 법칙을 발견하고자 했다. 《한국설화의 연구》는[28] 논제의 막연함과 상관없이 야래자(夜來者) 설화를 구체적 대상으로 삼아 중국 및 일본의 자료와 함께 그 구조를 분석하고 통시적 전승을 따지면서 전파경로를 추적한 것이다.

설화의 전파에 관한 연구가 진행되는 동안 설화의 작품 자체에 대한 여러 가지 해석방법이 계속해서 모색되었다. 《한국설화문학연구》에서 소설의 근원설화를 찾는 작업과 함께, 설화가 문학작품으로서 평가되고 연구되기 시작했다. 일정한 수준의 이론적인 성과를 배경으로 한 연구로는 《한국민속과 문학연구》와[29] 《한국신화와 무속연구》를[30] 들 수 있다. 이 두 연구는 제의학파의 성과를 적용하는 데에서 시작하여 구조주의적 방법을 도입하고 기호학의 시각에서 설화를 분석하는 데까지 연구의 진전을 보였다. 서구의 이론들을 도입해서 적용하는 데 만족하지 않고 현장에서 전승되는 설화의 가변성에 주목하면서 사회적 연구와 구조적 연구를 합일시키는 가운데 역사적 연구까지 포괄하려는 시도가 《인물전설의 의미와 기능》에서[31] 이루어졌다. 특히 이 연구에서는 전승집단의 신분적 지체에 따른 세계관의 차이와 거기에서 비롯되는 설화적 논쟁을 구조적 층위에 따라 체계적으로 분석하는 성과를 올렸다. 《동학성립과 이야기》에서는[32] 구전자료와 문헌자료를

25) 孫晋泰, 《朝鮮民族說話의 硏究》, 을유문화사, 1947.
26) 成耆說, 《韓日民譚의 比較硏究》, 일조각, 1979.
27) 崔來沃, 《韓國口碑傳說의 硏究》, 일조각, 1981.
28) 金和經, 《韓國說話의 硏究》, 영남대출판부, 1987.
29) 金烈圭, 《韓國民俗과 文學硏究》, 일조각, 1975.
30) 金烈圭, 《韓國神話와 巫俗硏究》, 일조각, 1977.
31) 趙東一, 《人物傳說의 意味와 機能》, 영남대출판부, 1979.
32) 조동일, 《동학성립과 이야기》, 홍성사, 1981.

22

함께 다루면서 이와 같은 연구가 더욱 다져지기도 했다.

한편 최근에 발표된 설화연구서들은 80년대의 문화적 학문적 상황과 밀접하게 관련되어 있다. 《한국설화와 민중의식》[33]에서는 《삼국유사》 소재 설화의 연구방향을 역사·불교·신화·향가 연구로 갈래지워 문제삼으면서 구전설화와의 관련성을 강조하는 가운데, 설화 분류방법론을 모색하고, 민중 및 민중의식의 개념 문제를 집중적으로 논의했으며, '구비문학 국제학술발표회'의 성과인 《한국·일본의 설화연구》에서는[34] 한·일 설화연구의 현황을 점검하고 갈래문제를 따지는 연구를 비롯하여 한·일 학자들의 설화관계 연구논문들이 다수 수록되어 있다. 이들 연구를 통해서 설화의 분류 및 갈래 문제가 새삼스레 주목되는가 하면, 민중의식에 대한 관심도 크게 높아졌다. 임진왜란 관련 설화들을 역사적 사실들과 대비하여 그 변이를 밝히고, 변이양상에 따른 민중의 역사의식을 집중적으로 분석한 《설화와 민중의 역사의식》도[35] 같은 맥락에서 거론할 수 있을 정도로 민중과 민중의식의 문제는 설화연구의 중요한 과제가 되었다.

앞의 연구들 전후에 발표된 학위논문들은 기존 연구성과의 영향으로 한 가지 방법이나 문제에 한정하지 않고 구조와 사회, 전승과 갈래, 역사와 민중의식 등 다각적인 시도를 하게 되었다.

《구전설화 유형군의 존재양상과 의미층위》에서는[36] 한국 설화의 대표적인 유형들을 갈래에 상관없이 포괄적으로 다루면서 구전설화의 전모를 밝히고자 의미소와 의미층위를 주목하고, '문제와 해결'의 대립관계를 구조로 분석하여 일반화하는 성과를 올렸으며, 《전설의 신화적 성격에 관한 연구》는[37] 신화적 화소를 지닌 전설군을 대상으로 그 대립적 전승체계를 전승집단의 세계관을 통해 해명하고 전설의 갈래적 성격과 의미를 밝힘으로써, 전설이 지닌 신화적 요소를 체계적으로 해명하는 데 이르렀다. 그리고 건국

33) 趙東一, 《韓國說話와 民衆意識》, 정음사, 1985.
34) 成耆說·崔仁鶴, 《韓國·日本의 說話研究》, 인하대출판부, 1987.
35) 임철호, 《설화와 민중의 역사의식》, 집문당, 1989.
36) 姜秦玉, 〈口傳說話 類型群의 存在樣相과 意味層位〉, 이화여대 대학원 박사논문, 1986.
37) 千惠淑, 〈傳說의 神話的 性格에 관한 研究〉, 계명대 대학원 박사논문, 1987.

신화의 유형들을 작품마다 독자적인 체계로 구조분석을 시도하고, 그 상이한 구조를 통해 각 신화의 형성배경 및 상징체계를 밝혀 문화사적 위상을 점검하는 동시에 민족적 세계관을 규명한 《한국 건국신화 연구》는[38] 우리 신화연구의 새로운 지평을 열었다. 한편 설화의 특정 유형을 집중적으로 다룬 연구로는 《여인발복 설화의 연구》와[39] 《한국 풍수설화와 서사구조의 의미 분석》이[40] 있다. 앞의 연구는 쫓겨난 여인발복설화를 대상으로 그 원형을 밝히고 전승사를 논의함으로써, 이 설화가 철기시대의 문화신화에서 비롯되어 민담으로까지 변모한 과정을, 여성영웅담이라는 서사적 체계와 생업기술이라는 역사적 배경을 토대로 해명했으며, 뒤의 연구는 풍수설화를 몇 가지 유형으로 나누어 서사구조를 분석하고 문학성을 밝히는 한편, 풍수설에 대한 전승자의 의식까지 해명한 논문이다.

지금까지의 검토에서 드러난 연구의 흐름은 설화를 점차 총체적(holistic) 시각에서 다루려는 쪽으로 계속 나아가고 있다는 것을 확인할 수 있다. 그 결과 작품 자체의 구조를 분석하는 데에서 만족하지 않고, 그 전승사를 규명하거나 원형을 재구하고, 갈래의 성격과 변모양상들을 추적하는 한편, 설화와 관련된 사회사 및 문화사의 배경을 검토하면서 전승집단에 따른 민중의식을 밝히는 등 다각적인 연구가 이루어졌다. 그러나 설화의 본디 모습을 총체적으로 보려면 설화가 실제로 살아 있는 현장을 주목해야 한다는 점에서는 《인물전설의 의미와 기능》 이후 더 이상의 진전된 연구가 이루어지지 않고 있다. 따라서 어느 연구도 설화의 총체적 연구로서 온전한 분석 항목과 분석모형을 제시하는 성과를 올리지는 못했다. 기껏 구조분석을 하면서 문화적 배경도 검토한다든가, 전승과정을 추적하면서 갈래 문제나 민중의식을 함께 해명한다는 정도에 머무르게 되었다.

기존 연구의 검토에 의한 문제의식 및 설화의 존재양식에 관한 현장론적 인식에[41] 따라, 이 논의는 설화의 총체적 연구를 겨냥하기 위해, 설화를 고

---

38) 羅京洙, 〈韓國 建國神話 硏究〉, 전남대 대학원 박사논문, 1988.
39) 金大琡, 〈女人發福 說話의 硏究〉, 이화여대 대학원 박사논문, 1988.
40) 申月均, 〈韓國 風水說話와 敍事構造의 意味 分析〉, 인하대 대학원 박사논문, 1989.
41) 이 책 제1장 1절 '설화에 대한 현장론적 인식'을 참조하기 바람.

정적인 작품으로 보지 않고 상황에 따라 가변적으로 연행되고 전승되는 의사교환의 과정으로 보면서, 설화가 실제로 연행되고 전승되는 현장상황의 다양한 변수들을 두루 고려하고자 한다. 자연히 설화의 작품과 이야기꾼, 듣는이, 그리고 전승지역의 사회적 역사적 자연적 상황들을 같은 수준에서 함께 주목하게 된다. 이러한 변수들을 함께 주목해야 한다는 데에는 이미 인식을 같이하고 있지만, 더 중요한 것은 현장상황의 여러 변수들이 작품과 구체적으로 어떻게 관련되고 있으며, 이러한 관련양상을 어떻게 분석해야 하는가에 대한 체계적인 논의는 이루어지지 않았다. 그러므로 기대되는 연구의 방향은 현장상황의 바탕 위에서 설화의 총체적 분석을 가능하게 하는 '현장론적 분석모형'을 이론적으로 마련하는 것이다.

2) 연구방법의 모색

연구방법은 연구대상에 대한 학문적 인식과 유기적으로 관련되어 있다. 설화의 경우도 마찬가지이다. 설화를 어떻게 인식하느냐에 따라 설화의 연구방법은 그때마다 새롭게 개척되었다. 역으로, 연구방법의 개척에 따라 설화를 제각기 다르게 규정하기도 했다.

설화는 독자적으로 생성·전승되는 것이 아니라, 일정한 시기에 어느 한 곳에서 형성되어 전파되는 것이라고 인식되었기 때문에 설화의 원형을 포착하고 그 전파과정과 지리적 경로를 추적하는 역사지리학적(historical-geographical) 방법이 생겨났다. 역사지리학적 방법은 상당히 구체적이고 실증적인 방법이다. 정신분석학적(psychoanalytical) 방법은 이와 반대로 추상적이고 추론적이어서 전통적인 설화연구자들은 이를 배격하고자 했다. 정신분석학적 방법은 설화가 인간의 무의식을 반영하는 것으로, 더 구체적으로는 인간의 성적 충동을 상징하는 것으로 인식되면서 대두된 방법이다. 따라서 설화는 이 방법을 적용해서 인간의 무의식을 밝혀내는 중요한 대상으로 인식되기까지 했다.

설화에 대한 이러한 견해와는 달리, 설화는 무엇의 반영이거나 무엇으로부터 비롯된 것이 아니라 작품 자체이며, 설화의 의미는 작품이 지닌 유기적 질서를 통해서 표현된다는 인식에 따라 구조주의적(structural) 방법이 개척되었다. 따라서 구조주의적 방법은 설화의 작품을 하나의 자립적 형식체로 보고 상호관계의 체계에 따라 작품을 해석하고자 했다. 그 결과 이야기꾼이나 청중, 또는 작품 외의 여러 가지 상황들은 모두 배격되기에 이르렀다. 이와 반면에 설화는 사회에 적극적으로 기능하는 창작물로서 문화발전의 중심적 역할을 하는 것으로 인식됨에 따라 기능주의적(functional) 방법이 자리잡았다. 이 방법에 의하여 설화가 사회에 미치는 기능뿐만 아니라, 이야기하는 행위 자체의 기능도 연구되었다. 따라서 설화와, 설화를 둘러싸고 있는 사회와의 관계가 종합적으로 문제되기에 이르렀다. [42]

그러나 이들 방법 가운데 어느 쪽도, 우리가 앞절에서 논의한 바와 같은 설화의 인식에 입각해 있지 않다. 설화의 새로운 인식과 더불어 앞에서 제기된 문제를 온전하게 다루려면 별도의 방법이 있어야 한다. 이미 이러한 사실에 착상을 하여 몇 가지 방법이 개척되기도 했다. 먼저, 설화는 연행되는 것이라는 사실에 관심을 모은 방법을 들 수 있다. 이른바 연행 중심적 방법(performance-centered method)이 그것이다. 이 방법은 설화의 본질을 연행으로 보고 연행활동 자체를 중요시하며, 연행법칙을 발견하는 것에 연구의 목적을 두고 있다. 그러기 위해서는 연행현장, 즉 이야기판에 참여하여 이야기하는 사람과 듣는 사람 사이에서 가변적으로 존재하는 설화의 작품을 주목해야 한다. 이때에는 작품과 함께 이야기꾼과 청중이 동등한 차원에서 조사연구의 대상이 되어야 한다. [43]

다음으로는 설화가 전승되는 지역의 사회적 문화적 환경에 관심을 기울이는 상황론적 방법(contextual method)이 있다. [44] 이때의 상황은 연행현장의

---

42) 이들 방법을 비롯해서 기타 방법에 관한 더 자세한 논의는 Richard M. Dorson, *Folklore and Folklife*, The University of Chicago Press, 1972, pp. 7~47 과, 成炳禧・林在海 편저, 《韓國民俗學의 課題와 方法》, 정음사, 1986, pp. 94~148, 그리고 金烈圭 외, 《民談學槪論》, 일조각, 1982를 참조하기 바람.

43) Roger D. Abrahams, "Introductory Remarks to a Rhetorical Theory of Folklore," *Journal of American Folklore* 81, 1968, pp. 144~146에서는 특히 연행된 항목과 연행자(performer)와 청중의 관련을 중시해야 한다고 했다.

44) contextual method는 학자에 따라서 현장론적 방법, 상황론적 방법, 맥락론적 방법으로 번역해서 쓰고 있다. context는 구체적으로 사회적 상황(social situation) 및 문화적 상황(cultural situation)을 뜻하는 개념으로 쓰이고 있다. 따라서 앞으로 논의하고자 하는 현장론적 방법과 구별해서 상황론적 방법이라고 한다.

상황도 문제삼지만 주로 전승현장의[45] 상황을 포괄적으로 문제삼는다. 그러기 위해서는 설화가 전승되고 있는 지역공동체의 여러 가지 환경을 두루 조사해야 하고 그 조사결과가 전승되고 있는 설화와 상호관련성 속에 해명되어야 한다. 설화의 전승이 자연환경과 관련성 속에 해명되면 생태학적 연구로 기울어지고, 사회구조와 관련되어 논의되면 문학사회학적 연구로 기울어질 수 있다.

연행 중심적 방법과 상황론적 방법은 어느 쪽이나 사회적 연구의 경향을 띠고 있다. 다만 대상과 관련된 공동체의 규모에 따라 방법이 구분되어 있을 뿐이다. 연행 중심적 방법은 연행현장의 소집단(small group)을 사회적 기반으로 한다. 그래서 설화도 소집단 안에서의 예술적 의사교환으로 이해된다.[46] 이야기판에서 이야기하는 사람과 듣는 사람들의 공동체적 성격과 설화의 관계를 문제삼는 것이다.

상황론적 방법은 전승현장의 마을사회, 즉 지역공동체를 기반으로 한다. 설화를 지역공동체의 사회적 생산으로서 주목하는 것이다. 그러나 설화를 올바르게 이해하는 길은 이렇게 갈라져 있는 것이 아니다. 연행현장에서의 자세한 관찰과 사회심리학적 분석으로 설화를 보려는 앞의 방법이 역동주의(dynamism)에 입각해 있는 것이라면, 전승의 지속성 속에서 설화의 의미를 포착하려는 뒤의 방법은 보수주의(conservatism)에 입각해 있다고 할 수 있다.[47] 이 두 방법은 설화를 연구하는 두 흐름일 수 있으나 설화의 어느 일면적인 국면만을 특히 문제삼는 한계를 지니고 있다. 그러므로 전승현장의 지역공동체를 중심으로 한 거시적인 관점과, 연행현장의 이야기판을 중심으로 한 미시적 관점을 합일시킬 필요가 있다.

연구자는 둘로 갈라져 있는 관점을 합일시키면서 연행현장과 전승현장의

---

45) 연행현장은 이야기가 실제로 연행되고 있는 이야기판에 한정된 공간적 개념이라면, 전승현장은 연행현장이 속해 있는 마을 단위 이상의 지역사회를 중심으로 한 더 개방적인 공간을 뜻한다.

46) Dan Ben-Amos, 주 6)의 글, p. 13, "민속문학(folklore)은 소집단 안에서의 예술적 의사교환(artistic communication)이다."

47) Barre Toelken, *The Dynamics of Folklore*, 1979, pp. 321~336 ; 崔貞茂, 〈演行中心의 民談學과 그 歷史的 背景〉, 《民談學槪論》(金烈圭 외), 일조각, 1982, p. 172에서 재인용.

여러 요소들을 포괄적으로 문제삼아야 한다는 견지에서 '현장론적 방법'을 모색한 바 있다.[48] 현장론적 방법은 이미 개척된 방법을 통합시키는 데 그 치지 않고 이들 방법들을 비판적으로 수용하면서 그 한계를 보완하는 방향 으로 논의를 발전시키고자 했다.

우선 문제가 되는 것이 기존의 방법들은 한결같이 사회적인 연구이면서 공시적인 관심에 머물러 있다는 사실이다. 설화는 연행에 의한 공시적 가 변성을 지니긴 하되, 이러한 가변적인 연행은 통시적으로 지속되는 역사적 전승력을 바탕으로 이루어지는 것이다. 따라서 설화의 연구는 연행현장 및 전승현장의 사회적 관계 속에서 한정적으로 이루어질 수 없다. 지금 이야 기되고 있는 설화는 지금의 것이기도 하지만 역사적으로 형성되고 변모된 결과 지금의 이야기가 이루어졌음을 알아야 하고, 더욱이 전승집단 사이의 세계관적 주장이나 논쟁적 대립은 역사적 이해 없이 설명될 수 없다.[49] 따 라서 현장론적 연구는 설화의 통시적 전승에 따른 역사적 전개과정과 변이 양상을 체계적으로 분석하는 역사적 연구로까지 나아가야 한다.

그러므로 현장론적 방법이 앞에서 제기된 설화의 여러 문제들을 모두 수 렴해서 다루려면 다음 몇 가지 관점들을 두루 갖추어야 한다. 이들 관점은 설화가 이야기꾼에 의해 개인적으로 연행되는 것이면서 일정한 공동체에 의해 집단적으로 전승되는 것이고, 지금 이야기되는 현재의 것이면서 옛날 부터 이야기되었던 과거의 것이라는 데 함께 걸려 있다. 앞의 문제는 공간 적 사회적 국면의 문제라면, 뒤의 문제는 시간적 역사적 국면의 문제이다. 이러한 국면을 두루 수렴하는 총체적 연구로서[50] 설화의 현장론적 연구가 이루어지려면 시간적 공간적 논의가 함께 확장되어야 한다. 그러자면 이야 기꾼 개인과 연행현장의 소집단에서 전승현장의 사회 전체로 관심을 넓혀

---

48) 林在海, 〈民俗硏究의 現場論的 方法〉, 《정신문화연구》 1984년 봄호, 한국정신문화 연구원, 1984, pp. 65~84에서 이 방법에 관해 자세하게 다루었다. 이 글은 林在海, 《민속문화론》, 문학과지성사, 1986, pp. 202~232에 재수록되었다.
49) 趙東一, 주 31)의 책, p. 18.
50) Richard M. Dorson은 주 42)의 책, p. 47에 Robert A Georges의 견해를 언급하면 서, 총체적 연구(holistic study)를 원자론적 연구(atomistic study)의 상대적인 방법 으로 다루고 있다. 원자론적 연구는 작품의 미세한 부분들을 하나하나 분석하는 것 이라면, 총체적 연구는 작품과 작품을 둘러싸고 있는 여러 요소들을 상호관계 속에 서 포괄적으로 다루는 것이다.

야 하고, 현재 전승되는 설화의 공시적 검토와 함께 과거의 자료까지 거슬러올라가 옛 문헌에 기록되어 있는 자료들도 끌어들여야 역사적 연구가 가능해진다.[51] 현장론적 방법은 이들 국면의 미시적 분석과, 이의 확장에 의한 거시적 분석을 함께 지향할 것이다.

3) 연구목적의 설정

설화에 대한 총체적 인식에 따라 현장론적인 연구방법이 필요하다는 데 의견을 모으게 되었다. 그러나 현장론적 연구를 위한 논리적인 분석의 틀은 아직 마련되지 않았다. 이 방법을 개척한 쪽이든[52] 소개하는 쪽이든[53] 구체적으로 설화를 어떻게 분석할 것인가 하는 문제에 대해서는 이론적인 성과가 거두어지지 못했다. 제각기 이렇게 연구해야 한다고 방법론적 주장은 했지만 이 방법론에 입각한 총체적인 연구가 이론적인 분석의 틀을 수립하는 방향으로 연결되지 않았다.

양적으로 널리 이루어진 것은 현장론적 방법에서 제기된 여러 가지 문제들 가운데 특히 어느 한두 문제에 국한된 단편적인 연구들이다. 이를테면, 이야기꾼의 개인적인 구연양식이라든가,[54] 이야기하는 행위 자체,[55] 또는

---

51) 조동일, 〈민속문학의 연구방법〉; 成炳禧·林在海, 주 42)의 책, p. 245. "민속문학의 현장연구를 시간적으로 공간적으로 확장할 수 있어야 한다. 시간적 확장은 기록된 자료까지 끌어들여서 역사적 연구를 하자는 것이다. 공간적 확장은 관심을 사회 전체로 넓혀 거기서 포괄적인 문제를 다루자는 것이다."

52) 이 방법을 개척한 선구적인 업적들로는 다음과 같은 것이 있다. Alan Dundes, "Texture, Text and Context," *Southern Folklore Quarterly* 28, 1964; Linda Dégh, *Folktales and Society*, Indiana University Press, 1969; Robert A. Georges, "Toward an Understanding of Storytelling Events," *Journal of American Folklore* 82, 1969; Dan Ben-Amos, "Toward a Definition of Folklore in Context," *Journal of American Folklore* 84, 1931; Dan Ben-Amos·Kenneth S. Goldstein, *Folklore Performance and Communication*, 1975.

53) 趙東一, 주 31)의 책, pp. 12~17에서 '현장론적 방법'으로 처음 소개되고 실제 연구로 적용된 이래, 任敦姬, 〈演戲中心으로 본 民俗〉, 《月刊朝鮮》 12월호, 1983; 崔貞茂, 〈演行中心의 民談學과 그 歷史的 背景〉, 《民談學槪論》(金烈圭 외), 일조각, 1982; 金善豊, 〈美國 民俗學界의 動向과 方法〉, 《關東大 論文集》 12, 關東大學, 1984; 金榮晥, 〈民談의 教訓性에 대한 狀況論的 研究〉, 《韓國文學論叢》 5, 韓國文學會, 1982 등을 통해서 거듭 소개되었다.

54) Richard M. Dorson, "Oral Styles of American Narrators," *Folklore: Selected Essays*, Indiana University Press, 1972.

55) Robert Georges, "Towards an Understanding of Storytelling Events," *Journal*

그에 따른 기능,[56] 표현상의 상투성,[57] 설화의 생활사[58] 등을 제각기 별도로
논의한 연구가 대부분이다. 이런 가운데에도 이 방법론에 입각한 괄목할
만한 업적으로 린다 데그(Linda Dégh)의 《민담과 사회》(*Folktales and Society*)
를 들 수 있다.[59]

이 연구는 격리되어 있는 헝가리의 한 지역공동체인 카카스드(Kakasd)
지방의 자료를 현지조사하여 이야기꾼과 연행, 청중의 참여에 관한 복합적
인 연구를 했다. 사회학적이고 심리학적 관찰에 의해서 이야기꾼의 세계관
과 유형을 파악하고, 지역사회의 공동체와 전승의 관계를 검증하고자 했으
며, 이야기하는 과정을 이야기꾼과 공동체의 동시적인 협력을 통해서 관찰
하고자 했다. 그 결과 이 연구는 이 방면의 선구적인 업적으로 평가되고
연구의 모범적인 선례를 남기게 되었다. 그러나 설화의 사회적 성격에 관
한 연구만 중점적으로 이루어져 설화 자체의 연구는 소홀하게 취급되었다.
그리고 역사적인 연구는 거의 이루어지지 않고 말았다.

이러한 한계를 상당히 극복한 연구가 조동일의 《인물전설의 의미와 기
능》이다.[60] 영해지방에서 전승되는 인물전설을 현지조사하여 마을사회의 성
격에 따라 이야기의 전승목록과 전승양식이 다르다는 것을 사회적으로 고
찰하고, 이야기 집단과 집단 사이의 세계관적 논쟁을 이야기의 구조적 층
위와 관련지어 분석했다. 그리고 전설의 형성·발전·쇠퇴에 관한 추론을
역사적으로 전개하면서 사회사적 배경과 사상사적 동향을 고려함으로써 전
설의 문학사적 이해의 길을 열었다.

이들 연구는 어느 것이나 설화의 연행과 전승에 관련된 요소 및 이에 영

---

of American Folklore 82, 1969 ; Dell Hymes, "The Ethnography of Speaking," T.
  Gladwin·W.C. Sturotevant eds., *Anthropology and Human Behavior*, 1962.
56) Linda Dégh, "Some Questions of the Social Function of Story-telling," *Acta
  Ethnographia* 6, 1957.
57) Benjamin A. Stolze·Richard S. Shannon eds., *Oral Literature and the
  Formula*, 1976 ; Ilhan Basgöz, "Formula in Prose Narrative Hikaye," *Folklore Pre-
  print Series*, Vol. 6, No.1, 1971.
58) Linda Dégh, "Biology of Storytelling," *Folklore Preprint Series*, Vol. 7, No.3,
  1979.
59) Linda Dégh, *Folktales and Society*, Indiana University Press, 1969.
60) 趙東一, 주 31)의 책.

향을 미치는 변수들을 상호관련성 속에 입체적으로 논의하고자 했으나, 거기에 따른 작품의 분석층위는 어떻게 존재하며 분석항목으로는 어떤 것들이 설정되어야 하는가에 대해서는 체계적인 논의가 이루어지지 않았다. 분석층위와 관련된 분석항목이 체계적으로 설정되고 분석모형이 객관적으로 마련되어야 방법론으로서 일반화의 가능성을 확보할 수 있다.

역사지리학적 방법에서는 구체적인 분석항목이 화소(motif)이다. 구조주의적 방법에서는 기능(function), 또는 단락소(motifeme) 및 신화소(mytheme)가 분석항목이다. [61] 정신분석학적 방법에는 성적 상징을 이루는 대립의 쌍(pairs of opposites)이 분석항목이다. [62] 분석항목이 추상적일수록 이론적으로 정교한 분석의 틀을 마련할 수 있다. 현장상황을 고려하지 않은 채 작품 자체의 추상적인 항목만을 문제삼는 구조주의적 방법과 정신분석학적 방법의 경우는 더욱 체계가 정연한 논리성을 획득할 수 있었다. 그러나 우리는 현장상황을 떠나 있는 공허한 작품론을 받아들이고자 이 논의를 시작한 것은 아니다. 현장에 뿌리를 내리고 생생하게 살아 있는 이야기를 다루고자 총체적인 접근을 시도하고 있는 것이다. 그러면서 이론적인 분석의 틀도 마련하고자 한다.

이론적인 연구와 총체적인 연구의 목적을 함께 달성하기란 여간 어려운 일이 아니다. 왜냐하면 이론적인 연구는 고도의 추상적인 작업에 해당되는데, 총체적 연구는 자료의 구체적 실상에 맞닿아 있는 작업이기 때문이다. 이론적인 연구가 공허한 논리에 빠지지 않고, 총체적인 연구가 잡다한 자

---

61) 구조주의적 연구의 경우에는 학자들에 따라 분석항목이 다소 차이가 난다. Vladimir Propp, *Morphology of the Folktale*, University of Texas Press, 1968에서는 기능(function); Alan Dundes, "Structural Typology in North American Indian Folktales," ed., *The Study of Folklore*, Prentice-Hall Inc., 1965에서는 단락소(motifeme); Claude Lévi-strauss, "The Structural Study of Myth," Thomas A. Sebeok ed., *Myth:A Symposium*, Indiana University Press, 1958에서는 신화소(mytheme); A. J. Greimas, *Sémantigue Structurale*, Larouses, 1966에서는 행위항(actant)을 분석항목으로 설정하고 있다.

62) 신화와 민담에 보이는 신성한 현상을 성적 상징주의(sexual symbolism)에 입각해서 대립의 쌍을 분석한 것은 Sigmund Freud이다. 프로이트에 의한 정신분석학파의 성적 상징주의를 거부한 C. G. Jung은, 남성과 여성(male—female), 남근과 여근(phallus—vagina)의 성적인 대립의 쌍을 대신해서, 의식과 무의식, 삶과 죽음, 신과 악마 등의 대립의 쌍을 통해서 무의식의 개념을 해석하는 체계로 삼았다. Richard M. Dorson, 주 42)의 책, p. 25, 31.

료의 현상을 소극적으로 기술하는 데 머물지 않기 위해서는 이를 아우를 수 있는 현장론적 분석의 틀이[63] 독자적으로 개척되어야 한다. 이 틀을 모색하는 것이 이 논의의 구체적인 목적이다.

우리가 목적으로 하고 있는 현장론적 분석의 틀은 어디까지나 설화의 연구에 걸려 있는 것이다. 현장상황 자체의 이해가 목적이 아니라, 설화의 연구를 온전하게 하기 위해서 현장의 구체적 상황분석을 필요로 하는 것이다. 따라서 여기서 수립되는 현장론적 분석의 틀은 그 자체로서 설화의 작품론을 펼 수 있는 분석의 한 체계를 이루어야 한다. 그러므로 이 논의는 처음부터 설화의 실제 작품을 분석하면서 전개된다. 작품분석을 하지 않은 채 이론적인 논의만 해서는 설화연구의 작품론으로서 기대하는 성과에 이를 수 없기 때문이다. 이론적인 연구와 실증적인 연구를 겸함으로써 논의의 대상이 되는 작품 자체를 새로운 시각에서 해명하고, 설화연구의 이론적인 성과도 올리고자 한다.

그러나 여기서 개척된 방법론은 설화연구에 한정시킬 필요는 없다. 설화와 같은 맥락에서 문제될 수 있는 문학작품 및 문화양식을 연구하는 데에도 이 논의가 확산될 것을 목적으로 하고 있다. 특히 설화는 서사문학 일반의 기본적인 양식이며, 구비전승되는 민속문화의 한 갈래라고 하는 사실에 주목한다면, 서사문학 일반 및 민속문화 일반의 연구에도 새로운 분석의 틀을 제공할 수 있을 것이다. 이 논의의 이차적인 목적은 이러한 문제들까지 겨냥하고 있다.

오늘날 서사문학의 대표적인 갈래로 주목받고 있는 소설도 설화적 전통에서 따지고 보면, 설화의 수많은 가능성 가운데 한 갈래일 뿐이다.[64] 뿐만 아니라, 5천년을 소급해 올라갈 수 있는 연면한 설화의 전통에 비하면 소설은 겨우 2세기를 지켜오고 있는 데 불과하다.[65] 갈래상의 차지에서나 문

---

63) 여기서 말하는 '분석의 틀' 또는 '분석모형'은 방법론에서 흔히 쓰이는 '모델'의 개념과 같은 뜻으로 사용된다. 물론 서술적(discriptive) 모델보다는 분석적 (analytic) 모델에 더 가까운 용어이다.
64) Robert Scholes · Robert Kellogg, *The Nature of Narrative*, Oxford University Press, 1966, p. 3.
65) Robert Scholes · Robert Kellogg, 위의 책, p. 9.

학사적 비중에서도 소설은 설화의 폭과 깊이의 작은 일부에 지나지 않지만, 그 향유층을 보면 이러한 차이는 더욱 두드러진다. 소설의 생산과 수용은 창작능력과 독서능력을 갖춘 작가와 독자에 의해서 한정적으로 이루어진다. 글을 읽을 줄 알아도 소설의 독자 노릇을 하는 이는 극히 일부이다. 그러나 설화는 이야기를 할 줄 아는 이면 누구나 생산하고 수용하는 열린 구조의 문학이다.[66] 따라서 소설의 이해도 설화적 경험으로부터 시작되는 것이라 할 수 있다. 어릴 때부터 하고 들은 옛날 이야기의 체험에 바탕을 두고 소설을 읽고 감상하며, 서사문학의 이해통로를 마련하는 것이다. 그러므로 소설을 비롯한 서사문학 일반의 올바른 이해를 위해서도 설화의 현장론적 분석의 틀이 일정한 기여를 할 것으로 기대해도 좋겠다.[67]

구비전승에 의한 민속문화 역시 설화와 같은 양식으로 생성되고 전승·전파되며 변화된다. 민속은 고정적인 실체(static entity)가 아니라, 살아 있으며 변화하고 있고 융통성 있게 적응되는(adaptable) 예술적인 창조물(artistic creation)로 규정된다.[68] 이러한 규정은 설화의 규정과 같은 맥락에서 그 존재양식을 포착하고 있는 것이다. 설화가 현장상황에 따라 어떻게 살아서 변화하고 융통성 있게 적응되며 재창조되는가 하는 문제는, 민속의 실체를 해명하는 문제와 일치하고 있는 것이다. 그러므로 이 논의는 설화를 구체적인 대상으로 삼지만, 여기서 마련된 이론적인 성과는 민속문화 연구의 현장론적 분석의 길을 여는 한 계기가 될 것이다.

4) 연구가설의 수립

연구의 목적을 성취하기 위해서 현장론적 분석의 틀에 대한 가설을 세울 필요가 있다. 먼저 분석의 층위를 생각하고, 다음에 각 층위에 따른 분석의 항목을 설정해 보는 게 순서일 것이다. 다른 연구방법과 달리 현장론적

---

66) 임재해, 〈이야기 세계의 폭과 의식의 깊이〉, 《월간 대학》 창간호, 1985, 12월호, pp. 440~441 참조.
67) Robert Scholes·Robert Kellogg, 주 64)의 책, p. 3. "설화연구의 목적은 문학이나 비평에 새로운 유행을 일으키려는 것이 아니라, 고대 또는 현대의 모든 편협한 문학관에 대한 한 교정수단(antidote)을 제공하고자 하는 데 있다."
68) Albert B. Lord, *The Singer of Tales*, Atheneum, 1973 ; 金善豊, 〈美國 民俗學界의 動向과 方法〉, 《關東大 論文集》 12, 관동대, 1984, p. 32 재인용.

방법에서 특히 분석의 층위가 문제되는 것은 이른바 총체적 접근에 따른 현장상황의 여러 변수들이 평면적인 관계에 있는 것이 아니라, 입체적인 관계에 있기 때문이다. 다층적으로 존재하는 각 변수들은 서로 다른 층위에서 설화의 전승 및 연행에 영향을 미치고 있으므로, 분석의 층위가 마땅히 고려되어야 하는 것이다.

이미 현장상황은 공간적 사회적 측면과 시간적 역사적 측면에서 그 분석 층위가 어느 정도 드러나 있다. 따라서 현장상황에 관한 분석의 층위부터 논의하고 이와 관련된 설화의 분석층위가 다음으로 논의되는 것이 더 체계적일 수 있다. 그래야 현장상황과 설화의 작품이 유기적인 관계 속에서 분석될 수 있기 때문이다.

현장상황의 분석층위를 세부적으로 나누면 상당히 복잡하다. 공간적인 측면에서는 개인과 집단으로 나누어 이야기꾼과 청중, 연행공동체와 전승공동체가 각기 문제될 수 있으며, 시간적인 측면에서는 옛날의 것, 옛부터 지금까지 지속적인 것, 지금의 것 등이 문제될 수 있어 여간 복잡하지 않다. 이러한 측면들은 현장상황을 총체적으로 인식하는 기준은 될 수 있지만, 그 각각이 모두 분석의 층위로 논의되어서는 여러 측면들이 복합적이고 가변적으로 합성되어 있는 설화의 실체를 포착할 수 없게 된다. 결국 총체적 접근은 분석의 층위를 계속 세분해 나가는 것이 아니라, 이를 포괄적으로 수렴해서 하나의 논리로 체계화할 때 가능한 것이다.

그러므로 이야기꾼과 청중을 개인으로 제각기 다룰 필요가 없다. 이들 개인은 이야기판을 이루고 있는 연행공동체의 일원으로서 그 역할을 달리할 뿐이다. 따라서 연행현장에는 이야기꾼이 따로 있고 이야기와 청중이 따로 있는 것이 아니라, 이 세 요소가 상호작용하는 가운데 동시적으로 더불어 있는 것이다.[69] 따라서 이들을 포괄하는 연행현장이 하나의 분석층위로 문제되어야 총체적 접근이 이루어질 수 있다. 시간적인 측면에서도 옛

---

69) Albert B. Lord, 위의 책, p. 13. "이야기를 노래 부르는 사람은 이야기의 합성자(composer)이다. 노래 부르는 사람, 합성자, 연행자(performer), 그리고 그 작품은 서로 다른 국면의 하나이지만 동시적인 것이다. 노래 부르고 연행하고 합성하는 것은 같은 활동의 일면이다."

날의 것과 지금의 것을 각기 따로 논의할 문제가 못된다. 왜냐하면, 옛날
부터 지금까지 지속적인 것과 달리, 옛날의 것이나 지금의 것은 한결같이
일시적이기 때문이다. 결국 공간적인 측면에서는 연행현장과 전승현장, 시
간적인 측면에서는 일시적인 것과 지속적인 것으로 그 분석층위를 한정시
킬 수 있다.

사실은 시간적인 것과 공간적인 것도 합일되어 있는 것이다. 시간적인
면을 소거해 버린 공간이나, 공간적인 것을 기반으로 하지 않고 있는 시간
은 사실상 존재하지 않는다. 그 자체로서 존재한다 하더라도 설화가 전승
되는 현장상황에서는 고려될 수 없는 현상이다. 따라서 연행현장이니 전승
현장이니 하는 것은 이미 일정한 시간적 의미를 지닌 공간개념이다. 즉 연
행현장이 당대적이고 가변적인 일시적 공간이라면, 전승현장은 역사적이고
전승적인 지속적 공간이다. 그러므로 전승현장과 설화가 관련되어 논의될
때에는 역사적이고 지속적인 면이 주로 다루어져야 하며, 연행현장과 설화
가 관련되어 논의될 때에는 당대적이고 가변적인 면이 주로 다루어져야 한
다.

설화의 분석층위도 현장상황의 분석층위에 입각해 있다. 설화가 구체적
인 작품으로 실현된 것이 각편(version)이다. 이러한 각편에 의해 추상적으
로 전승되는 설화가 유형(type)이다. 유형은 각편에 의해서 추론되는 것이
면서, 각편의 실현을 가능하게 하는 설화의 잠재적인 능력이다. 왜냐하면,
유형의 전승에 의해 각편이 구체적으로 연행될 수 있기 때문이다. 따라서
유형은 공간적으로 전승현장에서 잠재적으로 존재하고 시간적으로 역사적
이며 지속적인 것이라면, 각편은 이와 상대적 관계에서 공간적으로 연행현
장에서 구체적으로 존재하고 시간적으로 일시적이며 가변적인 것이다. 그
러므로 설화의 작품과 그 작품을 둘러싸고 있는 현장상황의 시간적 공간적
측면의 분석층위는 현대언어학에서 말하는 능력(competence)과 수행
(performance)의 관계와[70] 마찬가지로, 전승과 연행의 관계에서 체계화시킬

---

70) 능력과 수행이라는 말은 Noam Chomsky의 언어학에서 차용한 용어인데, 이 용어
는 Saussure의 능기(langue)와 소기(parole)에 뿌리를 두고 있는 것이다. 현대언어
학에서 언어의 수행을 개인이 가진 언어능력이 상황에 따라 창의력 있게 표현되는

수 있다.

언 어 학	작품과 현장상황의 층위
능 력 ⟶	전승 : 유형·전승현장·지속적·잠재적
수 행 ⟶	연행 : 각편·연행현장·일시적·구체적

　그러나 실제로 존재하는 설화의 작품은 이렇게 단순하지만은 않다. 분석의 층위를 이원적으로 단순화시킬 수 있긴 하되, 전승의 능력과 연행의 표출은 서로 맞물려 있는 것이므로 더 복잡하게 얽혀 있다. 유형의 경우만 하더라도 전승현장에 엄격하게 매여 있는 요소가 있는가 하면 전승현장의 범주를 벗어나 있는 것이 있다. 따라서 위의 체계를 자료의 실상에 맞게 재검토할 필요가 있다. 이론적인 체계는 논리의 추상화와 구체화, 연역적인 추론과 귀납적인 범주화를 번갈아 하면서, 대상이 되는 자료의 실상과 이를 휘어잡을 수 있는 논리를 계속해서 합일시켜 나가야 비로소 수립될 수 있기 때문이다. 그러므로 설화가 실제로 전승되고 연행되는 현장상황으로 되돌아가야 한다.

　현장상황이라고 하는 것은 저마다 다르다. 전승현장이든 연행현장이든 항상 일정한 것은 아니다. 이에 따라 설화의 유형과 각편도 서로 다르게 전승되고 연행된다. 따라서 한 유형의 설화가 전승현장에 따라 유형차원의 변이를 보이는가 하면 연행현장에 따라 각편차원의 변이도 보인다. 그러나 사뭇 다르기만 한 것은 아니다. 각편차원의 동질성과 유형차원의 동질성도 함께 지니고 있다. 그것은 연행현장이 제각각이지만 일정한 전승현장에 속해 있고, 연행현장을 포함하고 있는 전승현장 역시 더 큰 범주의 전승현장에 속해 있기 때문이다. 마찬가지로 각편차원의 변이형(variant) 역시 같은 유형의 각편으로 수렴되고, 유형차원의 변이유형(allotype) 역시 일정한 유형에 수렴되는 것이다. 그러므로 유형차원과 각편차원의 두 분석층위는 분절적인 관계에 있는 것이 아니라 귀속적인 관계에 있는 것이다.

　즉흥적 출현성으로 파악하는 것처럼, 설화의 전승과 연행의 관계 속에서 유형과 각편의 층위를 이해할 수 있다.

```
          유형 차원     각편 차원
작   품 : 유형 ⊃ 변이유형 ⊃ 각편 ⊃ 변이형
공   간 : 전승현장      연행현장
시   간 : 지속적       일시적
```

이러한 귀속적인 관계는 현장상황의 시공간적 측면에서도 마찬가지이다. 포괄적인 전승현장에 귀속되는 구체적인 전승현장과, 여기에 다시 귀속되는 연행현장이 지역적인 공간의 크기에 따라 서로 귀속관계에 있는 것이다. 즉, 전승현장과 변이유형이 대응관계를 이룬다면, 유형은 이들 전승현장을 포괄하고 있는 더 큰 범주의 전승현장과 대응관계에 있는 것이다. 시간적인 길이도 마찬가지이다. 유형이 변이유형에 비하여 더 역사적 전승력을 지니고 있는 것이다. 변이유형은 유형의 후대적인 모습이기 때문이다. 그러므로 우리는 분석의 층위들을 상대적인 귀속관계 속에서 이해하지 않으면 안된다.

분석항목을 논의하기 전에 유의해야 할 사실은 유형 ⊃ 변이유형 ⊃ 각편 ⊃ 변이형의 관계가 제각기 다른 작품으로 분리되어 있는 것이 아니라, 하나의 작품 속에 내포되어 있는 것이라는 점이다. 말을 바꾸면, 하나의 구체적인 각편 속에 유형차원과 각편차원의 동질성 및 이질성이 함께 내포되어 있다는 말이다. 그러니 두 층위의 동질성과 이질성이 각편에 함께 나타나되, 그 나타나는 양상에 따라 각편의 유형적 성격과, 각편차원의 성격이 함께 결정되는 것이다. 그러므로 분석항목은 구체적인 작품인 각편을 통해서 모색되어야 한다.

유형차원의 동질성은 설화의 각편들을 동일한 유형의 설화로 귀속시키는 구실을 하면서 전승현장의 제약을 뛰어넘어 전승되는 것이다. 유형차원의 이질성은 일정한 유형에 귀속되는 각편들을 유형차원에서 범주화시키는 구실을 하면서 전승현장의 제약을 받는 가운데 전승되는 것이다. 따라서 유형차원의 동질성을 전승현장의 영향을 받지 않고 본디 모습을 그대로 유지하는 원형적 요소에 해당된다면, 유형차원의 이질성은 전승현장의 영향을 받아 유형차원의 특징을 지니게 하는 유형적 요소에 해당된다.

각편차원의 동질성은 설화의 각편들을 해당 변이유형에 귀속되어 있게 하는 구실을 하면서 연행현장의 영향을 받지 않고 연행되는 것이다. 각편차원의 이질성은 해당 변이유형에 귀속되는 각편들을 각편차원에서 범주화시키는 구실을 하며 연행현장에 영향을 받으며 연행되는 것이다. 따라서 각편차원의 동질성을 연행현장과 상관없이 일정한 변이유형의 종속적인 요소라고 한다면, 각편차원의 이질성은 연행현장에 따라 그때마다 바뀌는 변이적인 요소라고 할 수 있다. 따라서 한 편의 설화작품은 유형차원의 원형적 요소와 유형적 요소, 각편차원의 종속적 요소와 변이적 요소가 적층적으로 합성되어 있는 것이라고 하겠다.

그러나 이들 요소들은 그 자체로서 분석항목이 될 수 없다. 그것은 작품을 이루고 있는 내용이라기보다 작품의 전승과 연행에 기능하는 구실을 나타내는 것에 불과하기 때문이다. 따라서 작품의 내용과 기능을 함께 분석할 수 있어야 현장론적 연구의 목적을 성취할 수 있다. 그러므로 기능적인 요소와 내용적인 요소를 포괄하는 분석항목이 설정되어야 한다.

설화의 줄거리를 이루는 내용적인 요소가 화소이다. 화소의 서사적 합성에 의해 한 편의 설화가 형성된다. 그러므로 흔히 화소를 설화의 분석항목으로 삼는다. 화소는 설화를 이루는 한 요소라는 점에서 일치하지만, 작품 속에서 기능하는 구실은 제각기 다를 수 있다. 화소들이 유형 및 각편차원의 동질성과 이질성에 기능하는 구실에 따라 범주화하면, 원형적인 요소에 해당되는 원형화소와 유형적 요소에 해당되는 유형화소, 그리고 같은 맥락에서 종속화소·변이화소 등으로 구분할 수 있다.

화소를 이와 같이 범주화함으로써 각 화소는 현장상황의 공간적 시간적 측면과 일정한 관련성을 맺게 된다. 아울러 작품의 분석층위에 따라 문제되어야 할 화소도 결정되기에 이르렀다. 그러므로 기능에 따라 범주화된 화소들을 현장론적 연구의 분석항목으로 설정할 수 있다. 이들 분석항목을 통해서 작품 자체의 분석과 더불어, 설화의 전승과 연행에 따른 동질성과 이질성을 함께 논의할 수 있고, 현장상황에 따른 유형 및 각편차원의 변이 양상도 해명할 수 있다.

이상의 가설들을 체계화하면 다음과 같이 정리된다.

유형차원   각편차원

분석층위 : 유형 ⊃ 변이유형⊃각편 ⊃ 변이형
분석항목 : 원형화소・유형화소・종속화소・변이화소
현장상황 :   전승현장   연행현장

이러한 가설들은 설화의 작품을 직접 분석하면서 더 구체화될 것이다. 실제로 작품을 분석하는 과정에서 분석층위의 범주 및 분석항목과의 관계가 한층 명료하게 드러날 것이며, 용어의 개념규정도 재검토될 것으로 기대한다.

5) 연구자료의 선정

연구의 자료는 현장론적 논의가 다각적으로 이루어질 수 있는 것을 선정해야 한다. 현재 각 지역에 널리 구전되고 있어서 전승현장과 관련지워 논의될 수 있어야 하며, 연행현장의 상황이 비교적 자세하게 조사되고 작품의 원문이 현지조사에 의해 이야기되는 그대로 채록된 자료여야 한다. 공간적인 전파와 역사적인 전승에 따라 변이양상도 논의되어야 하므로, 이러한 논의의 기준을 삼을 수 있는 자료가 좋다. 그런 자료로는 지리적 역사적 기점이 분명하고 변이양상이 다양한 전설을 들 수 있다. 따라서 현장론적 방법에 입각해서 조사되고 채록된 전설 가운데 내용이 풍부한 자료를 선정해야 할 것이다.

이러한 자료는 그리 흔하지 않다. 그동안 설화의 자료집은 적지 않게 간행되었지만 현장론적 시각에서 조사되고 보고된 자료집은 찾아보기 어렵다. 이런 가운데 최근 몇 년간에 걸쳐 한국정신문화연구원에서 전국 규모의 구비문학 현지조사 사업을 펴고 그 결과를 《한국구비문학대계》로 간행한 바 있다. 이 조사와 보고서는 현장론적 방법에 입각해서 조사되고 보고된 것이므로, 여기에 실린 자료들을 주자료로 삼고자 한다. 그러나 보고서가 아무리 충실하더라도 연구자가 직접 조사하지 않은 자료는 현장상황 안에서 설화를 해명하기 어렵다.[71] 연구자가 직접 현장경험을 쌓아야 한다.

---

71) Richard M. Dorson, 주 54)의 책, p.102. "구연양식의 연구자는 필수적으로 자료의 수집자이면서 관찰자가 되어야 한다. 만약 자신이 수집한 자료의 구연양식을 다

그러므로 이들 보고서에 실린 전설 가운데 연구자도 현장에 직접 참여하여 조사한 자료를 선정해야 한다.

역사적인 논의를 위해서는 근대에 형성·전승되는 자료보다 고대부터 전승되는 자료가 더 바람직하다. 전승의 역사성은 고문헌을 통해서 확인할 수 있다. 따라서 《삼국유사》(三國遺事), 또는 《삼국사기》(三國史記)와 같은 역사적 문헌에 실려 있는 설화가 지금까지 널리 구전되고 있다면 더없이 좋은 자료가 될 수 있다. 왜냐하면, 구비전승의 힘과 그 전승양상은 구전자료와 기록으로 전승된 문헌자료를 대조해 봄으로써 가장 잘 검증할 수 있기 때문이다.[72]

연구자는 이 논의를 위해서 위의 조건을 만족하는 다소의 전설 가운데, 논의의 효율성을 고려해서 김현감호(金現感虎) 설화와 호국룡(護國龍) 설화의 두 유형을 연구의 대상자료로 택했다. 이들 두 유형의 구체적인 자료는 다음과 같다.[73] 자료의 제목에 이어 전거를 밝힌다. 이들 설화자료는 이 책 부록편에 모두 수록해 두었다.

유형 1 : 김현감호 설화

문헌자료

金現感虎 : 一然, 《三國遺事》 卷五, 感通 第七.
論 虎 藪 : 閔周冕, 《東京雜記》 卷三, 異聞.
虎　　願 : 權文海, 《大東韻府群玉》 卷十五, 願.
虎　　僧 : 崔滋, 《補閑集》 卷下.

구전자료

신흥사 유래 : 印權煥, 《韓國口碑文學大系》 4-1, 韓國精神文化研究院, 1980, p. 177.
호암사의 유래 : 趙東一·林在海, 《韓國口碑文學大系》 7-2, 1980, p. 701.

른 사람과 함께 검토하려면, 그 사람에게 이야기의 자료마다 이야기꾼의 구연태도와 상황을 자세하게 설명해주어야 한다.”
72) Burton Raffel, "The Manner of Boyan ; Translating Oral Literature," *Oral Tradition*, Vol. 1, No. 1, Slavica, 1986, p. 11.
73) 논의의 구체적인 대상이 되는 주자료는 참고하기 쉽도록 이 책 말미에 부록으로 수록해 두었다.

40

호륜사의 유래：趙東一・林在海,《韓國口碑文學大系》7-2, 1980, p. 770.
탑돌이와 호랑이 처녀：崔德源,《韓國口碑文學大系》6-6, 1985, p. 577.
호랑이 처녀의 죽음：趙東一・林在海,《韓國口碑文學大系》7-3, 1980, p. 588.
호랑이 처녀：鄭尙차, 柳鍾穆,《韓國口碑文學大系》8-1, 1980, p. 52.

유형 2：호국룡 설화

문헌자료

文　武　王：金富軾,《三國史記》卷七, 新羅本記 第七.
文虎王法敏：一然,《三國遺事》卷二, 紀異 第二.
利　見　臺：《世宗實錄》卷百五十, 地理志, 慶尙道 慶州府.
利　見　臺：《東國輿地勝覽》卷二十一, 慶州 樓亭.
感　恩　寺：《東國輿地勝覽》卷二十一, 慶州 佛宇.
萬波息笛：一然,《三國遺事》卷二, 紀異 第二.

구전자료

이견대：趙東一・林在海,《韓國口碑文學大系》7-2, 1980, p. 633.
대왕암과 이견대：趙東一・林在海,《韓國口碑文學大系》7-2, 1980, p. 635.
문무왕의 득천：趙東一・林在海,《韓國口碑文學大系》7-2, 1980, p. 647.
문무왕의 수중릉과 득천：趙東一・林在海,《韓國口碑文學大系》7-2, 1980,
p. 642.
김부대왕：趙東一,《人物傳說의 意味와 機能》, 嶺南大出版部 1979, p. 48.
용이 된 김부대왕：趙東一・林在海,《韓國口碑文學大系》7-3, 1980, p. 617.
경순왕과 주금이들：趙東一,《韓國口碑文學大系》7-1, 1980, p. 124.
용이 되어서 득천한 김부대왕：趙東一・林在海,《韓國口碑文學大系》7-2, 1980,
p. 47.
유금이들：趙東一・林在海,《韓國口碑文學大系》7-2, 1980, p. 50.
유금이들의 내력：趙東一・林在海,《韓國口碑文學大系》7-3, 1980, p. 210.

제 2 장 문헌자료의 현장론적 이해

1. 문헌자료를 보는 현장론적 시각

설화의 본디 전승양식은 구비전승이다. 고문헌에 기록되어 있는 설화들도 원래는 구비전승되던 자료이다. 순수하게 구비전승되던 이야기들이 문자를 사용하게 되고, 전적(典籍)을 펴내게 됨에 따라 문헌에 기록으로 정착되는 기회를 가진 것이다. 설화가 문헌에 정착되어 고정됨으로써 구비전승 과정에서 발생되는 재창조의 가변성은 기대할 수 없게 되었다. 따라서 문헌자료는 설화의 본디 전승양식을 잃어버린 셈이다. 그렇지만 두 가지 면에서 설화연구의 중요한 자료가 되고 있다.

첫째는 일정한 시기의 설화작품을 고정적으로 보여준다는 사실이다. 구전되는 자료는 현재 전승되는 작품의 모습만을 보여주기 때문에, 과거에 설화가 어떤 모습으로 전승되었는지 알 수가 없다. 그런데 문헌자료는 과거의 특정 시기에 전승되던 자료의 모습을 지속적으로 보여주므로, 그 시기의 역사적 상황과 관련지워 설화의 의미를 해석할 수 있고, 설화의 역사를 재구성해낼 수 있는 근거가 된다. 따라서 문헌자료는 살아 있는 설화의 모습은 아니지만, 고고학에서 화석자료가 가지는 것과 같은 의의와 기능을 지니고 있다. 특정한 화석자료는 과거의 특정 생명체를 이해할 수 있는 구체적인 자료이다. 설화의 문헌자료도 마찬가지이다.

다음은 현재 구전되는 설화의 원형을 추론해 내는 중요한 단서가 된다는 사실이다. 원형의 추론은 발생지의 추적과도 밀접한 관련성을 지닌다.[1] 원

---

1) 成耆說, 〈傳播論〉, 《民談學槪論》(金烈圭 외), 일조각, 1982, p. 103. "민담의 발생지를 추론하는 경우에 가장 실제적인 방법은 우선 알려져 있는 한도내의 비교적 옛문헌의 類話를 충분히 검토하는 일이라 생각한다."

형을 추론할 수 있어야 설화의 공간적 전파경로 및 시간적 전승의 과정을
확실하게 밝혀낼 수 있다. 원형의 확정은 어렵더라도, 문헌설화를 중심으
로 일정한 시기와 장소를 기점으로 잡아, 설화의 역사적 전승과정의 맥락
도 포착할 수 있고, 지리적 전파의 통로도 가늠할 수 있는 것이다.

　문헌자료의 이러한 의의는 주로 설화의 전승문제에 한정된 것이다. 다른
문제들과 관련된 의의는 더 크다. 이를테면 문헌설화를 통해서 고대의 역
사연구가 가능한 것이다.[2] 실제로 고대의 역사는 거의가 설화로 기술되어
있다.[3] 각 종교의 경전도 설화로 이루어져 있다. 성경도 불경도 논어도 하
느님과 그리스도・부처님・공자님의 설화를 제각기 기록한 것이다.[4] 설화
는 문학의 모태이다. 최초의 기록문학으로 알려진 작품도 구비문학의 기록
임이 알려졌다.[5] 고대소설의 경우 으레 근원설화가 문제되는 것도 이 때문
이다. 이처럼 문헌설화는 역사・종교・문학연구의 중요한 자료가 된다. 마

---

2) Alan Dundes, "The Search for Origins," *The Study of Folklore*, Prentice-Hall
　Inc., 1965, p. 55. "구비문학을 문학적으로 해석하는 사람은 거기에 근본적으로 역
　사적인 진실이 있다는 것을 느낀다. 불합리하게 나타나는 것은 합리적인 사실이 단
　순히 왜곡되었거나 잊혀진 역사라고 보는 것이다. 문학적인 해석에 따르면, 구비문
　학은 허구(fiction)보다 더 사실에 가깝다." 특히 설화의 경우는 다른 자료보다 이러
　한 성격이 더 강하므로, 고대사 연구의 중요한 자료가 된다. 설화의 역사적 연구에
　관해서는 林在海,〈전설과 역사〉,《韓國文學研究入門》(黃浿江 외), 지식산업사,
　1982, pp. 123~132를 참조하기 바란다.
3) 고대사의 기술은 신화를 비롯한 설화로부터 이루어진다.《三國史記》,《三國遺事》
　와 같은 문헌사료들은 대부분이 설화로 기술되어 있으며, 설화를 다룰 수 있는 능력
　이 있어야 구체적인 이해가 가능하다.
4) 조동일,《동학 성립과 이야기》, 홍성사, 1981, p. 34. "어떤 종교나 사상이 나타나
　서 표준이 되는 경전이 편찬될 때까지 이야기가 큰 구실을 했던 일을 주목할 필요
　가 있다. 석가 이야기, 공자 이야기, 예수 이야기, 마호메드 이야기, 이런 것들이
　각기 그 인물을 섬기는 경전에서 커다란 비중을 차지하고 있다. 불경・성경・코란
　은 물론이고 '논어'와 같은 것마저 이야기 책이라 해도 그리 잘못이 아니다." 金容
　沃,《여자란 무엇인가》, 통나무, 1986, pp. 123~132에서도 '성경'과 '莊子', '列子'
　등의 기록을 설화로 다루고 있다.
5) Albert B. Lord, *The Singer of Tales*, Atheneum, 1973, pp. 142~157에 의하면,
　서구문학의 기원이며 으뜸으로 여겨지던 Homer의 *Iliad*와 *Odyssey*는 구비전승되던
　서사시를 호머가 정리한 것으로 밝혀졌다. Joseph Campbell, *The Hero with a
　Thousand Faces*, Princeton University Press, 1972, p. 246에 의하면, 특히《오딧세
　이》는 서로 다른 범주에 속하는 많은 독자적인 이야기들이 일련의 개연성을 이루면
　서 하나의 작품을 합성한 것이다. 이러한 문제는 Mark W. Edwards, "Homer and
　Oral Tradition : The Formula, Part 1," *Oral Tradition* Vol. 1, No. 2, Slavica
　Publishers Inc., 1986, pp. 171~230에서 계속 논의되고 있다.

찬가지로 고대의 철학·민속·사회 등을 연구하는 자료로서도 같은 의의를 지닌다. 그러나 여기서 주목하고자 하는 문제는 이런 국면에 걸려 있는 것은 아니다. 설화가 어떻게 생산·전승되고 수용되는가 하는 설화 자체의 전승원리에 관심을 모으고자 한다. 그러므로 문헌설화에 관한 논의도 이러한 문제에 집중될 것이다.

문헌자료는 문자로 정착되는 과정을 중심으로, 선행자료의 성격에 따라 두 가지 양상을 보인다. 구비전승되던 자료가 문헌에 수록되는 경우와, 다른 문헌의 자료를 재수록하는 경우가 있다. 수록하는 방식도 전문(全文)을 그대로 옮겨 수록하는 경우와 발췌 또는 축약하여 수록하는 경우, 개작하여 수록하는 경우로 나누어볼 수 있다. 어느 경우이든 수록자는 이미 있는 설화의 작품을 일정하게 수용하여 수록한다. 수록자의 수용태도 및 수록의도에 따라 수록하는 양상과 방식이 구체적으로 달라질 수 있다. 물론 수록자의 개인적인 의도에 좌우되지 않는 경우도 있다. 관찬(官撰)의 경우나 집단적인 편찬의 경우는 문헌의 성격에 영향을 받게 되는 것이다. 그러므로 문헌자료도 수록자의 의식 및 문헌의 성격에 따라 다양하게 전승될 수 있는 것이다. 이런 시각에서 문헌자료를 다룬다면, 현장론적 방법의 대상은 구연된 자료만으로 한정할 필요가 없다. 방법론적 시각은 문헌자료에까지 확대할 수 있는 것이다.

문헌자료를 다루되, 종전처럼 작품 자체만을 문제삼지 않고 작품을 둘러싸고 있는 다른 기술물(記述物)들과 상호관련성 속에 고찰한다. 그리고 수록방식을 통해서 작품이 수록자에 의해 어떻게 수용되었는가 하는 점도 검토한다. 그런다면 구비전승 자료의 현장론적 이해와 같은 차원에서 문헌자료의 더욱 폭넓은 논의가 가능해진다. 문헌자료의 이러한 논의로부터 시작하여, 구전자료들을 차례로 다루게 되면 원형의 추론과 전파과정, 그리고 역사적 전승양상을 더욱 체계적으로 이해할 수 있는 길도 열리게 될 것이다.

자료의 대교(對校) 및 문헌학적 분석은 이미 기록문학 연구에서 상당히 정교하게 발전되어 있다. 서지학(書誌學)을 중심으로 한 작품의 원전(原典)을 확정하는 일과, 이본고(異本考)를 통한 작품의 선후관계를 역사적으로 고찰하는 일은 원전비평, 또는 역사주의 비평이라는 이름으로 불리는, 기록문학 연구의 가장 오래된 방법 가운데 하나이다.[6] 이들 방법은 정교할 뿐만 아니라 체계적이다. 분석의 과정을 보면, 서지학적 지식에 의한 종이의 질, 활자의 모양, 판식의 양식, 책의 제본기술, 필적감정 등을 감식하는 문헌적 연구에서부터 시작된다. 이때 연대추정을 위해서 사용된 문자·표기법·문체 등에 따른 언어학적 연구도 동원된다. 다음은 많은 이본들 가운데서 기본 자료를 선정하고, 여러 판본들의 내용을 대조하여 판본의 족보를 작성한다. 이 족보를 기초로 결정본을 확정하는 것이다.[7] 이 작업에 이르기까지 복잡한 연구과정과 분석절차를 빈틈없이 거쳐야 한다.

문학작품의 실증적인 연구로서 이처럼 정교하고 체계적인 방법은 찾아보기 어렵다. 이 논의에서 문헌자료를 다루는 방법은 이처럼 정교한 체계를 지니지 못한다. 그렇지만 원전비평과는 다른 목적을 독자적으로 성취하는 의의를 지니고 있다. 문헌자료를 다루는 관점이 서로 다른 것이다.

기록문학에서 취하고 있는 이본연구나 원전연구의 목표는 판본에 따른 와전이나 왜곡된 기록으로부터 작품의 순수성을 확보하기 위해 원전을 찾아 확정하는 데 있다.[8] 그럼으로써 작품연구의 오류를 줄이고 연구결과에 대한 신뢰도를 높일 수 있는 것이다. 원본이 아닌 자료를 연구하여 얻어진 결과는 그 의의를 인정하기 어렵다. 역사의 연구가 잘못된 사료를 대상으로 연구되었을 때 무의미한 결과나, 또는 역사이해의 오류를 저지르는 결과에 이르는 것과 마찬가지이다. 따라서 원전연구는 역사연구에서 원사료 확정을 위한 사료비판 작업과 같은 맥락에서 이해할 수 있다.

그러나 사학계의 사료비판 작업에 대한 인식도 바뀌고 있다. 해당 사료가 원사료인가 아닌가, 또는 사실에 입각해 있는 사료인가 그렇지 않고 사실과 어긋나게 굴절되어 있는가 하는 문제를 밝히는 연구에서, 사료비판

---

6) 이 방법에 대해서는 李商燮, 〈역사주의 비평의 방법〉, 《문학연구방법》, 탐구당, 1972 및 丁奎福, 〈原典批評의 理論과 實際〉, 《文藝批評論》(申東旭 편), 고려원, 1984 등을 참조하기 바람.
7) 李商燮, 위의 책, pp. 19~22에 원전을 확정해 내는 과정을 Fredson Bowers, "The Aims and Methods of Scholarship," James Thorpe ed., Textual Criticism, MLA, 1970을 참조하여 자세하게 정리해두었다.
8) Fredson Bowers, 위의 글;이상섭, 위의 책, p. 19에서 재인용.

없이 해당 사료에 나타난 역사의식을 밝히거나 왜 사실과 다르게 굴절되어
기록되게 되었는가 하는 문제를 밝히는 쪽으로 연구의 관심이 이동되고 있
는 것이다. 즉 원사료에 대한 집착을 떠나서, 사료 일반에 나타난 역사의
식을 해명하는 데 더 관심을 기울여야 한다는 것이다.[9] 사실의 역사보다
의식의 역사를 기술하는 데에는 이런 논의가 더 유익하다.[10]

기록문학의 경우도 이와 같은 관점에서 이본고가 논의될 수 있다. 근원
설화로부터 소설화가 이루어지고 다양한 이본의 소설과 판소리 등으로 변
모·발전하는 작품을 이른바 '성장문학'이라 규정한다.[11] 이런 작품의 형성
과정을 시대적 상황과 수용자의 계층 및 종교적 성향에 따라 검토하는 경
우, 작품의 생산과 수용에 관한 새로운 연구가 가능해진다. 즉, 원본 확정
을 위한 이본고가 아니라, 왜 그러한 이본이 제각기 생겨나게 되었는가 하
는 문제를 이본을 둘러싸고 있는 다양한 변수들과 관련지워 고찰할 필요가
있는 것이다. 이러한 연구는 같은 작품이 독자의 수용에 따라 제각기 다르
게 재창조될 수 있고, 시대적 상황에 따라 적절하게 고쳐질 수 있다는 것
을 밝힐 수 있다. 가변성을 특성으로 하는 구비문학은 자연히 이러한 문제
에 논의가 집중되어야 한다.

설화는 개인작이 아니다. 저작권도 없다. 익명의 다수 민중에 의한 공동
작이다. 따라서 처음부터 원전이나 원본이라고 할 수 있는 작품은 인정되
기 어렵다. 최초의 독창적인 작품이라고 하는 것은 구연되는 순간에 사라
진다. 그러므로 구체적인 작품으로서 각편(version)을 원본으로 확정하지 않
고, 포괄적이고 추상적인 작품으로서 유형(type)을 원형(archetype)으로 추

---

9) 金容沃, 주 4)의 책, p.135. "모든 역사적 진술은 그 양식 나름대로 각기 특유하고
   고유한 의미를 지니기 때문에 진위의 대상이 될 수 없는 것이다. 중국 고대역사의
   기록에서도 우리는 진위라는 무의식적인 가치판단을 적용하는 어리석은 임무에서
   해방되어야 할 것이다. ……그것이 사실과 합치하느냐 안하느냐를 따질 것이 아니
   라, 그러한 기술이 어떠한 의도를 가지고 어떠한 그들의 삶의 이해구조를 반영하고
   있는가 하는 것을 엄밀히 분석해 보아야 할 것이다."
10) 林在海, 〈歷史의 理解와 文學의 歷史的 硏究〉, 《정신문화연구》 1983 겨울호, 한국
   정신문화연구원, p.33. "과거에 무슨 일이 벌어졌는가 하는 것 이상으로 그 사건에
   대해서 대다수 사람들이 어떻게 생각했는가 하는 사람들의 의식이 더욱 중요할 수
   있다."
11) 金東旭, 《春香傳硏究》, 연세대출판부, 1965, p.69 참고.

론하려고 하는 것이다. 그리고 구비문학은 기록문학과 달리 원본의 확정이 절실하지 않다. 애써 원형을 추론하여도 그 결과는 미덥지 못하다.[12] 기록문학의 고정성을 벗어나서, 이야기가 구연될 때마다 내용이 달라지는 것이 구비문학의 가변성이다. 이야기꾼과 청중에 따라서 그때마다 다르게 재창조되는 '각편'이 설화의 구체적인 연구대상이다. 이야기의 수용과 전승 및 재창조의 주체는 이야기꾼이다. 작가와 같은 생산자가 따로 있는 것이 아니라 이야기꾼이 바로 전승자이자 생산자인 것이다.[13] 그러므로 같은 이야기를 여러 사람이 저마다 다르게 구연하더라도, 그 각각의 이야기꾼과 각편들은 생산자와 작품으로서 제각기 독자적 가치를 지니는 것으로 인정되는 것이다.

문헌자료의 경우도 설화의 본디 전승양식에 입각해서 문제될 수밖에 없다. 그래서 누가 그 이야기를 처음으로 지어냈는가 하는 문제보다 누가 그 이야기를 수록했는가 하는 것이 더 중요한 문제이다. 이야기꾼이 재창조자로서 또는 생산자로서, 구연된 이야기의 각편과 더불어 문제되듯이 문헌자료의 경우에도 수록자는 이 설화를 어떤 전거로부터 어떻게 수용하여 문헌에 수록하게 되었는가, 그리고 문헌에 수록한 의도는 무엇인가 하는 문제가 논의의 주요 대상이 되는 것이다.

이러한 논의는 하나의 문헌자료를 통해서도 가능하지만, 같은 설화가 서로 다른 문헌에 다양한 양식으로 수록되어 있으면 더 풍부한 논의가 가능하다. 설화의 본디 전승양식을 가늠할 수 있기 때문이다. 그러므로 같은 유형의 설화가 여러 문헌에 다양하게 수록되어 있고, 구전되는 자료도 서로 다른 양상으로 널리 전승되고 있는 것이 이 논의를 풍부하게 하는 적절한 유형의 설화가 될 수 있다.

---

12) 역사지리학적 방법의 목적이 자료의 원형을 추론하고 그 전파과정을 추적하는 것인데, 작업의 양이 엄청나고 번거로운 데 비하여 빈약하고 미덥지 못한 성과를 얻는다는 점에서 방법론적으로 비판받고 있다. Richard M. Dorson, *Folklore and Folklife*, The University of Chicago Press, 1972, pp. 7~12 참조.

13) Ruth Finnegan, *Oral Poetry*, Cambridge University Press, 1977, p. 20. 구비시가의 구연(oral performance)과 제보자의 역할을 논의하면서, 연행자(performer)와 합성자(composer), 또는 작품 생산자(poets)의 역할을 구별하기 어렵다고 했다.

2. 김현감호 설화의 문헌전승 양상

김현감호 설화는 《삼국유사》 '김현감호'(金現感虎)조에 수록되어 있는 이
야기이다. 이 이야기와 같은 줄거리가 《동경잡기》(東京雜記), 《대동운부군
옥》(大東韻府群玉) 등의 문헌에 수록되어 있다. 그리고 《보한집》(補閑集)에도
이와 비슷한 이야기가 수록되어 있다. 이들 문헌에는 이야기의 본문 외에
평문(評文)과 찬(讚) 등 설화와 관련된 기술물(記述物)들이 함께 수록되어
있어 설화의 수용양상을 이해하는 데 도움이 된다. 이들 문헌자료를 통해
서 수록자와 문헌의 성격 및 수록내용들을 상호관계 속에서 검토해 보면,
설화가 전승되면서 수용되고 재생산되는 과정을 포착할 수 있을 것이다.
먼저 《삼국유사》의 김현감호 설화부터 보기로 한다. 줄거리만 옮긴다.

> 김현이 福會의 풍속에 따라 興輪寺의 殿塔을 밤늦게까지 쉬지 않고 도는데,
> 한 처녀가 계속 뒤를 따라 돌았다. 서로 사귀게 되어 사랑을 나누었다. 김현이
> 처녀의 집을 따라가니 호랑이굴이었다. 처녀의 오빠 호랑이들이 나타나서 김
> 현은 위기에 이르렀으나, 처녀와 처녀의 어머니에 의해 위기를 넘겼다. 이때
> 하늘에서 인명을 해친 호랑이의 죄악을 징계하겠다고 했다. 이에 처녀는 오빠
> 들을 도망가게 하고 스스로 징벌을 받고자 하여, 김현에게 자신을 죽이고 성취
> 를 이루어달라고 당부했다. 김현이 사양하니 처녀는 다섯 가지 이로운 점을 들
> 어 김현을 설득했다. 처녀의 말대로 성 안에 맹호가 날뛰어 왕이 현상을 걸었
> 다. 김현이 잡겠다고 나서니 왕은 벼슬을 주었다. 김현이 범을 쫓아가니, 범은
> 숲속에서 처녀로 변하여 虎傷의 치료법을 알려주고, 스스로 김현의 칼을 뽑아
> 자결했다. 김현은 그 공로로 벼슬을 하고, 호처녀를 위해 절을 짓고 梵網經을
> 講했다. 절 이름을 虎願寺라 했다.[14]

이 설화는 김현의 전기적(傳記的) 성격을 지니면서, 호원사(虎願寺)의 창
사연기(創寺緣起) 설화 구실을 한다. 전거를 《수이전》(殊異傳)으로 밝히고
있는 《대동운부군옥》의 호원(虎願) 설화와 줄거리가 일치하는 것을 보면,[15]

---

14) 《三國遺事》 권5, 感通 제7, 金現感虎조의 내용을 간추려 옮긴 것이다.
15) 두 자료의 비교 검토는 金榮晩, 〈三國遺事 所載說話의 通時的 硏究〉, 《韓國文學論
    叢》4, 한국문학회, 1981, pp. 25~26에 자세하게 이루어졌다. 이 책에서도 계속 이
    문제에 관심을 기울일 것이다.

이 설화는 《수이전》을 저본(底本)으로 하여 일연(一然)이 《삼국유사》에 재수록한 것이라 할 수 있다. 그러나 전거를 밝혀두지 않은 걸 보면 《수이전》을 이 설화의 저본으로 확정하기 어렵다. 왜냐하면 일연은 《삼국유사》의 기록들을 다양한 전거로부터 참고하고 있음을 밝혀두었는데, 여기서는 전거가 명시되지 않았기 때문이다. 경(經)·사(史)·자(子)에 속하는 중국 문헌뿐만 아니라, 고기(古記)·사지(寺誌)·비갈(碑碣)·안독(案牘) 등을 비롯한 다양한 양식의 전거를 100여 종이나 참고하고 있다.[16] 이런 성격으로 보아 전거가 명시되지 않았으므로, 《수이전》과 내용이 일치한다고 하여 《수이전》을 저본으로 삼아 《삼국유사》에 수록한 것으로 보기는 어렵다.

그러나 《삼국유사》의 '원광서학'(圓光西學)조에 의하면, 《고본수이전》(古本殊異傳)을 참고하고 있다는 전거를 발견할 수 있다. 따라서 일연은 《수이전》을 읽고 《수이전》의 자료를 두루 참고했을 가능성이 있다. 왜냐하면, '연오랑세오녀'(延烏郎細烏女)나 '탈해'(脫解)의 기록은 모두 《수이전》에 있는 내용이지만 《삼국유사》에 수록되면서 전거가 밝혀져 있지 않다. 그러므로 '김현감호'조의 경우에도, 미처 《수이전》이라는 전거를 명시하지 않았더라도 실제로는 《수이전》을 근거로 하여 수록했을 가능성이 높은 것이다.

실제로 《수이전》의 자료를 참고로 하지 않았다 하더라도 자료의 내용이 서로 같으므로, 다른 전거를 별도로 밝히지 않은 이상 선행 문헌인 《수이전》을 전거로 한 것이나 다름없다. 선행 자료나 연구결과를 뒷사람이 모르고 참고하지 않았다 하더라도, 그 내용이 같을 때에는 독창성이 별도로 인정되지 않는 것과 마찬가지이다.

김현감호 설화는 《삼국유사》에 수록되면서 일연에 의해 일정한 해석이 이루어졌다. 《수이전》을 전거로 한 《대동운부군옥》의 호원 설화로 보아 설화 자체의 줄거리에는 가감이 없다. 《수이전》의 작품을 그대로 옮겨적은 것으로 볼 수 있다. 그런데 일연은 김현감호 설화와 함께 신도징(申屠澄) 설화를[17] 나란히 수록했다. 그리고 이 두 설화를 비교하여 평하는 글과 찬

---

16) 權相老 譯解, 《三國遺事》, 동서문화사, 1978, pp.24~30.
17) 申屠澄 설화는 《太平廣記》 권429에 수록되어 있다. 《太平廣記》에는 이 설화의 출전을 《河東記》로 밝혀두었는데, 一然이 《河東記》를 참고했는지 《太平廣記》를 참고했는지 확정짓기는 어렵다. 이 문제에 대한 자세한 고찰은 車溶柱, 〈金現感虎의 比較

(讚)을 수록해 두었다. 이러한 참고 기술물을 통해서 일연이 이 설화를 수용한 태도를 검토할 수 있다. 일연의 평문(評文)은 아래와 같다.

> 아! 屠澄과 김현 두 사람이 異物과 만났을 때, 그 짐승이 변해서 사람의 아내가 된 것은 다름이 없다. 그러나 뒤에 도징의 범이 사람을 배반하는 시를 남기고 으르렁거리면서 할퀴고 도주한 것이 김현의 범과는 다르다. 김현의 호랑이는 부득이 사람들에게 상처를 입혔으나 좋은 처방을 잘 가르쳐줌으로써 사람들을 구했다. 짐승도 어질기가 이와 같은데, 지금은 사람도 짐승과 같지 못하니 어쩐 일인가. 이 일의 처음과 끝을 자세히 살펴보면, 김현의 범이 절을 열심히 돌았을 뿐 아니라, 하늘에서 악을 징계하겠다고 외치자 스스로 이를 대신했으며, 신비한 처방을 전수해서 사람을 구하니, 이에 사람을 감동시켜 절을 짓고 佛戒를 講하게 했던 것을 알 수 있다.[18] 이것은 다만 짐승의 본성이 어질 뿐만 아니라 무릇 부처가 사물에 접응함이 다방면이어서, 김현이 정성껏 탑돌기를 하므로 이익을 주어 보답을 한 따름이다. 그러니 당시에 능히 복을 받는 것은 마땅한 일이다.[19]

우선 일연은 도징의 범보다 김현의 범이 어진 본성을 지녔다고 하면서 사람들의 어질지 못함을 개탄했다. 그리고 이야기의 전후관계를 따져볼 때, 범의 세 가지 행적이 사람을 감동시킬 만한 것으로 평가하고 있다. 첫째 범이 절을 정성껏 돌았다는 것, 둘째 남의 죄를 대신해서 징계를 받은 것, 셋째 사람을 구할 수 있는 신비한 처방을 준 것 등이다. 이 세 가지 일이 사람을 감동시켜 절을 짓고 불법을 강하게 했다는 것이다.

일연은 범의 본성이 어질다는 것을 나타내는 데에서 평문을 매듭짓지 않았다. 부처님이 호랑이로 접응(接應)해서 나타나, 김현의 불심에 보답하고

研究), 《淸州女子師範大學論文集》7, 淸州女子師大, 1978, pp. 58~59 참조.

18) 이 부분의 원문은 "感人於旋遶佛寺中 天唱懲惡 以自代之 傳神方以救人 置精盧講佛戒"와 같다. 이병도의 번역에는 "이 事蹟의 처음과 끝을 자세히 보건대 절을 돌려는 사람을 감동시켰고 하늘에서 외쳐 악을 징계하려 하자 스스로 그것을 대신하여 신기한 처방을 전하여 사람을 구하고 절을 지어 불계를 강하게 했던 것이다"로 되어 있다. 구체적인 어휘는 다르나 전체 내용에서는 이재호·권상로의 번역도 이와 같다. 이렇게 번역해서는 본문의 내용과 맞지 않으므로 필자가 새롭게 번역했다.

19) 《三國遺事》, 주 14)와 같음. "噫 澄現二公之接異物也 變爲人妾則同矣 而贈背人詩 然後哮吼拏攫而走 與現之虎異矣 現之虎不得己而傷人 然善誘良方以救人 獸有爲仁如 彼者 今有人而不如獸者 何哉 詳觀事之終始 感人於旋遶佛寺中 天唱懲惡 以自代之 傳 神方以救人 置精盧講佛戒 非徒獸之性仁者也 蓋大聖應物之多方 感現公之能致精於旋 遶 欲報冥益耳 宜其當時能受禧佑乎."

50

자 이익을 준 것이라고 하였다. 이 평문의 핵심은 여기에 있는 것이다. 호랑이의 어진 행적은 결국 부처님의 행적이었던 것이므로, 이 평문은 호랑이에 대한 것이 아니라 부처님에 대한 예찬론으로 받아들여야 한다.[20]

결국 일연은 평문을 통해서, 탑돌이를 지성껏 하는 지극한 신앙심, 남을 대신하는 희생, 인명을 구제하는 자비심 등이 남을 감동시키는 일이므로, 이런 일로써 불법을 흥하게 할 수 있다는 것을 강조하고자 한 것이다. 그리고 이와 더불어, 불가에 귀의하면 부처님이 여러 방면으로 사물에 접응하여 큰 도움을 준다는 것을 드러내고자 한 것이다. 이와 같은 일연의 해석은 이 설화를 자기 나름대로 수용한 결과이다. 또한 이 설화를 읽는 이들에게 강조해서 전달하고자 하는, 수록자로서의 일연의 구체적인 의도이기도 하다. 본문만으로도 설화 속에 내재해 있는 의미가 전달될 수 있으나, 사람마다 받아들이는 것이 다를 수 있다는 것을 알고 있는 일연은, 자신의 수록의도를 충분히 살리고자 별도의 평문을 덧붙인 것이다.

일연은 평문에 이어 찬까지 지어서 수록했다. 찬의 내용은 다음과 같다.

山家에 세 오라비의 악행을 참을 수 없어
난초가 토한 한마디 허락의 말이 꽃다웁구나.
의리의 중함이 여러 가지니 만 번 죽음도 가벼워
숲속에서 몸을 바치나니 낙화가 애처롭구나.[21]

일연의 찬은 부처의 응신인 호처녀가 세 오라비의 죄를 대신해서 희생당하는 것을 높이 칭송하여 읊은 것이다. 앞의 평문 가운데에서, 사람을 감동시키는 세 가지 행적 중의 하나에 특히 초점을 맞춘 셈이다. 그러므로 이 찬은 앞의 평문에 관련되어 있으면서, 부처의 살신성인(殺身成仁)하는 덕행을 특히 내세우고자 한 것이다.

---

20) 일연은 김현의 호랑이를 예사 호랑이나 짐승으로 인식한 것이 아니다. 부처님의 응신으로서 인식했다. 따라서 일연이 논한 호랑이의 어진 본성을 호랑이 일반론으로 받아들이면 곤란하다. 신도징 설화를 함께 수록한 이유도 여기에 있다. 예사 호랑이와 구별하고자 한 것이다. 도징의 호랑이는 사람을 배반하고 할퀴면서 달아났다는 사실을 평문에서 거듭 밝힘으로써, 부처님의 응신인 김현의 호랑이를 상대적으로 더욱 높이 평가하고자 한 것이다.
21) 三家不耐三兄惡 蘭吐那堪一諾芳 義重數條輕萬死 許身林下落花忙.

지금껏 보아온 바와 같이, 일연의 해석에는 김현과 호처녀의 자연스런
사랑의 나눔에 대한 언급이 전혀 없다. 이러한 현상은 불승으로서 이 이야
기를 수용하는 일연의 태도 때문이라고 하겠다.

전거를 《삼국유사》로 밝힌 가운데[22] 자료를 수록한 민주면(閔周冕)의 《동
경잡기》에는 논호수(論虎藪)라는 제목 아래 김현감호 설화의 원문과 일연이
지은 찬만 실려 있다. 신도징 설화와 일연의 평문이 제외되어 있으므로,
이 책에서는 찬이 유일하게 설화를 설명해 주는 구실을 한다. 즉 민주면이
받아들인 것은 설화 자체와 찬뿐인 것이다. 민주면에게는 일연의 평문이
이 설화를 객관적으로 수용하는 데 장애가 된다고 생각한 것이다.

민주면은 현종(顯宗) 때에 경주부사로 있으면서, 그 이전부터 전해오던
《동경지》(東京誌)를 증수하여 1669년에 간행하면서 책명을 《동경잡기》라 하
였다. 《동경지》를 《동경잡기》라 한 것은 책의 표제를 격하시킨 것이다. 이
책에는 경주가 신라의 서울일 때부터 시작하여 조선조 중기에 이르기까지
2천여 년의 사적이 기록되어 있다. 내용은 경주를 중심으로 한 상고대 국
가의 역사로부터 지리·관제(官制)·풍속·산천·토산·궁실(宮室)·학교·
불사·고적·인물·이문(異聞) 등 49항목으로 나누어 경주의 문물을 망라하
고 있다.[23] 따라서 이 책은 경주의 지방지적 성격을 지니고 있는 것인데,
민주면은 '잡기'라 한 것이다.

민주면은[24] 조선조 중기에 경주부사를 지냈으니, 유교적인 정치이념이 확
립되어 있던 시대의 유자(儒者) 관료라고 할 수 있겠다. 지방지를 잡기로
폄시(貶視)하는 민주면에게서 김현감호 설화 자체는 자료로서 받아들여질
수 있으나, 호랑이를 부처님의 응신으로 보는 일연의 평문은 받아들이기
어렵다. 신도징 설화도 경주의 이야기가 아니므로 지방지적 성격을 지닌
이 책에는 실을 필요가 없었던 것이다. 따라서 일연의 평문과 신도징 설화
는 제외시켰으나 일연의 찬은 받아들였다. 찬에는 유자도 받아들일 만한

---

22) 論虎藪 말미에 '以上出 三國遺事'라 하여 전거를 명시하고 있다.
23) 李錫浩 역, 《東京雜記》, 대양서적, 1978, p. 16 참조.
24) 閔周冕(1629~1670)은 조선조 문신으로 1653년에 알성문과에 장원하여 공조·예
    조·병조의 佐郞을 역임하면서 春秋館記事官을 겸했다. 뒤에 승지·부윤 등을 거쳤
    으며 문장으로 이름을 떨쳤다.

내용이 있었기 때문이다.

이 책에서의 찬은 《삼국유사》의 작품과 같은 것이지만, 서로 다른 의미
를 지니게 된다. 왜냐하면, 《삼국유사》에서는 찬이 평문의 영향 아래 이해
되나, 《동경잡기》에서는 설화의 본문과 한정된 관계 속에서만 이해되기 때
문이다. 동시에 《삼국유사》에서는 일연의 평문을 중심으로 설화의 수용이
크게 영향을 받을 수 있으나, 《동경잡기》에서는 찬으로 하여 설화의 이해
가 달리 이루어질 수 있다. 즉, 관련 기술물들은 상호관계 속에서 서로 영
향을 주고받는 것이다. 관련 기술물의 내용에 따라 같은 작품이라도 받아
들이는 수용자의 태도가 달라지게 되는 것이다. 《동경잡기》에서는 설화와
찬의 문맥 가운데서 서로 호응하는 대목을 중심으로 이 두 자료가 이해되
게 마련이다.

설화를 보면, 호처녀가 "비록 같은 유(類)는 아니지만 하루 저녁의 즐거
움을 함께 누렸으니, 그 뜻의 중함은 부부의 인연을 맺은 것이나 다름없
다"고[25] 하며, 스스로 희생을 자청했다. 의를 중하게 여기고 목숨을 가벼이
여기는 호처녀의 희생정신이 드러나 있는 것이다. 찬에서도 "의리의 중함
이 여러 가지니 만 번 죽음도 가벼워"라고[26] 했다. 이 두 대목은 서로 긴밀
하게 호응하고 있는 것이다. 찬 역시 의리를 목숨보다 중하게 여기는 것을
높이 칭송하는 셈이다. 그러므로 민주면의 의도는 설화의 본문과 일연의
찬만을 한정적으로 수용함으로써, 의리의 중함을 강조해서 내세우고자 한
것이다. 특히 구체적인 대상이 되는 의리는 부부간의 의리이다.

그러나 일연이 찬을 지은 것은 의리를 내세우고자 한 것은 아니다. 호처
녀의 희생 또한 전적으로 의리를 위한 것으로 파악되지도 않았다. 일연은
호처녀를 부처의 응신으로 보았던 것이다. 따라서 일연은 찬을 통해서, 남
의 죄를 대신해서 희생하는 살신성인의 부처를 칭송한 것이다. 그리고 부
처의 감응하는바 신통력과 그 큰 뜻을 기리고자 한 것이다. 그러므로 설화
의 제목도 김현감호라고 했던 것이다.

그런데 민주면은 설화의 제목도 바꾸었다. 논호수(論虎藪)라고 한 것이

---

25) 雖曰非類 得陪一夕之歡 義重結褵之好.
26) 義重數條經萬死.

다. 《삼국유사》의 설화 말미에 김현이 죽을 때 지난 일의 기이함을 적었는
데, 그 글의 이름을 논호림(論虎林)이라고 했다는[27] 대목이 있다. 논호수는
바로 논호림에서 따온 제목이다. 《삼국유사》에 전거를 두고 있으면서도 민
주면이 '논호수'로 이 글의 표제를 삼은 것은 《삼국유사》의 김현감호라는
표제가 일방적으로 전달해 주는 불교적인 감동에서 벗어나, 이 이야기를
객관적으로 수용하고자 한 때문이다.

이처럼 같은 글이지만 표제에 따라 수록자가 수용자에게 전달하려는 의
도가 다르게 나타난다는 것을 알 수 있다. 이러한 표제의 차이도 수록자가
작품을 수용하는 태도를 반영한 것이면서, 또한 작품의 전달자로서 읽는
이에게 자신의 전달의도를 개성있게 표명하는 데 일정한 기능을 하는 것이
다.[28] 그리고 여기서 거론된 찬 하나만 하더라도 작품 자체로서 뜻하는 바
의 의미와, 다른 문맥과의 관련성 속에 지니는 의미는 서로 다른 것이다.
찬의 원작자인 일연의 의도와, 이를 수용한 민주면의 이해에는 상당한 차
이를 보이는데[29] 이러한 문제는 수용미학의 관점에서 계속 다루어져야 할
것이다.[30]

권문해(權文海)가 펴낸 《대동운부군옥》에는 '호원'(虎願)이라는 표제 아래
이 설화가 수록되어 있다. 출전은 《수이전》이라 하였다. 《수이전》의 저자와
간행연대는 불확실하다. 《대동운부군옥》에서는 최치원(崔致遠)이라 하였고,
각훈(覺訓)의 《해동고승전》(海東高僧傳)에서는 박인량(朴寅亮)의 《수이전》이
라 하였다. 현재로선 어느 한쪽으로 확정하기 어렵다. 확실한 것은 《해동
고승전》에 앞서 《수이전》이 저작되었다는 것이다.[31] 그렇다면 《수이전》이
《삼국유사》보다 앞서 저작되었으므로, 《삼국유사》의 김현감호 설화와 《수

---

27) 現臨卒 深感前事之異 乃筆成傳 俗始聞知 因名論虎林.
28) '김현이 호랑이를 감동시켰다'(金現感虎)는 표제와, '호랑이 숲을 논한다'(論虎
    藪)는 표제를 대할 때 이미 독자는 글의 내용에 관해 일정한 선입감을 가지게 마련
    이다. 이러한 선입감이 독자로 하여금 글의 수용을 달리하게 하는 것이다.
29) 작품이 문자로 고정되어 있는 기록문학의 경우에도 독자의 수용에 따라 그 의미가
    가변적인 만큼, 특정한 청중을 수용자로 한정하고 이야기하는 구비문학의 경우에는
    이러한 가변성의 폭이 훨씬 크다. 뿐만 아니라 작품 자체도 그때마다 다르게 이야기
    되게 마련이다.
30) 이 문제에 관해서는 이 책의 8장에서 더 구체적으로 논의될 것이다.
31) 車溶柱, 주 17)의 글, p.61 참고.

이전》을 전거로 한 《대동운부군옥》의 호원 설화를 비교해서 그 영향관계를 검토할 수 있다.

이미 이러한 비교·검토는 몇 차례 이루어졌다.[32] 따라서 같은 작업을 되풀이하지 않고 그 결과만을 정리하기로 한다. 두 자료를 대조해보면 이야기의 전체 줄거리에는 아무런 차이를 발견할 수 없다. 김현감호가 더 자세하고 구체적이라면, 호원은 간략하게 줄거리를 정리하고 있는 정도이다. 일부 대목을 참고삼아 예시해 보면 아래와 같다.

> (김현) 新羅俗 每當仲春初八至十五日 都人士女 競遶興輪寺之殿塔 爲福會.
> (호원) 新羅俗 每當仲春初八至十五日 都人士女 競遶興輪寺□□塔 爲福會.
>
> (김현) 元聖王代 有郎君金現者 夜深獨遶不息.
> (호원) 元聖王(時) 有郎□金現者 夜深獨遶不息.[33]

한쪽이 다른 쪽을 참고하지 않고서는 이와 같이 똑같은 어휘와 문장으로 이야기를 표현하기 어렵다. 줄거리의 서사적 진행과 사용한 어휘가 같은 것으로 미루어보아서 《삼국유사》의 김현감호도 《대동운부군옥》과 마찬가지로 《수이전》을 전거로 한 것이라고 하겠다.[34] 《수이전》의 설화를 《삼국유사》에서는 전문 그대로 수록한 데 비해서, 《대동운부군옥》에서는 간략하게 이야기의 줄거리만 수록했다. 뿐만 아니라, 《대동운부군옥》에는 설화를 해석한 결말이나 참고 기술물은 전혀 없다. 그것은 이 책의 성격 때문이다. 《대동운부군옥》은 저자 권문해가[35] 고사(古事)를 운부(韻府)에 따라 사전식으로 편찬한 책이다. 따라서 자신의 주관을 곁들이지 않은 채 있는 자료를 객관적으로 정리해서 실었던 것이다. 따라서 《대동운부군옥》의 자료는 김현감호 설화에 대한 저자의 수록의도를 별도로 밝히는 데에는 큰 도움을 주지 않을 수 있다. 그러나 출전(出典)을 《수이전》으로 밝힘으로써, 김현감

---

32) 車溶柱, 주 17)의 글, pp. 61~62 ; 金榮晚, 주 15)와 같음.
33) 두 설화의 서두 부분만을 대조해서 인용한 것이다. ( )안의 글자만 '代'가 '時'로 바뀌었다.
34) 金榮晚, 주 15)의 글, p. 28 참조.
35) 權文海(1534~1591)는 조선조 선조 때 학자로서 1560년 문과에 급제, 좌부승지까지 지냈다. 수천년래의 여러 서적을 참고하여 단군 이래 선조까지의 모든 史實·인물·지리·문학·예술 등을 망라하여 《大東韻府群玉》 20권을 간행했다.

호 설화가 《수이전》을 저본으로 하여 여러 문헌에 두루 기록되어 전승되었다는 사실을 새로 밝히는 데는 큰 도움을 주었다.

지금까지 다룬 자료들은 모두 문헌에 수록되어 있는 자료를 그대로 옮겨 적거나 줄거리를 축약하여 수록한 것이었다. 따라서 수록자의 수록의도는 자료에 덧붙여서 별도로 밝힐 수밖에 없었다. 그러나 일정한 청중을 대상으로, 이야기꾼 자신이 직접 겪은 것처럼 이야기하는 상황에서는 자신의 구연의도를 살리기 위해서 다른 방법을 택할 수 있다. 이야기 자체를 적절하게 변이시켜 구연하는 것이다.

《삼국유사》의 편찬시기보다 빠를 것으로 추정되는 최자(崔滋)의 《보한집》(補閑集)에 호승(虎僧) 설화가 수록되어 있다. 이 자료는 문헌에서 그대로 옮겨적은 것이 아니라, 변산(邊山)의 늙은 중이 이야기하는 것을 듣고서[36] 최자가 《보한집》에 수록한 것이다. 따라서 이 설화는 앞의 문헌자료들과는 달리 수록자가 이야기꾼의 이야기를 직접 듣고서 기재한 일종의 설화자료 보고서라고 하겠다. 특히 이야기꾼의 정체가 밝혀져 있을 뿐 아니라, 수록자의 생각도 덧붙여져 있어서 설화를 이해하는 데 중요한 단서를 제공하고 있다.

호승 설화의 내용은 김현감호의 그것과 정확하게 일치하지 않는다. 그러나 상당한 부분이 같으며 사건의 전개과정이 비슷하다.[37] 이야기꾼인 노승이 스스로 겪었던 것처럼 이야기를 함으로써 연등회(燃燈會)에 나타난 호랑이는 처녀가 아니라 소년일 수밖에 없다. 자연히 김현감호 설화처럼 호처녀와 통정(通情)을 하는 대목은 나타나지 않는다. 따라서 이야기에 등장하는 중심 인물이 스님과 호청년으로 바뀌었으므로, 서로 다른 유형의 이야기로 보기 쉽다. 이야기의 줄거리부터 보기로 하자.

　　스님은 연등회에서 호랑이 소년을 만나게 되었다. 호기심 때문에 소년의 만류에도 불구하고 호소년의 집을 따라갔다. 거기서 늙은 할미를 만나 걱정을 듣고, 소년의 형인 두 호랑이의 공격을 피해 몸을 숨겼다. 스님은 할머니와 소년

---

36) 《補閑集》 卷 下, "邊山有一老宿 自言往時……"
37) 權相老 譯解, 《三國遺事》, 동서문화사, 1978, pp. 47~48에 호승 설화를 전문 번역해서 수록하고 김현감호 설화와 전혀 무관한 것은 아닐 것 같다고 했다.

의 도움으로 죽음을 면했다. 호랑이의 행패에 대하여 이웃 절의 주지스님이 징벌을 내리려고 하자, 소년은 형 호랑이들을 대신해서 희생될 것을 결심하고, 스님에게 약속한 장소에서 죽여줄 것을 간청했다. 헤어진 후 약속한 장소에서 다시 만난 호랑이 소년은 스님에게 뒤에 인간으로 환생하여 찾아갈 테니 머리를 삭발하고 제도해 달라는 말을 남겼다. 그리고 스님이 지니고 있던 창에 스스로 찔려 자결했다. 그로부터 15년 뒤에, 스님은 인간으로 환생한 소년을 만나 중이 되게 했다. 나중에 그 호승이 日嚴師의 법사가 되어 그 법력이 대단한 경지에까지 이르렀다. 그 사실을 직접 확인한 바 있다.[38]

호승 설화의 줄거리를 김현감호 설화와 비교해 보면, 인간으로 변신한 호랑이가 자기와 친교를 맺은 인간에게, 형들이 저지른 죄악을 대신하여 징벌을 받을 수 있도록 죽여줄 것을 원하고, 스스로 죽기 전에 불법을 이룰 수 있도록 유언을 하며, 마침내 그 유언이 성취된다는 점에서 상당한 관련성을 지닐 수 있다. 그리고 이야기의 전체적인 구성이 동일하다.

더 구체적으로 따져보면, 우선 당시의 풍속에 따라 탑돌이와 연등회 같은 불교행사에서 사건의 발단이 이루어진다는 점에서 같다. 그리고 등장인물에서 사람과 사람으로 변신한 호랑이, 호랑이의 어머니, 호랑이의 형, 징벌자가 차례로 등장하여 제각기 같은 역할을 한다는 점에서 별개의 이야기로 보기 어렵다. 호소년의 어미가 사람을 맞이하고 또 호랑이의 공격으로부터 숨겨주는 태도 역시 일치한다. 거절하는 호소년(호처녀)의 뒤를 기어코 따라가는 사람의 태도나, 형제의 죄악을 속죄하고자 스스로 죽겠다고 하는 호소년의 태도, 그리고 약속대로 호랑이가 출현하고 뒤를 쫓아가서

---

38) 《補閑集》 같은 곳. "往時聞高敵縣人 設燃燈會 往觀焉 有一少年 異於尋常者 問諸左右 皆曰 不知誰之子 及罷去 踵其後追至于山麓 少年告曰莫我追 我居陋不堪寄宿 師曰 日暮矣 將安適歸 曰業已俱來 不可辭以僻陋 行有老嫗出迎曰咄 爾兒子 若汝兩兄見之 此師其爲食乎 師至是 知其爲虎窟 欲出去 嫗曰二子已回來 若强去必殆矣 因携持而入 少年曰 吾恐甚 請以師置母之後 須臾二虎將一兎入來 嫗欲其不久滯也 曰我與汝等 共一兎 其何以療飢 速遠出 更求食來 虎作人語而對 曰母有食 何更求爲 卽出去 良久復來 曰我從山主所乞禱 各得食 小妹可從來 何能忍飢自苦 復出去 俄有來呼者 曰以若之子女 婆婆於州里間 主命罰之 詰朝當往 入高敵縣檻窄中就死 少年曰 主命也 不可逃 今幸逢師 亦命也 方我入檻中 衆來制我 恐不忍生嗔 師宜來告衆寧却 曰我能獨斃之 持短槍而前 吾出一言而死 師之惠也 明旦至縣 聞檻中有虎 師往如其言却衆 持短槍以直前 虎曰 我向某村某家 受生爲男子 至年十二三時 往謁師 剃髮以度我 卽接刃 自穴其腦而斃 後十五年 師偶出洞門 見一童子拜於道左 問之 曰我乃某村男子也 師憶向檻虎之言 而髡爲沙彌頗穎悟可愛 忽遁去 不知所之 後聞日嚴寺師 修秘呪 以加持力 日服人承命赴畿內蘭若 師往省之 乃向沙彌也."

호랑이를 잡는 방식 등이 두루 일치한다. 그러므로 일단은 같은 유형으로 다룰 수 있겠다.[39]

그러나 이 설화에서는 호처녀와 인간인 총각이 성적인 결합을 하는 화소가 나타나지 않는다. 따라서 작품전개의 양상이 새로운 면모를 보이게 된다. 호승 설화에서 호소년은 형제의 죄를 대신하여 죽음으로써 살신성인하는 불가의 법을 따를 뿐 아니라, 그 업보로써 인간으로 환생하여 중이 되고 훌륭한 법력을 발휘하여 중생을 감복하게 하는 법사로까지 발전한다.

호랑이가 인간으로 다시 태어나서 법사가 되고 불법을 크게 성취하는 과정이 김현감호 설화에서는 나타나지 않는다. 반면에 김현감호 설화에 나타나는 인간과 호처녀의 통정과정이 호승 설화에는 없다. 이와 같은 차이는 설화를 수록하거나 구연한 사람의 의도와 전거에 따라서 그 원인이 분석되어야 한다.

일연은 이미 문헌에 정착되어 있는 이야기, 즉 《수이전》의 자료를 그대로 《삼국유사》에 옮겨적었다. 따라서 이야기를 통해서 일연 자신이 나타내고자 하는 뜻이 독자들에게 제대로 전달될 가능성이 없다고 생각되어, 신도징 설화를 함께 실었고, 그래도 미흡해서 두 설화를 비교해서 논평하는 글과, 별도의 찬을 함께 덧붙였다. 그러나 변산의 노승은 최자에게 이야기할 때 들었거나 읽어서 알고 있는 이야기를 그대로 들려줄 필요는 없다. 또 그대로 온전하게 들려주기도 어렵다. 기록을 옮겨적는 것이 아니므로, 청중인 최자를 의식하면서, 그가 납득할 수 있도록 자신이 하고자 하는 이야기의 뜻을 살려 자유롭게 이야기를 바꾸어 할 수 있다. 그러므로 변산의 노승은 최자에게 이야기의 진실성을 강조하면서 더 실감있게 들려주기 위해서, 스스로 겪었던 일처럼 이야기했던 것이다.

일연이 불법을 내세우기 위해 김현감호 설화를 《삼국유사》의 감통(感通)조에 수록했던 것처럼, 최자에게 호승 설화를 들려준 노승도 불법을 내세우기 위해 이야기를 했던 것이다. 불법을 내세우는 데에는 총각과 호처녀가 반드시 통정할 필요는 없다. 일연도 이 설화를 논평하거나 해석하는 글

---

39) 車溶柱, 주 17)의 글에서도 같은 유형의 설화로 다루고 있다.

에서 이 점에 관해서는 거론하지 않았다. 그럴 필요가 없었던 것이다. 노승도 그러한 일은 이야기할 필요가 없을 뿐 아니라, 스스로 겪은 일처럼 이야기하는 판이니 호처녀와 통정했다는 대목이 삽입될 수도 없었다.

일연은 이미 있는 문헌설화를 그대로 수록하고 자기의 뜻을 전하고자 했으니, 불법을 전하는 데에도 일정한 한계를 지니게 되었다. 그래서 호처녀는 김현의 불심에 감동하여 부처의 응신(應身)으로 나타난 것이라는 정도의 해석에 그치고 말았다. 그러나 노승은 사정이 다르다. 자기가 뜻하는 바대로 얼마든지 이야기를 재창조해서 구연할 수 있기 때문이다. 그러므로 호승 설화에서는 호랑이가 인간으로 환생해서 불법을 이루고, 윤회설을 입증하는 데까지 나아가게 된 것이다. 이에 비하여 김현감호 설화는 죽은 호랑이를 대신해서 김현으로 하여금 절을 짓고 범망경(梵網經)을 강하게 하는 데서 머무를 수밖에 없었던 것이다.

한편, 노승의 호승 설화를 들은 최자는 이를 들은 그대로 기록하는 데 만족하지 않고 자기의 주장도 폈다. 노승의 이야기를 그대로 받아들이지 않고 자신의 주장도 펴면서 논란을 벌였으니, 최자는 호승 설화를 두고 간접적으로 노승과 논쟁을 벌인 것이다. 이러한 논쟁은 연행현장인 이야기판의 상황을 두고 보면 필연적인 것이다.

호승 설화의 이야기판은 최자의 사랑방에서 벌어졌을 것이다. 아니면 노승의 절간에서 이야기판을 벌였다 해도 상관없다. 이야기판의 구연상황은 구체적으로 드러나 있지 않으나, 이야기꾼인 노승과 듣는이인 최자로서 최소한의 연행공동체를 이루고 있는 이야기판임에는 틀림없다. 노승이 제 스스로 이야기를 하고자 했다는 것도 확실하다.[40] 노승과 최자는[41] 인격형성의 배경은 물론, 불교와 유교라는 종교적 세계관의 차이가 상당히 크리라는 것을 쉽게 짐작할 수 있다. 완전히 이질적인 세계관을 구축하고 있는 청중에게 자신의 세계관을 일방적으로 내세우는 이야기를 하려면, 이야기꾼은 예사로운 각오로 이야기해서는 청중을 설득하기 어렵다는 것을 염두

---

40) 《補閑集》, 주 36)과 같음.
41) 崔滋(1186~1260)는 고려 康宗 때의 문신이다. 문과에 급제했으며 國學學諭에 보직되었고 이규보의 추천으로 文翰을 맡아보기도 했다. 시문에 뛰어나 당대에 문명을 떨쳤으며 학식과 행정력을 겸비하여 많은 치적을 쌓았다.

에 두지 않을 수 없다.

따라서 노승은 최자에게 법문이나 다름없는 설화를 온전하게 전달하기 위해서는 들은 이야기나 읽은 이야기를 그대로 전달하는 식으로 이야기해서는 소용없다는 것을 염두에 두었다. 그래서 노승 자신이 직접 겪은 이야기처럼 구연한 것이다. 결국 노승은 작중인물(character) 노릇과 이야기를 하는 이야기꾼(narrator) 노릇을 겸한 것이다. 특히 호승 설화는 청중인 최자가 듣고자 해서 이야기된 것이 아니라, 노승이 자진해서 최자에게 들려준 것이므로 이야기꾼으로서의 노승의 구연의도는 한층 적극적이다.

최자로서는 노승이 적극적으로 설법을 펼수록 거역스러워진다. 노승이 직접 겪은 일처럼 열심히 이야기를 했으나, 최자는 한마디로 심히 괴이하고 허탄한 이야기라고 비판했다. 그리고는 세상사람들이 일컫기를 앞일을 미루어 이야기하는 내용 가운데에는 호승 이야기도 있다고 하니 부정만 할 수도 없다고[42] 했다. 노승의 이야기를 일부 인정하는 듯 스스로 물러선 것이다. 그러나 마침내는 오직 일엄사의 법사만이 그에 해당된다면 이것 또한 믿기 어려운 것이라고[43] 마무리지었다. 호승 설화를 부정적으로 수용한 것이다. 세상사람들이 호승 설화가 있다는 것을 두루 믿고 있더라도 최자의 처지로서는 노승의 이야기를 사실로 받아들이고 싶지 않았던 것이다.

이야기의 사실성 여부를 놓고 수용자의 처지에서 논쟁을 벌인 것은 최자뿐이다. 최자가 불승이 아닌 유학자이기 때문만은 아니다. 민주면도 유학자이지만 설화의 괴이하고 허탄함을 말하지 않았다. 다만 일연과 달리 불법 대신에 설화 속에 나타난 의리의 정신만을 취하고자 했을 뿐이다. 그런데 최자가 노승과 맞서서 아무 것도 취하는 바 없이 설화를 괴이하고 허탄한 것으로 여겨, 사실로 믿지 않으려는 것은 불법에 대한 거부감 탓만은 아니다. 자료에 대한 불신감 탓도 있다. 이 설화를 문헌을 통해서 수용했으면 사정이 달라졌을 것이다. 노승이 들려주는 이야기를 직접 들었기 때문에 신뢰감을 얻지 못한 것이다. 구전되는 자료에 대한 불신감이 작용했기 때문이다. 그런 근거는 쉽게 찾을 수 있다. 같은 호승 이야기라도 참서

---

42) 此說甚怪誕 世謂識有虎僧之說.
43) 惟日嚴師當之 此亦難憑.

60

(讖書)에 나오는 이야기는 믿고 있기 때문이다. 최자는 괴이하고 허탄한 이야기라도 참서와 같은 문헌에 실린 것은 신뢰하되, 구전되는 것은 불신하고 있는 것이다. 이러한 태도는 오늘날의 사람들도 마찬가지이다.[44]

오히려 노승이 직접 겪은 것으로 이야기하지 않고, 들은 이야기를 전달하는 식으로 이야기를 했다면, 최자를 설득하는 힘이 더 컸을 가능성이 있다. 이미 최자가 부정적으로 인식하고 있는 노승이 스스로 겪은 이야기라고 하니, 겪은 주체와 함께 겪은 일도 부정적으로 수용되게 마련인 것이다. 실제로 최자는 노승의 겪은 바인 호승 설화를 부정하면서도 세상사람들이 일컫는 바를 근거로 이 설화를 긍정하려는 뜻을 비치기도 했다.

노승은 불법에 대한 최자의 부정적인 수용자세를 지나치게 의식한 것이다. 그 결과 이야기를 자신의 경험담으로 완전히 재창조함으로써 구비전승으로 존재할 때 획득될 수 있는 이야기로서의 생명력과 객관성조차 확보하지 못하게 되었다. 도리어 최자의 비판적인 수용을 고무시킨 일이 되고 만 것이다.

비록 최자에게 호승 설화가 온전하게 수용되지는 않았지만, 노승은 최자를 두고 새로운 이야기를 재생산하는 창조력을 발휘했다. 김현감호 설화에 대해서 호승 설화는 변이유형이라고 할 수 있다. 이러한 창조력은 노승이 이야기를 통해서 최자에게 불법을 전하고자 하는 주제의식이 절실했기 때문에 나타난 것이다. 일반적으로 특정 이야기가 전승과정에서 구연능력이 뛰어난 이야기꾼을 만나면 유형적인 범주 안에서 발전적인 방향으로 재창조되고, 구연능력이 떨어지는 이야기꾼을 만나면 퇴화적인 방향으로 재창조된다고 할 수 있다. 그러나 주제의식이 절실하며 창조력이 뛰어난 이야기꾼을 만나면 기존의 유형적 범주를 벗어나 새로운 변이유형을 창조하는 데까지 이를 수가 있다. 호승 설화를 들려준 노승이 바로 그러한 이야기꾼이다.

지금까지 김현감호 설화가 실려 있는 문헌들을 차례로 검토해 보았다.

---

44) 구전자료에 대한 불신감은 오늘날의 학자들에게도 적지 않은 편견으로 작용하고 있다. 사학계에서는 구전사료를 2차사료로 간주하고, 국문학계에서는 구비문학을 소홀히 다루는 경향이 있다.

문헌의 편찬시기가 알려져 있고 전거를 밝혀두고 있어 설화의 전승계보를 쉽게 확인할 수 있었다. 편찬자를 알 수 있었던 것도 설화의 전승과정을 파악하는 데 도움이 되었다. 그러나 여기서 풀어야 할 문제가 아직 남았다. 이 설화의 형성과정 및 최초의 전승양상을 더 논의할 필요가 있다. 그리고 구전된 자료를 문헌에 수록한 경우, 구전자료의 본디 전거를 더 탐색해 보는 일이다. 그래야 이 설화의 문헌전승 계보가 뚜렷하게 잡힐 수 있다.

노승의 호승 설화는 문헌적 전거가 밝혀져 있지 않은 채 《보한집》에 수록되었다. 《보한집》은 《삼국유사》보다 앞선 것이다. 따라서, 노승이 구전설화를 듣지 않았으면 《수이전》, 또는 《수이전》의 저본이 되는 다른 문헌으로부터 이 이야기를 접했을 가능성이 있다. 지금으로선 이 두 가능성을 함께 인정할 수밖에 없다. 그러나 구전설화 쪽의 가능성이 더 높다. 문헌설화와 노승이 들려준 이야기 사이에는 비약이 크기 때문이다. 이 설화가 불교권 안에서 구전되는 동안에 불교성이 짙은 방향으로 변이되는 것은 자연스럽다. 따라서 승려들 사이에서 상당하게 변이된 설화를, 노승이 최자에게 들려주면서 자신의 이야기처럼 재구성했을 가능성이 있는 것이다. 설법을 효과적으로 하는 양식 가운데 하나가, 설화를 빌려와 자신이 실제로 겪은 것처럼 재구성해서 들려주는 방법이다. 그러므로 노승의 호승 설화는 노승 개인의 재창조로 보기보다는 불교권 속에서 구비전승되는 동안에 재창조된 공동작으로 이해하는 것이 옳겠다.

남은 문제는 설화의 최초 모습을 상정해 보는 것이다. 《수이전》을 전거로 한 설화 말미에는 어느 것이나 "김현이 죽음에 임하여 앞일의 기이함에 크게 감동하여 붓으로 적어서 전하니, 세상에서 비로소 알게 되었다. 이로 인하여 이야기의 이름을 논호림이라 하고, 지금까지 논호림으로 칭해진다"고[45) 기록되어 있다. 이 기록으로 미루어보아 이 설화의 최초의 모습은 김현의 기록에서 찾을 수 있다. 물론 김현의 기록은 이 설화와 같을 수 없다. 경험적이기 때문이다. 세간에 기록이 알려지면서 지금의 설화로 재창

---

45) 現臨卒 深感前事之異 乃筆成傳 俗始聞知 因名論虎林 稱于今.

조된 것이다. 세간에 전하던 이야기가 《수이전》에 옮겨지면서 '논호림'이
라는 제목으로 기록되었을 가능성이 있다. 김현감호라는 제목은 《삼국유
사》에 한정된 것이다.

《수이전》의 논호림은 세간에 전승되는 이야기를 수렴한 제목으로서는 적
절하다. 그러나 《삼국유사》의 감통조에 실을 제목으로는 어울리지 않는다.
그래서 일연이 적절하게 내건 제목이 김현감호이다. 역대 경주의 문물을
두루 수록한 《동경잡기》에는 논호림과 같은 뜻인 논호수가 더 적절하다.
그러나 운부에 의해 자료를 수록한 《대동운부군옥》에서는, 전거로 한 《수
이전》의 표제어 논호림의 말운인 '임'(林)으로서는 이 설화를 잘 드러낼 수
없다. 숲을 뜻하는 말을 이 설화의 중심낱말로 내세울 수 없기 때문이다.
'호원'의 말운인 '원'(願)이 더 적절하다. 김현이 지은 절 이름도 호원사이
며, 숲[林]이라는 말보다는 바라고 청하고 생각하는 뜻의 원(願)이라는 말
이 이 설화를 잘 드러내기 때문이다.[46] 지금까지의 논의를 통해 설화의 전
승계보를 정리하면 아래와 같다. 실선은 구비전승, 점선은 기록전승을 나
타낸다.

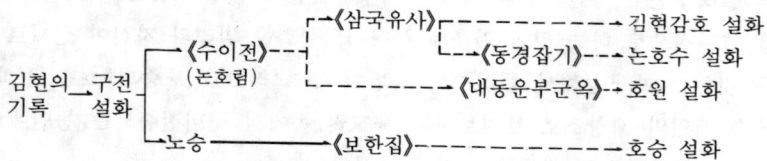

3. 호국룡 설화의 문헌전승 양상

이 글에서 '호국룡 설화'라고 하는 것은 문무왕(文武王)이 죽어서 호국룡
이 되었다는 이야기와, 이 이야기에서 변이된 용 설화를 아울러 일컫는 말
이다. 호국룡 설화는 물리쳐야 할 왜적이나 잘못된 자연물을 두고 왕과 백

---

46) 오늘날의 경우에도 논문이나 저서의 분류 및 이용을 위한 색인 작성을 할 때, 중
심낱말(key word)로서 論虎林을 내걸어서는 적절하지 못하다. 虎願이 중심낱말이
되어야 설화의 내용을 더 잘 드러낼 수 있다. 그러므로 《大東韻府群玉》에서는 '虎
願'을 표제로 한 것이다.

성, 인간과 용이 얽혀서 전개되는 이야기이다. 왕과 백성의 관계, 그리고
인간과 용의 관계를 통해서 통치자의 의지, 통치자에 대한 백성의 의식,
또는 용을 신격으로 인식하는 사람들의 관념을 살필 수 있다. 특히 용은
인간이 이른 시기부터 관계를 맺어오던 신격 가운데 하나이면서, 실제로
있는 것이라고 믿어지고 있어 구체물로 형상화되기까지 하는 민속적인 신
격이다. 용의 이러한 성격은 다른 신격들과 구별되는 특성이자, 용이 인간
의 생활 속에 더 밀착되어 있는 신격으로 받아들여졌음을 뜻하는 것이다.
그러므로 용과 인간의 관계를 통해서 신인관계를 살피고, 나아가 신령관이
나 인간관을 검토할 수 있는 근거가 된다.

호국룡 설화의 문헌자료부터 살피기로 한다. 이 설화를 수록한 문헌으로
는 《삼국사기》, 《삼국유사》, 《세종실록 지리지》(世宗實錄地理誌), 《동국여지
승람》(東國輿地勝覽) 등이 있다. 먼저 《삼국사기》와 《삼국유사》의 자료를 보
기로 한다.

《삼국사기》와 《삼국유사》에는 문무왕의 유언을 중심으로 비교적 간단한
기록만 전한다. 문무왕이 호국룡이 되고자 동해 어귀의 바위에 묻히겠다는
유언에 따라 그렇게 장사지냈다는 것이다.

> 7월 1일에 왕이 돌아가시므로 시호를 문무라 하였다. 그리고 그 유언에 따라
> 동해 어귀의 큰 바위에 장사지냈다. 세상에 전하기를 왕이 용으로 화하여 나라
> 를 지킨다고 하여 그 바위를 大王石이라고 한다.[47]

> 재위 21년 永隆 2년 신사에 세상을 떠났다. 유언에 따라 동해의 큰 바위 위
> 에 장사지냈다. 왕은 평시에 항상 智義法師에게 이르기를,
> "내가 죽은 후에 護國大龍이 되어 佛法을 崇奉하고 나라를 수호하려오."
> 하므로 법사가 말하기를,
> "용은 짐승이니 무엇을 보답하겠습니까?"
> 하였다. 왕이 말하기를
> "내가 세상의 영화를 싫어한 지 오래요. 만약 추한 응보로써 짐승이 된다면
> 나의 뜻에 합당하오."
> 하였다.[48]

---

47) 《三國史記》 권7, 新羅本紀 제7, 文武王 下 21년, "秋七月一日 王薨 謚曰文武 群臣
以遺言 葬東海口大石上 俗傳 王化爲龍 仍指其石爲大王石."
48) 《三國遺事》 권2, 紀異 제2, 文虎王 法敏. "大王御國二十一年 以永隆二年辛巳崩

《삼국사기》에 전하는 기록은 지극히 간단하다. "유언에 따라 동해 어귀의 큰 바위에 장사지냈다"고만 했다. 문무왕이 왜 그렇게 유언했는가 하는 것은 문제삼지 않았다. 호국룡 설화의 핵심은 왕이 죽어서 왜적의 침입으로부터 나라를 지키는 호국룡이 되겠다는 왕의 의지이다. 그런데 《삼국사기》에는 이 부분이 빠졌다. 왕의 호국의지가 드러나 있지 않은 것이다. 다만 세상에서 전하는 말을 빌려, 왕이 나라를 지키는 용이 되었다는 것을 전한다. 이 세전(世傳)은 '대왕석'(大王石)의 지명유래로 전승되던 것이다. 그러므로, 《삼국사기》에는 왕의 호국의지가 드러나지 않은 가운데, 세상사람들이 전하는 말을 소극적으로 기록해 두는 데 그쳤다고 하겠다.

《삼국유사》는 여기서 한걸음 더 나아갔다. 문무왕이 동해의 큰 바위에 묻히고자 한 유언의 의도가 자세하게 기록되어 있다. 문무왕과 지의법사(智義法師)와의 대화를 통해서 유언의 의도를 구체적으로 드러내고 있는 것이다. 이 대화로 봐서 문무왕이 평소에 늘 지의법사와 가까이 지냈다는 것을 알 수 있다. 죽음의 문제, 내세의 문제 또는 나라의 안위에 관한 문제까지 털어놓고 말할 정도로 깊은 사이였다는 것도 알 수 있다. 결국 문무왕은 불법(佛法)을 믿고 불승(佛僧)을 따른 호법왕(護法王)으로 이해해도 좋겠다.

문무왕이 호국룡이 되고자 한 의도는 두 가지 문제에 걸려 있다. 그 하나는 불법을 숭봉하는 것이고, 다른 하나는 나라를 수호하는 것이다. 용이 되고자 하는 의도가 이러하므로 호국룡에 한정시킬 수 없다. 불법을 지키는 호법룡의 구실을 겸하기 때문이다. 진술의 선후로 봐서는 도리어 호법룡이 우선이다. 문무왕의 진술을 그대로 받아들인다면 호국대룡(護國大龍)은 호법룡과 따로 존재하는 것이 아니라 호법룡을 겸하는 것이다. 불법을 숭상하는 일과 나라를 수호하는 일이 한길로 통하는 것임을 말해주고 있다. 호법룡은 곧 호국룡이라는 생각은, 신라는 곧 불국토(佛國土)라는 생각과 깊게 관련되어 있다. 이러한 생각은 문무왕의 생각일 수 있지만, 이 사실을 기록한 일연(一然)의 생각이 반영된 것일 수도 있다.[49]

遺詔葬於東海中大巖上 王平時常謂智義法師曰 朕身後願爲護國大龍 崇奉佛法 守護邦家 法師曰 龍爲畜報何 王曰 我厭世間榮華久矣 若廳報爲畜 則雅合朕懷矣."

49) 이와 관련하여, 《삼국유사》에 대한 사학사적 평가와 일연의 역사인식을 다룬 논문에서 다음과 같은 견해들을 참조할 필요가 있다. 李基白,〈三國遺事의 史學史的 意

김부식(金富軾)과 일연은 두 문헌을 통해서 문무왕이 호국룡이 되고자 했거나 실제로 되었다는 것을 어느 정도 인정한다는 점에서 일치한다. 그러나 기록상에서 두 문헌은 상당한 차이를 보인다. 《삼국사기》에서 세상사람들이 전하는 지명유래를 통해 문무왕이 호국룡이 되었다는 것을 비유적으로 나타냈다면, 《삼국유사》에서는 평소에 문무왕이 지의법사와 나눈 대화의 직접화법, 즉 문무왕 자신의 말로써 호국룡이 되고자 하는 의지를 기록하고 있다. 《삼국유사》의 기록이 한층 생생하다. 뿐만 아니라 호국에 앞서 호법하겠다는 왕의 의지가 더욱 두드러져 있다. 이러한 의지도 법사를 두고 표명한 것이니 예사로운 다짐 정도로 받아들일 것은 아니다. 사제자(司祭者)에게 하는 종교적인 서약(誓約)으로서 신성한 의무가 따르는 것이기 때문이다.

두 문헌의 기록을 모두 사실이라고 하자. 사실이 아니라도 상관은 없다. 이들 내용이 그 이전의 다른 문헌 또는 구전으로 전승되어 왔다고 보자. 상황이 이러하다면, 《삼국사기》와 《삼국유사》에서 보이는 기록상의 차이는, 편찬을 담당한 김부식과 일연이 이 이야기를 수용하는 태도가 일정하게 반영된 것이라고 할 수 있다. 두 문헌의 편찬의도 및 사서(史書)로서의 성격, 편찬자의 세계관 등이 자료의 구체적인 수록내용과 관련지워져 검토되어야 하겠다.

《삼국사기》의 편찬취지는 김부식의 '《삼국사기》를 올리는 글'에 잘 나타나 있다. 글의 일부만 인용해 본다.

> 古記로 말하면 글이 거칠고 졸렬하여 사적을 빠뜨린 것이 많다. 이런 까닭에 임금의 선악이라든가 忠邪라든가, 나라의 안위나 백성의 치란治亂에 관한 것을 다 드러내어 후세에 권하고 경계할 바를 보이지 못하고 있다.[50]

義),《韓國史學의 方向》, 일조각, 1978, pp. 45~46에서, "불교적 신이에 대한 서술은 요컨대 신앙의 옹호를 위한 것이었다. 불교관계 기록은 우선 양적으로도 전체의 반을 넘는 분량을 차지하고 있으며, 뿐만 아니라 질적으로도 비교적 잘 정리된 불교문화사인 것이다.";金泰永,〈三國遺事에 보이는 一然의 歷史認識에 대하여〉;李佑成·姜萬吉,《韓國의 歷史認識》上, 창작과비평사, 1976, p.138.《삼국유사》전편에 흐르고 있는 것은 일종의 佛國土사상이다. 가령 그 기이편의 초두에 실린바 국사의 시작을 알리는 檀君의 출처부터가 佛國天인 桓因·帝釋으로 되어 있음이 그것을 말한다."

50)《東文選》권 44, 表箋, '進三國史記表' "其古記文字蕪拙 事迹闕亡 是以君后之善惡

66

이러한 편찬의도는 《삼국사기》의 논찬(論贊)에도 잘 나타나 있다. 30조목의 논찬 가운데 유교적인 예법준칙에 대한 합당 여부를 논한 것이 6조목, 유교식인 덕치주의(德治主義)의 관점에서 내린 시비의 논의가 7조목, 군신의 행동에 관한 적부(適否)를 논한 것이 8조목, 그리고 중국에 대한 사대예절(事大禮節)의 준수를 강조한 것이 3조목으로 되어 있다.[51]

설화를 존중하여 기록한 《구삼국사》(舊三國史)를 비판하고, 도덕적인 선악에 기준을 두어 합리적으로 이해될 수 있는 사실들을 더 중요하게 다루고자 한 것이 《삼국사기》이다.[52] 그러므로 《삼국사기》는 유교에 바탕을 둔 도덕적 합리주의 사관에 입각해서 씌어진 최초의 역사서라는 평가를 받는 것이다.[53]

따라서 김부식을 비롯한 《삼국사기》의 편찬자들에게는 죽어서 호국룡이 되겠다는 문무왕의 유언이 지닌 본디 의도가 그대로 받아들여지기 어렵다. 문무왕의 의도는 비합리적이고 반유교적이기 때문이다. 죽어서 사람으로 환생하는 것도 유교적인 합리주의로 받아들여질 수 없는 것인데, 용으로 환생하겠다는 것은 더욱 용납되기 어려운 문제이다. 무엇으로 다시 태어난다는 사실을 받아들이는 것은 윤회설(輪廻說)을 인정하는 불교적인 세계관에서나 가능한 일이다. 그러나 세상사람들이 대왕암을 두고 전하는 지명유래마저 부정해 버릴 수는 없다. 그래서 지명유래는 왕의 호국룡 의지와 상관없는 것처럼 기록해 두고 있는 것이다.

일연의 《삼국유사》는 편찬의도가 《삼국사기》와는 크게 다르다. 유교의 도덕적 합리주의 사관에 비판적 입장을 취했다. 《삼국사기》는 정사(正史)로서의 성격 때문에, 왕실 중심 또는 치자(治者) 중심의 사료를 주된 편집 대상으로 삼았다. 자연히 민중관계 사료들은 찾아보기 어렵게 되었다. 《삼국유사》에는 이러한 가림이 없다. 일연의 관심이 가는 자료들은 두루 수록되

臣子之忠邪 邦業之安危人民之理治亂 皆不得發露以垂勸戒."
51) 高柄翊,〈三國史記에 있어서의 歷史叙述〉,《東亞交涉史의 硏究》, 일조각, 1969, p. 80.
52) 李基白,〈三國史記論〉,《韓國史學의 方向》, 일조각, 1978, p. 21.
53) 李基白, 위의 책, p. 19.

었다.[54] 일연은 책의 편목(篇目)도 중국의 고승전(高僧傳)에서 취해왔다. 불교적인 자료가 많이 실릴 수밖에 없다. 민중들이 전승하는 구전자료 및 민중에 관한 자료들이 불교적인 내용과 더불어서 상당한 비중을 차지하고 있다.

《삼국유사》의 사서적(史書的) 성격은 곧 일연의 역사인식을 반영한 것이다. 《삼국유사》에는 고려 중기에 와서 굳어졌던 유교적인 귀족주의의 독선에 대한 강렬한 부정의 관념이 내포되어 있다. 상대적으로 책 전편에 흐르고 있는 것은 일종의 불국토 사상이다. 지리상으로는 일찍이 우리 민족의 생활무대였던 남북 각 지역이, 역사상으로는 단군 이래의 고대사 전체가 곧 유연(有緣)의 불국토로 긍정되고 있는 것이다.[55] 그리고 건국시조들뿐 아니라, 수성(守成)의 군왕, 나아가 민중의 일에 이르기까지, 기이(紀異)에서 효선(孝善)에 이르는 전편의 서사를 기본적으로 신이(神異)의 바탕 위에서 전개하고 있다. 이와 함께 책 전편에 민족사의 자주성과 문화의 우위성을 강조하는 관념이 충만해 있으며, 국가와 정치권력에 대한 민중생활과 인간성의 옹호라는 입장을 취하고 있다.[56] 따라서 《삼국사기》가 유교에 바탕을 둔 도덕적 합리주의 사관에 입각해 있다면, 《삼국유사》는 불교에 바탕을 둔 민족적 신이사관(神異史觀)에 입각해 있다고 할 수 있다.

그러므로 《삼국유사》에서 문무왕 기사를 받아들이는 태도가 더 적극적이다. 우선 죽어서 무엇으로 다시 태어나 불법을 숭상하고 나라를 수호하겠다는 문무왕의 의지는 불교적인 세계관에 바탕을 둔 것이면서 자주적인 민족의식 및 호국사상과 관련된 것이다. 다시 태어나서 되고자 하는 무엇이 '용'이라고 하는 것은 '신이성'을 반영한 것이다. 용은 전통적인 민속신앙의 대상물이기 때문에 불교적인 신이성과 한정적으로 만나는 것은 아니다. 흔히 사찰연기설화(寺刹緣起說話)에 등장하는 용은 불교와 대립적인 관계에 있는 토속종교의 세력을 상징하는 것으로 인식되어 왔다. 용신신앙세력이 불교에 수용되면 호법룡으로, 그렇지 않으면 악룡(惡龍)으로 고려되어 퇴치

54) 李基白, 〈三國遺事의 史學史的 意義〉, 위의 책, p. 37.
55) 金泰永, 〈三國遺事에 보이는 一然의 歷史認識에 대하여〉; 李佑成・姜萬吉, 《韓國의 歷史認識》上, 창작과비평사, 1976, p. 138.
56) 金泰永, 위의 글, p. 141, 145.

되기에 이른다.[57] 지의법사가 문무왕에게 "용은 짐승이니 무엇을 보답하겠습니까?" 하며 부정적인 반응을 보이는 것은 용신신앙에 대한 불승의 대립적 인식으로 볼 수 있다. 그러므로 문무왕이 호국룡으로 환생하여 뜻한 바 성취를 이루겠다고 하는 것은 불교적 신이성과 일정한 거리를 지니면서, 세간에 전승되고 있는 용신신앙의 신이성을 더 적극적으로 수용한 것이라 하겠다. 그런 까닭에 지의법사의 부정적인 반응에도 불구하고 스스로의 뜻에 합당한 일이라고 한 것이다.

지금까지 살핀 바와 같이 편찬자의 의도에 따라 같은 사실이 두 문헌에 서로 다르게 기록되고 있고, 그 기록의 차이는 편찬자의 세계관과 문헌이 지니는 사료적 성격에 의해 유기적으로 주어졌음을 알 수 있다. 두 문헌에 수록된 기록이 내용면에서 차이를 보일 뿐 아니라, 그 다루는 비중에서도 차이를 보인다. 《삼국유사》에서는 문무왕과 지의법사의 대화를 통해서 호법호국사상(護法護國思想)을 적극적으로 부각시키는 한편, 만파식적(萬波息笛)조에 협주(挾註)로 다음 기록을 덧보태어두고 있다.

> 寺中記에 문무왕이 왜병을 진압하려 하여 용이 되고 그 아들 神文이 즉위하여 開耀 2년에 畢役하였는데, 金堂階下에 동향한 한 구멍이 있으니 그것은 용이 들어와 서리게 하기 위한 것이다. 생각건대 遺詔로 유골을 묻게 한 곳이므로 大王岩이라 하고 절도 感恩寺라 하였으며, 그후에 용의 現形을 본 곳을 利見臺라 하였다.[58]

감은사 '사중기'에 전하는 글을 옮겨놓은 것이다. 감은사는 문무왕이 불력(佛力)으로 왜구를 격퇴시키려고 동해 입구에 절을 짓기 시작했으나 완공하지 못하고 돌아가시므로, 신문왕이 그 뜻을 이어서 완공한 절이다.[59] 구

---

57) 張德順, 《韓國說話文學硏究》, 서울대출판부, 1970, p.109. "A라는 다른 종교와 蛇神이 대립되는 과정에서는 A의 입장에서 보면 용이 악의 상징이 되어서 毒龍 등으로 간주되나, A종교가 사신신앙을 정복한 다음에는 용은 소멸되기도 하지만 주로 A교에 의해서 수용되어 A교내에서 어떤 지위를 가지게 되고, 용이 가진 거대한 힘 때문에 교의 수호자가 되기 일쑤이다.……모든 용들이 지배적인 종교에 의해 수용된 것이 아니고, 아직도 대립하고 있기 때문에 악룡으로 불리는 예도 있고……"
58) 《三國遺事》 권 2, 萬波息笛. "寺中記云 文武王欲鎭倭兵 故始創此寺 未畢而崩 爲海龍 其子神文立 開耀二年畢 排金堂砌下 東向開一穴 乃龍之入寺旋繞之備 蓋遺詔之葬骨處 名大王岩 寺名感恩寺 後見龍現形處 名利見臺."
59) 韓國佛敎硏究院, 《新羅의 廢寺》 일지사, 1975, p.42.

전에는 감은사의 창건과정이 더 자세하다. 특히 감은사의 절 이름이 처음에는 호국사(護國寺)였는데, 문무왕이 하늘에 득천하고부터 감은사로 개칭했다는 사실은 주목할 만하다.[60] 문무왕과 신문왕 부자의 사찰 창건의도가 절 명칭으로 인해서 자연스럽게 드러나기 때문이다. 감은사는 착공동기가 왜병을 진압하고 나라를 수호하기 위한 호국사찰이었으며, 본격적 조영(造營)이 이루어진 때에는 여기에 부왕의 능침사(陵寢寺)라는 기능을 더하게 되었던 것이다.[61] 이러한 사찰의 창건의도 및 그 기능이 구전자료에는 그대로 드러나 있다.

구전되는 대로 "신문왕이 축수를 해조가(해주어서) 인자 감사한 뜻을 받아가주고(받아가지고) 하늘에 용이 돼가 올라간다. 그런 의미에서 감은사라"고 할 수도 있고, 호국룡이 되어 득천한 성고(聖考)의 은혜에 신문왕이 감사한다는 뜻으로 감은사라고 할 수도 있다. 그러나 감은사 사중기에는 호국사에서 감은사로 개칭된 내력에 관해서는 적혀 있지 않지만, 문무왕이 호국룡이 되었다는 것을 확실히 밝혀 기록하고 있다는 점에서 중요한 의의를 지닌다. 특히 호국룡이 금당(金堂)의 계단 아래에 들어와 서릴 수 있도록 동향한 구멍이 있다는 것을 보면, 문무왕이 실제로 호국룡이 되었다는 사실을 의심없이 받아들이고 있음을 알 수 있다. 물론 감은사의 이 용혈(龍穴)에 관한 내용은 기록으로만 전하는 것이 아니라 사지(寺址) 발굴과정에서 실제로 드러난 사찰의 구조물이므로, 기록의 정확성이 고고학적으로 입증된 것이다.

《삼국유사》에는 대왕암의 유래와 함께 이견대의 유래도 기록해 두었다. 《삼국사기》에는 세간에서 전하는 말을 기록해 두었는데, 《삼국유사》에는 사중기를 인용해 두었다. '사중기'의 기록대로 감은사와 더불어 대왕암과 이견대가 차례로 학계에 발견되고 확인 고증되었다. 이로써 문무왕의 호국룡 관계기사는 단순한 전설이 아니라 일정한 사실의 기록이라는 것이 드러났다. 그러나 《삼국사기》에는 이 사실을 사실로서 기록하는 데 많은 제약

---

60) 趙東一·林在海, 《韓國口碑文學大系》7-2, 慶州·月城郡篇, 한국정신문화연구원, 1980, p. 634.
61) 金宅圭, 《韓國民俗文藝論》, 일조각, 1980, p. 192.

이 있었다. 편찬방침과 편찬자의 세계관이 이를 순조롭게 받아들일 수 없었던 것이다.

《세종실록지리지》와 《동국여지승람》에도 이 기사가 수록되어 있다. 이 두 문헌은 《삼국사기》와 《삼국유사》의 기록보다 사실을 설명하고 전달하는 데 더 기능적이다. 《삼국사기》에는 감은사와 이견대에 관한 기록이 없다. 《삼국유사》에는 이 사실이 만파식적(萬波息笛)조에 별도로 기록되어 있다. 그러나 《세종실록지리지》와 《동국여지승람》에는 이 사실들이 한자리에 모아져서 상호관계 속에 기록되어 있다. 그러므로 문무왕과 신문왕 및 대왕암과 이견대 등이 유기적인 관계 속에서 호국룡 설화의 소재와 증거물로 인식하는 데 퍽 도움을 주는 자료가 되었다. 자료부터 보기로 한다.

> 이견대는 동해변에 있다. 세상에 전하기를 왜국이 여러 차례 신라를 침략해서 문무왕이 이를 근심하고, 죽어서 나라를 지키며 왜구의 도적질을 막아내는 용이 되겠다고 맹세했다. 왕이 장차 죽음에 이르러 유언을 내리기를 "나를 동해안의 물가 水中에 장사지내달라"고 했다. 아들인 신문왕이 이를 따라 장사지낸 후에 그 뜻을 추모하여 臺를 쌓고 水中陵을 바라보니 바다 가운데 큰 용이 나타나 보였다. 이런 까닭에 이 대를 이견대라 한다. 고장사람들이 지금 대왕암이라 칭하는 바위는 이견대 아래 70보 정도 떨어진 바다 가운데 있다. 마치 네 개의 문처럼 돌의 네 뿔이 솟아나 있는 바위가 있는데, 이곳이 바로 문무왕을 장사지낸 곳이다.[62]

《동국여지승람》의 기록도 이와 같다.[63] 다만 《세종실록지리지》에 대왕암이 이견대 아래 70보 정도 떨어진 바다 가운데 있다는 기록이 《동국여지승람》에는 10보로 기록되어 있는 차이뿐이다. 이 《세종실록지리지》는 다음에 나온 《동국여지승람》의 연원이 되었다고 하니, 《동국여지승람》의 자료는 《세종실록지리지》의 기록을 전재한 것으로 볼 수 있겠다.[64] 이 두 문헌은

62) 《世宗實錄》 권150, 地理志, 慶尙道 慶州府. "利見臺 在東海濱 世傳 倭國數侵新羅 文武王患之 誓死爲龍 護邦國而禦寇盜 將薨遺命 葬我于東海濱水中 子神文王從之 葬後追慕 築臺望于 有大龍見于海中 因名之曰利見臺 鄕人至今稱爲大王岩 臺下七十步許 海中 有石四角聳出如四門 是其葬處."
63) 《東國輿地勝覽》 권21, 慶州樓亭 利見臺. "世傳 倭國數侵新羅 文武王患之 誓死爲龍 護邦國 而禦寇盜 將薨遺命 葬我于東海濱水中 神文王從之 葬後追慕築臺望之 有大龍 見于海中 因名曰利見臺 臺下十步海中 有石四角聳出 如四門 是其葬處 至今稱爲大王岩."
64) 《세종실록지리지》는 세종의 왕명으로 편찬된 8권으로서, 《세종실록》 163권 가운데

모두 왕명에 의해 이루어진 조선조의 관찬 지리서이다. 지리서의 편찬 성
격상 세전(世傳)만을 기록할 수 없다. 현지조사에 의한 증거물의 형상과 위
치 등을 있는 그대로 기록해 두어야 한다. 그래서 이 《세종실록지리지》의
기록은 앞의 두 문헌보다 상당히 자세하게 현장의 사정을 보고해 주고 있
다.

이견대와 대왕암 사이의 거리와, 바다 가운데 있는 대왕암의 형상은 현
장까지 배를 타고 들어가보아야 알 수 있다. 그런데 이 두 사정을 상당히
정확하게 구체적으로 보고하고 있다. 70보라고 하는 거리는 다소 오차가
있을 수 있으나, 대왕암의 형상은 그 특징을 잘 묘사하고 있다. 현지조사
에 의하면[65] 열 십(十)자로 갈라진 바위섬 가운데 물이 고여 있는 웅덩이가
있고, 그 웅덩이 안에 황소만한 바위가 누워 있다.[66] 문무왕의 유골은 누워
있는 바위 밑, 즉 십자의 만남점에 있는 것이다. 유골을 덮고 있는 이 바
위는 십자로 갈라져 있는 바위섬 사이의 네 물길로부터 바닷물이 사방에서
자유롭게 드나들어 항상 물에 잠겨 있다. 십자 모양의 물길에 따라 갈라져
있는 네 부분의 바위섬은 기록과 마찬가지로 네 개의 뿔과 같으며, 사방의
물길은 네 개의 문이나 다름없다. 기록의 정확성을 현장에서 확인할 수가
있다.

이렇게 현장감 있는 정확성과 자세함을 지녔음에도 불구하고, 이와 더불
어 기록되어야 할 감은사에 관한 내용은 제외되어 있다. 《삼국유사》에 보
이는 내용 가운데 불법을 숭봉하고자 용이 되려 한다는 내용도 빠져 있다.

수록되어 있으며, 그후에 나온 《동국여지승람》의 연원이 되었다. 李弘植, 《國史大事
典》, 대영출판사, 1977, p. 753 참조.
65) 연구자는 1980년 5월 10일 영남대학교 민족문화연구소 삼국유사윤독회 모임에서
실시하는 현지조사에 참여하여, 대왕암에 올라 수중릉을 자세하게 살펴볼 기회를
가졌다.
66) 현지 주민들은 이 바위를 실제로 '황소바위'라 일컬어왔다. 유래담을 그대로 옮겨
본다. 趙東一·林在海, 주 60)의 책, p. 631. 감포읍 설화 3, 대왕암의 다른 이름.
"대개 다 무식한 사람이 이약하기로 대왕암을 댕바이(대왕바위)라 크고, 대왕암이라
안크고 대왕암은 댕바이 크고, [조사자: 댕바이?] 댕바위 이렇기 말하고 저─ 바위
가운데 가면, 약 연못이 현재도 거 있임다. 연못 가운데 지금 알고 보이 왕느(왕능)
인데, 그 왕느을 무슨 바이라 캤는가 하며는 황소 누운 바이, 황소바이다 이렇게도
하고, 어떤 사람은 귀신바이라 크고, 이 연못에는 모욕(목욕)을 하면 몸에 부시럼이
난다, 모욕을 못한다. 그런 전설이 있었임다."

《세종실록지리지》의 편찬자로서는 호법룡으로서의 문무왕은 배제하고 오직 호국룡으로서의 문무왕을 드러내고자 했다면 이럴 수 있다. 결국 《세종실록지리지》는 앞의 문헌보다 더 자세한 현장보고를 하고 있지만 편찬의도에서는 《삼국유사》와 맞서는 처지에서 《삼국사기》의 편찬의도를 계승한 셈이다. 그러니 감은사의 용혈 및 불법숭봉의 호국룡은 자연히 제외될 수밖에 없는 것이다.

《동국여지승람》에는 감은사조가 별도로 있고 '사중고기'(寺中古記)가 인용되어 있다. '사중고기'의 인용 부분을 보기로 한다.

> 신라의 문무왕이 遺詔로 뼈를 동해가에 장사지내게 하고 드디어 바다의 용이 되니, 신문왕이 부왕을 위하여 절을 동해 위에 창건하였다. 금당의 문지방 밑에 한 구멍을 열어놓았으니 곧 용이 절에 들어와서 서렸던 곳이다. 그 구멍이 지금까지도 남아 있다. [67]

이 '사중고기'의 기록은 《삼국유사》의 '사중기'(寺中記)와 조금 차이를 보인다. 그러나 내용에는 새로운 것이 없다. 문무왕이 용이 되었다는 것과, 그를 위해 신문왕이 감은사를 지었다는 것, 그리고 용이 절의 금당 아래에 와서 서릴 수 있었다는 것을 분명히 함으로써 호국룡의 존재를 구체적으로 확인하는 기록이 되었다. 나라에 대한 충(忠)의 일관된 호국사상 외에도 신문왕이 그 부왕을 지극히 받들어 모시는 효의 정신도 읽을 수 있다. 특히 《고려사》(高麗史) 악지(樂志)에 실린 이견대가(利見臺歌)에는 두 부자간의 만남을 극도의 반가움으로 묘사하고 있다. [68] 그러면서도 역시 호법룡으로서의 성격은 어디에서도 구체화되지 않았다. 불승 일연이 사사로이 펴낸 《삼국유사》와 달리, 유자들에 의해 공적으로 찬술된 문헌의 경우는 어느 것이든 호법사상은 배제되고 호국사상과 관계되는 기사만 수록하고 있다. 이 점은 유자에 의한 관찬문헌의 한 성격이라 하겠다.

호국룡 설화의 문헌전승 양상은 문헌의 전후관계에 따라 정리할 수 있

---

67) 《東國輿地勝覽》 권21, 慶州 佛宇 感恩寺. "寺中古記云 新羅文武王遺詔 藏骨於東海邊 遂爲海龍 神文王爲父王 創寺於東海上 金堂砌下開一穴 乃龍之入寺旋繞之處 其穴至今尚在."
68) 利見臺歌에 대한 자세한 고찰은 黃浿江, 《新羅佛敎說話硏究》, 일지사, 1975, pp. 248~249를 참조하기 바람.

다. 문헌의 편찬시기에 따르면 《삼국사기》, 《삼국유사》, 《세종실록》, 《동국
여지승람》 등의 순서로 기록되었을 가능성이 있다. 그러나 기록의 내용 및
전거로 미루어보아서 이러한 추론은 타당성이 없다. 최초의 기록인 《삼국
사기》의 경우는, '세전'이라 하여 세간에서 전승되던 이야기를 근거로 기
록하였음을 밝혔다. 그러나 《삼국유사》에는 전거가 밝혀져 있지 않다. 전
거를 구체적으로 밝히는 것이 《삼국유사》의 특징이자 장점인데, 이 부분에
서는 전거가 밝혀져 있지 않다. 《삼국사기》의 기록을 참고했다는 전거도
없다. 그러면서 《삼국사기》의 기록보다 한층 구체적이다. 문무왕과 지의법
사의 대화를 직접 들은 것처럼 기록해 두고 있는 것이다.

다른 자료의 전거로 보아 만일 구전되는 이야기를 참조했다면, 고로상전
(古老相傳)·국인전(國人傳)·속전(俗傳)·상전(相傳)·향전(鄕傳) 등으로 전
거의 양식을 밝혔을 것이다. 그런데도 전거가 없는 것은 일연 자신이 누구
로부터 들었다고 밝힐 필요가 없을 정도로 자기화된 이야기일 수 있다. 즉
고로들이나 세간에서 전하는 이야기이거나, 스님들 사이에 절간에서 전하
는 이야기일 경우 새삼스레 전거를 밝힐 필요가 없다. 전거를 밝히는 까닭
은 자신의 주장이 아닌 자료의 출처를 밝힘으로써, 출처를 통해 자료의 타
당도를 입증하고자 하는 것이다. 출처가 믿을 만하면 자료의 가치도 높아
지고 출처가 의심스러우면 자료의 가치도 떨어지는 것이다. 그러면서 해당
자료를 인용한 사람은 자료의 증거력을 출처에 위임할 수 있다. 따라서 일
연이 전거를 밝히지 않은 것은 자신의 이야기나 다름없으므로, 전거에 의
하지 않고 스스로 보증을 서는 것이다. 그러므로 《삼국유사》의 기록은 불
교권의 설화에 의한 것이라고 할 수 있겠다. 《삼국유사》의 기록으로 보아
이 설화의 전승 주체는 승려들이다. 지의법사가 들려준 경험담이 승려들에
의해 구전, 또는 기록·전승되었을 것이다. 세간에 전승되었다는 《삼국사
기》 자료도 결국 여기서부터 전파된 것이라 하겠다.

불교권 안에서 전승되던 호국룡 설화는 감은사의 '사중기'를 통해서 먼
저 기록으로 남겨졌다. 이 '사중기'가 《삼국유사》의 '만파식적'조에 인용되
어 전하고 또 《동국여지승람》의 '감은사'조에도 전한다. 《세종실록지리지》
와 《동국여지승람》의 '이견대'조에는 구전되는 실화와 현지조사 결과를 자

세하게 실었다. 이것으로 보아 《동국여지승람》은 《세종실록》과는 달리 불교 유적에 관한 내용을 상당히 풍부하게 다루었다는 것을 알 수 있다.

지금까지의 검토를 통해서 우리는 호국룡 설화의 문헌전승 양상을 다음과 같이 정리할 수 있다. 불교권에서 승려들이 주체가 되어 전승하던 설화가 세간에까지 전승되었다. 세간에 전승되던 설화가 먼저 《삼국사기》에 실리고, 이어서 《세종실록》 및 《동국여지승람》에 실리게 되었다. 불교권에서 전승되던 설화는 감은사 '사중기'에 먼저 실리고 이어서 《삼국유사》에도 실렸다. 그리고 사중기의 기록은 《동국여지승람》에 별도로 실리었다. 그러므로 《삼국유사》의 기록이 《삼국사기》보다 후대적이지만 호국룡 설화의 본디 모습을 더 구체적으로 지니고 있다고 하겠다. 물론, 《삼국유사》보다 앞선, '사중기'가 가장 처음 기록이라 하겠다.

호국룡 설화의 문헌전승 양상

```
                      ┌─《삼국사기》 ······························ 문무왕 설화
             ┌─구전설화─┼─《세종실록》 ······························ 이견대 설화
             │  (세간)   └─《동국여지승람》 ······················· 이견대 설화
  구전설화─┤
  (불교권)   │  ┌─감은사 사중기─┐─《동국여지승람》 ··············· 감은사 설화
             └─┤            《삼국유사》(만파식적) ················ 감은사 설화
                └─《삼국유사》(문호왕 법민) ·············· 문무왕 설화
```

4. 문헌설화의 전승양상

문헌자료도 역시 가변적으로 전승된다. 수록자의 수용태도와 문헌의 성격에 따라 제각기 다르게 문헌에 기록되어 전승되고 있다. 문헌설화의 전승은 두 가지 양상으로 나타난다. 김현감호 설화는 이야기 줄거리를 그대로 유지하는 가운데, 부가적인 기술물을 통해서 수록자의 수록의도에 맞게 설화의 의미를 가변적으로 전달하고 있다. 그러나 호국룡 설화는 부가적인 기술물에 의하지 않고 이야기의 내용 자체를 변이시켜 기록함으로써 수록자의 의도를 살리고 있다. 그러므로 이야기의 내용 자체를 변이시키는 경우와, 이야기의 내용은 바꾸지 않되 부가적 기술물을 통해 다른 의미를 지니도록 하는 경우로 나누어지는 것이다.

  문헌전승의 양식이 둘로 나타나는 것은 문헌에 기록되기 이전의 전거자료가 지닌 성격에 원인이 있다. 김현감호 설화를 수록한 문헌은 전거자료가 문헌이다. 선행한 문헌자료를 근거로 삼아 재수록한 것이므로 수록자가 임의로 설화의 내용을 바꿀 수 없다. 별도의 기술물을 통해서 수록자 나름대로의 해석과 수록의도를 밝힐 수밖에 없다. 따라서 설화의 제목도 수록자의 뜻에 맞게 적절히 바꾸어 수록하게 되는 것이다.

  호국룡 설화를 수록한 문헌은 어느 것이나 세간에 전승되는 이야기를 수용한 것이다. 자연히 수록된 이야기 내용이 달라지게 된다. 그것은 세간에 전승되는 이야기가 다를 수 있기 때문에 그렇지만, 수록자의 의도에 따라 기록의 융통성이 주어지기 때문에 그럴 수도 있다. 그러므로 문헌전승 역시 구비전승과 마찬가지로 수록자에 따라 가변성을 지니며 전승되지만, 그 가변의 양식이 설화 자체에 의한 것과, 설화와 관련된 기술물에 의한 것으로 구별된다는 사실을 발견할 수 있다.

제 3 장 유형화소의 분석과 변이유형

1. 화소의 기능과 유형화소의 설정

설화에서 유형(type)이라는 말은 독립적으로 존재하는 전승적인 이야기를[1] 추상화해서 일컫는 말이다. 이때의 유형은 이야기될 때마다 구체적으로 존재하는 개별적인 작품으로서의 각편(version)과는 구별되는 개념이다. 각편은 유형으로부터 실현되는 구체적인 실체로서의 작품이다. 유형은 하나이되 유형에 따른 각편은 무수하게 많을 수 있다. 유형은 추상적으로 존재하되 각편은 구체적으로 존재한다. 그러나 각편은 그 자체로서 독립성은 없다. 일정한 유형의 설화에 귀속되어 있는 것이다. 이러한 유형과 각편의 관계는 언어학에서 말하는 랑그(langue)와 파롤(parole)의 관계와 같다. 랑그는 언어(language)라고 하는 추상적인 언어체계라면, 파롤은 발화(utterance)라고 하는 화자(話者)의 구체적인 언어활동이다. 따라서 랑그에 근거하여 개별적이고 다양한 파롤이 실현되듯이 유형은 각편을 귀속시키는 상위개념이다. 그러나 선행되는 개념은 아니다. 최초의 각편과 함께 유형이 존재하는 것이다. 각편 없는 유형은 있을 수 없다. 그러므로 유형의 추론은 각편을 통해서 이루어지는 것이다.

유형은 독자적인 의미를 지니면서 구비전승되는 완전한 이야기를 뜻한다.[2] 따라서 유형은 다른 이야기와 쉽게 판별되는 독립적인 구조와 내용을 갖추고 있어야 한다.[3] 이때의 유형은 특히 화소(motif)[4]와 구별되는 개념이

---

1) Stith Thompson, *The Folktale*, Ams Press, 1979, p. 415.
2) 위와 같음.
3) 崔來沃, 《韓國口碑傳說의 研究》, 일조각, 1981, p. 13.
4) 화소는 motif의 번역어이다. 김열규 교수는 motif를 '主旨'로 번역하여 용어로 쓰고 있다. 최내옥 교수는 화소를 motif와 별개의 개념으로 쓰고 있다(崔來沃, 위의

다. 화소는 이야기를 이루는 최소단위이다. 그 내용은 비일상적이고 충격적이어서 강한 전승력을 지니고 있어야 한다.[5] 화소가 독자적인 전승력을 지니고 있어도 독자적으로는 설화의 작품이 되지 못한다. 물론 독자적인 의미를 지니고 있는 것도 아니다.

각편은 화소의 합성으로 이루어지고, 유형은 각편에 의해 존재한다. 그러나 화소라는 이야기의 요소가 먼저 있고 나서 각편이나 유형차원의 이야기가 있는 것은 아니다. 구체적인 작품인 각편에 의해 화소가 생성되는 것이다. 일단 화소가 각편에 의해 생성되면, 일정한 유형의 각편에 한정적으로 귀속되는 것은 아니다. 어떠한 각편에도 자유롭게 끼여들어 이야기의 합성요소 구실을 할 수 있다. 따라서 유형과 각편은 지역성을 지니나 화소는 범세계적이다.[6] 그러므로 화소를 중심으로 전파론을 펴기도 했다.

전파론에서 문제되는 것은 주로 화소의 동이(同異)관계이다. 화소의 동이관계를 통해서 설화의 지리적 분포와 전파경로를 추론하고자 하는 것이다. 이때 가장 문제되는 것은 각편에 공통으로 나타나는 화소이다. 이러한 공통화소를 들어 동일유형의 설화로 규정하고 영향의 선후관계를 따져온 것이다. 이러한 작업은 설화의 작품을 원자론적으로 다루는 역사지리학적 관심을 벗어나지 못한 탓이다.[7]

우리가 여기서 현장론적 분석의 틀을 새롭게 마련하고자 한다고 해서 기존의 분석 단위나 방법 및 개념 등을 완전히 제쳐놓고 나선다면 독창적인 분석의 틀을 수립하기 어렵다. 이미 개척되어 일반화되고 있는 분석의 항목이나 분석논리들을 창조적으로 수용하는 가운데, 우리의 목적을 성취시켜 나가야 할 것이다.[8]

책, pp. 16~18 참조), motif는 이야기를 이루는 단위요소이므로, 話素로 번역해 쓰는 것이 적절할 것 같고, 설화학계에서는 이미 오래 전부터 두루 써온 용어이므로 '주지' 쪽보다 화소 쪽을 택해 쓰기로 한다.

5) Stith Thompson, 앞의 책, pp. 415~416.
6) 張德順 외, 《口碑文學槪說》, 일조각, 1971, pp. 52~53. "유형은 유럽·아시아 등의 문명권에 따르는 차이를 갖는 것이 보통이나, 화소는 세계적인 공통성을 가지며 민담에만 국한되지도 않는다."
7) Alan Dundes, "Structural Typology in North American Indian Folktales," *The Study of Folklore*, Prentice-Hall Inc., 1965, p. 207에서, 역사지리학적 방법 및 화소 색인작업 등을 원자론적 연구로 규정했다.
8) 林在海, 《민속문화론》, 문학과지성사, 1986, p. 229.

역사지리학적 방법에서는 유형과 화소라는 개념을 설정하고, 이 두 개념을 제각기 따로 논의해 왔다. 유형과 화소의 상호관계에 관심을 기울여도 평면적인 논의에 그쳤다. 모든 화소들을 대등한 관계에서 분석하고 그 유무와 동이문제만 주로 거론하고 말았다. 따라서 화소와 각편 및 유형 사이의 관계가 유기적으로 해명될 수 없었다. 그러므로 여기서는 화소의 성격을 유형적 차원의 설화작품 속에서 기능하는 구실에 따라 그 개념을 체계적으로 규정하고, 각편 및 유형차원의 변이양상과 화소체계의 관계를 현장론적 시각에서 논리화시키고자 한다. 그럼으로써 이야기를 하는 사람과 듣는 사람 사이에서 생동감 있게 살아 움직이는 연행물로서 설화의 존재양식을 해명해 나갈 것이다.

그러기 위해서는 화소의 개념도 기존의 것에 얽매여서는 안된다. 고전적인 화소의 개념은 전승력에 집착해 있다. 그러므로 비일상적이고 충격적인 것이어야 한다. 그 까닭은 역사지리학적 방법의 관심 때문이다. 방법론적 관심의 차이에 따라 용어에 대한 개념규정도 달라지게 마련이다. 역으로 용어의 개념이 어떻게 새로 규정되는가에 따라 방법론의 적용, 또는 새로운 방법론의 개척이 가능할 수도 있다. 이러한 현상은 화소라는 용어에 한정되는 것은 아니다. 그러므로 우리는 현장론적 방법에 입각해서 화소의 개념을 다시 규정할 필요가 있다.

문학연구에서 화소의 개념은 학자들의 관섭에 따라 상당히 다양하게 규정되고 있다.[9] 몇 가지 개념규정들을 들어보기로 한다.

> 모티프라는 용어는 구성 전체 또는 이야기의 전체적인 줄거리는 포함하지 않고 다만 그 자체로서 내용이나 상황과 관계가 되는 요소를 구성하는 테마의 소단위를 나타낸다.[10]

> 모티프는 인생에 있어서 반복되는 전형적인 중요한 상황의 언어적 추상이다.[11]

---

9) Ulrich Weisstein 이유영 역,《비교문학론》, 홍성사, 1982, pp. 154~168 참조.
10) Elisabeth Franzel의 견해를 Ulrich Weisstein, 위의 책, p. 167에서 재인용.
11) Walter Viet의 견해를, 李憲洪,〈訟事 모티프의 叙事的 수용과 그 의미〉(1),《台也 崔東元先生華甲紀念 國文學論叢》, 1983, p. 217에서 재인용.

설화의 모티프는 옛날 이야기 속에서 지속적으로 나타나는 아주 단순한 개념이다.⋯⋯사람들로 하여금 그것을 기억하고 되풀이하게 하는 무엇인가의 성격을 지니고 있어야 하는 전승적인 요소이다.[12]

우리는 여기서 화소의 몇 가지 속성을 발견할 수 있다. 이야기의 구성이나 줄거리 전개에 유기적인 요소가 아니라, 반복적으로 나타나는 추상적 개념이라는 사실이다. 반복적인 성격이나 지속적 성격 및 기억하기 쉬운 성격들은 모두 화소의 전승력을 나타내는 것이다. 화소를 이런 개념으로 한정해 버리면 이야기의 연행상황에 따라 가변적으로 전승되는 설화의 생성·전승·변이 등의 문제를 효과적으로 검토하기 어렵다. 그러므로 전승력이나 원자론적 소재론적 성격에 집착해 있는 역사지리학적 관점에서 벗어날 필요가 있다.

현장론적 관점에서 적절한 분석단위는 전승력이나 반복성에 집착해 있을 필요가 없다. 전체적인 구성으로부터 일탈된 분석단위도 곤란하다. 연행상황에 따라 이야기 줄거리의 전개과정 속에서 유기적으로 합성되고 재창조되는 생동하는 요소로서의 화소에 관심을 가져야 한다. 따라서 충격적이지 않고 일상적이어서 전승력을 획득하지 않거나, 다른 작품에서 반복적으로 나타나지 않아도 좋다. 현장론적 방법에서 문제삼는 전승력은 화소 자체에 의한 것이 아니라, 이야기 속에 화소가 합성되어 하나의 작품을 이룰 때, 그 작품에 의해 생성되는 전승력이다. 따라서 화소 자체의 의미보다 해당 작품 속에서 기능하는 화소로서의 구실이 더 중요하게 문제되어야 한다. 그러므로 현장론적 관점에서 화소의 개념은 "이야기의 줄거리를 합성하고 분석할 수 있는 단위로서 이야기의 생성·전승·변이에 일정한 기능을 발휘하는 설화의 작은 요소"라고 규정할 수 있다. 이 개념에 입각해서 설화를 검토하면, 화소들의 기능에 따라 유형과 변이유형이 가변적으로 존재하게 되고, 화소들 사이의 관계가 서로 다른 층위에서 입체적으로 성립된다.

먼저 생각해 볼 수 있는 화소의 기능으로는 유형차원에서 작용하는 화소의 기능과 각편차원에서 작용하는 화소의 기능으로 구분해서 인식할 수 있

---

12) Maria Leach, *Dictionary of Folklore Mythology and Legend*, Funk & Wagnalls Company, 1950, p. 753.

다. 이러한 화소의 합성과 기능에 따라 유형차원에서는 원유형과 변이유형, 각편차원에서는 기본형과 변이형이[13] 나타나게 된다. 이러한 관계를 분명히 하기 위해서 화소를 몇 가지 층위에 따라 체계적으로 분석하여야 한다. 그리고 각 화소의 기능과 존재양식에 따라 구체적인 명칭이 제각기 있어야 한다. 우선 여기서는 가장 상위개념인 유형적 차원에서 이야기를 생성하고 사건의 줄거리를 이끌어가는 화소를 분석하기로 한다. 이 화소는 유형을 결정하고 유형의 변이를 낳게 할 뿐 아니라 유형적 차원의 주제를 표출해 주는 화소이므로 '유형화소'(typical motif)라 일컬을 수 있다.

화소를 통해서 소재론을 펴는 학자들 사이에서는 유형화소의 개념과 대조될 만한 주화소(lertmotif)의 개념을 설정하고 있다. 주화소는 하나의 문학작품을 상이한 여러 측면에서 최소한의 암시나 약간의 변형을 통해서 일련의 동일한 주제를 반복하는 것으로 정의되어 왔다.[14] 그리하여 한 작품의 각 부분들은 "그들 하나가 공유하고 있는 이 특징에 의해 상호 결속되는 것이다."[15] 이러한 현상은 작품 개개의 구조 안에서만 의미를 갖는다.[16] 우리는 이러한 주화소의 개념이 유형화소와 다르다는 것을 알 수 있다. 현장론적 관점과 소재론적 관점의 차이 때문이다. 중요한 것은 소재연구자들도 문학작품의 소재론을 적절히 펴기 위해서는 화소를 층위에 따라 체계화할 필요가 있다는 것을 어느 정도 자각하고 있었다는 점이다. 그러나 화소체계에 대한 더 이상의 진전된 논의는 없었다.

2. 김현감호 설화의 유형화소와 변이유형

김현감호 설화의 가장 오래된 유형은 《수이전》(殊異傳)에 수록되어 있다. 《수이전》은 현재 전하지 아니한다. 《수이전》의 원문이 축약되어 《대동운부군옥》(大東韻府群玉)에 실려 있다. 《삼국유사》에도 같은 이야기가 실려 있다. 《대동운부군옥》의 자료와 《삼국유사》의 자료를 비교해 보면 사용된 어

---

13) 기본형과 변이형의 개념 및 관계에 관해서는 이 책 5장 1절에서 자세히 다룬다.
14) Ulrich Weisstein 주 9)의 책, p. 179. 여기서는 lertmotif를 주동기로 번역했다.
15) Elisabeth Franzel의 견해를 Ulrich Weisstein, 위의 책, p. 179에서 재인용.
16) Ulrich Weisstein, 위와 같음.

휘 및 문장이 일치한다. 이러한 사실로 보아 《삼국유사》의 자료는 그 전거
를 밝히지 않았지만 《수이전》의 자료를 그대로 옮겨실은 것임을 알 수 있
다.[17] 다 같이 《수이전》의 자료를 옮겨실었지만 《삼국유사》의 자료가 원문
을 그대로 전문 옮겨실었고 시기적으로도 《대동운부군옥》에 앞선다. 현재
《수이전》이 전하지 않으므로, 《삼국유사》의 자료가 현전하는 가장 고형으
로서 《수이전》의 자료 구실을 대신한다.[18] 그러므로 《삼국유사》의 김현감호
설화는 이 논의의 준거자료가 되겠다.

《삼국유사》의 김현감호 설화는 가장 오래된 문헌자료일 뿐 아니라, 이야
기의 구성이 상당히 짜임새 있고, 내용도 아주 풍부하다.[19] 구전자료가 다
수 수집되었지만 《삼국유사》의 자료처럼 짜임새를 갖춘 것은 흔하지 않다.
문헌자료와 구전자료의 이러한 관계는 다음에 다루게 될 호국룡 설화와는
상반된다. 호국룡 설화는 문헌자료가 단편적이고 빈약한 데 비하여, 구전
자료는 풍부하다. 그러나 김현감호 설화는 《삼국유사》의 것이 가장 고형이
자 가장 완벽한 상태이다. 추론할 수 있는 한 가장 원형의 모습을 지닌 것
이다. 그러므로 김현감호 설화의 화소체계와 같은 각편들은 모두 원유형에
속하게 된다. 설화 각편들의 유형화소를 분석해 내기 전에 논의의 대상이
될 자료부터 정리하기로 한다.

원형인 김현감호 설화를 비롯하여, 같은 유형에 속하는 구전자료들을 주
대상으로 한다. 구전되는 자료는 《한국구비문학대계》에 수록된 것으로 한
정한다. 현장론적 연구가 가능하도록 자료가 수집되고 보고되었기 때문이
다. 현재까지(1986) 출판된 이 책 65권 가운데 같은 유형으로 다룰 수 있는
자료는 모두 6편이다. 2편은 연구자가 직접 수집한 것이다. 특이한 변이형
태를 이루고 있는 호승 설화도 함께 다룬다. 논의의 편의를 위해 원형과

---

17) 이 문제는 이 책 2장 2절에서 자세하게 다루었다.
18) 김현감호 설화의 문헌전승 계보는 다음과 같다.

　　　　　　　　　　┌《삼국유사》(13세기말)──────→ 김현감호
《수이전》(11세기말)─┤　　　　　　　　　《동경잡기》(17세기중)─→ 논호수
　(실전됨)　　　　　└《대동운부군옥》(16세기말)──→ 호 원

19) 車溶柱, 〈金現感虎의 比較研究〉, 《淸州女子師範大學論文集》 7, 淸州女師大, 1978,
　　p. 63에서는, 김현감호 설화를 중국 및 한국의 여러 설화와 비교·고찰한 다음 "본
　　설화는 내용의 구성수법도 우수할 뿐만 아니라, 반영된 주제의식도 높게 평가해야
　　하리라고 본다" 했다.

가까운 것부터 (가), (나), (다)의 기호로 표시하고, 설화의 제목, 자료의 전거를 밝히는 순으로 정리한다.

(가) 김현감호 : 일연, 《삼국유사》 권 5.
(나) 신흥사 유래 : 인권환, 《한국구비문학대계》 4-1(충남 당진편), p. 177.
(다) 호암사의 유래 : 조동일·임재해, 《한국구비문학대계》 7-2(경북 경주·월성편), p. 701.
(라) 호륜사의 유래 : 조동일·임재해, 위의 책, p. 770.
(마) 탑돌이와 호랑이 처녀 : 최덕원, 《한국구비문학대계》 6-6(전남 신안편), p. 577.
(바) 호랑이 처녀의 죽음 : 조동일·임재해, 《한국구비문학대계》7-3(경북 경주·월성편), p. 588.
(사) 호랑이 처녀 : 정상박·유종목, 《한국구비문학대계》 8-1(경남 거제편), p. 52.
(아) 호승 설화 : 최자, 《보한집》 권 하.

김현감호 설화의 줄거리는 "호랑이 처녀가 절에서 만난 김현이라는 청년과 사랑을 나누고 스스로 청년의 손에 희생을 당하여 청년에게 큰 성취를 이루어주며, 청년은 이에 보답하고자 호처녀를 위해 절을 지어준다"는 내용이다. 이러한 이야기의 전개를 가능하게 하는 가장 근본적인 화소는 무엇인가? 이 화소를 다른 화소의 구실과 구별해서 김현감호 설화의 '유형화소'라고 한다.

김현감호 설화에서 이러한 구실을 하는 이야기의 부분은 '호랑이 처녀와 김현 청년이 절에서 만나 사랑을 나누는 것'이라고 할 수 있다. 이야기의 구체적인 발단은 여기서부터 비롯되기 때문이다. 김현감호 설화의 유형을 생성해 내는 바탕을 이루면서, 이야기의 발단으로부터 결말에 이르기까지 사건을 이끌어가는 원동력이 되는 화소도 여기에 걸려 있다. 따라서 이를 추상적으로 일반화하여 정리하면 이 설화의 유형화소가 될 수 있다. 화소로 일반화하여 기술하기 전에 위의 각편들로부터 유형화소에 해당되는 이야기의 내용을 구체적으로 정리할 필요가 있다.

(가) 김현이 초파일 흥륜사에서 탑돌이를 하다가 호처녀를 만났다.
(나) 노총각인 성씨가 장가들기 위해 탑돌이를 하다가 호처녀를 만났다.

　(다) 김평식이 초파일 절을 돌다가 호랑이 처녀를 만났다.
　(라) 어느 청년이 소원성취를 위해서 절을 돌다가 호처녀를 만났다.
　(마) 어느 청년이 복을 준다고 해서 탑돌이를 하다가 호처녀를 만났다.
　(바) 화랭이라는 청년이 월성 숲에서 경비를 하다가 호처녀를 만났다.
　(사) 가난한 총각이 신세타령을 하면서 산중으로 가다가 호처녀를 만났다.
　(아) 스님이 마을의 연등회에 참석했다가 호랑이 소년을 만났다.

　우선 김현감호 설화의 원형인 각편 (가)의 내용을 중심으로 유형화소를 일반화해 보자. 유형화소에서 가장 중요한 것은 역시 행위의 '주체'이다. 주체는 김현과 호처녀이다. '김현'은 구체적인 인물이다. 호처녀와의 관계 속에서 일반화하면 '청년'이라 할 수 있다. 다른 각편에서도 '노총각 성씨', '김평식', '어느 청년', '가난한 총각', '화랭이라는 청년' 등으로 나타나므로, '청년'으로 일반화해서 수렴할 수 있다. 다만 각편 (아)에서는 '스님'으로 나타난다. 호처녀도 이 각편에서만 '호랑이 소년'으로 바뀌었다. 주체가 청년에서 스님으로, 그리고 호처녀에서 호소년으로 변이된 것이다. 그러나 '사람과, 사람으로 변신한 호랑이'라는 점에서 모든 주체의 성격은 일치한다.

　이들 주체의 '행위'는 일정한 상황이 조성되어 있는 어떤 장소에서 만나게 된다는 점에서 일치한다. 결정적인 주체의 '행위'는 '만남'을 이루는 것이다. 주체의 성격과 상황에 따라서, 이 '만남'으로부터 다음의 사건으로 전개되는 구체적인 내용은 달라질 수 있다. 그러나 이야기의 발단은 서로 다른 두 주체가 만나게 되는 상황에서부터 크게 달라진다. 따라서 주체의 '행위'인 만남을 규정하는 상황은 각편마다 다양하게 나타난다. 다양한 상황을 일반화시켜 주는 기저요소는 '장소'이다. 장소에 따라 구체적인 만남의 상황이 다르기 때문이다. 그러므로 유형화소를 추상화해서 일반형으로 기술하면 "어떤 사람이 사람으로 변신한 호랑이와 어디에서 만났다"고 정리할 수 있다. 이러한 양식에 따라 유형화소를 정리하면 크게 다음 세 가지 유형화소에 모든 각편이 귀속된다. 원형인 김현감호 설화를 기준으로 그 변이양상을 표현하면 유형차원의 변이유형이 드러난다. 같은 양상으로 나타나는 것을 '+'로, 다른 양상으로 나타나는 것을 '−'로 표시한다.

김현감호 설화의 유형화소

(가)~(마) 청년과 호처녀가 절간에서 만남 : (＋)

(바)~(사) 청년과 호처녀가 산림에서 만남 : (－)

(아) 스님과 호소년이 연등회에서 만남 : (－)

김현감호 설화의 각편 (가)와 동일한 유형화소로 묶이는 각편 (나)에서 (마)는 모두 유형차원에서 동일한 작품이다. 김현감호 설화가 원형이므로 이를 귀속하는 유형화소는 '원유형'의 유형화소가 된다. 물론 이와 같은 유형화소를 지닌 각편 (나)에서 (마)는 원유형의 각편으로 존재하는 것이다. 따라서 유형화소가 원유형의 그것과 다르게 나타나는 각편 (바)에서 (사)와 각편 (아)는 각기 다른 변이유형이 되는 것이다.

구체적으로 유형화소가 다르게 나타나지만 사람과, 사람으로 변신한 호랑이가 일정한 장소에서 자연스럽게 만남을 이룬다고 하는 점에서, 이 세 변이유형은 유형화소의 기저형태가 같다. 그러므로 세 변이유형은 제각기 독자적인 유형의 설화가 아니라, 한 유형의 설화로부터 파생되어 나간 변이유형이 되는 것이다. 즉 원유형인 '김현감호형' 설화로부터 유형차원에서 변이를 일으킨 각편들이 다른 두 변이유형에 귀속되어 있는 것이다.

원유형에서부터 파생되어 변이된 유형들을 더 세밀하게 살피기 위해서는 유형화소를 몇 가지 '요소'로 분석할 필요가 있다. 유형화소는 행위의 '주체', 주체의 '행위', 행위의 '장소' 등 세 요소로 나눌 수 있다. 이 세 요소가 원유형의 유형화소로부터 하나 이상 변이되어 있다. 세 요소의 동이관계를 분석적으로 나타내보자.

	유형화소	주체	행위	장소
(가)~(마)	(＋)	청년과 호처녀	만남	절간
(바)~(사)	(－)	청년과 호처녀	만남	산림
(아)	(－)	스님과 호소년	만남	연등회

위의 분석에서 가장 쉽게 바뀌는 것은 '장소'의 요소라고 할 수 있다. 그래서 변이유형마다 바뀌었다. 세 요소 가운데서 1차적인 변이를 일으키는 요소이다. 다음은 주체가 바뀌었다. 주체의 변이는 2차적 변이를 일으키는 요소이다. 이 변이관계를 일반화하기 위해서 기호로 표시한다.

	유형화소	(주체 : 행위 : 장소)
(가)~(마)	+	(+ : + : +)
(바)~(사)	−	(+ : + : −)
(아)	−	(− : + : −)

유형화소를 주체·행위·장소에 따라 분석한 결과 원유형인 김현감호형 (+ : + : +)을 중심으로, 1차변이유형은 장소가 변이되어 + : + : −로, 2차변이유형은 주체와 장소가 함께 변이되어 − : + : −로 변이되어 있음을 알 수 있다. 두 변이유형도 독립된 유형명칭이 부여되어야 논의의 진행에 편리하다.

유형명칭은 해당 각편의 작품 제목을 살려서 쓰는 것이 이해에 편리하다. 1차변이유형의 각편 (바)와 (사)의 제목은 각각 '호랑이 처녀의 죽음', '호랑이 처녀'로 되어 있다. 원유형인 '김현감호형' 설화에 대하여, 이 변이유형을 '호처녀형' 설화라 하겠다. 2차변이유형은 각편이 (아)밖에 없다. 이 설화의 제목은 문헌자료를 다루면서부터 '호승' 설화로 일컬어져왔다. 그 주체가 스님과 호소년일 뿐 아니라, 호소년이 환생하여 다시 스님이 된다. 그래서 '호승'으로 일컬어지는 것이다. 주체의 두 성격을 포괄할 뿐 아니라, 호소년의 비약을 함께 나타내는 뜻으로 '호승'이라는 제목이 적절하다. 따라서 이 변이유형을 '호승형' 설화로 일컫기로 한다.

유형화소의 분석을 통해서 원유형인 김현감호형 설화로부터 '호처녀형' 설화와 '호승형' 설화가 유형차원에서 변이되었음을 알 수 있었다. 유형차원의 변이를 가능하게 한 유형화소의 세 요소들을 구체적으로 분석해서 유형차원의 변이과정 및 변이의 원인을 체계적으로 검토해야 할 차례이다. 유형화소의 변이체계는 앞으로 거론하게 될 다음 화소들의 유무 및 변이에까지 큰 영향을 미치게 된다. 그리고 유형차원의 주제도 원유형과 변이유형에 따라 포괄적으로 밝혀질 수 있다. 유형화소의 변이체계를 차례로 따져보기로 한다.

유형화소의 세 요소 가운데 변이를 보이는 것은 '주체'와 '장소'에 한정된다. 주체의 변이를 보이는 것은 호승형 설화이며, 장소의 변이를 보이는 것은 호승형 및 호처녀형 설화이다. 주체의 변이부터 살펴보자.

주체의 변이는 청년과 호처녀에서 스님과 호소년으로 바뀌었다. 김현감 호형과 호처녀형은 모두 청년과 호처녀가 주체이므로, 그 성격은 인간과 호랑이의 만남 및 남성과 여성의 이성적 만남의 두 의미를 지니게 된다. 여기서 변이를 보이는 호승형 설화의 주체는 스님과 호소년이므로 남녀의 이성적 관계는 문제되지 않는다. 인간과 호랑이의 만남 외에 불승과 중생의 관계가 새로운 만남으로 대두되는 것이다. 따라서 원유형에 나타나는 두 주체는 남성과 여성이므로 이류(異類) 사이이긴 하지만 이성간의 사랑을 나누게 되는 인연을 낳게 되는 것이다. 그러나 호승형에서의 두 주체는 동성간이므로 이런 인연은 성립되지 않는다. 불승과 중생의 만남으로써, 불법의 성취를 위한 사제간의 인연을 낳게 되는 것이다. 그러므로 두 주체는 함께 이류간의 만남을 이루게 되지만, 만남의 주체가 이성에서 동성으로 바뀜에 따라 원유형에서는 이성으로서의 사랑의 인연을 맺게 되나, 호승형에서는 사제간으로서 불법의 인연을 맺게 되는 것이다.

다음은 장소의 변이를 보기로 하자. 장소의 변이는 두 갈래로 나타난다. 원유형에서 문제되는 장소는 절간이다. 절간은 단순한 장소 개념일 수도 있으나, 화소의 내용으로 보아 불교의식을 행하는 신성한 공간이라는 사실을 지나쳐서는 안된다. 각편의 자료들을 보면 이러한 상황이 구체적으로 드러난다.

> 신라 풍속에 매년 2월이 되면 초파일부터 보름까지 서울의 남녀가 다투어 興輪寺의 佛殿과 탑을 도는 福會를 하였다. 元聖王 때 낭군 金現이 밤이 깊도록 홀로 탑을 돌면서 쉬지 않았다. 그때 한 처녀가 역시 염불을 하면서 따라 돌다가 서로 알게 되어 추파를 던지다가 돌기를 마치고 으슥한 곳으로 가서 통정을 했다.[20]

> 옛날에는 경주서 호암사라꼬 절이 있어요. 경주 호암사가 있는데, 김평식이라 카는 사람이 경주 참 오래 사든 사람인데, 그 경주 참 어느 절에서, 그 앉은 좌빈들이 칠월 칠석이나 오월 단오나 삼월 삼진이나, 거기 불공축원으로 마이 하러 가셨는데, 아, 저 사람이 하리는 가마이 생각크이, 이넘의 거 그처러

---

20) 《三國遺事》 권 5, 感通 제 7, 金現感虎. "新羅俗 每當仲春 初八至 十五日 都人士女 競遶興輪寺之殿塔爲福會 元聖王代 有郎君金現者 夜深獨遶不息 有一處女 念佛隨遶 相感而目送之 遶畢 引入屛處通焉"

(그처럼) 불공축원을 다 했샀는데, 내가 귀영일체로 절간을 한 번 구경을 갈밖에 없다. 그래 김평식이라 카는 사람이 그 절을 떡 찾아갔어.[21]

　탑돌이는 옛날에, 인자 불교, 인자 절에서 하는 일인 모양인디, 에에 그 탑을 아 하루 가서 백 번 돌아야, 인자 어떤 무슨 복을 준다 해서, 인자 그 사람이, 인자 절에 가서, 인자 날마다 고요한 열두 시 자정 옛날 말로 자정에, 인자 자정부터서 탑을 도는디. 정성껏 인자, 도는디 딴 사람들도 와서, 인자 그 전부 탑을 도나 그냥 몇 번 돌고 전부 가뿔고. 그란디 자기는, 인자 그 탑을 백 번 돌기 위해서 계속 자기 혼자 남아 그란디, 혼자 남은디, 아니 멀리 보니까 어여쁜 아가씨가 그 옆에서 자기하고 같이 탑을 계속 돈 것 같거든.[22]

김현감호 설화에서처럼 꼭 초파일의 탑돌이가 아니더라도 불공축원을 하여, 주체의 원하는 바를 이루고자 절간에 간 것이다. 따라서 불교의식을 배제한 단순한 나들이 장소로서, 또는 생업의 현장으로서 절간을 상정해서는 곤란하다. 이와 더불어 여기서 문제되는 절간은 어느 것이나 산림 속에 외따로 위치하고 있다. 그 지리적 위치에 따른 호젓한 공간으로서의 의미도 배제할 수 없다. 이러한 이중의 의미 때문에, 청년과 호랑이 처녀는 불교의 신성한 의식에 공동으로 참여하는 한편, 산림 속의 호젓한 분위기에 젖어 사랑을 나누고 세속적인 욕망을 더불어 쫓게 되는 것이다.

그런데 두 변이유형은 원유형의 이러한 두 의미 가운데 각기 어느 한쪽을 버리고 다른 한쪽만을 취함으로써 변이를 보이게 된다. 호승형에서는 이미 그 주체가 스님과 호랑이 소년으로 변이되었으므로 불교의식을 행하는 신성공간의 의미만을 한정해서 수용할 수밖에 없다. 동성간이자 스님이 주체로 끼여들었으니 이성간의 사랑을 나눌 수 있는 공간은 자연히 배제되게 마련이다. 그래서 만남의 장소가 절간이 아니라 마을에서 베풀어지는 연등회 장소로 한정되는 것이다.

그러나 호처녀형은 그러한 주체의 변이가 없다. 주체의 변이가 없을 때는 청년과 호처녀라는 주체의 성격을 근거로 장소의 변이가 이루어져야 한다. 남성과 여성이라는 두 주체의 성격 때문에 자연히 이성간의 만남을 위한 공간으로 장소의 변이가 일어날 수 있다. 따라서 호처녀형 설화에서는

21) 趙東一・林在海, 《韓國口碑文學大系》7-2, p. 702.
22) 崔德源, 《韓國口碑文學大系》6-6, p. 577.

절간이 지니는 신성공간의 의미는 배제되고 세속적인 공간의 의미로서 산림의 호젓함만을 수용하는 쪽으로 변이를 일으킨 것이다. 그 결과 구체적인 만남의 장소가 절간에서 숲속, 또는 산중으로 바뀌었다. 호처녀형의 각편 (바)와 (사)의 장소를 보기로 한다.

> 화랭이라고 잘난 청년이 하나 있었는데, 월성 숲에 내(늘) 갱비로(경비를) 했어. 경비로 내 이래 하다가이꺼네, 하룻밤에는 달이 환한데, 어떤 난데 없는 처녀아가 하나,
> "자기가 뭐하로 댕기노?"
> 하이,
> "월성 숲에 경비하로 댕긴다."
> "그러면 우리 집이 놀러 가자."[23]

> 옛날, 참 총각이 하나 참 저거(자기) 부모도 괴롭어서(가난하여) 형편이 없는데, 참 타령을 하고 노래를 부르고 저 산중에 올라가앙께(올라가니까) 한 예쁜 처이(처녀)가 하나 빨래를 시냇가에서 빨래를 하거든, 빨래를 해. 그래 이리 가몬 어디로 가느냐고.[24]

두 각편에서 보이는 장소는 사랑의 밀회를 이룰 수 있는 산림의 호젓함을 유지하고 있다. 그러면서 만남의 장소는 어느 경우나 생업의 현장이다. 특별한 의식을 치르기 위한 생업의 현장과 일탈된 신성공간은 아니다. 일상적인 생업의 현장에서 남녀의 두 주체는 만남을 이루는 것이다. 이러한 장소의 변이는 두 남녀의 만남을 원유형의 만남과 다른 방향으로 이끌어가게 되는 것이다.

지금까지 유형화소의 변이과정과 그 양상을 주체·행위·장소의 세 요소에 따라 상호관련성 속에 살펴왔다. 이 논의를 더 체계적으로 정리함으로써 유형화소의 변이가 우연하게 발생되는 것이 아니라, 일정한 과정과 원리에 입각해서 발생된다는 것을 확인할 수 있다. 변이가 발생된 유형화소의 요소들을 원유형과 변이유형의 관계 속에서 분석하고 거기서 파생되는 의미의 차이도 추론할 수 있다. 각 변이화소의 수용관계는 '='로, 변용관계는 '≠'로 표시한다.

---

23) 趙東一·林在海, 《韓國口碑文學大系》7-3, p. 588.
24) 鄭尙坮·柳鍾穆, 《韓國口碑文學大系》8-1, p. 52.

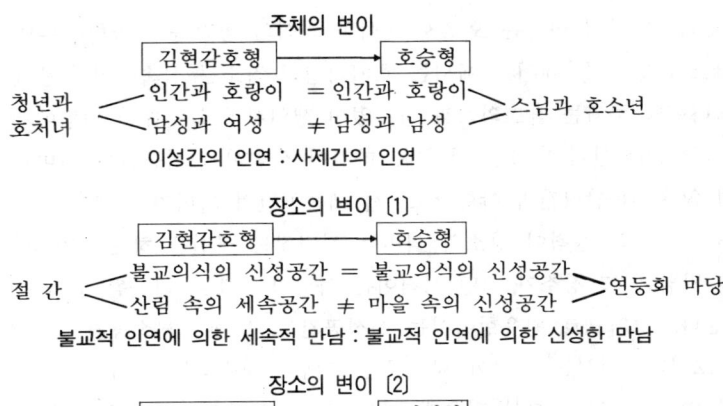

위의 분석에서, '장소의 변이'에 관해서는 논의가 더 자세하게 이루어질 수 있다. 장소의 변이 〔1〕에서 보는 바와 같이, 절간은 불교적 의식을 행하는 신성공간이다. 그러나 산속에 위치하고 있는 탓으로 호젓한 분위기를 자아내는 세속공간으로 변할 수 있다. 결국 원유형의 주체가 이성간이므로 이러한 양면적인 성격을 함께 보여준 것이다. 그런데 호승형의 연등회는 마을에서 베풀어진 것이다. 마을은 일상적인 세속공간이지만 연등회와 같은 불교의식을 행하게 됨으로써 신성공간으로 탈바꿈된 것이다.

> 옛날에 고창현 사람이 연등회를 베푼다는 소문을 듣고 내(변산의 노승)가 가서 참여해 살펴본 적이 있다. 이때 어느 소년이 보통 사람과는 달리 보이기에, 좌우의 사람들에게 물어보았으나 아무도 누구의 아들인지 모른다고 했다.[25]

이처럼 호승형의 주체인 스님은 일상적인 마을로 내려온 것이 아니라, 연등회 행사를 하는 신성공간으로서의 마을에 내려온 것이다. 특히 행위의 주체가 스님과 호소년이므로, 이성간의 밀회공간으로 변모할 가능성은 전

---

25) 崔滋, 《補閑集》 권 下. "往時聞高敞縣人 設燃燈會 往觀焉 有一少年 異於尋常者 問諸左右 皆曰 不知誰之子"

혀 없다. 연등회 마당은 오로지 신성한 의식의 공간을 제공할 뿐이다.

장소의 변이 〔2〕에서 문제되는 호처녀형의 장소는 산속이거나 숲속이다. 호처녀형의 주체는 불교의식과 상관없이 생업활동의 무대인 산림에서 생활하다가[26] 이성간에 만나는 것이다. 따라서 산림이 신성공간의 의미로 전환되지 않은 채 남녀간의 야합장소로서 세속공간의 의미가 그대로 유지된다. 이처럼 주체의 성격이 장소의 의미를 결정짓는 구실을 하는 것이다. 이성간의 만남은 그 장소가 어떤 성격이든 사랑의 장소로 전환될 수 있는 근거가 된다. 그러므로 원유형에서는 신성공간인 절간이 세속공간으로 전환되고, 호처녀형에서는 산림이 세속공간 그대로 지속되는 것이다. 장소의 변이 〔1〕이 절간의 이중성 가운데 신성공간의 의미만을 수용했다면, 장소의 변이 〔2〕는 산림 속에 위치하고 있다는 지리적 공간으로서의 세속성만을 수용했다.

두 변이유형은 원유형의 신성공간과 세속공간으로서의 양면적 성격 가운데 한쪽은 수용하고 다른 한쪽은 변용함으로써, 같은 논리에 입각해서 변이를 했다. 그러나 서로 상반되는 의미를 어긋지게 수용했으므로 두 변이유형은 대립적인 성격을 지니게 되었다. 불교적인 신성한 세계관에 입각해 있는 유형과 일상적인 세속적 세계관에 입각해 있는 유형으로 맞서게 된 것이다.

신성공간의 의미만을 수용한 호승형은 불교적인 의식과 세계관을 강화하는 쪽으로 변이되었다. 실제로 두 주체는 불승으로서 사제간의 인연을 맺는가 하면, 윤회설을 입증이라도 하듯이 인도환생(人道幻生)하는 비약을 보이기도 한다. 특히 호소년이 사람으로 다시 태어나 일엄사(日嚴寺)의 법사가 되어 원근에 법력을 널리 떨치는 큰 성취를 이룬다. 불법의 성취이다. 이 설화를 구연한 변산의 노승처럼 불승들의 세계에서는 이와 같은 설화가 전승력을 지닐 수 있다.

그러나 불법에 심취해 있지 않은 사람들은 사정이 다르다. 절간이라는 장소를 받아들이는 수용태도부터 달라진다. 청년과 호처녀의 만남을 보는

---

26) 호처녀형 설화인 각편 (바)의 청년은 월성 숲을 지키는 경비원이며, 각편 (사)의 청년은 나무꾼이다.

눈도 일면적이다. 호처녀가 부처의 변신이거나, 인도환생할 인물로 인식되기란 지극히 어려운 일이다. 현실적으로 실감나지 않는 상상이기 때문이다. 젊은 남녀가 산림 속에서 호젓하게 만나는 상황으로 치우쳐 연상하게 마련이다. 따라서 두 주체는 부부의 인연을 맺으며, 현실법칙에 입각해서 공을 세우고 현상금을 타서 세속적인 부(富)를 얻게 된다. 현실적인 세계관에 입각해 있는 사람들에게는 이러한 유형의 이야기가 전승력을 지닐 수 있다.

　신성한 국면과 세속적인 국면을 함께 지닌 김현감호형 설화가 변이과정에서 세계관적 논쟁을 벌이게 된 셈이다. 노승과 같은 사람은 불교적 세계관에 맞게 김현감호 설화를 변이시켜 전승한다. 현실생활에 뿌리를 내리고 살아가는 이야기꾼들은 일상적인 세계관에 맞게 김현감호 설화를 변이시켜 전승한다. 이러한 세계관적 논쟁은 이미 문헌설화의 전승에서도 드러났다. 문헌설화는 선행 자료들을 그대로 옮겨 기록한 것이므로, 전거에 의해 쉽게 개작할 수 없다. 그러므로 부가적인 기술물에 의해서 자신들의 세계관을 강조한 것이다. 일연은 김현의 지극한 불심을 높이 평가하고 호처녀를 부처의 응신으로 해석하는 등 순전히 불교적 세계관에 입각해서 수용했다. 그런데 이 자료를 그대로 옮겨실은 민주면(閔周冕)은 찬(讚)을 통해서 부부간의 의리를 강조했다.[27] 불자와 유자의 세계관적 논쟁이 부가적인 기술물을 통해서 간접적으로 드러난 것이다. 그러나 이들 설화를 직접 구전하는 사람들은 자신들의 세계관에 맞게 이야기를 직접 변이시켜 전승하는 것이다. 그러므로 같은 이야기라도 언제 어디서 누가 한 것이며, 듣는 사람이 어떻게 들었는가 하는 것이 중요하다.[28]

　지금까지의 논의를 토대로 유형화소의 변이에 따라 드러나기 시작한 유형차원의 의미를 정리해 보기로 한다. 유형화소 가운데 '주체'와 '장소'가 변이되고 있으므로, 유형차원의 의미차이를 결정짓는 것도 이 두 요소이

---

27) 자세한 논의는 이 책 1장 2절 '3) 연구목적의 설정'을 참조하기 바람.
28) 趙東一,《人物傳說의 意味와 機能》, 영남대출판부, 1979, p. 13. "이야기의 대립적 구조는 세계관적 논쟁의 구조이다. ……세계관적 논쟁을 다루기 위해서는 상황이 문제된다. 같은 이야기라도 언제 어디서 누가 한 것이며 듣는 사람이 어떻게 들었는가 하는 데 따라서 달라진다."

다. 주체의 경우는 이성과 동성, 장소의 경우는 신성성과 세속성으로 대립
을 보이면서 상호 관련을 지니고 있다. 따라서 주체와 장소를 두 변수로
설정하고 거기서 발생되는 의미를 파악할 수 있다.

> 김현감호형 : 이성＋신성공간 ＝ 이성끼리 신성한 장소에서 만남
> 호 처 녀 형 : 이성＋세속공간 ＝ 이성끼리 세속적인 장소에서 만남
> 호 승 형 : 동성＋신성공간 ＝ 동성끼리 신성한 장소에서 만남

　여기서 이성은 총각과 처녀이므로 이들의 만남은 이성간의 사랑으로 발
전하게 마련이다. 동성은 스님과 소년이므로 불법을 전수하고 받는 사제간
으로 발전한다. 신성공간은 불교의식을 행하는 종교적 장소이므로, 신성공
간에서 만나는 것은 불교적 인연에 의한 만남으로 볼 수 있다. 즉 김현감
호형에서는 탑돌이를 하다가 만나게 되고, 호승형에서는 연등회에 참여해
서 만나게 되기 때문이다. 그러므로 각 변이유형에 따른 의미는 제각기 독
자성을 지니게 된다.

> 김현감호형 : 불교적 인연에 의한 이성간의 세속적 만남
> 호 처 녀 형 : 일상적 인연에 의한 이성간의 세속적 만남
> 호 승 형 : 불교적 인연에 의한 사제간의 신성한 만남

　따라서 김현감호형 설화의 주체가 불교적 인연에 의한 세속적 만남으로
불교적인 성취와 세속적인 성취를 함께 이룬다면, 호처녀형 설화의 주체는
일상적인 인연에 의한 세속적 만남으로 세속적인 성취만을 이루고, 호승형
설화의 주체는 불교적 인연에 의한 신성한 만남으로 불교적인 성취만을 이
룬다. 원유형인 김현감호형 설화가 성속일여적(聖俗一如的)인 포괄적 성격
을 지녔다면, 여기서 변이된 두 변이유형은 성속이 분리되어 일면적 성격
만을 지닌 것이 되고 말았다. 변이유형의 세계관이 편협하게 된 탓이다.
그러나 원유형의 설화가 아직도 풍부하게 전승되는 것을 보면[29] 편협한 쪽
으로만 전승되는 것도 아니다. 성속일여적 세계관에 입각해 있는 설화의
전승력이 아직도 만만치 않게 전승되고 있는 것이다.

---

29) 김현감호형 설화의 구전되는 각편이 다른 변이유형의 자료보다 더 많다. 각편
　　(나), (다), (라), (마)가 구전되고 있다.

지금까지 논의해 온 바와 같이, 유형화소의 변이는 일정한 동질성의 기반 위에서 변화를 일으키는 것이므로, 독자적인 생성으로 볼 수는 없다. 만일 독자적인 생성이 이루어졌다면 그것은 변이가 아니다. 따라서 원유형의 화소와 변이유형의 화소는 일정한 공통성을 기반으로 한 가운데 부분적인 변화로 나타나야 한다. 그렇지 않으면 유형차원의 변이가 아니라 독립적인 유형의 창조적 생성이 된다. 이렇게 되면 완전히 다른 유형의 설화로 독립시켜 별도로 다루어져야 한다. 이 논의에서는 원유형과 변이유형의 유형화소가 그대로 공유되는 부분과 다르게 변이된 부분이 구체적으로 분석되었을 뿐 아니라, 이러한 변이에 따라 유형적 차원에서의 의미가 어떻게 달리 형상화되는가 하는 것도 완연하게 드러났다.

호승형 설화는 '불교적 인연'을 그대로 수용하면서, '이성간의 세속적인 만남을' '사제간의 신성한 만남'으로 변용한 데 비하여, 호처녀형 설화는 이와 반대로 원유형의 '불교적 인연'을 '세속적인 인연'으로 변용하면서 '이성간의 세속적인 만남'은 그대로 수용했다. 따라서 이들 세 유형은 완전히 독립적인 유형이 아니라, 원유형에서 일정한 논리에 따라 변이된 유형임을 알 수 있다. 특히 이들 세 변이유형을 같은 유형의 범주로 확실하게 묶어주는 것은 유형화소의 기저형태가 같다는 것이다. 어느 것이나 인간과 호랑이 사이에서 빚어지는 일정한 인연이 설화의 유형화소를 결정짓고 있다는 사실이다. 김현감호형·호처녀형·호승형을 귀속하는 유형명칭을 원유형의 명칭을 그대로 살려 '김현감호 유형' 설화로 일컫기로 하고 화소차원의 논의를 계속하기로 한다.

3. 호국룡 설화의 유형화소와 변이유형

호국룡 설화는 《삼국사기》와 《삼국유사》에 실려 있는 문무왕의 기사에 바탕을 두고 있다. 그럼에도 문무왕 설화라고 하지 않는다. 그것은 호국룡으로 변신하는 왕이 문무왕으로 고정되어 있지 않기 때문이다. 자료에 따라서 신무왕(神武王),[30] 김부대왕(金傅大王),[31] 짐부대왕(金傅大王),[32] 경순왕

---

30) 柳增善, 《嶺南의 傳說》, 형설출판사, 1971, p. 337.

(敬順王)33) 등이 호국룡의 주체로 나타난다. 구전설화의 경우에 이러한 변이
가 특히 흔하게 나타난다. 따라서 이 설화를 문무왕 설화로 유형 명칭을
정하지 않는다. 역사적인 연구가 아니므로 더욱 그럴 필요가 없다.

어느 왕이든 왕이 호국룡으로 변신했다는 사건의 전개가 중요하다. 따라
서 문무왕 설화가 아니라 호국룡 설화로서 주목해야 한다. 호국룡으로 불
리어지되, 왕이 호국의 의지를 품고 용으로 변신한 이야기가 아닌 경우에
는34) 자연히 이 논의의 대상에서 제외된다. 호국룡이라는 화소는 같아도 유
형화소로서의 기능이 동일하지 않으므로, 별개의 유형에 속하기 때문이
다.35) 여기서 이미 유형화소의 분석적 기능이 드러나는 것이다.

앞장에서 검토한 호국룡 설화의 문헌자료들은 한결같이 문무왕에 한정되
어 있다. 문무왕이 동해의 큰 바위에 묻히고자 유언하여 그에 따라 장사했
더니 호국룡이 되었다는 것이다. 이들 문헌설화에는 왕이 용으로 변신하여
왜적을 물리치고 나라를 수호한, 호국룡으로서의 구체적인 행적은 나타나
있지 않다. 설화적 요소로서 가장 흥미를 끄는 대목이 없는 것이다. 결국
문헌자료는 문무왕의 유언에 한정된 내용만 전하고 있는 것이다. 역사적인
기사로서 만족하고 만 셈이다.

이견대나 감은사에 관한 가사도 마찬가지이다. 세간에서 전하는 지명유
래를 단편적으로 수록하는 데 그쳤다. 역사적인 가치는 있되 문학적 가치
는 부족한 자료들이다. 그 자체로서는 설화로서의 문학성을 인정받기 어렵
다.36) 처음과 중간, 끝이라고 하는 최소한의 구성조차 갖추지 못하고 있는

---

31) 趙東一・林在海,《韓國口碑文學大系》7-2, 한국정신문화연구원, 1980, p.47 및《韓
    國口碑文學大系》7-3, p.617 등 다수의 자료에는 '김부대왕'으로 나타난다.
32) 趙東一・林在海, 위의 책 7-3, p.617에는 '짐부대왕'으로 이야기된다. 김부가 구개
    음화 현상으로 짐부로 바뀐 셈이다.
33) 趙東一,《韓國口碑文學大系》7-1, p.124.
34)《三國遺事》권2, 元聖大王조에서 호국룡 이야기가 나온다. 그러나 왕이 호국의 의
    지를 품고 호국룡이 되었다는 이야기가 아니다. 東池와 淸池, 분황사 우물에 세 용
    이 있었는데 唐의 관리가 河西國 사람을 데리고 와서 용을 잡아가자, 그 부인들의
    하소연을 듣고 원성대왕이 하서국 사람을 다스려 호국룡을 구해냈다는 이야기이다.
    그러므로 이 논의의 대상이 되는 호국룡 설화의 유형과는 다른 유형의 이야기이다.
35) 만일 '호국룡'이라는 화소를 평면적으로 문제삼으면 원성대왕조의 세 호국룡 이야
    기도 같은 범주에서 논의의 대상으로 삼아야 한다. 그렇게 되면 유형적 차원의 논의
    가 불가능해지고, 소재론적 검토에 머물고 말게 된다.
36) 설화적 구조를 갖추지 못한 유래담은 '사실전승'에 속하게 된다. 자세한 것은 임

자료도 있다. 그러나 구전자료들은 사정이 다르다.

십여 년 전부터 구전자료들이 수집되었다.[37] 최근 몇 년 사이에도 다수의 호국룡 설화가 수집되었다.[38] 수집된 구전자료들을 보면 어느 것이나 설화로서 문학성을 충분히 갖추고 있다. 사건의 전개가 구성의 원칙에 입각해 있고 이야기로서 갖추어야 할 흥미를 지녔으며, 전승자들의 민중의식을 주제로 표현하고 있다. 이들 구전자료를 대상으로 하여 유형화소를 분석하고 그 변이체계를 검토하기로 한다.

지금까지 수집되어 보고된 구전자료들을 정리하기로 한다. 정리의 대상은 《한국구비문학대계》의 자료를 중심으로 하되, 이와 같은 체계로 조사되고 수집된 자료 가운데 관련될 만한 것은 함께 다룬다. 설화의 제목, 자료의 전거 순서로 정리하되 문헌자료와 가까운 것부터 (가), (나), (다)의 기호로 표시한다.

　(가) 이견대 : 조동일・임재해 《한국구비문학대계》7-2(경주・월성편), p. 633.
　(나) 대왕암과 이견대 : 조동일・임재해, 위의 책, p. 635.
　(다) 문무왕의 득천 : 조동일・임재해, 위의 책, p. 647.
　(라) 문무왕의 수중룡과 득천 : 조동일・임재해, 위의 책, p. 642.
　(마) 김부대왕 : 조동일, 《인물전설의 의미와 기능》, 영남대출판부, 1979, p. 48.
　(바) 용이 된 김부대왕 : 조동일・임재해, 《한국구비문학대계》7-3(경주・월성편), p. 617.
　(사) 경순왕과 주금이들 : 조동일, 《한국구비문학대계》 7-1(경주・월성편), p. 124.
　(아) 용이 되어서 득천한 김부대왕 : 조동일・임재해, 위의 책, 7-2, p. 47.
　(자) 유금이들 : 조동일・임재해, 앞의 책, 7-2, p. 50.
　(차) 유금이들의 내력 : 조동일・임재해, 위의 책, 7-3, p. 210.

모두 10편의 각편이다. 이 가운데 각편 (마), (바)를 제외한 모든 각편은 연구자가 직접 수집하여 보고한 자료이다.

　　재해, 〈설화의 존재양식과 갈래체계〉, 《口碑文學》 8, 한국정신문화연구원, 1985, pp. 104~124를 참조.
37) 柳增善, 주 30)의 책 등에서 수집・보고되었다.
38) 趙東一, 《人物傳說의 意味와 機能》, 영남대출판부, 1979, p. 48 및 1979년부터 실시한 정신문화연구원의 구비문학 조사사업으로 다수의 자료가 수집・보고되었다.

이밖에도 구전자료는 상당히 많다.[39] 자료는 얼마든지 더 열거할 수 있다. 현지에 가서 계속 수집하면 자료는 무한정으로 얻어낼 수 있다. 자료는 많을수록 좋다. 그러나 일정한 목적 아래 다루어지는 자료는 무한정일 필요가 없다. 모두 동원할 필요가 없는 것이다. 자료가 지나치게 많아서 휘어잡을 수 없게 되면 번거롭기만 하고 명쾌한 논리를 세우는 데 장애가 될 수 있다. 자료만 보이고 논리는 가려져버리기 쉽기 때문이다. 그러므로 여기서는 이 정도의 자료로 논의의 대상을 한정한다. 각편 몇 편을 더 동원한다고 하여 화소체계의 논의에 이변이 생기는 것은 아니다. 이제는 이들 이야기를 유형적 차원에서 꿰뚫고 있는 화소를 찾는 일이 남았다.

호국룡 설화의 유형적 전개는 왕이 죽어서 호국룡이 되겠다고 하는 데서 비롯된다. 왕이 호국룡이 되고자 하는 데에는 몇 가지 이유가 있다. 왜적으로부터 나라를 지키고자 한다든가, 물길을 터서 들을 만든다든가 하는 것이 이유이다. 또는 이 둘이 함께 이유가 될 수도 있다. 이와 같은 이유나, 왕의 이름, 호국룡이 되겠다고 하는 진술방식 등이 각편에 따라서 다를 수 있다. 각편마다 구체적인 화소의 내용을 정리하면 아래와 같다.

(가) 문무왕이 용이 되어 왜적을 막고자 수장해줄 것을 유언했다.
(나) 문무왕이 용이 되어 왜적을 막고자 섬을 치겠다고 유언했다.
(다) 문무왕이 용이 되어 왜적을 막고자 섬을 치려고 했다.
(라) 문무왕이 용이 되어 왜적을 막고자 섬을 치려고 했다.
(마) 김부대왕이 용이 되어 섬을 치고 왜적을 막고자 했다.
(바) 김부대왕이 용이 되어 섬을 치고 왜적을 막고자 했다.
(사) 경순왕이 용이 되어 물길을 트고자 주금이들에 누워 있었다.
(아) 김부대왕이 용이 되어 형산강을 치고자 구렁이가 되어 누워 있었다.
(자) 김부대왕이 용이 되어 유금이들을 치고자 이무기가 돼 누워 있었다.[40]
(차) 김부대왕이 용이 되어 강을 치고자 구렁이가 되어 누워 있었다.[41]

---

39) 趙東一·林在海, 《韓國口碑文學大系》 7-2, p. 644의 '감은사의 종과 문무왕의 득천', p. 629의 '대왕암과 용등바위', p. 639의 '감은사와 청산대', p. 233의 '형산강을 친 김부대왕'; 趙東一·林在海, 같은 책 7-3, p. 566의 '김부대왕이 용이 된 이야기'; 趙東一, 앞의 책 7-1, p. 43의 '용이 된 김부대왕' 등이 있다.

40) 각편 (자)에서는 이야기꾼이 (아)의 이야기에 이어서 유금이들의 유래를 이야기하고자 했으므로 앞에서 이야기된 유형화소는 되풀이 구연하지 않았다. 그러나 이야기 전체 내용으로 보아 (자)와 같은 유형화소를 전제로 이야기가 전개된 것이다.

41) 각편 (차)에서는 유형화소가 구연되지 않았다. 그러나 이야기의 전체 문맥으로 보

각편에 나타난 유형화소의 구체적인 내용을 일반화하여 화소개념으로서
다시 기술하기로 한다. 화소의 구체적인 내용이 아니라, 화소로서 추상화
된 개념이어야 논리를 세울 수 있기 때문이다. 비교적 다양한 내용으로 개
성있게 진술된 유형화소의 내용을 일관해 보면 가장 중요한 것은 역시 주
체이다. 호국룡이 되는 왕은 누구인가 하는 것이다. 다음은 왕의 호국룡이
되고자 하는 '의지'이다. 결국 이들 설화는 어느 것이나 왕이 용이 되고자
하는 의지에서부터 이야기가 출발되는 것이다.

다음으로 문제되는 것은 의지의 근거이다. 왜 용이 되고자 하는 의지를
가지게 되었는가 하는 것이다. 그러한 의지의 근거에 따라 이야기의 내용
은 상당히 다르게 전개될 수 있다. 따라서 유형화소의 기저형은 "어느 왕
이 용이 되어 무엇을 하고자 했다"는 진술로서 수렴할 수 있다. 이러한 진
술원칙에 따라 유형화소를 일반화해서 정리하면 각편의 유형적인 성격이
선명하게 드러난다. 각편 (가)를 중심으로 동이관계를 '+'와 '-'로 표기
한다.

호국룡 설화의 유형화소
(가)~(라) 문무왕이 용이 되어 왜적을 막고자 함.   (+)
(마)~(바) 김부대왕이 용이 되어 왜적을 막고자 함. (-)
(사)~(차) 김부대왕이 용이 되어 물길을 트고자 함. (-)

유형화소에 따라 정리해 보면 호국룡 설화는 세 가지 변이유형으로 존재
한다. 세 유형화소는 조금씩 다르지만, 세 변이유형의 각편 10개 작품을
동일유형으로 묶어주는 것은 유형화소의 공통점이다. 주체가 모두 왕이라
는 점, 모두 용이 되고자 하는 의지를 가졌다는 점, 그 의지의 근거는 왜
적을 막고자 했든 물길을 트고자 했든 나라와 백성을 위하는 일을 하고자
했다는 점에서, '호국룡 유형' 설화로서 동질성을 지니는 것이다. 결국
'왕이 용이 되어서 나라를 위한 일을 하고자 한' 이야기는 모두 '호국룡
유형' 설화로 수렴될 수 있는 것이다.

'호국룡 유형' 설화의 세 변이유형들을 제대로 살피기 위해서는 이들 유

아서 (차)와 같은 유형화소가 전제된 것이다.

형화소의 내용을 다시 요소별로 분석하여 각 요소들의 동이관계를 정리할 필요가 있다. 유형화소의 요소는 변신의지의 '주체', 주체의 '변신의지', 변신의지의 근거, 즉 변신의 '목적'으로 이루어져 있다. 각편 (가)를 중심으로 세 요소의 동이관계에 따라 기호로 나타내면 다음과 같다.

	유형화소	(주체 : 의지 : 목적)
(가)~(라)	+	(+ : + : +)
(마)~(바)	−	(− : + : +)
(사)~(차)	−	(− : + : −)

유형화소를 요소에 따라 분석한 결과, 위의 세 변이유형은 + : + : +, − : + : +, − : + : −로 합성되어 있음을 알 수 있다. 다음의 계속되는 논의를 위해서 위의 세 변이유형은 독립적인 유형명칭이 있어야 한다. 설화 각편들의 제목과 변신주체의 이름을 함께 고려하는 것이 각 변이유형을 인식하는 데 효과적이다.

각편 (가)~(라)는 제목이 이견대, 또는 문무왕으로 나타난다. 그러나 변신의 주체는 어느 각편이나 문무왕이다. 따라서 이 변이유형의 명칭은 이견대를 취하는 것보다 문무왕을 취하는 것이 좋겠다. '문무형' 설화라 한다. 각편 (마)~(바)는 제목이 '김부대왕'이고 그 변신주체도 김부대왕으로 나타난다. 더 따질 필요가 없겠다. '김부형' 설화라 하는 것이 적절하다. 각편 (사)~(차)는 제목이 유금이들·주금이들·김부대왕으로 나타나고 변신주체는 경순왕·김부대왕·짐부대왕 등이다. 사정으로 보아서는 김부대왕을 택해야 할 것 같으나 앞의 유형과 명칭상의 구분이 되지 않아서 곤란하다. 제목에도 유금이들, 또는 유금이들의 유래로 나타나 있지만, 이야기의 내용이 유금이들의 유래를 설명하는 것이다. 그리고 '유금'이라는 아이가 작품 속에 등장해서 변신주체인 왕이 용으로 화하는 데 아주 중요한 구실을 한다. 그러므로 이 변이유형은 '유금'이라는 지명과 인명을 함께 살려서 '유금형' 설화라 일컫기로 한다.

이제 호국룡 설화의 변이유형이 셋으로 변별되고 그 변이유형의 명칭까지 정했으니, 유형화소의 변이를 가능하게 한 각 요소의 동이관계를 더 자세하게 분석할 차례이다. 그래야 유형화소가 셋으로 존재하게 되는 과정과 그 변이체계를 어느 정도 해명할 수 있게 된다. 그리고 유형적 차원의 주제가 화소의 변이에 따라 밝혀질 수 있게 된다. 그러려면 우선 세 변이유형들 가운데서 원유형을 추론해야 한다. 원유형은 가능한 한 최고(最古) 유형으로서 상대적인 시각에서 추론한다면, '문무형'이 원유형에 속한다.

문무형은 《삼국유사》와 《삼국사기》, 《동국여지승람》의 기록과 거의 일치한다. "문무왕이 왜적을 막기 위해 용이 되고자 했다"는 유형화소만 보면, 문헌자료와 꼭 같다. 문무형의 구체적인 작품인 각편 자료를 보아도 마찬가지이다. 각편 (가)의 이야기를 옮겨보면 문헌자료를 보는 것과 같다.

> 인자 문무왕이 여게 세상을 떠나실 때, 인자 그 왜적을 막기 위해서 水葬을, 동해바다에 수장을 해주면 내가 왜적을 막아주겠다 카는 유언을 했답니다.[42]

각편 (가)의 처음 부분이다. 이것은 《삼국유사》와 《삼국사기》의 기록과 흡사하다.

> 그래도 인자 신문왕이 그 집을 짓고 문무대왕이 하늘에 호국의 용이 돼가는 것을 보기 위해 지킸다. 그래서 그 인자 용이 돼가는 걸 봤다. 이로운 것을 봤다 이래가주고 이견대라고 했는데.[43]

각편 (가)의 끝부분이다. 《동국여지승람》의 이견대조의 내용과 흡사하다. 그리고 이야기 속에 등장하는 인물, 즉 문무왕·신문왕 등 역사적인 인물이 문헌전승과 동일하고, 이견대·감은사·대왕암 등 역사적인 유적또한 문헌전승과 일치한다. 그러므로 세 변이유형 가운데 문무형 설화를 호국룡 설화의 가장 오래된 유형으로서 '원유형'으로 설정할 수 있겠다. 자연히 김부형과 유금형은 원유형인 문무형의 변이유형이 되는 것이다.

김부형과 유금형은 어떻게 변이를 일으키게 되었는가? 그 변이과정과 체계를 해명하기 위해서는 유형화소의 세 요소들을 분석적으로 다시 검토해야 한다.

세 요소들 가운데 주체의 '의지'는 변함이 없다. 모두들 용이 되고자 했

---

42) 趙東一·林在海, 주 39)의 책 7-2, p. 633. 감포읍 설화 5, '이견대'. 각편 (가)에 해당되는 설화이다.

43) 위와 같음.

기 때문이다. 유형화소의 이 공통적인 요소 때문에 앞에서 다룬 각 변이유형의 각편들이 호국룡 설화로서 동질성을 지니게 되는 것이다. 원유형에서 달라진 요소는 '주체'와 목적'이다. 원유형에서는 주체가 문무왕이었는데 변이유형에서는 모두들 김부대왕(경순왕·짐부대왕)으로 바뀌었다. 각편차원에서는 경순왕·짐부대왕으로 표현되는 경우도 있으나, 모두 김부대왕의 다른 표현일 따름이다.

유형화소의 '주체'에 해당되는 요소는 두 변이유형에서 함께 바뀌었으나, '목적'에 해당되는 요소는 유금형에서만 바뀌었다. 문무형과 김부형에서는 왕이 왜적을 막고자 용이 되려고 했는데, 유금형에서는 물길을 트고자 용이 되려고 했다. 물길을 터서 물바다가 되어 있는 땅을 들로 바꾸고자 한 것이다. 먼저 주체의 변이 배경부터 검토하기로 한다.

문무왕이 호국룡이 되고자 한 것은 여러 가지 문헌과 유물 등으로 보아 역사적인 사실이다. 고고학적인 성과도 이를 뒷받침한다. 감은사지를 발굴한 결과 호국룡이 금당 아래 서릴 수 있도록 용혈을 만들어두었다는 것이 밝혀졌고, 호국룡이 득천하는 것을 지켜보고자 한 이견대도 발견되었다. 대왕암·이견대·감은사 등의 유적과 함께 문무왕·신문왕 부자의 행적이 문헌의 기록 및 구비전승 자료와 일치하는 것이다. 그럼에도 불구하고, 문무왕이 김부대왕으로 바뀌어버린 까닭은 무엇인가 하는 의문이 제기되는 것은 자연스럽다.

문무형에서는 왕의 호칭이 모두 문무왕이다.[44] 그러나 변이유형에서는 김부대왕으로 호칭된다. 문무가 예사 왕이라면, 김부는 대왕인 것이다. 세간에서 널리 전승되는 왕의 이야기에는 주로 '대왕'으로 불리는 왕이 등장한다. 조선조의 왕 가운데 널리 설화의 주인공이 되고 있는 왕은 숙종이다. 숙종은 이야기 속에서 늘 대왕으로 호칭된다. "옛날에 숙종대왕이 항상 미복으로 야행을 했는데, 하루는……" 하는 식으로 이야기의 서두가 시작되기 일쑤이다.

---

44) 위의 책, 같은 곳의 각편 (가)에서 문무왕이라는 말이 거듭 나오다가, '문무대왕' 이라는 말은 한 차례 나왔다. 각편 (나)에서는 거듭 쓰였다. 그러나 일반적으로 '문무대왕'이라는 말은 이야기 속에서 쓰이지 않는다. 반면에 김부의 경우는 김부왕이 라는 말은 쓰지 않는다. 모두 '김부대왕'이라 일컫는다.

역사적으로는 세종이 한글을 창제하고 물시계·해시계를 발명하도록 하며, 음악을 정리하여 아악의 기초를 확립하는 등 조선조 역대 임금 중에서 가장 찬란한 업적을 남긴 성군으로 알려져 있다. 그래서 다른 임금과 달리 세종대왕으로 호칭되는 것이 오랜 관례처럼 되어 있다. 그러나 세종대왕은 교과서적인 호칭일 뿐이다. 세간에서 전승되는 추앙받는 왕으로서, 또는 옛날 이야기의 주인공으로서 등장되는 일은 거의 없다. 그것은 세종의 업적이 역사적으로 두드러지긴 해도, 민중 일반의 지지기반을 획득하지 못한 탓이다. 민중적 지지기반을 널리 획득한 임금은 숙종인 것이다.

백성들의 살림살이를 살피고자 평복차림으로 늘 밤나들이를 하는 왕, 어렵고 불쌍한 사람들의 민원을 직접 해결하고 도움을 베풀면서도 자신의 신분을 끝내 숨기는 왕, 그런 왕이 바로 숙종이고 대왕인 것이다. 세종과 숙종의 다스림이 실제로 어떠했든 민중들이 받아들이는 대왕은 찬란한 역사적 업적을 남긴 세종이 아니라 백성들의 삶을 숨어서 돌보고 아낌없이 도움을 베풀어준 숙종인 것이다. 그 결과 역사책 속에 갇혀 있는 대왕은 세종이지만, 민중 속에 살아 있는 대왕은 숙종인 것이다.

문무와 김부도 이런 시각에서 다시 인식할 수 있다. 문무왕은 당(唐)나라와 연합하여 백제와 고구려를 멸망시키고 당나라 세력까지 몰아내어서 삼국통일의 위업을 이룩한 신라 30대 임금이다. 김부는 신라 56대 마지막 임금인 경순왕이다. 경애왕(景哀王)이 죽은 후 견훤에 의해 왕위에 올랐으나 국세가 약해지고 나라를 지탱하기 어렵게 되자, 나라를 고려에 바친 비운의 왕이다. 따라서 문무는 국토를 넓히고 삼국을 통일한 역사적 대업을 이룬 위대한 왕이라면, 김부는 수성(守成)조차 하지 못하고 나라를 고려에 갖다 바친 패배의 왕이다. 그런데도 문무는 예사 왕으로 불리는데 김부는 대왕으로 불린다. 뿐만 아니라 죽어서까지 용이 되어 호국하겠다는 문무왕의 호국의지조차 김부의 호국의지로 대치되어 이야기되고 있다. 역사적으로는 문무왕이 위업을 이루었고 호국사상에 충만해 있었던 호국룡왕이지만, 민중들 가운데에서는 나라를 고스란히 내어준 김부대왕을 호국룡왕으로 인식하고 있는 것이다. 문무가 통일의 위업을 이루는 과정에는 수많은 백성들의 희생이 따라야 했다. 그러나 김부는 왕좌를 포기하면서까지 백성들의 안위를 염려했다. 지배층은 국토를 확장하는 것이 호국이라 여기지만 민중은 일상적인 삶을 안정되게 보호받는 것이 호국이라 생각한다. 지배층과 민중이 인식하는 호국사상의 차이가 여기서 드러나는 것이다.

진실로 백성들을 사랑하는 김부대왕의 치적은 문헌에도 자세하게 기록되어 있다. 국세가 약해져서 안보가 위태롭자, 나라를 왕건에게 내주고 항복할 것을 의논한 일이 있다. 이때 왕태자는 이를 반대하며 끝까지 버티어볼 것을 주장했다. 그러나 김부는 "외롭고 위태한 것이 이와 같이 심하여 나라를 보전하기 어려운 것이 대세이다. 이제 더 강해질 수도 없고 더 약해질 수도 없으니 무고한 백성들을 참혹하게 죽이는 일을 나는 차마 못하겠다"고 했다.[45] 민중들이 기대하는 왕은 백성들의 희생을 딛고 왕실을 끝까지 지키려는 왕이 아니라, 왕실을 버리면서까지 백성들의 안정된 삶을 보장하는 왕이다. 따라서 문무는 삼국통일을 이루고도 대왕의 자리와 호국룡왕의 자리를 함께 잃었으나, 김부는 나라를 내주고도 대왕의 칭호와 호국룡왕의 자리를 함께 얻은 것이다.

구전설화 속에서 전승되는 역사는 문헌에서 전하는 역사와 다르다. 문헌자료에서는 사실의 역사가 중심을 이루고 있으나, 구전설화에서는 의식의 역사가 중심을 이루고 있다. 우리는 변이유형의 설화들을 통해서 통치자를 인식하는 민중적 역사의식을 이해할 수 있고, 설화의 전승과정에 따라 사실 중심의 이야기에서 점차적으로 의식 중심의 이야기로 바뀌어가고 있음을 확인할 수 있다.

다음으로 변이를 보이는 요소는 '목적'에 관한 것이다. 호국룡이 되고자 하는 목적이 문무형과 김부형에서는 왜적을 막는 것이었으나, 유금형에서는 물길을 트는 것이었다. 왜적을 막는 일은 왕이 나라와 백성들을 위해서 해야 할 큰 일이다. 마찬가지로 막혀 있는 물길을 트고 넓은 들을 확보해 주는 것도 나라와 백성들을 위해서 해야 할 큰 일이다. 나라를 위하는 일의 내용이 달라진 것이다.

원유형에 가까울수록 오래된 유형이고 변이가 클수록 최근에 형성된 유

---

45) 《三國遺事》 권 2, 金傅大王. "王曰 孤危若此 勢不能全 既不能强 又不能弱 至使無辜 辜之民 肝腦塗地 吾所不能忍也."

형이라고 할 수 있다. 따라서 원유형인 문무형이 가장 초기형이고, 주체만
바뀐 김부형은 1차변이유형으로서 문무형 다음에 형성된 중기형이라고 할
수 있다. 그리고 주체와 목적이 함께 변이된 유금형은 2차변이유형으로서
가장 후기형이라고 할 수 있다.

　삼국통일 이후 문무왕이 느끼는 현실적인 위험은 왜구의 침입이었다.[46]
그러나 후대에 내려오면서 왜구의 침입보다는 농사지을 수 있는 토지의 확
보가 더 시급한 문제였다. 있는 그대로의 자연환경은 쓸 만한 농토를 이용
할 수 없도록 했다. 특히 물길이 문제였다.[47] 언제든지 농토를 휩쓸 가능성
이 있다. 이미 나 있는 물길도 잘 돌리면 넓은 들을 확보할 수 있다. 그래
서 물길을 다스리고 농토를 확보해 주는 호국룡이 더 절실했던 것이다. 적
어도 호국룡 설화를 전승하는 민중들의 의식 속에서는 그러했던 것이다.

　이러한 의식은 김부를 호국룡왕으로 인식한 이후에 비로소 생겨난 의식
이었다. 왕실의 지탱이나 국가의 영토확장을 위한 끊임없는 전쟁보다, 백
성들이 현실적으로 불편을 겪고 있는 문제, 즉 생업활동의 온전한 보장이,
왕에게 거는 백성들의 일반적인 기대인 것이다. 이러한 기대가 유형화소를
문무왕에서 김부대왕으로, 또는 왜적을 막는 일에서 농토를 확보해 주는
일로 변이를 일으키게 한 것이다. 그러므로 원유형에서 1차·2차 변이유형
으로 바뀌는 것은 민중들의 역사의식이 변모된 과정으로 볼 수 있다. 그렇
다면 '주체'와 '목적'에 해당되는 유형화소의 변이는 민중의 역사의식과
더불어 서로 다른 시기에 개별적으로 변이된 것이다.

---

　46) 이와 같은 상황은 설화의 서두에 잘 나타난다. 각편 (나)에서는 "문무대왕이 생전
　　에 왜적들이 자꾸 침범을 하니", 각편 (다)에서는 "동해 열두 섬이 있을 때는 왜적
　　이 조선을 해꾸지할라꼬 자꼬 오기 때문에", 각편 (라)에서는 "문무왕께서 신라삼국
　　을 통일하고 보이까, 그 남는 걱정이 무엇이냐. 우리나라가 제일 가까이 섬을 두고
　　있는 동해 열두 섬이 있었답니다" 등으로, 왜구의 침입이 가장 걱정거리였음을 이야
　　기하고 있다.
　47) 각편 (사)에서는 "경순왕이 가만이 생각해 보아, 아매도 자꾸 성 안에 물이 들와요
　　……자꾸 물이 들어오이 도저히 여 살 수가 없어", 각편 (아)에서는 "김부대왕이 경
　　주 여게 한참 울리고 있을 때에, 거 인제 경주가 강이그덩요. 강이 됐는데, 만날 문
　　지방에 인자 자기 집 앞에 강이 돼가주고 만날 넘청넘청 그러이까네, 그기 포부가
　　돼가주고", 각편 (차)에서는 "여기는 인자 강이 돼가 이런데, 장 봐서 인자 이 들을
　　해먹어야 되이 그래 김부대왕이라 카이가" 등으로 이야기의 서두가 시작되고 있으
　　므로, 물길이 막혀 있는 것이 가장 걱정거리였음을 알 수 있다.

역사적으로 본다면, 1차변이인 '주체'의 변이는 김부대왕 이후에나 가능한 일이다. 2차변이인 '목적'의 변이는 왜구에 의한 침입이 현실적으로 약화된 다음이라 할 수 있겠다. 왜구의 침입은 신라 때부터 비롯되어 고려말기와 조선조 전기에 상당히 극심했다. 그러나 조선조 중기 이후에는 상당히 수그러들었다. 따라서 왜구의 침입을 막는 일보다 물길을 트고 농토를 확보하는 일이 더 비중높게 인식된 것이다. 그러나 이 두 요소가 개별적으로 각기 변이되었다고만 볼 수 없다. 유형화소를 이루는 각 요소는 상호관계 속에서 유기적으로 존재하기 때문이다.

호국룡 설화의 주체가 전쟁의 영웅 문무에서 전쟁을 포기하고 나라를 내준 김부로 바뀜에 따라, 호국룡이 되고자 하는 목적도 달라지게 마련이다. 왜냐하면, 주체가 지니고 있는 인물의 성격상 그 목적이 일치하지 않기 때문이다. 왜적의 침입에 관심을 기울이고 왜적을 퇴치하는 데 몰두한 왕이 문무라면, 백성들의 일상적인 삶에 관심을 기울이고 나라 안의 문제를 해결하는 데 몰두한 왕이 김부인 것이다. 따라서 호국룡의 주체로 김부대왕이 등장하게 되면 호국룡으로서의 의지도 왕의 성격에 맞게 바뀌어야 한다. 김부대왕에게는 왜적을 막겠다는 의지가 어울리지 않는다. 백성들에게 불편을 주는 잘못된 물길을 튼다든가 강을 막고 있는 산을 쳐서 들을 만들어주든가 하는 일이 썩 어울린다. 그러므로 1차 주체의 변이에 이어 2차 목적의 변이가 이루어지는 것이 자연스럽다.

지금까지 유형화소의 변이를 민중의식과 역사적 전개과정에 따라 변이의 원인과 배경을 고찰해 보았다. 이를 근거로 변이가 이루어진 유형화소의 요소들을 원유형과 변이유형의 관계 속에서 분석적으로 검토하여 변이의 체계 및 변이과정에서 발생되는 유형화소의 의미차이도 추론할 필요가 있다. 변이유형이 원유형의 요소를 그대로 '수용'한 것은 =로 , 다르게 '변용'한 관계는 ≠로 표시한다.

1차변이는 주체의 변이이다. 주체는 '문무왕'과 같이 '○○왕'으로 표현된다. '왕'은 주체의 포괄적인 신분을 나타내고 '○○'은 주체의 구체적인 개체를 나타낸다. 주체의 변이는, 김부대왕처럼 '왕'이라는 신분은 바뀌지 않고 개체만 문무에서 김부로 바뀌었다. 호국룡의 주체가 일반인이어서는 곤란하다는 의식 때문이다. 개체가 구체적으로 누구이든 최소한 '왕'의 신분을 지녀야 한다는 것이다. 그러므로 왕은 그대로 수용하면서 개체만 문무에서 김부로 변용한 것이다. 이러한 변용은, 왕은 왕이되 전쟁과 왜적의 침입에 관심을 가진 이보다, 민중의 삶과 나라 안의 문제에 더 관심을 가진 왕이어야 한다는 것이다. 백성들의 피를 강요하는 투쟁적 성취보다 백성들의 안위와 생업활동을 보장해 주는 통치자를 기대하는 의식이 문무를 호국룡의 주체로 계속해서 받아들일 수 없게 했던 것이다.

1차변이 : 주체의 변이

문무형　→　김부형·유금형

문무왕 $\Big\langle$ 왕　＝　왕 $\Big\rangle$ 김부대왕
　　　　　문무　≠　김부

투쟁과 승리의 왕 : 화해와 양보의 왕

2차변이는 목적의 변이이다. 원유형에서는 용이 되어서 왜적을 막겠다고 했는데, 변이유형에서는 용이 되어 물길을 트겠다고 했다. 왜적을 막겠다고 한 것은 왜적과 싸워서 그들을 쳐부수겠다는 것이 아니다. 동해의 열두 섬을 쳐서 왜적의 침입경로를 끊어놓겠다는 것이다. 그것이 곧 왜적을 막으려는 호국룡의 구체적 활동이다. 물길을 트겠다고 하는 것도 마찬가지이다. 물을 막고 있는 강둑과 산을 쳐서 물을 빠지게 하고 들을 만들겠다는 것이다. 그러므로 호국룡이 되어서 구체적으로 하는 행위는 동해의 섬을 치는 것이나 또는 물을 막고 있는 둑을 치는 것이다. 이것은 어느 것이나 나라와 백성들에게 이롭지 못한 자연물이다. 이와 같이 잘못된 자연물을 쳐버리는 것은 나라와 백성들에게 큰 도움이 된다.

섬을 쳐서 왜적을 막는 것은 나라의 영토를 수호하고 백성들의 삶을 편안하게 하는 일이다. 산을 쳐서 물길을 트는 것은 농사지을 수 있는 들을 만들어주고 백성들의 생업 터전을 마련해주는 일이다. 어느 것이나 나라를 위하는 큰 일이다. 그러므로 호국룡으로서의 포괄적인 목적은 일치한다. 이 목적을 벗어나버리면 호국룡일 수 없다. 주체의 신분이 왕이기 때문에 그 목적 역시 국가적일 수밖에 없다. 이처럼 호국룡으로서의 호국의 의지는 같으나, 그것을 실현하는 구체적인 행위는 달라질 수 있는 것이다. 문

무왕이 섬을 쳐서 영토를 수호하려는 데 비해, 김부대왕은 산을 쳐서 농토를 확보하려고 한 것이다.

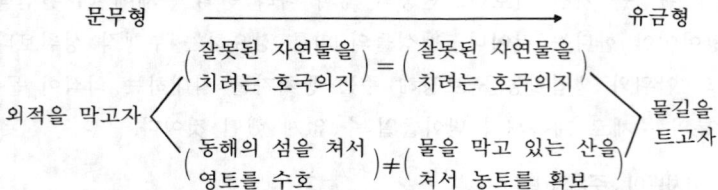

2차변이 : 목적의 변이

외세를 물리치려는 호국의지 : 백성들의 생업을 보장하려는 호국의지

이상에서 논의한 것을 근거로 원유형과 변이유형의 의미를 유형적 차원에서 정리할 수 있다. 물론, 세 변이유형에 속하는 각편들이 다수 있고, 각편차원의 의미가 저마다 다를 수 있다. 여기서는 유형화소의 분석에서 드러난 유형차원의 의미로 한정된다. 따라서 각 변이유형에 귀속되는 구체적인 각편을 두루 아우르는 것이므로 자연히 포괄적인 주제가 될 것이다.

문무형 : 외세와의 투쟁을 통해서 나라를 수호하려는 왕의 호국의지
김부형 : 외세와의 화해를 통해서 나라를 수호하려는 왕의 호국의지
유금형 : 나라 안의 문제해결을 통해 백성의 생업을 보장하려는 왕의 호국의지

위의 주제에서 문무형과 김부형은 다르게 정리되었다. 이야기의 내용으로 보아서는 이 두 변이유형이 주체만 바뀌고 목적은 같으므로 서로 비슷한 주제를 이루고 있을 것 같다. 그러나 주체가 지니고 있는 인물의 성격 때문에 같은 행위라도 다르게 인식된다. 문무는 외세와 싸워서 삼국통일을 이룬 분이다. 이런 분이 왜적을 막기 위해 섬을 치고자 한다는 것은 외세와의 적극적인 투쟁을 의미한다. 김부는 외세와 화해하고 양보하여 나라를 바친 분이다. 이런 분이 왜적을 막고자 섬을 친다고 하는 것은 외세와의 소극적인 화해를 뜻한다. 왜적을 치지 않고 그 경로인 섬만 없앤다는 것은 직접적인 공격이 아니라 간접적인 공격이자 방어이기 때문이다. 같은 행위를 하더라도 주체의 성격에 따라 그 의미는 달라지는 것이다. 주체에 대한 수용자의 선입견 때문이다.

각 유형의 주제를 통해서 우리가 느낄 수 있는 것은 역사적인 의식의 변모와 향유 계층에 따라 주제가 달라지고 있다는 사실이다. 비교적 오래된 유형일수록 외세와 투쟁하여 국토를 넓히는 것이 호국의지라고 여겨지는데, 변이가 많은 후기형일수록 외세와 화합하고 백성들의 생업을 보장하는 것이 호국의지로 여겨지고 있는 것이다. 그리고 이들 설화의 전승주체를 생각해 보면 문무형은 《삼국사기》와 《삼국유사》 등 문헌기록과 일치하므로, 상층 중심의 의식과 닿아 있는 유형에 속한다. 상층의 사람들이 문헌에 기록하고 있는 내용과 같은 자료를 계속해서 전승하고 있는 것이다. 그러나 김부형에서 유금형으로 올수록 민중 중심의 의식에 입각해서 전승되고 있다. 백성들이 외세와의 싸움으로 피를 흘리는 것을 차마 볼 수 없어서 스스로 왕좌를 포기해 버린 김부를 대왕으로 모시는 민중의식이 유금형을 재창조해서 널리 전승시키고 있는 것이다. 이러한 상황을 그림으로 그려보면 다음과 같이 나타난다.

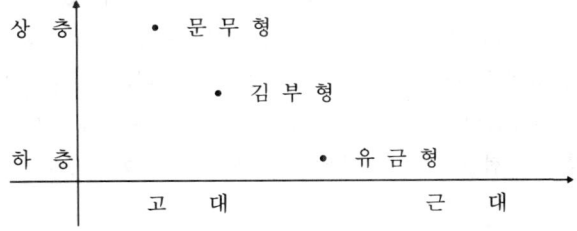

우리가 여기서 새삼 주목해야 할 문제가 둘 있다. 그 하나는 '주체'나 '목적'의 변이에서 어느 것이나 포괄적인 속성인 왕 및 호국의지 등은 그대로 수용되고, 개별적이고 구체적인 속성은 변용된다는 것이다. 그것은 주체의 변신의지가 '용'이라는 사실과 관계되는 문제이다. 이 유형에서 가장 핵심이 되는 요소는 '용', 즉 호국룡이다. 그러므로 이 요소는 모든 유형화소에서 공통적으로 나타나는 것이다. '용'이라는 변신의지의 요소가 '주체'와 '목적'의 요소에 영향을 미치는 것은 자연스러운 일이다. 적어도 용으로 변신할 수 있는 인물의 계층은 왕과 같은 최고 통치자라야 한다. 그리고 용이 된 왕은 개인적인 문제해결이 아니라 국가적인 차원의 문제해결에 관심을 쏟게 마련이다. 그러므로 용에 대한 이러한 인식이 유형차원의 변이에도 불구하고 '왕' 또는 '호국의지'와 같은 포괄적인 문제에서는 통일성을 그대로 유지하게 한 것이다. 초월적인 존재로서 용의 능력이 높게 받아들여진 결과라 하겠다.

다른 하나는 호국룡의 구체적인 행적이 섬을 친다든가, 산을 치는 일에 지나지 않는다는 것이다. 왜적을 막는 일은 섬을 치기보다 왜적을 직접 쳐 없애는 일이 더 적극적인 공격이다. 그리고 백성들의 안정된 삶을 보장하는 일은 산을 쳐서 물길을 트는 일보다 백성들을 잘 다스려 선정을 펴는 일이 더 적극적이다. 그런데 이야기에서는 이런 적극적인 행적은 나타나지 않는다. 그저 잘못된 자연만을 다스린 셈이다. 자연물을 다스리는 방법도 통치력으로 굴복시킨 것이 아니다. 용이 되어 득천하는 과정에 꼬리로 섬을 치거나 산을 친 것에 지나지 않는다. 이것이 바로 호국룡 설화의 한계이다. 이러한 한계는 용으로부터 주어진 것이다. 용으로 변하는 주체는 왕이고, 그 변신의지가 호국과 같은 높고 큰 문제와 관련될 수 있었던 것은, 초월적인 존재로서 인식된 호국룡의 의의이다. 그러나 좀더 적극적인 문제해결을 두고 기껏 잘못된 자연물만 치고 만 것은 '용'이라고 하는 동물적인 신격이 지니는 한계를 인정하고 있는 것이다. 비록 용이 초월적인 능력을 지녔지만 사람을 직접 다스리는 것은 인정하지 않은 까닭이다.

4. 유형화소에 따른 변이유형의 양상

유형화소는 이야기의 유형을 생성하고 사건의 줄거리를 이끌어가는 원동력이 되는 화소이다. 설화의 각편들은 유형화소에 따라 일정한 유형에 귀속되면서 구체적으로는 몇 가지 변이유형으로 범주화될 수 있다. 따라서 유형화소의 변이체계는 변이유형의 생성과 전승양상을 이해하는 중요한 단서가 된다.

유형화소는 일정한 체계에 따라 변이된다. 첫째, 각 변이유형의 유형화소는 화소를 이루고 있는 요소들 가운데 하나 이상을 공유하고 하나 이상을 변이시킴으로써 동일유형에 귀속되는 유형차원의 동질성과, 변이유형으로서의 독자성을 더불어 지니게 한다. 둘째, 요소의 변이도 '속성'의 양면성 가운데 하나는 수용하고 다른 하나는 변용한다. 따라서 유형차원의 변이는 완전히 새로운 것의 생성이나 원유형의 것을 그대로 수용하는 것이 아니라, 이미 있는 것을 근거로 삼아 재창조되는 과정에서 발생되는 것이다. 그러므로 변이유형은 유형차원의 동질성과 이질성을 함께 공유하는 것이다.

유형차원의 변이경향은 첫째, 사실 중심의 이야기에서 의식 중심의 이야기로 변이되고 있다. 원유형은 어느 것이나 역사적 사실을 정확하게 전달한다면, 변이유형은 전승집단의 민중의식을 표현하려는 경향이 있다. 그러므로 원유형의 생성은 역사적 사실에 의하지만, 변이유형의 재창조는 사실이나 소재에 의해서라기보다 전승담당층의 의식과 소망에 의해 이루어지는 것이다.

둘째, 전승집단의 세계관적 차이에 의해 불교적 세계관에 입각한 이야기에서 유교적 현실적 세계관에 입각한 이야기로 변이된다. 승려층에서는 김현감호 설화에서 주체의 만남을 부처의 응신에 의한 만남, 또는 스님과 제자의 만남으로 신성시하는 데 비해, 세간에서는 한갓된 남녀의 세속적인 만남으로 일상화하여 이야기하는 것이다. 자연히 부처의 응신이나 불교의 종교적 의식과는 상관없이 부부간의 의리만 문제되거나, 국가적 재앙을 물리치고 그 공로를 인정받아 재물과 벼슬을 얻어 성취하는 내용을 특히 강조하게 된다. 이렇게 변이를 보이면서도 사람과 사람으로 변신한 호랑이는 예사 사람들처럼 부부생활을 영속할 수 없다는 데에는 유형적 일치를 보인다.

셋째, 왕가 중심의 신화에서 민중 중심의 전설로 변이되고 있다. 원유형인 문무형이 문무왕의 호국정신과 신이한 능력을 초월적으로 인정하는 데 비해, 변이유형에서는 김부왕의 호민정신을 높이 평가하면서 왕의 신이한 능력을 그 자체로서 인정하지 않는 쪽으로 변이되었다. 따라서 유형차원의 변이는 신화에서 전설로 갈래상의 변모까지 일으키면서 전승집단의 민중의식 및 세계관적 차이에 의해 전개된다고 하겠다. 전승집단의 민중의식 및 세계관의 형성은 전승현장의 자연환경과 사회적 역사적 상황에 의해 영향

받게 마련이다. 동해의 바닷가에서 고기잡이를 생업으로 삼는 어민들은 왜구의 침입이 가장 큰 역사적 문제일 수 있지만, 내륙 깊숙한 지역에서 농업을 생업으로 삼고 있는 농민들에게는 농토의 확장이 가장 큰 현실적인 문제일 수 있다. 그러므로 유형차원의 변이와 전승현장, 또는 전승공동체와의 관계는 별도의 집중적인 논의가 있어야 할 것이다.[48]

---

48) 이 문제는 이 책 제7장 '전승현장의 상황과 전승의 관계'에서 집중적으로 다루어진다.

제4장 원형화소와 종속화소의 체계

1. 원형화소와 종속화소의 기능과 전승

지금까지 살핀 바와 같이 유형화소는 가변적이다. 유형적 차원의 변이가 유형화소의 변이를 통해서 이루어지는 것이다. 유형화소의 변이는 곧 이야기의 전개를 달라지게 하는 계기가 된다. 이에 따라 다른 화소들이 민감하게 반응하여 변이되는 것도 있지만, 본디 모습을 그대로 유지하고 있는 것도 있다. 즉 유형화소의 변이에 상관없이 일관성을 유지하면서 본디 모습을 지니고 있는 화소가 있는 것이다. 이러한 화소는 어느 변이유형에서든 한결같이 나타난다. 이렇게 변이유형마다 일관되게 나타나는 화소들은 한 유형의 설화를 구성하는 필수적인 화소이자, 설화의 본디 모습을 지탱해주고 유형적 차원의 동질성을 확보해 주는 구실을 한다. 이 화소는 원유형에서부터 변이유형에 이르기까지 변함없이 나타나므로, '원형화소'(arche-motif)라 일컬을 수 있다.

유형화소가 유형적 차원에서 가변적인 데 비하여, 원형화소는 고정적이다. 유형화소는 변이유형마다 다르게 나타나지만, 원형화소는 변이유형에 상관없이 원형의 모습을 그대로 유지하고 있다. 유형화소는 원유형과 변이유형을 결정짓는 구실을 하면서, 다른 화소들을 창조적으로 구성해 나가는 근간이 된다. 그러나 원형화소는 유형화소와 상호 관련성을 지니면서도 동일유형의 설화들을 하나로 묶어주는 구심점 구실을 한다. 각편들이 변이유형으로서 제각기 다른 모습을 지니고 어느 정도의 개성을 발휘하게 되지만, 일정한 유형의 설화로서 그 본질을 잃지 않게 하는 것이 바로 원형화소가 담당하는 기능인 것이다. 그러므로 원형화소는 모든 화소들의 원천인 것이다. 이 원천을 상실해 버리면 완전히 다른 유형의 설화가 되어버린다.

변이유형으로서도 문제될 수 없게 된다. 유형차원의 뿌리가 끊어져버리기 때문이다.

원형화소와는 달리 유형화소의 변이에 직접 종속되어, 더불어 변이를 일으키는 화소가 있다. 원형화소처럼 독자성을 지니지 못하고 유형화소에 귀속되어 변이유형에 따라 다르게 나타난다. 이 화소를 '종속화소'(dependent motif)라고 한다. 유형화소와 원형화소에 속하지 않는 모든 화소가 종속화소에 속한다. 유형화소를 중심으로, 유형적 차원의 변이를 초월하는 원형화소와 대립되는 개념이, 유형차원의 변이에 민감한 반응을 보이는 종속화소인 것이다. 그러므로 일정한 유형의 설화는 크게 유형화소·원형화소·종속화소로 이루어진다고 할 수 있다.

이들 세 종류의 화소가 적절히 합성되면서, 설화의 구체적인 모습을 생성하게 된다. 작품 속에서 기능하는 구실이 화소마다 다르므로, 원형을 그대로 유지하는 쪽으로 합성·전승될 수도 있고, 원형을 이탈해서 다른 모습으로 합성·전승될 수도 있다. 각 화소의 기능을 정리할 필요가 있다.

유형화소 〈 독립성·고정성·동질성 ——— 원형화소
　　　　　 종속성·가변성·이질성 ——— 종속화소

유형화소는 원형화소와 종속화소의 성격을 함께 지니고 있다. 따라서 유형화소는 설화의 변이유형을 다양하게 생산해 내면서, 동일유형으로서 지속성을 지니게 하는 것이다. 만일 유형화소가 원형화소와 같은 성격에 일방적으로 끌리게 되면, 유형차원의 변이는 생겨나지 않는다. 반대로 유형화소가 종속화소 쪽으로 완전하게 기울어버리면 동일유형의 설화에서 일탈해 버릴 가능성이 있다. 그러므로 유형차원에서 세 화소는 서로 상보적인 관계에 있는 것이다. 그것은 원형화소와 종속화소가 대립적인 긴장을 이루면서 유형화소를 지탱하고 있기 때문이다.

거꾸로 생각하면 이미 유형화소 안에 원형화소와 종속화소가 내포되어 있다고 할 수 있다. 유형화소가 지니고 있는 고정성과 가변성이 이 두 화소를 대립적으로 생성해 내게 되는 것이다. 그래서 유형화소의 '요소'들을 분석해 보면 반드시 공통적인 요소가 있다. 김현감호 설화에서는 유형화소

의 요소 가운데 '만남'이라고 하는 주체의 행위가 일치한다. 호국룡 설화
에서는 유형화소의 요소 가운데 '용'이 되겠다고 하는 주체의 변신의지가
일치한다. 그리고 변이를 보이고 있는 요소도 그 속성이 완전히 달라져버
리는 것은 아니다. 여러 속성 가운데 특정 속성은 그대로 수용하고 다른
속성만 변용하는 것이다. 이를테면, 김현감호 설화에서 주체의 변이를 보
면, 호랑이와 인간이라는 '이류'(異類)가 주체로 등장한다는 점에서 그 속
성이 동일하게 수용되나, 원유형에서는 이류가 이성간인데 변이유형에서는
동성간으로 다르게 변용되는 것이다. 호국룡 설화에서도 유형화소의 주체
가 변이되고 있지만, 모든 유형화소들이 '왕'이라는 주체의 속성을 공유하
고 있으면서, 구체적인 왕의 이름만 변이를 보이고 있는 것이다. 그러므로
유형화소는 원형화소와 종속화소의 속성을 아울러 지니고 있으면서 이 두
화소를 함께 생산하고 있는 것이다.

원형화소와 종속화소를 변별해 내려면 각 변이유형들의 화소가 자세하게
분석되어야 한다. 변이유형들의 화소는 각편차원의 화소분석과 일치하지
않을 수도 있다. 각편의 화소분석은 각편 단위의 작품을 중심으로 분석하
면 된다. 다른 각편에 관심을 가질 필요가 없다. 그러나 유형차원의 화소
분석은 같은 유형에 속하는 각편들의 화소를 포괄할 수 있어야 한다. 유형
화소를 중심으로 각편들의 화소를 두루 수렴할 수 있는 방향으로 화소가
분석될 필요가 있는 것이다.

각 유형들의 화소가 모두 분석되면 원형화소와 종속화소를 변별해 내야
한다. 각 유형마다 동일하게 나타나는 화소를 골라내어 원형화소로 파악하
고 이들 화소가 각 변이유형마다 고정적으로 나타나게 되는 까닭을 따져볼
만하다. 다음은 각 유형마다 다르게 나타나는 종속화소를 변별해 내야 한
다. 이들 종속화소가 유형마다 다르게 나타나는 이유도 따져봐야 할 것이
다. 그래야 각 화소들이 작품 속에서 유기적으로 기능하고 있는 양상을 파
악할 수 있다.

이로써 현장론적 방법에서 관심을 기울이고 있는 가변성의 문제도 일정
한 분석 단위를 통해 해명이 가능해진다. 현장상황에 따라 이야기가 제각
기 다르게 연행되고 수용된다고 하는 막연한 사실을 더 구체적으로 설명할

수 있는 분석체계를 마련할 수 있기 때문이다. 물론, 이야기의 연행은 이 야기하는 사람과 듣는 사람, 이야기판의 상황 등 작품 외적인 요소에 의해 영향을 받고, 이러한 영향 때문에 가변적으로 존재하는 것이다. 이 점은 충분히 인정될 수 있다. 그러나 이 점을 지나치게 내세우게 되면, 설화 자 체의 문학적 원리나 합성법칙 등은 부수적인 것으로 떨어지고 말게 된다. 설화 역시 문학작품으로서 일정한 내재적인 법칙을 그 자체로서 지니고 있 는 것이다. 작품 밖의 문제를 다루기 전에 작품 자체의 화소체계를 통해서 설화의 동질성을 유지하려는 힘과, 이를 벗어나서 이질적으로 재창조되려 는 힘을 다룰 필요가 있는 것이다. 이 문제는 지속성과 변화성을 함께 지 니면서 전승되고 있는 설화 자체의 전승법칙을 이해하는 데 도움이 될 것 이다.

전승자로서의 이야기꾼은 이야기의 연행과정에서 창조적 재량을 발휘할 수 있다. 그러나 무한한 재량을 가지는 것은 아니다. 일정한 제약 속에서 재량을 발휘하는 것이다. 이 제약을 벗어나버리면 이야기를 전승하는 것이 아니라 창조하는 것이 된다. 이야기꾼의 창조적 재량을 일정하게 제약하는 구실을 하는 것이 바로 원형화소이다. 반면에 이야기꾼의 창조적 재량이 자유롭게 발휘되어 나타나는 것이 종속화소이다.

향유자로서 듣는이도 마찬가지이다. 이야기꾼이 들려주는 이야기를 자기 나름대로 창조적으로 수용할 수 있는 부분이 있다. 이 부분은 반드시 기억 하지 않아도 좋다. 종속화소에 해당되는 부분이 있다. 종속화소는 이야기 를 하게 되면 유형화소 및 원형화소에 따라 저절로 기억되거나, 적절히 재 창조해서 구연할 수 있기 때문이다. 그러나 반드시 기억해야 할 부분이 있 다. 원형화소와 유형화소이다. 이 두 화소들을 기억하지 못하면 이야기 전 체를 기억할 수 없다. 원형화소는 특히 정확하게 기억해야 한다. 유형화소 는 대충 기억해도 좋다. 유형화소는 창조적인 변이가 가능하기 때문이다. 이들 화소를 기억할 수 없으면 이야기를 재생해서 구연할 수 없다. 기억에 기초하지 않고 구연하게 되면 엉뚱한 이야기를 생산하게 된다. 유형에서 일탈된 이야기가 되는 것이다.

구체적인 각편을 접해 보면 이러한 법칙이 지켜지지 않은 경우가 있다.

이야기꾼이 기억해야 할 부분을 기억하지 못하고 혼란을 일으키게 되면 그렇게 된다. 이때에는 이야기 자체가 파탄을 가지고 온다. 임기응변에 의해 즉흥적으로 구연하게 되므로 이야기의 전개에 무리가 따르고, 이야기가 지니고 있는 주제를 효과적으로 형상화할 수 없게 된다. 결국 구성에 손상을 주고 주제표현의 실패를 가져오게 되는 것이다. 따라서 특정 유형의 이야기가 제 모습을 갖추고 전승되고 있는 것은 이야기 자체의 법칙이 스스로 전승력을 획득하고 있기 때문이다. 이러한 전승력을 확보해 주는 것이 바로 유형화소와 원형화소이다.

유형화소와 원형화소가 전승자의 기억력에 의존해 있다면, 종속화소는 전승자의 사고력에 의존해 있는 것이다. 기억력에 의존해서 전승되는 화소는 자연히 기억하기 쉬운 속성을 지니게 된다. 예사롭지 않은 등장인물이나 비일상적인 사건 등이 기억력을 돕게 되므로, 이러한 내용의 화소들은 유형화소나 원형화소로 적절하다. 기억력은 화소의 개연성으로부터 주어지기도 한다. 화소들 상호간에 개연성을 지니면서 기억력을 자극하는 화소들이 유형화소와 원형화소를 이룰 가능성이 더 높다. 사고력에 의존해 전승되는 화소는 기억력에 의존해 있는 유형화소와 원형화소의 연상작용에 의해 가변적으로 생산되는 속성을 지닌 것이다. 따라서 종속화소일 수밖에 없다. 등장인물의 행위와 사건의 전개를 설명해 주는 구실을 하는 것이다. 이러한 종속화소가 많으면 이야기는 더 풍부해지고 변이유형의 독자성을 한층 높이 확보하게 되는 것이다.

그러므로 유형차원에서의 변이는 유형화소를 통해서도 논의할 수 있지만, 종속화소를 통해서도 논의할 수 있다. 종속화소는 유형화소에 종속되긴 하되, 해당 변이유형에 독자적으로 나타나므로 유형화소에서 밝혀지지 않은 유형차원의 특징이 더 자세하게 드러날 수 있기 때문이다. 이 장에서는 종속화소를 중심으로 한 각 변이유형의 특징이 별도로 논의될 것이다.

2. 김현감호 설화의 원형화소와 종속화소

김현감호 설화는 김현감호형과 그 변이유형인 호처녀형 및 호승형으로 나누어진다. 이들 세 유형들의 화소를 각각 정리하여 대조해 보면 화소의 성격이 저마다 드러난다. 해당 유형에 속해 있는 각편들을 모두 수렴하기 위해서는 어느 각편에 한정시키지 말고 화소를 폭 넓게 정리해야 한다. 이를테면 김현감호형의 각편 (가)만을 대상으로 화소를 정리하게 되면 다른 각편에 나타나는 화소는 정리되기 어렵다. 그러나 각편 모두의 화소를 개별적으로 정리하는 것은 지극히 번거롭다. 어느 각편을 하나 기준으로 삼아 정리해야 한다. 각 유형의 각편 가운데 원형에 가까운 것을 기준으로 하여 각편의 화소를 대비할 수 있도록 하는 것이 좋겠다.

원유형인 김현감호형부터 차례로 화소를 정리하기로 한다. 1, 2, 3은 화소가 작품 속에서 나타나는 순서이다. 이 순서를 화소번호로 삼아, 앞으로의 논의에서는 계속 이 번호로써 화소를 나타낸다. 각편에 따라서는 이 순서가 뒤바뀌어 이야기되는 경우도 있다. 사건의 전개순차에 따라 이야기되는 것이 일반적 현상이므로[1] 화소번호는 기준으로 삼은 각편에 나타나는 화소의 차례에 의한다.

김현감호형
1. 탑돌이를 하는 풍속이 있었다.
2. 청년이 절에서 탑돌이를 하다가 호처녀를 만났다.
3. 호처녀가 호랑이의 공격으로부터 청년을 보호했다.
4. 호랑이의 살생에 대하여 하늘에서 징벌의 계시가 있었다.
5. 호처녀는 청년의 손에 죽을 것을 자청했다.
6. 나라에서는 현상금을 걸고 호랑이 퇴치자를 구했다.
7. 청년이 나서서 호처녀의 뜻에 따라 호랑이를 퇴치했다.
8. 호처녀의 유언대로 호랑이에게 상한 사람을 치료했다.
9. 호랑이를 퇴치한 공을 인정받아 큰 성취를 이루었다.

---

1) 이야기의 이러한 법칙을 Axel Olrik은 단선적 진행(single-stranded)의 법칙이라고 했다. Axel Olrik, "Epic Laws of Folk Narrative," Alan Dundes ed., *The Study of Folklore*, Prentice-Hall Inc., 1965, p. 137. "현대문학은 여러 가지 사건의 맥락이 서로 다양하게 얽혀 있는 구성을 좋아한다. 반대로 설화는 항상 단 한가닥의 맥락으로 구성되어 있다. 설화는 실수로 빠뜨린 미세한 부분들을 메우고자 뒤로 거슬러올라가서 이야기되지는 않는다. 만일 그러한 앞서의 배경이 되는 정보가 필요하다면, 그것은 이야기 도중에 제시될 것이다."
張德順 외, 《口碑文學槪說》, 일조각, 1971, p. 63. "한 인물의 행동을 시간의 흐름에 따라 이야기하는 단선적 진행이 민담의 기본적 형식이다."

10. 호처녀의 은혜에 보답하기 위해 절을 지어주었다.
11. 투전노래의 유래가 되었다.

호처녀형

1. 청년이 산림에서 생업에 종사했다.
2. 청년이 산림에서 호처녀를 만났다.
3. 호처녀가 호랑이의 공격으로부터 청년을 보호했다.
4. 호처녀는 청년의 손에 죽을 것을 자청했다.
5. 나라에서는 현상금을 걸고 호랑이 퇴치자를 구했다.
6. 청년이 나서서 호처녀의 뜻에 따라 호랑이를 퇴치했다.
7. 퇴치자로 인정받기 위해 증거물을 확보해 두었다.
8. 호랑이를 퇴치한 공을 인정받아 큰 성취를 이루었다.
9. 화랑의 유래가 되었다.

호승형

1. 마을에서 연등회를 했다.
2. 스님이 연등회 마당에서 호소년을 만났다.
3. 호소년이 호랑이의 공격으로부터 스님을 보호했다.
4. 호랑이의 살생에 대하여 주지가 징벌하겠다고 했다.
5. 호소년은 스님의 손에 죽을 것을 자청했다.
6. 스님이 나서서 호소년의 뜻에 따라 호랑이를 퇴치했다.
7. 호소년의 유언대로 환생한 호소년을 제도해 스님이 되게 했다.
8. 법사가 된 호소년은 법력을 크게 떨쳤다.

위의 세 유형을 화소에 따라 정리해 본 결과, 유형화소 2를 포함해 몇 개의 화소가 각 유형에 일관되게 나타나고 있다. 첫째, 각 유형의 화소 3에 해당되는 '청년(스님)이 호처녀(호소년) 오빠의 공격으로부터 보호를 받았다'는 화소를 들 수 있다. 다음은 '호처녀(호소년)는 청년(스님)의 손에 죽을 것을 자청했다', 그리고 '청년(스님)은 호처녀(호소년)의 뜻에 따라 호랑이를 퇴치했다'는 화소가 이에 해당된다. 유형화소의 주체가 바뀌었으므로 이들 화소에서도 청년이 스님으로, 호처녀가 호소년으로 표현되긴 했으나 결국 작품 속에서 기능하는 화소적 구실은 서로 같은 것이다.

이들 세 화소는 유형화소의 변이에 상관없이 각 변이유형에 일관되게 나타나는 화소이므로 김현감호 설화의 '원형화소'가 되겠다. 원형화소는 각 변이유형들을 김현감호 설화로서 유형차원의 동질성을 확보해 주는 기능을 한다. 그리고 유형차원의 변이에도 불구하고 일관되게 나타나므로, 원형의 모습을 그대로 유지하고 있는 화소에 해당된다. 설화의 근간이 되는 화소라고 해도 좋겠다.

물론 각편차원에서의 원형화소는 구체적으로 제각기 다르게 표현된다. 그것은 표현상의 문제이다. 화소는 이야기의 기본적인 요소를 추상화시킨 것이다. 그리고 여기서 문제삼는 화소체계 역시 표현상의 문제가 아니라 작품에서 발휘하는 기능상의 문제이다. 따라서 구체적인 표현은 다를 수 있다. 그러나 화소적 기능은 같다. 이러한 기능을 일반화하기 위해서 위의 원형화소들을 좀더 추상적으로 기술해 본다.

원형화소
1. 사람과 범사람이 인간적으로 만나서 사귄다.
2. 범사람이 호랑이의 공격으로부터 사람을 보호해 준다.
3. 범사람은 인연을 맺은 사람의 손에 희생되고자 한다.
4. 사람은 범사람의 뜻을 좇아 그를 퇴치한다.

이것은 원형화소의 기저형태이다. 이 기저형태가 구체화되면 변이유형이 되고 각편이 된다. 그리고 사람과 범사람이 청년과 호처녀로 구체화되면 김현감호형이 되고, 이것이 다시 김현과 호처녀로 구체화되면 김현감호형의 각편 (가)가 된다. 그리고 사람과 범사람이 스님과 호소년으로 바뀌면 호승형 설화가 되는 것이다. 그러므로 원형화소의 기저형태가 김현감호 설화의 심층구조를 이루면서, 상황에 따라 구체적 작품으로 생성·합성·전승되는 것이다.

위의 원형화소 1은 앞에서 다룬 유형화소의 기저형태이다. 유형화소를 기저형태로 나타내면, 모든 유형에 일관되게 나타나므로 원형화소와 같은 기능을 지닌다. 그러나 이 원형화소가 구체적인 작품에서 표현될 때에는 다른 원형화소와 달리 유형차원의 변이를 가능하게 하는 구실을 별도로 하는 것이다. 그리고 이야기의 전개를 가능하게 하는 원동력이 되는 화소인 것이다. 따라서 같은 원형화소로서 다른 화소들과 동질성을 지니면서도, 유형화소로서의 독자적인 기능을 발휘하고 있는 것이다. 원형화소 1이 지닌 유형화소로서의 기능을 확인하기 위해, 원형화소 2와 함께 김현감호형과 호승형에 맞게 두 화소를 구체적으로 표현해 보자.

김현감호형
1. 김현과 호처녀가 인간적으로 만나서 사귄다.
2. 호처녀가 다른 호랑이의 공격으로부터 김현을 보호해 준다.

호승형
1. 스님과 호소년이 인간적으로 만나서 사귄다.
2. 호소년이 다른 호랑이의 공격으로부터 스님을 보호해 준다.

원형화소 3, 4를 같은 식으로 계속 기술해도 마찬가지다. 원형화소 1이 지니는 유형화소의 기능을 다른 화소는 지니지 못하는 것이다. 즉 변이유형의 변별력 및 이야기 전개의 원동력은 유형화소에 한정된 것이다.

여기서 추론된 원형화소는 변이유형에 따라 각기 다른 위치에 나타나고 있다. 서사적 순차는 일치하나 구체적인 화소번호가 다르다. 변이유형의 화소번호를 원형화소와 관련지어 정리해 본다.

	김현감호형	호처녀형	호승형
원형화소 1	2	2	2
원형화소 2	3	3	3
원형화소 3	5	4	5
원형화소 4	7	6	6

원형화소 1, 2, 3, 4의 발전양상을 따져보자. 사람과 범사람이 인간적으로 만나 인연을 맺었다. 그러나 범사람은 역시 호랑이와 동류이다. 범사람과 인연을 맺었으나 범사람의 동류인 호랑이와 인간적으로 만난 것은 아니다. 자연히 사람은 범사람의 동료인 호랑이로부터 공격을 받게 된다. 범사람은 자기와 인연을 맺은 사람이므로, 동료의 공격으로부터 사람을 보호하게 마련이다. 화소 1에서 화소 2로 발전한 것이다. 그러나 다음의 화소 3과는 개연성이 적다. 범사람은 사람의 손에 희생되고자 한다고 했는데, 왜 범사람이 자신과 인연을 맺은 사람의 손에 스스로 희생되고자 하는 것인가 하는 문제가 남아 있다. 이 문제에 대한 해명이 화소로 나타나야 한다. 그래서 김현감호형과 호승형에서는 초월적인 존재로부터 징계의 계시가 있었기 때문이라고 한다. 어차피 징벌을 받아 죽을 바에야 인연을 맺은 사람의

120

손에 희생되겠다는 것이다. 그러나 호처녀형에서는 그 이유가 뚜렷하지 않다. 화소로 밝혀져 있지 않은 것이다. 호처녀형의 유형화소에 종속을 받고 있는 탓이다.

호처녀형에서는 주체 외의 어떤 초월적인 존재를 인정하지 않고 있다. 즉 청년과 호처녀가 산림에서 만나 인연을 맺는다는 아주 일상적이고 현실적인 상황에서 이야기가 발단되는 것이다. 탑돌이 풍속에 의해 절간에서 두 주체가 만났다는 김현감호형과, 스님이 연등회 마당에서 호소년을 만났다는 호승형과는 상황이 다른 것이다. 따라서 종교적 초월성을 바탕으로 한 하늘에서의 징치(懲治)계시나 주지스님의 징치계시는 없는 것이다. 그러므로 징치계시에 해당되는 화소는 이야기의 심층구조를 이루는 데 필요한 화소이지만 원형화소가 아니라 종속화소가 되는 것이다.

원형화소 3과 4는 서로 상응하는 관계에 있다. 개연성이 필연적으로 유지되는 것이다. 원형화소 4 다음이 문제이다. 범사람이 자신의 손에 희생되고자 하여(원형화소 3), 그의 뜻에 따라 죽음을 도와준다(원형화소 4)는 데서 이야기가 그쳐버리면, 두 주체 가운데 사람의 행위는 범사람의 행위를 보조하는 의미밖에 없다. 이런 행위를 통해서 범사람의 성취뿐만 아니라 그와 만남을 이룬 사람의 성취도 어떤 형식으로든 이루어져야 마땅하다. 따라서 김현감호형과 호처녀형에서는 호랑이의 퇴치공로를 인정받아 성취를 이루게 되는 대목이 있다. 그러나 스님이 주체가 되고 있는 호승형에서는 그런 성취가 있을 수 없다. 스님이 은혜를 베풀었거나 나라에 공을 세웠다고 해서 상금을 받고 벼슬을 하게 되었다는 내용은 어울리지 않는 것이다. 스님으로서는 사제간의 인연을 맺은 호소년을 제도하여 법사로 성취시킨 것이 바로 자신의 큰 성취인 것이다. 이렇게 서로 다른 성취가 이루어지는 것은 유형화소에 따라서 각기 다른 화소로 이야기가 발전된 결과이다.

어떤 식으로든 주체의 성취가 원형화소 4 다음에 나타나야 이야기가 자연스럽다. 그러나 호승형처럼 스님이 주체인 경우에는 그 성취가 직접적으로 나타나지 않는다. 호소년의 뜻을 이루어주는 것이 곧 자신의 성취이다. 성취가 없는 것은 아니되 간접적이다. 스님 자신의 성취에 관한 화소가 별도로 나타나지 않는 것이다. 따라서 이야기의 논리적 전개상 꼭 필요한 화소이긴 하지만 유형화소에 영향을 받아 종속적으로밖에 존재할 수 없다. 그러므로 이들 화소는 원형화소가 아니라 종속화소로 보아야 할 것이다.

이제 원형화소가 어느 정도 확정되었다. 사람과 사람으로 변신한 호랑이가 인간으로 만나서 일정한 인연을 맺고, 그 결과 사람이 다른 호랑이의 공격으로부터 보호받으며, 인연을 맺은 변신한 호랑이의 요청에 따라 그를 퇴치하게 된다는 것이 김현감호 설화의 가장 근간이 되는 내용이라 할 수 있다. 사람과 호랑이지만 인간으로서 만났으니 서로 인연을 맺을 수 있고, 서로의 성취를 도울 수 있는 관계에 이른다. 그러나 이들의 만남은 성취를 목적으로 한 것은 아니다. 아주 순수했다. 만남에 따른 아무런 전제가 없었다. 호랑이라는 정체가 드러났을 때도 마찬가지였다. 그렇지만 두 사람의 인연은 주변상황에 의해 계속될 수 없었다. 호랑이의 죽음이라는 희생이 따라야만 했다. 사람끼리의 인연이 아니기 때문이다. 순수한 만남이지만 더 이상 어쩔 수 없는, 이류간(異類間)의 인연이 지닌 한계라고 할 수 있겠다.[2]

지금까지 원형화소를 다루면서 종속화소도 부분적으로 거론되었다. 원형화소가 가려졌으니 종속화소에 주목해야 할 차례이다. 원형화소는 유형화소에 상관없이 모든 유형에 고루 나타나는 화소인 데 비하여, 종속화소는 유형화소에 직접 영향을 받아서 해당 변이유형에만 한정되어 나타난다. 그리고 유형화소의 변이에 따라 화소의 내용이 제각기 다른 모습으로 나타난다. 물론 유형화소가 서로 비슷한 경우에는 이에 영향을 받아 종속화소도 변이유형끼리 비슷하게 나타난다. 유형화소에 상당히 민감하게 반응하는 화소인 것이다. 일단은 유형화소와 원형화소가 아닌 화소를 모두 종속화소라고 할 수 있다.

김현감호형의 종속화소로 문제될 수 있는 화소는 1, 4, 6, 8, 9, 10, 11이다. 호처녀형은 화소 1, 5, 7, 8, 9가, 호승형은 화소 1, 4, 7, 8이 종속

---

2) 조동일, 《한국문학통사》 1, 지식산업사, 1982, p.194에서는 자신을 희생시켜 상대방을 영화롭게 하는 호랑이의 행동은 "오히려 어떤 불가능한 조건을 무릅쓰고서라도 사람을 옹호하자는 의지를 나타냈다"고 하였다.

화소일 수 있다. 종속화소끼리 내용이 동일한 것을 서로 묶어보면 유형차원의 동질성과 이질성이 종속화소로 해서 새롭게 드러날 수 있다. 물론 종속화소가 지닌 성격상 세 변이유형에 모두 동일한 모습으로 나타날 수는 없다. 그러면 원형화소가 되는 것이다. 어느 두 변이유형 안에서만 공유가 가능할 뿐이다. 같은 내용의 화소를 나란히 정리해서 종속화소의 동이관계를 검토할 수 있다.

김현감호형	호처녀형	호승형
4		4
6	5	
9	8	

위의 화소 외에는 변이유형마다 제각각으로 나타나는 종속화소이다. 함께 나타나는 종속화소는 모두 세 개이다.

김현감호형과 호승형이 공유하는 종속화소 4는 호랑이의 살생에 대해 하늘이나 주지스님과 같은 절대적 초월적 존재의[3] 징치계시가 있었다는 내용이다.

> 이때 하늘에서 외치는 소리가 들렸다. "너희들이 너무 생명을 많이 해쳤구나. 마땅히 너희들 중 하나를 죽여서 그 죄악을 징계하겠다."세 호랑이는 그 소리를 듣고 너무 근심하는 기색이었다.[4]

> 조금 있다가 와서 부르는 자가 있어 말하기를, "그대의 자녀가 고을과 마을 사이에서 흥청대며 놀았기 때문에 절의 주지께서 벌을 주라고 명했다. 그러니 내일 아침에 마땅히 고창현에 있는 함정 속에 들어가 죽어야 한다"고 했다.[5]

비록 호랑이의 행위이지만, 초월자는 사람에 대해서와 마찬가지로 살생에 대한 징벌을 내리고자 하는 것이다. 특히 살생에 대한 징벌의 계시가

---

3) 주지스님이 절대적인 존재는 아니다. 그러나 받아들이기에 따라서 부처와 같은 초월적인 존재일 수도 있다. 불교 신도들에게는 특히 그럴 수 있다. 주지의 명령을 들은 호소년은 "주지의 명령이라 피할 수 없습니다"라고 한 것을 보면 적어도 호소년에게 주지스님은 초월적인 존재나 다름없는 것이다.

4) 《三國遺事》 권 5, 感通 제 7, 金現感虎. "時有天唱 爾輩嗜害物命尤多 宜誅一以徵惡 三獸聞之 皆有憂色."

5) 崔滋, 《補閑集》 권 하. "俄有來呼者曰 以若之子女 婆婆於州里間 主命罰之 詰朝當住 入高敵縣檻穽中就死."

초월자로부터 내려진다고 하는 것은 종교적 의미가 있다. 그리고 그 계시
를 필연적인 것으로 여기고 받아들이려는 의식 또한 종교적인 데서 비롯된
다. 징벌을 계시하는 '하늘'은 종교적 신앙의 대상이 되고, 주지는 종교적
사제자이다. 따라서 김현감호형 설화와 호승형 설화는 종교적 신성성과 불
교적 세계관에 입각해 있는 설화라 할 수 있다. 이 화소가 나타나지 않는
호처녀형은 상대적으로 초월자의 징벌을 염두에 두고 있지 않다. 현실적
세계관에 입각해 있는 설화라 하겠다.

다음은 김현감호형과 호처녀형에 공통으로 나타나는 종속화소를 보자.
두 개의 종속화소가 두 유형에 공유되고 있다. 김현감호형의 화소 6과 9,
호처녀형의 화소 5와 8이 그것이다. 하나는 나라에서 호랑이 퇴치를 위해
현상(懸賞)을 걸었다는 내용이다. 다른 하나는 호랑이를 퇴치한 공으로 현
상을 받아 큰 성취를 이루었다는 내용이다. 따라서 두 종속화소는 서로 상
응하는 관계에 있는 것이다. 어느 하나가 있으면 다른 하나는 이에 따라
자연히 있어야 한다. 현상 내용을 작품 속에서 인용해 보기로 한다.

> 다음날 과연 맹호가 성 안에 들어와 심하게 날뛰므로, 감히 아무도 이를 상
> 대하지 못했다. 원성왕이 이 소식을 듣고 호랑이를 잡는 자에게 2급의 벼슬을
> 주겠다고 영을 내렸다.[6]

> 마 빔(범)이 들와가, 돌고, 뭐 이래 하이, 감당을 몬 한다 말이다. 자 범 잡
> 는 사람은 뭐라 크든고? 뭐라 크는고, 무슨 뭐를 봉한다 크든고? [청중 : 천금
> 상 만호후] 봉한다. 삼천 만호후 봉한다 크든가, 봉한다. 그래 인제 그랬다.[7]

각편에 따라서는 벼슬을 내걸지 않고 돈이나 금을 내거는 경우도 있다.
상금을 타서 큰 부자가 되고 현상에 따라 높은 벼슬을 하는 것은 일상적인
사람들의 현실적인 소망이다. 김현감호형과 호처녀형의 주체는 이런 꿈을
가질 만한 인물들이다. 그러나 호승형 설화의 주체인 스님은 일상적인 인
물과 처지가 다르다. 세속적인 벼슬이나 금품은 불교의 사제자에게 성취의
대상이 되지 못한다. 불제자를 기르는 것이 더 중요한 성취이다. 따라서

---

6) 《三國遺事》 권5, 같은 곳. "次日果有孟虎 入城中剽甚無敢當 元聖王聞之 申令曰 戡
虎者爵二級."
7) 趙東一・林在海, 《韓國口碑文學大系》 7-3, pp. 589~590.

124

현상을 걸었다든가 현상을 타서 성취를 이루었다고 하는 화소는, 유형화소의 주체에 따라 나타나지 않는 것이 정상이다. 결국 위의 두 종속화소는 현실적 세계관에 입각해 있는 주체에 한정되어서 나타나는 것이다. 그러므로 김현감호형과 호처녀형 설화는 현실적 세계관에 입각해 있는 설화라면, 호승형 설화는 불교적 세계관에 입각해 있는 설화이다.

사실이 이러하다면, 김현감호형의 종속화소는 모순을 지닌다. 왜냐하면 호처녀형은 현실적인 세계관에 입각해 있고, 호승형은 불교적 세계관에 입각해 있다고 했는데, 김현감호형의 경우 종속화소 4는 불교적 세계관에 입각해 있고, 종속화소 6과 9는 현실적인 세계관에 입각해 있다고 했으므로, 화소간에 모순을 지니기 때문이다. 그러나 이것은 모순이 아니다. 두 세계관을 함께 지닐 수 있다. 오히려 세계관을 어느 한쪽으로 갈라서 애써 각립시키려는 것은 경직된 관념이다. 세속적인 삶 속에 불성(佛性)이 있고, 불성 또한 세속적인 삶을 통해서 이룰 수 있다고 한다면, 두 세계관이 양립하는 것은 자연스럽다. 특히 이야기 속에서는 더욱 그러하다. 실제로 김현감호 설화에는 이러한 두 세계관이 양립되고 있는 것이다.

김현과 호처녀가 불심으로 밤늦게까지 탑돌이를 했다는 것은 불교적이나, 서로 눈이 맞아 으슥한 곳에서 통정을 하고 호처녀가 사는 호랑이굴까지 김현이 따라갔다고 하는 사실, 그리고 호처녀의 도움으로 목숨을 구했을 뿐 아니라 그녀의 희생으로 현상을 타서 높은 벼슬을 하게 되었다고 하는 사실은 현실적이다. 이러한 현실적 성취를 바탕으로 김현은 호원사(虎願寺)를 짓고 불법을 강했던 것이다. 마침내 불교적 성취에 이른 것이다.

이러한 양면성은 이미 유형화소의 분석과 그 변이체계를 논의하면서 구체화된 사실이다. 김현감호형의 유형화소는 신성한 국면과 세속적인 국면, 또는 불교적 세계관과 현실적 세계관을 함께 지니고 있었다. 이 유형화소를 원형으로 하여 호처녀형과 호승형의 유형화소가 변이되면서, 차례로 세속적인 국면 및 현실적 세계관을, 그리고 신성한 국면 및 불교적인 세계관을 한정적으로 편벽되게 계승한 것이다. 이러한 유형화소의 변이양상이 종속화소에까지 영향을 미쳐 같은 양상으로 나타나는 것이다. 원유형인 김현감호형의 종속화소와 변이유형의 종속화소를 비교해 보면, 유형화소들의 변이방향과 일치한다는 것을 쉽게 확인할 수 있다.

김현감호형 ＜ 4 ⟶ 호승형 4 : 불교적 신성성
6, 9 ⟶ 호처녀형 5, 8 : 현실적 세속성

이들 화소 외에 유형마다 어긋나게 나타나는 종속화소는 각 유형의 개성
을 더욱 두드러지게 해준다. 이들 화소에 대한 별도의 논의가 계속되어야
할 것이다.

원형화소가 아닌 모든 화소가 유형화소에 귀속되는 '종속화소'는 아니
다. 유형화소에 온전하게 귀속되려면 해당 변이유형의 모든 각편에 일관성
있게 나타나야 한다. 이를테면 김현감호형의 화소 가운데 8은 종속화소가
아니다. 물론 이 화소는 원형화소가 아니니 유형화소에 어느 정도 귀속되
어 나타나는 김현감호형에 한정되는 화소임에는 틀림없다. 그러나 각편
(가), (다)에만 나타나고 (라), (마)에는 나타나지 않는다. 있어도 그만 없
어도 그만인 화소이다. 따라서 유형화소에 엄격하게 종속되는 화소가 아닌
셈이다. 각편에 따라서는 없어질 수도 있는 것이니 자의적으로 변형, 또는
소멸이 가능하다는 것이다. 그러나 이에 따라 유형차원의 변이는 일어나지
않는다. 각편차원에서 개성을 지니게 하는 화소이다. 그러므로 유형화소에
엄격하게 종속되지 않고 각편에 따라서 자의적인 변이를 일으키므로, 이
화소를 종속화소와 구별하여 '변이화소'라 한다.

종속화소를 변이화소와 변별하려면 각 유형에 해당되는 각편들의 화소를
모두 대조해 보아야 한다. 변이화소와 더불어 종속화소도 구체적으로 드러
나기 때문이다. 각편에 나타나는 화소는 '＋'로, 나타나지 않는 화소는
'－'로 표시한다. 다른 형태로 나타나는 화소는 '±'로 표시한다. 김현감호
형부터 각편의 화소를 보기로 한다. 유형화소는 (유), 원형화소는 (원)으로
표시해둔다.

김현감호형	각편(가)	각편(나)	각편(다)	각편(라)	각편(마)
화소 1	＋	±	＋	＋	＋
(유)화소 2	＋	＋	＋	＋	＋
(원)화소 3	＋	＋	＋	＋	＋

화소 4	+	+	±	−	±
(원)화소 5	+	+	+	+	+
화소 6	+	+	+	+	+
(원)화소 7	+	+	+	+	+
화소 8	+	+	±	−	−
화소 9	+	+	+	+	(+)
화소 10	+	+	+	+	−
화소 11	−	−	+	−	−

유형화소와 원형화소 2, 3, 5, 7을 제외한 화소들 가운데, 김현감호형의 각편에 두루 나타나는 종속화소는 6과 9뿐이다. 각편마다 다르게 나타나는 변이화소는 1, 4, 8, 10, 11이다. 앞에서 원형화소의 개연성을 논의하면서 화소 4도 종속화소라고 한 바 있는데, 이는 각편들의 화소를 일일이 분석하기 전에 가정해본 것에 지나지 않는다. 넓은 의미의 종속화소일 수 있으나, 각편차원에서 변이화소를 상정하게 되면 종속화소가 아닌 변이화소에 귀속된다. 이미 종속화소 6과 9에 대해서는 앞에서 충분한 논의가 있었다. 호처녀형을 보자.

호처녀형	각편(바)	각편(사)
화소 1	+	+
(유)화소 2	+	+
(원)화소 3	+	+
(원)화소 4	+	+
화소 5	+	+
(원)화소 6	+	+
화소 7	−	+
화소 8	+	+
화소 9	+	−

유형화소와 원형화소를 제외한 화소 가운데 각편에 두루 나타나는 종속화소는 1, 5, 8이 있다. 각편마다 다르게 나타나는 '변이화소'는 7과 9이다. 종속화소 가운데 5와 8에 대해서는 이미 앞에서 논의된 바 있다. 다루지 않은 종속화소 1을 주목해 보기로 한다.

종속화소 1은 청년이 산림에서 생업에 종사했다는 내용이다. 다음에 오

는 화소 2, 즉 청년이 산림에서 호처녀와 만났다는 유형화소의 내용에 종
속되면서, 유형화소를 생성하는 일정한 계기를 마련하고 있다. 원유형인
김현감호형에서는 세시풍속에 의해서나 속신에 의해서 탑돌이를 하는 풍속
이 있었다는 내용이 화소 1을 이루고 있으므로, 다음에 나오는 유형화소는
청년과 호처녀가 절간에서 탑돌이를 하다가 만났다는 내용으로 나타나게
된다. 이들 화소 1은 어느 것이나 유형화소의 생성배경이 되지만 유형화소
일 수는 없다. 화소 1 다음에 오는 내용들이 얼마든지 다른 방향으로 전개
될 수 있기 때문이다. 화소 1은 유형화소마다 다른 만남의 공간적 배경을
규정해 줄 뿐이다.

 화소 1에 해당되는 각편 (바)의 생업의 내용을 보면 청년이 월성숲에서
경비하는 일을 하고, 각편 (사)에는 가난한 총각이 타령을 하고 산중으로
올라갔다고 하는 것으로 보아 나무꾼이나 다름없다. 따라서 호처녀와의 만
남은 산림 속에서 이루어지는 것이다. 생업의 현장에서 총각과 처녀가 만
나는 것은 자연스럽다. 일상적인 인연에 의해 세속적 성취를 이루는 유형
화소의 의미를 유기적으로 떠받들고 있는 것이다. 탑돌이 풍속을 내용으로
한 김현감호형의 화소 1이나, 연등회를 벌였다고 하는 호승형의 화소 1과
대비해 보면, 호처녀형의 종속화소 1은 호처녀형의 개성을 독특하게 나타
내고 있는 것이다. 김현감호형과 호승형은 모두 불교적인 의식과 관련을
맺고 있는데, 호처녀형은 현실적인 생업과 관련을 맺고 있는 것이다. 이러
한 화소의 성격은 앞에서부터 계속해서 거론한 바와 같이 다른 종속화소
5, 8과 더불어 일관성을 보이고 있다. 종속화소들의 내용이 각 화소마다
서로 다르지만 유형차원에서 세계관적 통일을 보이는 것은 유형화소에 한
결같이 종속되고 있기 때문이다.

 호승형 설화는 각편이 (아) 하나뿐이어서, 종속화소 가운데에서 어떤 화
소가 변이를 보일지 알 수 없으므로, 변이화소를 변별해 낼 수 없다. 그러
니 원형화소 외의 모든 화소를 종속화소로 보아야 할 것이다. 왜냐하면 변
이화소는 적어도 각편이 하나 이상 있을 때 그 구실이 드러나기 때문이다.
다른 각편, 특히 호승형의 변이형이 될 수 있는 각편이 더 수집되기 전까
지는 종속화소만 문제삼을 수밖에 없다.

호승형의 종속화소는 1, 4, 7, 8이다. 화소 4는 이미 김현감호형의 화소와 내용이 일치하므로 앞에서 거론된 바 있다. 그러나 호승형의 주체가 다르고 유형차원의 세계관이 다르므로, 독자적인 종속화소로서의 성격을 지니고 있다. 김현감호형에서는 '하늘'에서 호랑이에 대한 징치계시가 있었다고 하는데, 호승형에서는 '주지'스님이 징벌할 것을 계시했다고 한다. 징벌의 계시 주체가 하늘에서 주지로 바뀐 것이다.

호승형의 유형화소는 스님과 호소년이 사제간의 인연에 의해 만나는 것이므로, 청년과 호처녀가 이성간의 인연에 의해 만나는 김현감호형보다 불교적 신성성이 더 강화되어 있다. 따라서, 화소 4도 호랑이의 행패에 대해 징벌을 내리는 주체가 막연한 의미의 '하늘'이나 '옥황상제'가 아니라, 불승인 '주지'로 구체화되어야 이야기의 앞뒤 맥락이 순조롭게 이어질 수 있게 되는 것이다. 종속화소 1도 마찬가지이다. 김현감호형에서는 탑돌이하는 풍속 정도로 이야기되는데, 여기서는 마을에서 연등회를 했다고 이야기된다. 절에서 하는 탑돌이는 종교적 사제장에서 하는 불교의식이다. 마을에서 하는 연등회는 일상적인 생활의 현장에서 하는 불교의식이다. 일상적인 생업의 공간까지 신성한 공간으로 변모시키는 의식이 바로 연등회이다. 연등회는 불교가 국교였던 고려시대에 성했던 불교행사였다. 절이 아닌 마을에서까지 불교의식이 거행되고 스님이 참여한 것은 불교의 발전된 모습이다. 따라서 호승형의 종속화소 1 역시 김현감호형의 그것보다 불교적 성향이 한층 짙게 나타나는 것이다.

종속화소 7은 호소년의 유언과 관계되는 내용이다. 김현감호형에서는 호처녀가 죽기 직전에 호랑이에게 상한 사람을 치료하는 방법을 유언으로 남긴다. 그러나 호승형 설화에서는 유언의 내용이 다르다.

호랑이가 말하기를 "나는 어느 마을 어느 집으로 가서 다시 생을 받아 남자가 될 것입니다. 나이 12, 3세 때가 되면 법사를 찾아가오리니 머리를 삭발하여 나를 제도하여 주십시오"하고, 곧 창끝을 대고 스스로 그 가슴을 찔러 죽어 넘어졌다.[8]

---

8) 崔滋, 《補閑集》 권 하. "虎曰 我向某村某家 受生爲男子 至年十二三時往謁師 剃髮以度我 即接刃自穴其胸而斃."

이러한 유언의 내용에 따라 스님이, 인간으로 환생한 호소년을 제도해 머리를 깎아주고 중으로 만든다.

　　15년이 지난 뒤에 법사가 우연히 마을의 입구에 나갔다가 한 동자를 만났더니 길 옆에서 인사를 했다. 그에게 누구냐고 물으니, "나는 곧 어느 마을의 아이입니다"라고 하여, 법사는 전에 우리 속의 호랑이의 말이 생각나서 머리를 깎아주어 어린 중이 되게 하였는데 아주 영리하고 사랑스러웠다.[9]

화소의 이러한 내용 역시 호승형의 유형화소에 강한 영향을 받아서 종속적으로 나타난 것이다. 스님과 호소년이 연등회 마당에서 만나 사제간의 인연을 맺게 되는데, 그 인연의 구체적인 전개가 종속화소 7로 표현된 것이다. 이와 동시에 종속화소 4에서 보이는 주지스님의 징벌에 대한 발전적 전개의 결과로서, 호소년의 소망이 스님의 도움으로 성취되는 것이다. 스님이 호소년에게 베푼 은혜에 대한 별도의 보상은 없다. 이를테면 높은 벼슬을 한다든가 부자가 된다든가 하는 반대급부가 없는 것이다. 김현감호형 설화의 경우에는 이러한 보상이 따른다. 그것도 청년이 호처녀에게 은혜로서 베푼 것이 아니라 호처녀 자신의 살신성인의 결과이다. 그러므로 청년이 호처녀의 희생을 위로하고 자신의 성취에 대한 보답으로 절을 지어준다. 따라서 창사연기 설화의 성격을 지니게 된다. 호승형에서는 스님이 호소년의 퇴치로 인해 의외의 성취를 얻은 것이 없으므로, 호소년을 위해 절을 짓는 등 별도의 보답행위는 없는 것이다.

스님은 호소년에게 베풀기만 했다. 호소년은 스님의 은혜라고 했다.[10] 스님의 은혜에 대한 호소년의 보답이 종속화소 8로 나타난다. 물론 세속적인 보답이 아니다. 불자로 거두어주고 제도해 준 스님에게 적절한 보답은 스스로 훌륭한 스님이 되는 것이다. 종속화소 8에서는 호소년이 법사가 되어 법력을 크게 떨쳤다고 했다.

　　뒤에 들으니 일엄사의 법사가 비방의 주문을 연수하여 지닌 법력을 보탬으로써 날로 사람이 감복하게 되었다. 그래서 명을 받아 경기도내에 있는 절에

　9) 崔滋, 위의 책, 같은 곳. "後十五年師偶出洞門 見一童子拜於道左問之 曰我乃某村男子也 師憶向檻虎之言 而髡爲沙彌 頗穎悟可愛."
　10) 崔滋, 위의 책, 같은 곳. "吾出一言而死 師之惠也."

부임했다. 법사를 가서 알아보니 바로 그전의 어린 중이었다.[11]

법력을 떨치는 법사가 된 것은 호소년 자신의 성취이기도 하지만, 은사 스님에 대한 큰 보답이기도 하다. 이로써 스님과 호소년의 사제간의 인연에 의한 만남이라는 유형화소의 의미가 이 화소를 통해서 온전하게 실현된 것이다. 따라서 호승형은 김현감호형과 달리, 전체적인 이야기의 내용이 호처녀와 인연을 맺고 그녀의 희생으로 큰 성취를 이루었다는 데 걸려 있는 것이 아니라, 살신성인한 호랑이의 인도환생과, 불승으로서의 비약을 불교적인 세계 안에서 이루어내는 데 걸려 있는 것이다. 그러니 현상을 내거는 화소나, 현상을 타서 부귀를 획득하는 따위의 화소는 자연히 나타나지 않는 것이다. 그러므로 종속화소들은 유형화소의 의미실현에 종속되어 존재하면서, 동시에 종속화소 상호간에는 횡적인 맥락 속에서 전후 관계의 유기성을 지니고 있음을 알 수 있다.

3. 호국룡 설화의 원형화소와 종속화소

호국룡 설화는 문무형·김부형·유금형의 세 변이유형으로 전승되고 있다. 각 변이유형의 화소들을 유형차원에서 분석해 보면 원형화소와 종속화소가 쉽게 드러난다. 각편의 화소들을 모두 수렴할 수 있도록 각 변이유형의 화소를 차례로 정리해 보기로 한다.

문무형
1. 삼국통일을 한 문무왕은 왜적의 침입이 유일한 걱정거리였다.
2. 문무왕은 용이 되어서 왜적을 막겠다고 유언했다.
3. 유언에 따라 동해안의 대왕암에 장사지냈다.
4. 선왕의 유언이 이루어지도록 신문왕이 감은사에서 축수했다.
5. 문무왕이 용이 되어 득천한다는 사실을 알렸다.
6. 신문왕이 대를 쌓고 선왕의 득천을 지켜보았다.
7. 문무왕이 용이 되어 득천했다.
8. 득천하면서 동해의 열두 섬을 쳤다.

---

11) 崔滋, 위의 책, 같은 곳. "後聞日嚴寺修秘呪 以加持力日服人 承命赴畿內薩若 師往省之乃向沙彌也."

9. 하늘에서 울릉도는 조선의 수구맥이라고 하여 치지 못했다.
10. 이로운 것을 봤다고 해서 이견대라고 했다.

김부형

1. 왜적이 동해 열두 섬에 주둔해서 노략질이 잦았다.
2. 김부대왕은 용이 되어 왜적을 막고자 했다.
3. 산(둑)이 물을 막고 있어서 들에 농사를 지을 수 없었다.
4. 김부대왕의 혼령이 뱀(용)이 되어 들에 누워 있었다.
5. 어른들은 이를 보고 모두 뱀이라고 하며 무서워했다.
6. 할머니 등에 업혀 있던 아이는 용이라고 했다.
7. 김부대왕이 용이 되어서 득천했다.
8. 득천하면서 강을 막고 있는 산을 쳤다.
9. 물이 빠져서 큰 들이 생겼다.
10. 용이라고 한 아이의 이름을 따서 유금이들이라고 했다.
11. 득천하면서 동해 열두 섬을 쳤다.
12. 하늘에서 울릉도는 조선의 수구맥이라고 하므로 치지 못했다.

유금형

1. 산이 강을 막고 있어서 경주 일대는 온통 물바다였다.
2. 김부대왕은 용이 되어 물길을 트고 육지를 만들고자 했다.
3. 용님 소리를 들으면 용이 되어서 산을 치겠다고 했다.
4. 김부대왕은 죽어서 용(뱀)이 되어 들에 누워 있었다.
5. 어른들은 이를 보고 모두 뱀이라고 하며 무서워했다.
6. 할머니 등에 업혀 있던 아이는 용님이라고 했다.
7. 김부대왕이 용이 되어 득천했다.
8. 득천하면서 강을 막고 있는 산을 쳤다.
9. 물이 빠져서 큰 들이 생겼다.
10. 용이라고 한 아이의 이름을 따서 유금이들이라고 했다.

  세 변이유형의 화소를 분석한 결과 각 유형에 일관되게 나타나는 화소는 '왕이 용이 되어 득천했다'고 하는 화소뿐이다. 왕이 용이 되어 득천했다는 화소가 없으면 호국룡에 낄 수 있는 최소한의 자질을 갖추지 못하는 것이다. 겉으로 보기에는 이 화소만 원형화소인 것 같다. 구체적인 화소의 내용이 다른 것 같으나 각 유형에 기능하는 화소의 구실을 보면, 어느 유형에서나 일관성을 지니며 나타나는 화소들이 있다. 결국 이 화소들도 유형화소의 변이에 상관없이 나타난 것이므로 원형화소로 주목해야 한다.

132

사실 '왕이 용이 되어 득천했다'고 하는 화소도 구체적으로 따져보면, 문무왕과 김부대왕으로 차이를 보인다. 이와 같은 구체적인 진술 및 표현의 차이는 화소 자체의 변이에서 문제될 뿐이고, 여기서처럼 화소가 가지는 작품 속의 기능을 논의할 때에는 문제되지 않는다. 따라서 구체적인 표현이 달라도 변이유형을 초월해서 일관되게 나타나는 화소는 원형화소인 것이다. 유형화소의 변이에 종속되지 않기 때문에 각 변이유형에 일관되게 나타나는 것이다. 원형화소를 쉽게 변별하려면 화소의 기술을 좀더 추상화시켜야 한다. 그래야 유형차원의 화소가 제 모습을 드러낼 수 있다. 구체적으로 기술되면 각편차원의 특징을 드러내게 된다. 각편 및 변이유형의 구체적인 내용을 초월해서, 호국룡유형 설화들을 포괄할 수 있는 화소의 기저형태를 기술해야 하는 것이다. 여기서는 원형화소의 기저형태만 기술하기로 한다.

원형화소
1. 나라에 일정한 장애가 있었다.
2. 왕이 용이 되어 장애를 해결하고자 했다.
3. 왕이 용이 되어 득천했다.
4. 득천하면서 장애물을 쳐버렸다.

이 네 가지 화소의 기저형태가 호국룡 설화의 원형을 유지하는 것이다. 최소한 이 네 화소의 기저형태에 바탕을 두고 구체적인 내용이 진술되면 호국룡 설화의 유형적 자질을 획득하게 되는 것이다. 물론 구체적인 작품에서는 기저형태가 그대로 표현되지는 않는다. 기저형태를 근간으로 해서 변이유형 및 각편에서는 좀더 구체적으로 표현되어야 한다.

위의 원형화소 가운데 2는 이미 거론한 유형화소의 기저형태이다. 이 기저형태가 구체적으로 표현되면 변이유형을 생성해 내게 되는 것이다. 즉, '왕'을 문무왕에서 김부대왕으로, '장애'를 왜적의 침입에서 물을 막고 있는 산으로 표현하게 되면 유형차원에서 변이가 생기는 것이다. 그러므로 유형화소는 원형화소의 기저형태 가운데 하나로서, 구체적으로 표현되면 변이유형을 생성하고 이야기를 전개시키는 원동력이 되는 화소라고 다시 규정할 수 있다. 원형화소 가운데 다른 것은 구체적으로 기술되어도 변이

유형을 온전하게 변별하거나 변이유형을 생성·전승시키는 원동력 구실을
하기 어렵다. 그러므로 원형화소 2만 유형화소가 되는 것이다. 이 네 원형
화소의 기저형태가 변이유형에서 화소로 나타나게 되는데, 관련 화소들은
다음과 같다. 괄호 안의 화소는 기저형태가 같아서 원형화소처럼 보이나
사실은 원형화소가 아닌 것이다.

	문무형	김부형	유금형
원형화소 1	1	1(3)	1
원형화소 2	(유형화소)2	2	2
원형화소 3	7	7	7
원형화소 4	8	11(8)	8

　이들 원형화소의 논리적인 관계 역시 유형화소를 중심으로 해명되어야
한다. 각 변이유형의 이야기 전개는 유형화소를 근거로 이루어지기 때문이
다. 유형화소에 이야기의 줄거리 체계가 집약되어 있다. 이를테면, 유형화
소는 어느 왕이 용이 되어 무슨 장애를 해결했다고 하는 것이므로, '무슨
장애'가 전제되어야 한다. 따라서 '무슨 장애'는 자연히 원형화소 1로 나
타나는 것이다. 다음은 이 장애를 해결하는 조건이 왕이 용으로 변신해야
하는 것이다. 자연히 원형화소 3에 용이 되었다는 것이 나타나게 되는 것
이다. 원형화소의 논리적 발전은 다음과 같이 이루어진다.

1. 나라 차원의 어떤 장애가 발생되고
2. 왕이 용이 되어 장애를 해소하고자 하며
3. 마침내 용이 되어 득천하면서
4. 그 장애를 해소한다.

　이러한 발전과정에 따라, 실제 구연에서는 원형화소 1이 없이 유형화소
가 바로 나타나기도 한다. 각편 (가)가 그렇다. 유형화소가 원형화소 1을
전제로 하고 있기 때문이다. 이를테면 문무형에서 '문무왕이 용이 되어 왜
적을 막겠다'는 유형화소는 곧 왜적의 침입이 있어서 걱정거리가 되었다는
원형화소 1을 전제로 하기 때문이다. 유금형에서 '김부대왕이 용이 되어서
물길을 트고자 했다'는 유형화소 역시 물길이 막혀서 곤란을 겪고 있다는

원형화소 1을 전제로 한 것이다. 따라서 원형화소 1은 생략될 수도 있는 것이다. 마찬가지로 원형화소 4도 구연되지 않을 경우가 있다. 왜냐하면 유형화소의 내용에 따라 원형화소 3이 나타나면, 결과적으로 원형화소 4도 이루어지기 때문이다. 즉 용이 되면(원형화소 3) 문제는 자연히 해결(원형화소 4)된다는 것이 유형화소를 통해서 이미 진술되었기 때문이다. 실제로 각 편 (가)에서는 원형화소 4가 구연되지 않았다. 문무왕이 왜적을 막고자 용이 되겠다고 했으니(유형화소), 용이 되었다(원형화소 3)고 하는 진술만으로써, 용이 되어 왜적을 막는 일을 했다는 구체적인 진술이 없어도, 이야기를 납득하는 데 무리가 없는 것이다.

원형화소가 재미있게 나타나는 것은 김부형이다. 원형화소가 이중으로 나타나서 흥미를 끈다. 물론 유형화소는 하나인데, 원형화소 1과 4가 각각 둘씩 나타난 것이다. 이것은 특정 문제를 해결하고자 용이 되면, 다른 문제도 더불어 해결할 수 있다는 것을 보여주기도 한다. 실제로 왕에게 해결해야 할 문제는 한 가지로 한정되어 있지 않다. 그러므로 초월적인 능력을 발휘하게 되면 당면한 두 가지 문제를 한꺼번에 해결할 수 있다. 그러나 이렇게 인식하는 것은 현실적인 것이고 설화의 작품세계 속에서는 받아들여지기 곤란하다. 왜냐하면, 앞에서 논의한 원형화소의 논리적 발전과정에 어긋나기 때문이다. 즉, 김부형의 유형화소는, 원형화소 1과 11에 해당되는 김부형의 화소 3과 8과는 논리적인 인과관계를 지니지 않기 때문이다. 그러므로 다른 각도에서 이러한 현상을 해명해야 한다.

원형화소에 해당되는 김부형의 화소 1, 7, 11은 문무형의 화소 1, 7, 8과 같고, 김부형의 화소 3, 7, 8은 유금형의 화소 1, 7, 8과 같다. 그러므로 김부형은 문무형과 유금형의 복합형이라고 할 수 있다. 그것은 유형화소에서도 드러난다. 김부형에서 유형화소의 주체는 유금형과 같은데, 주체의 변신 목적은 문무형과 같은 것이다. 그러나 호국룡 설화의 유형적 변이는 1차로 주체가 변이되고 2차로 그 목적이 변이되어서, 문무형→김부형→유금형으로 변형되면서 전승되어 왔다는 점을 고려한다면, 김부형은 문무형과 유금형의 복합형이 아니라 문무형에서 유금형으로 이행하는 과정에 있는 중간형이라고 보는 것이 옳겠다.

김부형의 유형화소로 보아서는 1, 7, 11만 원형화소로 나타나야 할 것이다. 김부대왕이 용이 되어 왜적을 막겠다고 했으니(유형화소), 용이 되어(원형화소 7), 왜적의 침입경로인 섬을 치는 일(원형화소 11)만 하면 되는 것이다. 그러나 화소 3과 8도 원형화소처럼 나타나는 걸 보면, 김부형의 유형화소가 유형화소로서 안정성을 지니지 못하는 탓이다. [12] 이미 유형화소의 검토에서도 자세하게 드러난 것이지만, 김부왕의 인물됨과 왜적을 막겠다고 하는 의지는 걸맞지 않다. 문무왕에게나 해당되는 것이다. 이러한 부적절한 유형화소의 결합이 이 유형화소를 바탕으로 하고 있는 김부형의 전승에 안정성을 주지 못하고 유금형으로 변모·발전하게 한 것이다. 유금형의 유형화소는 주체인 김부왕의 성격과 문제의식이 일치된다. 그러므로 실제 전승되고 있는 이야기의 경우에도 김부형은 거의 구연되지 않고 있으나, 문무형과 유금형은 널리 구연되고 있다.

다음은 종속화소를 검토하기로 한다. 종속화소는 유형화소에 종속되는 것이므로, 각 변이유형마다 다르게 나타나는 화소이다. 따라서 유형화소를 초월해서 각 변이유형마다 한결같이 나타나는 원형화소에 해당되지 않는 것은 모두 종속화소라고 할 수 있다. 문무형은 화소 3, 4, 5, 6, 9, 10이, 김부형은 화소 4, 5, 6, 9, 10, 12가, 유금형은 3, 4, 5, 6, 9, 10이 종속화소의 범주에 들 수 있다. 이 화소들은 유형화소에 종속되어 있으므로 변이유형마다 다르게 나타날 수 있으나, 유형화소가 변이유형끼리 동일한 부분이 있으므로 종속화소도 동일하게 나타날 수 있다. 동일하게 나타나는 화소와 그렇지 않은 화소를 비교해 보면 각 변이유형의 개성과 의미가 새삼스럽게 드러날 수 있다.

---

12) 김부형의 화소 3과 8은 원형화소처럼 나타나되 원형화소는 아니다. 유형화소와 논리적인 발전관계에 있지 않기 때문에 자의적으로 나타난 것이다. 원형화소로 인식된 것은 유금형의 원형화소와 기저형태가 같기 때문이다. 계속해서 논의되는 바와 같이 문무형에서 김부형으로 변이되는 과정에서 생겨난 변이화소의 일종이라 하겠다. 변이화소이긴 하되 원형화소의 기저형태를 지닌 것이다. 따라서 김부형의 화소 3과 8은 각편 (마)에만 나타나고 (바)에는 나타나지 않는다. 다음 장에서 자세하게 다루어지겠지만 각편 (바)에서 각편 (마)로 각편차원의 변이를 보이다가, 유금형으로 유형차원의 변이에까지 이르게 하는 화소가 바로 이 화소 3과 8이라 하겠다.

문무형	김부형	유금형
	4	4
	5	5
	6	6
	9	9
	10	10
9	12	

　이웃 변이유형과 같은 모습으로 나타나는 위의 종속화소로 보아, 김부형과 유금형은 문무형보다 더 가까운 유형임을 알 수 있다. 그리고 이 두 변이유형에 공히 나타나는 종속화소 4, 5, 6, 9, 10이 원형화소 못지않게 중요한 비중을 차지하고 있다는 것도 인식할 수 있다.

　반면에 각 변이유형에 독자적으로 나타나는 종속화소는 그 변이유형의 개성을 한층 뚜렷하게 부각시키는 구실을 한다. 문무형의 화소 3, 4, 5, 6, 10은 문무형의 개성을, 유금형의 화소 3은 유금형의 개성을 잘 나타내주는 종속화소이다. 즉, 문무형의 이들 화소는 차례로 대왕암에 왕을 장사지낸 일(화소 3), 신문왕이 감은사에서 축수한 일(화소 4), 문무왕이 득천 사실을 신문왕에게 알린 일(화소 5), 신문왕이 대를 쌓고 용의 득천을 지켜본 일(화소 6), 그래서 그곳을 이견대라고 이름붙인 일(화소 10) 등을 나타내고 있다. 다른 변이유형에서는 나타날 수 없는 문무형 고유의 화소들이다. 따라서 문무형은 문헌기록에서나 볼 수 있는 역사적 사실을 정확하게 전승하고 있는 독자성을 지니게 되는 것이다.

　마찬가지로 유금형의 화소 3은 용님 소리를 들어야 용이 될 수 있다고 하여, 왕이 스스로의 힘만으로는 용으로 비약할 수 없는 한계를 개성있게 표현하고 있다. 유금형을 이해하는 데 아주 중요한 단서를 제공하고 있는 화소이다. 문무형과 김부형에서는 모두 왕이 스스로 용이 되겠다고 해서 용이 되었거나 좌절했다. 그러나 여기서는 “용님으로 불러주어야 용이 되어서 할 일을 할 수 있다”는 것이다. 왕이면 무엇이든지 할 수 있다고 여기는 것이 문무형이라면, 왕이라도 백성들이 인정해 주지 않으면 좌절할 수밖에 없다고 여기는 것이 김부형이다. 그러나 유금형은 처음부터 백성의 지지 없이는 큰 성취를 이룰 수 없다는 것을 강조하고 있다. 이 점이 유금

형의 화소 3이 가지는 독자적인 의미이다. 이 부분에 대해서는 다음 장에
서 더욱 자세한 논의가 있을 것이다.

　그러나 위에서 든 화소들이 모두 종속화소는 아니다. 유형화소에 엄격하
게 종속된다면, 유형화소를 바탕으로 이루어진 해당 변이유형의 모든 각편
에서 한결같이 나타나는 화소만이 종속화소가 되어야 한다. 동일한 유형
화소를 지니면서도 각편에 따라 나타나기도 하고 나타나지 않기도 하는 것
은 유형화소에 엄격하게 종속되고 있지 않은 까닭이다. 따라서 이러한 화
소는 종속화소가 아니다. 그러므로 종속화소를 엄밀히 가리기 위해서는 각
편의 화소들을 변이유형의 화소에 따라 종속여부를 나타내 보여야 한다.
나타나는 것은 ＋, 나타나지 않는 것은 ―로 표기한다. 실제상 나타나지
않았지만 나타난 것이나 다름없는 것은 (＋)로 표기한다. 문무형부터 보기
로 한다.

문무형	각편(가)	각편(나)	각편(다)	각편(라)
화소 1	(＋)	＋	＋	＋
화소 2	＋	＋	＋	＋
화소 3	＋	(＋)	(＋)	＋
화소 4	＋	―	―	―
화소 5	＋	＋	＋	―
화소 6	＋	＋	＋	＋
화소 7	＋	＋	＋	＋
화소 8	(＋)	(＋)	＋	＋
화소 9	―	―	＋	―
화소 10	＋	(＋)[13]	＋	―

위의 분석에서 보듯이 문무형에서는 종속화소가 화소 3뿐이다. 화소 4,

---

13) 각편 (나)의 화소 10은 앞에서 정리한 것처럼 "이로운 것을 봤다고 해서 이건대라
　고 했다"는 식으로 정확하게 구연되지 않았다. "이건대라고 저 건너 있었고[이건대
　를 가리키면서]……" 또는 "아이(아직) 조 건너 이건대(이견대)라고 있임더. 대본
　카는데. 이견대 가서 고 앉아 탑 경비를 함(한번) 해보자"등으로 구연된다. 이로
　보아서 정확하게 구연되지는 않았지만, 설화의 전후문맥으로 보아 호국룡의 득천을
　지켜본 곳이 이견대라는 사실을 내포하고 있다. 따라서 이견대라는 지명만 거론되
　어도 화소 10은 나타난 것이나 다름없다. 다른 각편의 화소도 이런 식으로 분석되어
　있다. 趙東一・林在海, 《韓國口碑文學大系》 7-2, pp. 635~636 참조.

5, 6, 9, 10은 유형화소에 엄격하게 종속을 받지 않는 것이다. 유형화소로부터 자유롭다. 있어도 좋고 없어도 그만이다. 이들 화소의 유무에 따라 유형적인 차원의 변이가 이루어지는 것은 아니다. 그러나 이들 화소로 인해서 각편차원의 변이가 이루어질 수 있다. 유형화소에 종속되지 않고 자유롭게 변이가 가능하며, 각편의 변이형을 생산하므로 '변이화소'에 해당된다. 그러므로 종속화소는 3뿐이고, 나머지는 모두 변이화소가 되는 것이다. 김부형과 유금형도 같은 식으로 각편들의 화소를 모두 분석해 보면 종속화소와 변이화소가 함께 드러나게 된다.

김부형	각편(마)	각편(바)
화소 1	+	+
화소 2	+	+
화소 3	+	−
화소 4	+	+
화소 5	+	+
화소 6	+	+
화소 7	+	+
화소 8	+	−
화소 9	+	(+)[14]
화소 10	+	+
화소 11	+	+
화소 12	+	+

유금형	각편(사)	각편(아)	각편(자)[15]	각편(차)
화소 1	+	+	(+)	+
화소 2	+	+	(+)	+
화소 3	+	+	(+)	−

---

14) 각편 (바)의 화소 9는 정확하게 구연되지 않았다. 이 부분을 인용해 보면 "유금이라 카는 아가여(아이가) 말이지 아 용님 나오신다" 이카이깐데 득천을 해가주고, 그래 인자 유금이 들이라 이래 했어요"라고 구연되었다. 화소 6, 7과 10만 나타나는 것이다. 구연능력이 없는 이가 대충 이야기한 셈인데, 유금이들이라고 하는 화소 10이 성립되려면 자연히 들이 생겼다고 하는 화소 9가 있어야 한다. 그래서 화소 9를 (+)로 표시한 것이다. 趙東一・林在海, 위의 책 7-3, p. 617 참조.

15) 각편 (자)는 각편 (아)의 이야기에 이어서 유금이들의 유래를 새로 이야기한 것이므로, 화소 1, 2, 3은 거듭 구연될 필요가 없었다. 좌중이 설화 (아)를 통해서 같은 내용을 방금 들었기 때문이다. 그러므로 (+)로 표시했다. 趙東一・林在海, 위의 책 7-2, pp. 49~50 참조.

화소 4	+	+	+	+
화소 5	+	+	+	+
화소 6	+	+	+	+
화소 7	+	+	+	+
화소 8	+	+	+	+
화소 9	+	+	+	+
화소 10	±[16]	+	+	+

위의 분석으로 볼 때에 김부형의 종속화소는 4, 5, 6, 9, 10, 12이고 변이화소는 3과 8이다. 유금형의 종속화소는 4, 5, 6, 9, 10이고 변이화소는 3이다. 변이화소는 다음 장에서 다루기로 하고 여기서는 종속화소만 주목한다.

세 변이유형에서 드러난 종속화소는 어느 것이나 유형화소의 내용과 관계되어 있다. 내용도 일정하다. 호국룡이 되어 득천하기까지의 과정을 나타내는 것이다. 문무형의 주체는 문무이고, 김부형과 유금형의 주체는 다 같이 김부이니, 실제의 변이유형은 셋이지만 종속화소의 내용은 크게 둘로 갈라진다. 그러므로, 문무왕과 김부대왕은 각기 어떻게 호국룡이 되어 득천했는가 하는 것이 종속화소의 주된 내용을 이루고 있다.

문무왕은 용이 되고자 동해안에 수장해 달라고 유언했다. 문무왕은 유언에 따라 대왕암에 수장된다. 문무왕은 이 수중릉으로부터 스스로 용이 되어 득천한 것이다. 따라서 문무왕의 호국룡 하면 대왕암이 떠오르고, 대왕암의 수중릉 하면 문무왕이 떠오르는 상보적인 관계에 있는 것이다. 그러므로 문무형에서는 유형화소에 종속되어 '유언에 따라 동해안의 대왕암에 장사지냈다'는 화소가 나타나게 마련이다. 물론 이것은 역사적인 사실이기도 하다.

그러나 유형화소의 주체가 김부로 바뀌면 사정이 크게 달라진다. 김부의

---

16) 각편 (사)의 화소 10은 이야기의 말미에 나타나지 않고 서두에 나타난다. 조사자가 먼저 유금이들의 유래를 물었기 때문이다. 이야기꾼은 유금이들이 아니고 주금이들이라고 하면서 이야기를 했다. 이야기꾼은 유금이들이 있는 안강과 멀리 떨어져 있으므로 유금이들을 주금이들로 잘못 알고 있는 것이다. 이미 서두에 유금이들이 아니고 주금이들이라고 했으니, 말미에 이 대목을 되풀이할 필요가 없었던 것이다. '유금이'가 '주금이'로 바뀌어 나타나므로 ±로 표시한다. 趙東一, 《韓國口碑文學大系》 7-1, p. 124 참조.

묘지는 대왕암의 수중릉이 아닐 뿐더러, 김부는 대왕암과 아무런 관련이 없다. 따라서 김부대왕은 다른 상황에서 용이 되어 득천하는 것이다. 김부는 스스로 용이 되어 득천하지 못하고, 뱀이 되거나 용이 되어 들에 누워 있는 것이다(화소 4). 모두들 이를 보고 뱀이라고 했으나(화소 5), 유금이라는 아이가 용이라고 해서(화소 6) 득천하는 비약을 비로소 하게 된다. 그리고 용이라 불러준 아이에게 큰 들을 만들어주고(화소 9), 아이의 이름을 따서 유금이들이라고 한다(화소 10).

이러한 종속화소들이 김부를 주체로 한 김부형과 유금형에 두루 나타나는 걸 보면, 대왕암에 수장된 문무왕과 달리, 예사 왕이 용이 되어 득천하려면 제 스스로의 힘만으로는 불가능하다는 의식, 그래서 용의 변신을 인정해 주는 사람이 있어야 한다는 의식을 반영하고 있는 것이다. 그러므로 종속화소는 유형화소의 주체가 누구냐에 따라 다르게 나타나고 있음을 알 수 있다.

그러나 호국룡 설화의 유형화소는 주체만 다른 것이 아니다. 주체의 변신목적도 다르다. 이 점을 다르게 나타내주는 것이 김부형의 화소 12이다. 유금형에서는 주체가 물길을 트고자 했지만 문무형과 김부형에서는 왜적을 막고자 했다. 그래서 유금형에서는 필수적으로 물을 막고 있는 장애물을 쳐야 하는 것처럼, 문무형과 김부형에서는 왜적의 침입경로인 섬을 쳐야 한다. 그 섬이 동해의 열두 섬이다. 따라서 이들 산과 섬을 치는 화소가 원형화소로 어느 유형에서든 변함없이 나타나는 것이다. 그러나 문무형과 김부형에서는 동해의 섬을 쳤다고 했을 때 문제되는 것이 울릉도이다. 울릉도도 쳐야 하는 대상이 되기 때문이다. 하지만 울릉도는 아직도 건재하다. 따라서 울릉도를 치지 않게 된 이유도 별도로 이야기되는 것이 설화의 구성상 무리가 없게 된다. 김부형의 경우 '하늘에서 울릉도는 조선의 수구맥이라고 하므로 치지 못했다'고 하는 화소가 각편마다 나타나고, 문무형의 각편 (다)에서도 나타나는 까닭은 이 때문이다.

그럼에도 불구하고 화소 12와 같은 내용이 문무형과 김부형에 계속해서 나타나는 것은 아니다. 왜적을 막기 위해 동해의 섬을 쳤다는 내용에서는 두 변이유형이 일치하나, 울릉도를 치지 못하게 했다는 화소가 두 변이유형의 각편들에 고루 나타나지는 않는다. 그것은 이 화소가 유형화소에 엄격하게 종속되지 않는다는 증거이다. 그렇다면 비록 김부형에서 화소 12가 각편마다 나타나더라도 김부형의 종속화소라 보기 어렵다. 유형화소에 종속되지 않고 각편의 상황에 따라 자유롭게 나타나는 변이화소라 할 수 있다. 그러므로 종속화소는 여러 각편을 근거로 해야 타당성을 지닐 수 있다. 변이유형 가운데 각편이 하나만 수집된 경우에는 변이화소를 설정할 수 없으므로 원형화소와 유형화소가 아닌 화소는 모두 종속화소로 간주되기 쉽다.[17] 이야기꾼의 재량에 따라 화소의 가감이 가능하기 때문에, 이러한 기계적 판단은 착오를 일으킬 수 있다. 우연성에 지배될 수 있기 때문이다. 그래서 단지 두 편의 각편으로서 김부형의 종속화소를 설정하는 것은 곤란한 일이다. 김부형의 변이화소 12가 두 각편에 함께 나타나서 종속화소처럼 고려된 것도 우연의 일치에 의한 것일 뿐이다.

김부형의 화소 12가 변이화소라면 김부형과 유금형의 종속화소는 서로 일치한다. 그러니 이들 종속화소를 더 주목해 보자.

　　종속화소4.　김부대왕은 죽어서 용(뱀)이 되어 들에 누워 있었다.
　　종속화소5.　어른들은 이를 보고 모두 뱀이라고 하며 무서워했다.
　　종속화소6.　할머니 등에 업혀 있던 아이는 용님이라고 했다.
　　종속화소9.　물이 빠져서 큰 들이 생겼다.
　　종속화소10.　용이라고 한 아이의 이름을 따서 유금들이라고 했다.

왕이 죽어서 용이 되고자 변신을 꾀했으나 뜻대로 되지 않았다. 그래서 물이 가득 차 있는 들에 누워 있었던 것이다. 각편에 따라 용이 되어 누워 있었다고도 하고 뱀이 되어 누워 있었다고도 한다. 어느 쪽이든 어른들은 이를 보고 뱀이라고 하며 무서워서 피한다. 그러나 할머니 등에 업혀 있던 어린 아이는 뱀이 아니라 용이라고 한다. '용님'이라고 강조하기도 한다. 결국 왕의 비약은 백성들에게 뱀으로도 인식되고 용으로도 인식된 것이다.

어른이나 할머니는 인습에 젖어 있는 백성이다. 할머니 등에 업혀다니는

---

17) 김현감호 설화의 변이유형인 '호승형' 설화는 각편이 하나밖에 없으므로 원형화소와 유형화소를 제외한 모든 화소가 종속화소로 다루어졌다. 각편이 하나뿐인 경우는 그럴 수밖에 없다. 변이화소가 없기 때문이다.

아이는 있는 그대로를 보는 거짓없는 백성이다. [18) 왕의 비약을 뱀으로 보고 두려워하며 피하는 것은 인습에 젖어 있는 백성들이 왕을 인식하는 태도이다. 왕은 그저 두렵고 무서운 존재이니 멀리 하는 것이 상책이라는 것이다. 반면에, 왕의 비약을 인정해 주고 용님이라고 환호해 주는 것은 거짓없는 백성들이 왕을 인식하는 태도이다. 왕은 나라와 백성을 잘 다스려 이롭게 하는 자이니 그의 지도력을 인정해 주어야 제대로 지도력을 발휘할 수 있다는 것이다.

왕은 인습에서 벗어난 백성의 지지를 통해서 비약을 이루고 뜻한 바의 성취를 이룬다. 그리고 이룬 결과는 자신의 비약을 인정해 주고 지지해 준 깨우친 백성의 이름으로 되돌려준다. [19) 왕이 득천하면서 물길을 트고 난 뒤에 만들어진 들을 그 아이의 소유로 주고, 또 그 아이의 이름을 따서 유금 이들이라 한 것은 바로 그와 같은 의미를 지니고 있는 것이다. 왕과 백성이 의지와 뜻을 합쳐서 문제를 해결하고 큰 성취를 이루는 과정이 아주 바람직하게 이야기 속에 형상화되어 있는 셈이다.

이 이야기의 형상에는 두 가지 의미의 상징이 있다. 그 하나는, 나라의 주체는 비약을 하는 왕이 아니라 왕의 비약을 인정해 주는 백성이라는 상징과 왕이 비약을 하여 큰 성취를 이루었으되, 그 성취의 결과는 백성들에게로 돌아가야 한다는 상징이다. 이 상징들은 문학적인 상징이다. 다른 하나는 종교적 상징이다. 용(용신)을 용으로 믿어야 용이 신적인 능력을 발휘할 수 있다는 것, 즉 절대적으로 신앙되는 신격만이 신격으로서의 비약이 가능하다는 상징이다. 그리고 신격을 믿고 그에게 영광을 돌리면 그 영광은 곧 믿는 자에게로 되돌아온다는 상징이다. [20) 또는 인간으로부터 신격으

---

18) 趙東一, 《人物傳說의 意味와 機能》, 영남대출판부, 1979, pp. 53~54. "용을 보고 뱀이라고 한 것은 인습에 사로잡혀서 비약을 인정하지 않으려는 태도이다. 용이 된 것은 자기 혼자만의 소망을 실현하기 위한 비약은 아닌데, 다른 사람들이 인정해 주지 않으니 용이 용으로서의 능력을 발휘할 수 없게 되는 것이다. 할머니 등에 업혀 나온 아이는 인습에 사로잡혀 있지 않아서 용이 용임을 알았다."

19) 趙東一, 위의 책, p. 54. "농사를 지을 수 있는 들이 모두 그 아이 차지가 되었다는 것은 지도자가 성취하는 과업의 혜택은 지도자를 인정하는 사람에게 돌아간다는 뜻이기도 하다."

20) 林在海, 〈護國龍說話의 傳承樣相과 神人關係〉, 《韓國民俗學》 13, 민속학회, 1980, p. 112.

로 인정받지 못하는 신격은 신격으로서의 능력을 발휘할 수 없다는 뜻으로
받아들여도 좋겠다. 왕도 마찬가지이다.

4. 원형화소와 종속화소의 분석결과

원형화소의 분석은 설화 각편의 화소들을 대조하여 그 기저형태가 공통
되는 것을 가려내는 작업이다. 결국 천여 년 전의 문헌에서나 지금 구전되
는 자료에서나 화소가 일치를 보이고 있다는 것은 이들 화소가 이야기의
본디 틀을 변함없이 유지하고 있는 셈이므로, 이를 일러 원형화소라 하는
것이다. 원형화소는 한 유형의 설화를 구성하는 필수적인 화소이자, 이야
기의 본디 틀을 지탱해주고 유형차원의 동질성을 확보해주는 구실을 하는
화소로서, 원형에서부터 변이유형에 이르기까지 변함없이 나타나게 된다.

종속화소는 유형화소에 귀속되고 있어 독립성이 없는 화소이다. 유형화
소의 변이에 영향을 받아 함께 변이를 일으키는 화소로서, 자연히 변이유
형마다 다르게 나타나는 화소이다. 유형화소에 종속되어 있으므로 같은 유
형화소를 지닌 변이유형의 각편들에서는 종속화소가 같은 양식으로 나타난
다. 원형화소가 동일유형에 속하는 설화의 모든 각편에 두루 나타나는 데
비해, 종속화소는 해당 변이유형의 각편에만 공통적으로 나타난다. 자연히
원형화소가 유형차원의 동질성을 확보해 준다면, 종속화소는 변이유형차원
의 동질성과 개성을 확보해 준다.

김현감호 설화의 원형화소는 넷으로 분석된다. 이들 화소를 추상하면 김
현감호 설화의 원형, 즉 이야기의 본디 틀인 서사구조의 기저형태가 드러
난다.

1. 사람과 범사람이 인간적으로 만나서 사귄다.
2. 범사람이 다른 호랑이의 공격으로부터 사람을 보호해 준다.
3. 범사람은 인연을 맺은 사람의 손에 희생되고자 한다.
4. 사람은 범사람의 뜻을 좇아 그를 퇴치한다.

이들 원형화소가 유형화소에 따라 구체화되어 표현되면, 김현감호 설화
로서 유형차원의 동질성을 지니게 되는 동시에 변이유형차원의 개성도 확

보하게 된다. 즉, 원형화소의 기저형태가 김현감호 설화의 심층구조를 이루면서 상황에 따라 구체적인 작품으로 생성·합성·전승되는 것이다. 원형화소 1은 이야기를 전개시키는 원동력이 될 뿐 아니라, 이 화소의 구체적인 표현에 따라 이야기의 유형이 변이되므로, 이를 특히 유형화소라 한 것이다.

종속화소는 변이유형마다 다르게 나타난다. 김현감호형은 화소 4, 6, 9가, 호처녀형은 화소 5, 8이, 호승형은 화소 4가 종속화소로 분석된다. 김현감호형과 호승형의 종속화소 4는 하늘 신과 같은 초월적 존재나 주지스님과 같은 신성한 사제자로부터 살생에 대한 징치계시가 내려지는 내용이다. 불교적인 세계관이 반영되어 있는 화소이다.

김현감호형의 종속화소 6, 9와 호처녀형의 종속화소 5, 8은 나라에서 호랑이 퇴치를 위해 현상을 거는 내용과, 호랑이를 퇴치한 공으로 현상을 받아 성취를 이루는 내용으로 이루어져 있다. 두 종속화소는 서로 대응관계에서 하나의 짝을 이루고 있다. 즉 앞의 화소가 있으면 뒤의 화소가 있게 마련이다. 종속화소 4가 불교적 세계관을 반영하는 데 비해, 이들 종속화소는 생활 속에 맞닥뜨린 문제를 해결하고 성취하는 현실적 세계관을 반영한다. 종속화소의 분석결과, 김현감호형은 이들 두 종류의 종속화소(4, 6, 9)를 다 지니고 있으므로 불교적 세계관과 현실적 세계관을 함께 반영하는데, 호처녀형은 종속화소 5, 8로써 현실적인 세계관만, 호승형은 종속화소 4로써 불교적 세계관만 반영하고 있음을 알 수 있다. 이 분석결과는 유형화소의 분석결과와 일치한다. 종속화소가 유형화소에 종속되고 있으므로 같은 결과가 나타나는 것은 화소의 개념과 분석이 함께 타당하다는 것을 입증하는 셈이다.

호국룡 설화의 변이유형은 문무형, 김부형, 유금형으로 나타난다. 이들 변이유형에 공통으로 나타나는 화소를 찾아, 그 기저형태를 정리하면 다음과 같이 원형화소가 분석된다.

1. 나라에 일정한 장애가 있다.
2. 왕이 용이 되어 장애를 해결하고자 했다.
3. 왕이 용이 되어 득천했다.

4. 득천하면서 장애물을 쳐버렸다.

원형화소의 서사적 틀, 즉 작품의 심층구조를 통해서, '왕이 국가적 장애를 용이라는 신격으로 비약해서 해결한다'는 유형차원의 주제를 파악할 수 있다. 이들 유형차원의 주제가 변이유형과 각편에 따라서 저마다 조금씩 새롭게 구현되면서 통치자에 대한 민중적 관념이 다양하게 반영되는 것이다. 여기서 원형화소 2는 유형화소의 기저형태이다. 구체적으로 표현되었을 때 변이유형을 생성할 뿐 아니라, 이야기를 전개시키는 동기를 내포하고 있으므로 다른 원형화소와 달리 특히 유형화소로 분석되는 것이다. 그러므로 유형화소는 원형화소의 기저형태 가운데 하나로 다시 이해할 필요가 있다.

여기서 주목되는 것은 김부형의 경우 원형화소 1과 4에 해당되는 화소가 둘씩 나타난다는 점이다. 물론 1의 장애가 둘이면 해결인 4도 둘이어야 한다. 이는 문무형에서의 장애가 김부형에서 그대로 수용되는 한편 유금형의 새로운 장애를 생성한 것이 김부형이므로, 김부형은 문무형과 유금형의 중간형태라고 하겠다.

종속화소는 변이유형마다 다르게 나타난다. 문무형의 종속화소는 3, 김부형의 종속화소는 4, 5, 6, 9, 10, 12, 유금형의 종속화소는 4, 5, 6, 9, 10으로 분석된다. 종속화소로 보아 김부형과 유금형이 상대적으로 문무형보다 더 가까운 유형이라는 사실이 드러난다. 두 유형은 주체가 김부대왕으로 같을 뿐만 아니라, 주체의 변신목적도 일치하는 부분이 있기 때문에 자연히 유사성을 지닐 수밖에 없다. 주체에 따라 문무왕과 김부왕은 각기 어떻게 호국룡이 되어 득천했는가 하는 것이 종속화소의 주요 내용이다. 문무형의 종속화소 3은 '유언에 따라 동해안의 대왕암에 장사지냈다'는 내용으로서 역사적 사실에 충실하다.

김부를 주체로 한 김부형과 유금형은 대왕암의 수중릉과 무관하므로 문무형과 같은 화소 3이 나타날 수 없다. 따라서 용이 되어 득천하지 못하고 들에 누워 있는데(화소 4) 모두들 이를 보고 뱀이라고 했으나(화소 5), 유금이라는 아이가 용이라고 해서(화소 6), 비로소 용이 되어 득천하면서 넓은 들을 만들고(화소 9), 이를 유금에게 주어서 유금이들이라고 한다(화소 10). 문무왕과 달리 김부왕은 백성들의 지지를 받아 용으로 비약한다는 것을 형상화해 주고 있다. 역시 유형화소의 주체에 따라 종속화소가 크게 달라진 셈이다. 김부형의 종속화소 12는 유형화소의 변신목적과 관련되어 나타난 것이다. 동해 열두 섬을 치다가 울릉도를 치지 않은 까닭을 설명하는 내용이다. 김부왕의 변신목적은 원래 왜구를 물리치는 것으로 문무형과 같다. 자연히 왜구의 침입경로인 섬을 칠 수밖에 없다. 울릉도가 아직도 남아 있는 내력을, 이와 관련해서 별도의 설명이 있어야 좀더 설득력을 지닐 수 있다. 그래서 문무형에서는 나타나지 않은 종속화소 12가 있는 것이다. 문무형보다 발전된 모습을 보이는 것이 김부형임을 알 수 있다.

제 5 장 변이화소의 분석과 변이형

1. 변이화소의 종류와 기능

지금까지 유형적 차원에서 원유형과 변이유형을 논의해 왔다. 이때 문제된 분석항목들이 유형화소·원형화소·종속화소이다. 원형화소는 유형화소에 초월해서 모든 변이유형에 두루 나타나고, 종속화소는 유형화소에 종속되어 해당되는 변이유형에 한정되어서 나타나는 화소이다. 여기서 다루고자 하는 '변이화소'는 유형적 차원에서 문제되는 화소가 아니다. 각편의 기본형과 변이형을 판별하고, 각편차원에서 변이양상을 논의하는 데 필요한 분석항목이다.

변이화소는 해당 변이유형의 각편에 자유롭게 나타날 수 있다. 각편에 변이화소가 있다고 해서 변이형이 되는 것은 아니다. 변이화소가 각편마다 일관되게 나타나면 변이형이 없다. 그리고 이렇게 일관되게 나타나는 화소는 변이화소가 아니다. 해당 변이유형의 종속화소에 해당된다. 따라서 변이화소는 변이유형의 각편에 나타나기도 하고 나타나지 않기도 한다. 또 다른 모습으로 바뀌어서 나타나기도 한다. 그러므로 각편에서 보이는 변이화소의 유무 및 변화에 따라 기본형과 변이형이 변별되는 것이다.

각편차원에서 설화의 작품을 보면 모든 각편들이 서로 다르다. 같은 변이유형에 귀속되는 작품이라도 각편들은 저마다 조금씩 틀리는 것이다. 같은 사람이 같은 이야기를 같은 상황에서 되풀이해서 이야기한 작품이라도, 그 각편은 그때마다 다르게 구연된다.[1] 따라서 구연되는 작품마다 독자적

---

1) Ruth Finnegan, *Oral Poetry*, Cambridge University Press, 1977, p. 65에서, 같은 시인이 시 낭송을 되풀이했을 때조차 어휘들이나 세부적인 합성들이 차이를 보인다고 했다.

148

인 각편으로 인정되는 것이다.[2] 이 점이 바로 구비문학의 생리이자 연행법
칙이다. 그러므로 한 유형의 설화는 전승되는 동안에 무수한 각편으로 존
재할 수 있다. 그러나 이들 서로 다른 각편들을 모두 변이형으로 규정하지
는 않는다. 각편의 변이형에 관한 기존의 견해를 보기로 한다.

> 규범적인 형태(normal form)로부터 두드러지게 다른 차이가 있는 각편들
> (virsons)은 구비문학자들에 의해 항상 변이형(variants)으로 규정되고 있다.
> 그러므로 한 구비문학 작품이 되풀이되어 이야기될 경우, 그 모든 생산물은 각
> 편들로 규정된다. 따라서 모든 변이형들은 각편이 되어야 하지만, 모든 각편들
> 이 변이형이 되는 것은 아니다. 어려운 문제는 각편들 가운데 어떻게 규범적인
> 형식을 가정하고 변이형을 적절하게 규정하는가 하는 것이다.[3]

모든 변이형은 각편들로 존재하지만, 모든 각편들은 변이형이 아니라는
점을 분명히 했다. 그리고 각편들 가운데에서 큰 차이를 보이는 것이 변이
형이라고 했다. 따라서 변이형이 아닌 것은 차이를 보여도 규범형의 각편
인 것이다. 변이형을 규정하기 위해서는 규범적인 형식을 먼저 추론해야
한다고 했다. 각편들로부터 규범적인 형을 추론하는 것도 문제이지만, 더
욱 문제되는 것은 규범형으로부터 어느 정도 차이가 나야 변이형이 되는가
하는 것이다.

먼저 규범적인 형식을 규정하는 준거가 있어야 한다. 그리고 규범적인
형식을 중심으로 각편과 변이형을 구분하는 기준도 마련되어야 한다. 막연
하게 두드러진 차이를 지니고 있는 각편들을 변이형이라고 해서는 곤란하
다. 두드러진 차이를 규정해 줄 만한 준거가 있어야 한다. 이렇게 제기된
문제는 기존 연구에서 해결되지 않았다. 그러나 여기서는 이러한 문제도
지금까지 논의되어 온 화소체계로 해명될 수 있다. 특히 유형차원이 아닌
각편차원의 변이형에 대해서는 '변이화소'가 분석기준이 될 것이다.

같은 유형의 설화라도 유형화소가 원유형과 다르면 변이유형이 된다. 같

---

2) Albert B. Lord, *The Singer of Tales*, Atheneum, 1973, p.4에서 "모든 연행
(performance)은 독특(unique)하다" 했다. Ruth Finnegan, 위의 책, 같은 곳에서도
"모든 연행은 독특하며, 그 자체로 타당성을 지닌 독창적인 작품"이라고 했다.
3) Alan Dundes, *The Study of Folklore*, Prentice-Hall Inc., 1965, p.169 ; George
Herzog, "Stability of Form in Traditional and Cultivated Music"의 해설.

은 유형화소를 지니고 있으면 이야기의 구체적인 내용이 달라도 같은 유형에 속한다. 유형화소는 유형차원에서 원유형과 변이유형을 변별하는 기준이다. 각편차원의 변이도 화소를 근거로 하여 같은 방식으로 따질 수 있다. 그러나 각편차원에서 변이형을 생성하는 데 기능하는 화소는 별도로 있다. 변이화소가 그것이다. 유형차원의 변이는 유형화소와, 이 유형화소에 따르는 종속화소에 의해 이루어진다면, 각편차원의 변이는 변이화소에 의해 이루어진다. 변이유형에 속해 있는 각편들의 화소적 차이는 변이화소에 한정되기 때문이다.

각편끼리 변이화소를 대조해서 변이형 여부를 가리기 위해서는 우선 기준이 되는 각편이 있어야 한다. 이른바 규범적인 형식을 갖춘 각편이 되겠다. 여기서는 기준이 되는 각편을 해당 변이유형의 '기본형'이라 한다. 규범형이라 하지 않고 기본형이라 하는 것은 몇 가지 이유가 있다. 규범형은 우선 종잡기 어렵다. 한 이야기에서 규범이 정해져 있다고 보기 어렵기 때문이다. 전승과정에서 계속 변이가 이루어지며 그에 따라 이야기의 새로운 규범이 창조적으로 만들어질 수 있다. 앞에서 다룬 변이유형들은 제각기 일정한 규범을 지니고 있는 것이다. 따라서 원유형은 상대적으로 오랜 형을 추론한 것일 뿐이다.

또한 규범형이라 하면, 규범형은 정상이고 완전하나 변이형은 뭔가 비정상이고 불완전한 것으로 인식되기 쉽다. 결국 규범형에서 일탈된 것이 변이형이 되므로, 변이형은 잘못된 작품으로 평가되는 것이나 다름없게 된다. 설화는 구비전승되면서 완성되어 가는 것이라고 본다면, 규범형을 기준으로 하여 변이형을 규정하는 것은 타당하지 못하다. 그리고 변이형이라는 것은 이미 있는 작품을 근거로 하여 다르게 파생된 작품이다. 선행형으로부터 재생산된 파생형인 셈이다. 그러므로 여기서는 가치개념보다 변이의 근거가 되고 기준이 되는 본디형이라는 뜻으로 '기본형'이라 한다.

기본형은 해당 변이유형의 각편 가운데에서 가장 오래된 각편으로 한다. 변이는 이미 있는 각편을 근거로 하여 순차적으로 이루어지는 것이므로, 가능한 최초의 형태를 지닌 각편을 추론해서 설정해야 한다. 기본형을 설정하는 데에는 같은 유형의 문헌설화를 참고하는 것이 타당성을 높인다.

기본형이 설정되면, 기본형의 각편이 지닌 변이화소와 다른 각편이 지닌 변이화소를 대조한다. 대조해 보면 같은 양상으로 나타나는 경우가 있다. 이때에는 두 각편의 내용이 상당한 차이를 지니고 있어도 어느 한쪽을 다른 한쪽의 변이형이라 하지 않는다. 그냥 서로 다른 각편일 뿐이다. 변이형은 이들 각편 가운데에서 화소차원에서 변이를 보이는 것이다. 물론 유형화소에 의해 설정된 변이유형의 각편들은 유형화소가 다르므로 모두 원유형의 변이형인 것이다. 여기서는 같은 변이유형에 속해 있는 각편끼리의 변이 문제이다. 그러므로 변이화소의 유무·상이에 따라 변이형이 규정되는 것이다.

기본형의 변이화소가 변이형에서 다르게 나타나는 경우는 세 가지가 있다. 첫째, 기본형에 있는 변이화소가 변이형에는 없는 경우가 있다. 기본형의 변이화소가 탈락된 것이다. 이를 '탈락화소'라고 할 수 있다. 이야기꾼의 기억력이 약화되거나[4] 구연능력이 떨어지면 변이화소는 쉽게 탈락될 가능성이 있다. 그러면 탈락화소에 의한 변이형이 생산되는 것이다. 탈락화소가 많을수록, 그리고 지속적일수록 해당 이야기는 점차 퇴화되어 소멸될 가능성이 높다.

둘째, 기본형에 있는 변이화소가 해당 각편에 제각기 다른 모습으로 나타나는 경우가 있다. 기본형의 변이화소가 변화를 일으킨 것이다. 제 모습을 유지하지 않고 다른 모습으로 나타난 것인데, 이를 '변형화소'라고 할 수 있다. 변형화소가 일시적으로 나타나는 경우도 있고 지속적으로 나타나는 경우도 있다. 지속적으로 나타나는 경우는 오히려 변형화소가 이야기의 구조와 문맥에 적절하기 때문에 정착되어 가는 것이다. 일시적인 경우는 변이화소가 안정성이 없기 때문에 자의적으로 바뀌게 되는데, 이런 변이화소는 탈락될 가능성이 높다. 변이화소가 탈락되기 전 단계에 변형을 보이는 수가 있다.

셋째, 기본형에는 없는 변이화소가 다른 각편에 나타나는 경우가 있다.

---

4) Stith Thompson, *The Folktale*, Ams Press, 1979, p. 437. "이야기의 특수한 변이형의 형성 ; 이야기에서 만들어지는 최초의 변화는 의심할 바 없이 기억의 오류에 의한 실수이다."

새로운 화소가 생성된 것이다. 이 화소를 특히 '생성화소'라 할 수 있다. 창조적인 이야기꾼이 이야기를 할 때, 또는 이야기가 계속해서 발전적으로 창조되며 전승되고 있을 때에 생성화소가 나타난다. 생성화소가 지속적으로 나타나면, 이야기가 창조적으로 전승되고 있는 과정에 있는 것이다. 생성화소가 일시적으로 나타나는 경우는 현장상황에 따른 이야기꾼의 개인적인 창조력에 의해 생산된 경우이다. 이야기꾼의 개인적인 능력에 의해 생성된 화소가 이미 있는 이야기의 작품구조에 유기적으로 조화를 이루고 이야기의 흥미를 북돋우게 되는 경우에는 지속성을 획득하게 된다. 그러나 일시적인 재미를 위해 임기응변으로 끌어들인 화소는 일회성에 그칠 가능성이 높다.

앞에서 정리한 바와 같이 변이화소는 그 존재양상에 따라 탈락화소·변형화소·생성화소로 다시 규정될 수 있다. 변이화소라고 하는 것은 앞장에서 다룬 유형차원의 화소들과 더불어 작품 속에서 일정하게 기능하는 구실을 나타낸 것이다. 그러나 변이화소가 각편차원에서 구체적으로 문제될 때에는 그 변이양상에 따라 새로 규정될 필요가 있는 것이다. 단순히 변이된다는 정도의 이해가 아니라 어떻게 변이되는가 하는 문제도 따져나가야 하기 때문이다. 그러므로 그 변이양상이 구체적으로 명명되어야 각편차원의 변이양상을 일관성 있게 파악하는 데 변이화소가 도움을 줄 수가 있는 것이다.

설화의 유형에 따라 변이의 방향은 제각기 다를 수 있다. 그러나 일반적으로 추론해 본다면, 처음에는 생성화소에 의해 이야기가 발전적으로 창조되다가 안정세를 이루게 되고, 상황이 바뀌게 되면 변형화소에 의해 유동성을 보이다가, 마침내는 탈락화소에 의해 이야기는 점차 축소되고 마침내는 전승이 중단된다고 할 수 있다. 따라서 변이화소의 유무 및 변형은 이야기 각편의 변이형을 생산해 내는 기능 외에 이야기의 통시적인 전승과 변화에 상당한 영향을 미치게 된다.

여기서는 통시적인 변화양상보다 변이유형에 속해 있는 각편들의 기본형과 변이형을 판별하고, 변이화소를 통해서 각편차원의 변이양상을 포착하고자 한다. 자연히 변이의 원인도 작품 중심으로 해명될 것이다. 통시적인 전승의 양상과 연행현장 및 전승현장에 따른 변이의 문제는 다음 장에서 차례로 다루어질 것이다. 흔히 연행중심적 방법이나 민담생태학에 관심을 가진 학자들 가운데에는 연행상황과 이야기꾼 및 사회문화적 구조에 관한 조사연구를 강조하면서 작품 자체의 형성 및 전승원리는 소홀히 다루는 경우가 있다.[5] 설화의 생성·전승·변이 등의 문제는 순전히 이와 같은 작품 외적인 변수에 의존해 있는 것은 아니다. 설화자료는 자립적인 형식체로서 작품 자체의 전승원리가 있는 것이다. 작품 자체가 지닌 자생적 전승력과 변이의 원리가 우선적으로 논의되어야 그밖의 문제도 순조롭게 해명될 수 있을 것이다. 우리가 작품 자체를 중심으로 분석적인 논의를 펴는 것도 이런 이치 때문이다.

2. 김현감호 설화의 변이화소와 변이양상

김현감호 설화는 원유형인 김현감호형 외에 두 변이유형으로 전승되고 있다. 김현감호형의 각편 5개와 변이유형인 호처녀형의 각편 2개가 각편차원에서 변이문제를 다룰 수 있는 대상이다. 호승형의 설화는 각편이 하나밖에 없으므로 각편차원의 변이는 문제되지 않는다. 호승형의 변이에 관해서는 종속화소를 다루면서 논의된 바 있다. 그러므로 여기서는 김현감호형과 호처녀형의 각편에 나타나는 변이화소들만 논의의 대상으로 한다.

각편차원의 변이양상을 다루기 위해서는 우선 기본형과 변이형을 구별해야 한다. 김현감호형의 각편 (가)는 《삼국유사》에 수록된 김현감호조의 자료이다. 이미 앞에서 이 자료가 원형이라는 논의가 있었다. 모든 변이는 원형에서부터 비롯되는 것이다. 따라서 각편 (가)는 김현감호 설화의 원형

---

5) Marx Lüty는 민담이 어떻게 형성되고 변화되며, 또 사라지고 재생되는가를 연구하기 위해, 청중과 민담, 그리고 민담의 연행 자체를 사회적 구조와 더불어 종합적으로 관찰해야 한다고 했다. Linda Dégh 역시, 살아 있는 민담의 생존사를 위해서, 그리고 무엇으로 하여금 민담을 형성·존재, 그리고 변화시키는가, 또는 무엇이 민담을 창조하고 전승하게 하는가 등의 문제를 해결하기 위해, 민담이 연행되는 현장을 이야기꾼 및 청중과 더불어 자세하게 조사해야 한다고 했다. 崔貞茂, 〈演行中心의 民談學과 그 歷史的 背景〉, 金烈圭 外, 《民談學槪論》, 일조각, 1982, pp. 156~157 참조.

이자, 김현감호형의 기본형이다. 이 기본형을 기준으로 하여 서로 다른 변이화소를 지닌 각편을 '변이형'이라고 할 수 있다. 변이화소가 서로 일치하는 가운데 전승되는 설화에는 변이형이 없다. 같은 형의 각편들만 존재하는 것이다.

김현감호형의 각편 다섯은 모두 제각각이다. 변이화소가 서로 일치하는 각편은 하나도 없다. 각편 (나), (다), (라), (마)가 모두 독자적인 변이형으로 존재하는 것이다. 각편 (가)를 중심으로 기본형의 화소를 정리해 본다. 기본형의 화소가 충분히 이해되어야 변이형의 변이양상을 쉽게 검토할 수 있다. 원형·유형·종속·변이화소를 차례로 (원)·(유)·(종)·(변)으로 표시한다.

김현감호형 설화의 기본형
(변) 1. 탑돌이를 하는 풍속이 있었다.
(유) 2. 청년이 절에서 탑돌이를 하다가 호처녀를 만났다.
(원) 3. 호처녀가 호랑이의 공격으로부터 청년을 보호했다.
(변) 4. 호랑이의 살생에 대하여 하늘에서 징벌의 계시가 있었다.
(원) 5. 호처녀는 청년의 손에 죽을 것을 자처했다.
(종) 6. 나라에서는 현상금을 걸고 호랑이 퇴치자를 구했다.
(원) 7. 청년이 나서서 호처녀의 뜻에 따라 호랑이를 퇴치했다.
(변) 8. 호처녀의 유언대로 호랑이에게 상한 사람을 치료했다.
(종) 9. 호랑이를 퇴치한 공을 인정받아 큰 성취를 이루었다.
(변) 10. 호처녀의 은혜에 보답하기 위해 절을 지어주었다.

기본형에서 파악된 변이화소는 1, 4, 8, 10이다. 화소 1은 변형되었다. 각편 (나)에서 변형된 모습을 보인다. 화소 4와 8은 변형되기도 하고 탈락되기도 했다. 두 화소 모두 각편 (다)에서는 변형되었다가 각편 (라)에서는 탈락되었다. 각편 (마)에서 4는 변형되고 8은 탈락되었다. 각편 (마)는 화소 7에서 구연이 중단되었으므로 그 이후의 화소에 대해서는 다루지 않겠다. 화소 10은 각편 (마)에서만 탈락되었다. 이 대목까지 이야기가 진행되지 않았으므로 화소 10이 나타나지 않는 것은 당연하다. 전체적으로 보아 변형화소와 탈락화소가 다수 나타났다. 이제 변이화소들의 변형된 내용과 탈락 및 생성된 내용을 구체적으로 검토해 보자.

변이화소 1은 변형화소이다. 화소의 내용은 탑돌이를 하는 풍속에 관한
것이다. 풍속은 다소 바뀔 수 있다. 바뀌어도 이야기의 구성에 큰 손상을
주지 않는다. 그러나 변형되다가 탈락되는 화소는 이야기의 구성에 손상을
준다. 김현감호형의 변이화소 대부분은 변형화소 및 탈락화소로 이루어져
있다. 이러한 변이화소의 성격은 이 설화의 전승력이 약화되면서 점차 훼
손되고 있다는 것을 말해준다. 퇴화론적 전승의 조짐을 보이는 것이다. 그
러나 변형화소 및 탈락화소로만 이루어진 것은 아니다. 각편 (다)에서는
화소 11이 새로 떠올랐다. 생성화소가 되겠다.

생성화소 11은 김현감호 이야기가 투전노래의 유래가 된다는 것이다. 이
화소는 각편 (다)의 이야기꾼이 주관적으로 삽입한 일시적인 덧붙임에 지
나지 않는다. 다른 화소들과 개연성을 지니는 내용도 아닐 뿐더러, 그 자
체로서 지속적 전승력을 획득하기 어렵다. 이야기의 흥미를 특히 북돋우어
준다든가, 주제의 표현을 더 적절히 형상화해 주는 구실을 하지 못하기 때
문이다. 실제로 구전되는 네 개의 각편 가운데 (다) 한 편에만 나타난다.
우연성에 입각해서 일시적으로 생성된 화소는 설화의 발전적 전승에 별 도
움을 주지 못한다. 그러므로 김현감호형 설화는 각편의 수로 보아 아직 전
승력을 가장 많이 획득하고 있는 것이긴 하지만, 점차 축소되고 소멸되어
가는 과정에 있다는 것을 변이화소를 통해서 확인할 수 있다.

변이화소에 따라 차례로 변이의 양상을 검토하기로 한다. 변이화소 1은
각편 (나)에서만 변형화소로 나타난다. 각편 (나)는 이 화소의 변형 외에
는 모든 화소가 기본형과 일치한다. 화소 1의 내용은 탑돌이하는 풍속을
말해 주고 있다. 작품에 나타나는 풍속들을 인용해 보면 아래와 같다.

    (가) : 신라 풍속에 매년 2월 초파일부터 보름까지 서울의 남녀가 다투어 흥
    륜사의 불전과 탑을 도는 福會를 행하였다. [6]
    (다) : 그 경주 그 참 어느 절에서, 그 앉은 좌빈들이 칠월 칠석이나 오월 단
    오나 삼월 삼진이나, 거기 불공축원으로 마이(많이) 가셨는데. [7]

---

6) 《三國遺事》 권 5, 感通 제 7, 金現感虎. "新羅俗 每當仲春 初八至十五日 都人士女
    競遶興輪寺之殿塔爲福會."
7) 趙東一·林在海, 《韓國口碑文學大系》 7-2, p. 702.

(라) : 어느 절, 밤중 돼서 그 절을 세 분(번)만 돌며는 소원성취가 된다, 모든 일이 마음대로 이루어진다. 그러한 말을 들었답니다.[8]

(마) : 탑돌이는 옛날에 인자 불교 인자 절에서 하는 일인 모양인디, 에이 그 탑을 하루 가서 백 번 돌아야 인자 어떤, 무슨 복을 준다 해서 인자……[9]

탑돌이 풍속이 각편마다 구체적으로 다르지만, 모든 사람들이 일상적으로 알고 있는 풍속이라는 점에서는 변함이 없다. (라), (마)에 오면 개인적인 구복성(求福性)이 훨씬 두드러진다. 다른 각편의 탑돌이 역시 겉으로 표현되지는 않았지만 구복성을 바탕으로 하고 있다.

그런데 변형화소라고 할 수 있는 각편 (나)의 화소 1은 일반적인 풍속으로 이야기되는 것이 아니다. 장가 못 간 노총각이 장가들고 싶다는 소원을 말하자, 스님이 노총각을 절로 불러서, 장가드는 방법으로 탑돌이하는 법을 가르쳐주는 것이다. 노총각이 부딪힌 문제에 대해서 이를 해결하는 처방을 스님이 내려주었다는 말이다. 자세한 내용을 작품을 통해서 보기로 한다.

그런데, 머슴을 계속 살아서 돈은 붙었는데, 장가를 못 갔으니, 이 사람이 괴로운 거여.

그래서 하루는 중이 스님이, 신평이란 마을에서 좀 떨어진 덴데, 거기를 쓱 지나면서 하는 얘기가,

"아니 당신은 왜 돈을 많이 벌었으면서두 장가를 안 드냐?"

고 허니까, 이 성씨라는 사람이,

"아이쿠 잘 만났습니다. 나도 그것이 소원인데, 어떻게 했으면 장가를 들겠느냐?"

고 하니까, 이 스님이,

"그러면 우리 절로 오라고. 우리 절로 오면 내가 다 알려준다고."

게 이제 그 이튿날 목욕을 깨끗이 하고, 그 절에 가가지고 하는 얘기가,

"어떻게 하면 장가를 드느냐?"

고 하니까, 절에 가면 탑이 있잖여, 탑. 이 탑을 이백 일 동안, 이 탑을 이백 일 동안, 하루도 빼놓지 말고 여덟 시면 여덟 시, 아홉 시면 아홉 시, 시간을 정해서……[10]

---

8) 趙東一·林在海, 위의 책, p. 771.
9) 崔德源, 《韓國口碑文學大系》 6-6, p. 577.
10) 印權煥, 《韓國口碑文學大系》 4-1, p. 177.

156

풍속에 따라 막연히 탑돌이를 하다가 우연하게도 호처녀를 만나서 인연을 맺었다고 하는, 위의 다른 각편들보다 상당히 구체적이다. 스님이 탑돌이를 하면 장가들 수 있다고 해서, 그 말대로 탑돌이를 하던 노총각이 호처녀를 만나 인연을 맺었다고 하는 것은 상당히 창조적으로 변형된 내용이다. 왜냐하면 다음에 오는 화소들과 상당히 깊은 유기성을 지니기 때문이다. 이 변형화소 1을 통해서 다음에 올 화소들의 내용들을 구체적으로 예감할 수 있다. 따라서 각편 (나)는 기본형인 각편 (가)의 화소를 그대로 수용하면서 화소 1을 창조적으로 변형시키고 있어 발전적 전승을 보이는 각편이라고 하겠다.

그러나 이러한 전승의 근거가 되는 변형화소 1은 다른 각편에서 지속적으로 나타나지 않고 있다. 각편 (나)에 한정되어 있다. 따라서 이 화소 하나만으로 김현감호 설화의 전체적인 전승동향을 이야기할 수 없다.[11] 각편 (나)를 구연한 이야기꾼의 독창성과 구연능력에 한정되는 성과라 하겠다. 이 문제에 대해서는 다음 장에서 별도의 논의가 이루어질 것이다.

우선 더 따져볼 수 있는 것은 작품 속에서 유기성을 확보하면서 창조적으로 변형된 화소가 왜 전승력을 획득하지 못하는가 하는 점이다. 이야기의 구성상 앞뒤 문맥의 개연성은 높아졌지만, 전체적인 이야기의 전승방향이 탈불교적이라는 점에서 내용상 적절하지 못한 것이다. 이 때문에 불교적 세계관에 입각해 있는 이야기꾼이 아니면 기본형보다 더 불교적인 방향으로 설화를 이끌어가기 어렵다. 생성화소나 변형화소가 지속성을 지니고 전승되려면 이야기의 구조를 발전적으로 합성해 나가면서 화소의 내용 또한 현실성에 바탕을 두고 공감력을 넓힐 수 있어야 한다.

다음 변이화소 4는 각편 (다)에서 변형을 보이다가 각편 (라)에서는 탈락된다. 각편 (마)에서는 엉뚱한 화소로 대체되어 나타난다. 결국 (다)와

---

11) 화소 1의 변형은 이야기꾼의 세계관과 밀접한 관련성을 지닌다. 이야기꾼이 구연한 다른 이야기들과 함께 검토해 보면 이러한 변형을 일으킨 까닭이 적절히 해명된다. 이 문제는 8장 2절에서 자세하게 다루어질 것이다. 우선 언급할 수 있는 것은 이 이야기를 한 이야기꾼의 대부분의 이야기 서두가 스님이 나타나서 주인공의 문제를 해결하는 법을 가르쳐주는 데서 시작된다. 이와 같은 맥락에서 이 변형화소가 이해될 수 있다. 여기서는 작품 자체를 중심으로 검토하겠다.

(마)의 화소 4는 모두 변형화소이나, 그 뿌리가 다르다. 먼저 (다)의 변형
화소부터 검토한다.

변이화소 4는 호랑이의 살생에 대하여 하늘에서 징벌의 계시가 있었다는
내용인데, 변이형 (다)에서는 실제로 하늘의 계시가 있었던 것이 아니라,
청년을 호랑이의 공격으로부터 구하고자 옥황상제가 징벌하러 내려온 것처
럼 꾸며대는 내용으로 바뀌었다. 사냥 나갔던 오빠 호랑이들이 돌아와서
사람이 있는 것을 눈치채고는 "오늘 여기 오이(오니), 좋은 냄이가(냄새가)
나서는데, 인자 포식을 할따(하겠다)"고 하며 입맛을 다시니, 호처녀가 청
년을 보호하기 위하여 오빠 호랑이들에게 다음과 같이 둘러댄다.

> "그래이라 하늘에 옥황님이 내라와서가, 우리 저 사람 인명을 해꼬지한다고,
> 우리 잡으로 옥황님이 여기 계시는데, 오라배가 여기 있으면 당장 죽을끼이,
> 시방은 어떻든지 배를 골케나 말게나 도주로 하소."
> "아이구, 옥황임이 여기 내려와셨단 말가?"
> "왔심니더. 저기 바(방에) 아(안) 앉았는교?"[12]

호랑이들은 이 말에 청년을 옥황상제로 알고 모두 달아나버린다. 이처럼
하늘의 계시가 없었지만, 호랑이 처녀는 죽음을 필연적인 것으로 받아들인
다. 그러나 실제로 하늘의 계시가 있었다고 하는 것과, 있었던 것으로 간
주하는 것과는 상당한 차이가 있다. 초월적인 존재에 대한 믿음의 정도가
그만큼 약화된 것이다. 호처녀가 청년에게 부탁하는 말에서 이러한 뜻이
잘 드러나 있다.

> 그래아이라, 우리 엄마도 벰이고(범이고) 우리 오빠도 다 범인데. 우리가 언
> 제 죽기나 총끝에 다 죽을 모야인데, 총끝에 활끝에 다 죽을 모야인데.[13]

굶주린 호랑이들도 살생을 징치하러 옥황상제가 내려왔다는 말에 먹을
것을 포기하고 도망을 갔다. 인명을 해친 것은 징벌을 받아 마땅하다고 여
겼으며 옥황상제와 같은 신격은 초월적인 존재이므로 죄에 따라 징벌을 내
릴 수 있는 능력을 지닌 것으로 믿기 때문이다. 따라서 꾸며댄 말에도 아

---

12) 趙東一·林在海, 주 7)의 책, pp. 704~705.
13) 趙東一·林在海, 위의 책, p. 705.

무런 의심 없이 '이놈들이 죽을판 살판 달려갔'던 것이다. 청년을 옥황상제로 거짓 둘러댄 호처녀도 자기 가족들이 마침내 사람들의 손에 죽을 수밖에 없다는 것을 인식하고, 청년에게 죽음을 자청하면서 부탁의 말을 한다. 여기에는 살생에 대한 인간적인 죄의식이 깔려 있다. 즉, 인명을 해친 죄값은 죽음이라는 징벌로 결과지워져야 마땅하다는 것이다.

이러한 의식은 인간적인 윤리관에 바탕을 두고 있는 것이되, 옥황상제의 존재가 초월적인 절대자로 인식되고 있는 것으로 보아 하늘의 신격을 상당한 정도 인정하고 있음을 알 수 있다. 따라서 변이형 (다)의 화소 4는, 순전히 하늘의 계시라는 초월적인 신성성에 의존해서 호랑이의 죽음을 파악하고 있는 각편 (가), (나)와, 이 부분이 완전히 소멸되어 버린 변이형 (라)의 중간단계에 머물러 있는 것이라 할 수 있다. 변이형 (라)에서는 이 화소가 탈락되어 있다. 그것은 살생에 대한 죄의식이 호처녀의 죽음과 연결되어 있지 않기 때문이다.

화소 4는 호처녀가 죽음을 자청하는 동기구실을 하는 화소이다. 화소 4가 없어도 호처녀는 청년의 손에 죽는다. 그래야 청년의 성취가 이루어지게 된다. 그런데 화소 4와 같은 죽음의 동기가 탈락됨으로써 변이형 (라)는 전체적인 유기성이 깨어지는 것 같으나 그렇지 않다. 다만 그 동기가 호랑이의 살생에 대한 죄값이라는 신성한 것에서, 청년의 성취를 위한 현상금 제공이라는 세속적인 것으로 바뀌었을 뿐이다.

호랑이를 죽이도록 하는 세속적인 동기가 화소 6으로 나타남으로써 이야기 구성상의 무리는 일어나지 않는다. 오히려 화소 4가 탈락됨으로써, 호처녀의 죽음은 살생에 대한 죄값이 아니라, 청년의 성취를 위한 희생적인 죽음이 되므로, 부부의 인연 또는 남녀간의 사랑을 목숨보다 중하게 여기는 호처녀의 마음씨가 더 두드러지게 된다. 그리고 청년을 데려왔을 때 그 어미가 나무라자, "저와 같은 목적으로써 그 절을 세 번 돕디다"라고 변명하는 것으로 보아서, 이미 호처녀는 절을 돌 때부터 이름을 남기고 죽으려는 의식이 있었다. 여기서도 그녀의 죽음은 필연성을 확보하게 된다. 그러므로 각편 (라)에서 호처녀가 징벌의 계시에 의하지 않고도 죽음을 자청한 것은, 절을 돌면서 소원을 성취하고자 하는 청년에게 그 목적을 달성시켜 주고자 한 것과 더불어, 자신의 이름을 남기고자 하는 의도에 함께 걸려 있는 것이다.

살생에 대한 죄의식이 하늘의 징벌로 분명하게 나타나는 각편 (가), (나)에서, 어느 정도 인간적인 윤리관에 기울어져 있는 변이형 (다)로 바뀌었다가 죄의식과 무관하게 죽음의 자의성을 인식하고 있는 변이형 (라)에서는 이 화소가 완전히 소멸되어 버린 것이다. 앞의 각편들이 지상의 삶을 통제하는 초월적인 세계를 인정하는 가운데 이야기가 진행된다면, 각편 (라)에서는 현실법칙 자체에 의해서 이야기가 진행된다. 이원론적 세계관에서 일원론적 세계관으로 옮겨온 것이다.

각편 (마)에서도 화소 4와 같은 징치계시와 관련된 화소는 없다. 따라서 각편 (가), (나)에서처럼 오빠 호랑이의 징벌을 대신해서 죽을 이유도 없다. 각편 (다)에서처럼 호랑이는 총끝에 죽게 마련이라는 숙명적인 인식도 없다. 그런데도 호처녀는 청년에게 죽을 것을 자청했다. 그 죽음을 자청하는 계기가 앞의 각편들과 다른 뿌리에서 변이화소 4로 나타난 것이다. 호처녀는 청년에게 자기를 죽여달라고 하면서 그 이유를 "내일은 인자 내가 인도환생(人道幻生)하는 날이 아니면 나는 죽을 날이오"[14] 하고 말한다.

호처녀가 희생을 자청하는 목적은 동료 호랑이의 희생을 대신하려는 것이 아니다. 스스로 사람의 모습으로 환생하고자 하는 욕망 때문이다. 그러니 화소 4와 같은 하늘의 징벌계시 따위는 상관없는 내용이 되고 만다. 호랑이나 지네가 사람이 되고자 여자로 변신하여 남성과 부부의 인연을 맺는 이야기는 흔하다.[15] 그러나 이들 이야기에서 여성으로 변신한 지네가 남성과 동거하는 까닭은, 완전한 사람으로 변신하기 위해서 사람과 일정한 기간 동거를 해야 하기 때문이다. 따라서 사람이 되고자 스스로 죽으려는 경우는 없다. 이들 설화는 '환생화소'에 의한 것이 아니라 '변신화소'에 의한 것이기 때문이다. 그러나 각편 (마)에서처럼 사람으로 환생하고자 하는 경우에는 호랑이로서 죽어야 사람으로서 다시 태어날 수 있다. 그러므로

---

14) 崔德源, 주 9)의 책, p. 578.
15) 趙東一・林在海, 《韓國口碑文學大系》 7-6(경북 영덕군편), p. 284, 달산면 설화 7 '사람이 된 지네', p. 302, 달산면 설화 14 '여인으로 변신한 지네', p. 380, 달산면 설화 33 '여자로 변한 지네' 등이 한고장에서 수집되었다.

호랑이로서 죽어 사람으로 환생하고자 죽음을 자청했던 것이다.

이 화소로 인해 호랑이가 죽음을 자청하는 이유는 충분히 납득될 수 있다. 그러나 호처녀가 죽어서 사람으로 환생했다는 대목은 없다. 호승형에는 이와 비슷한 화소가 있다. 각편 (아)의 화소 7이 그것이다. 호소년이 죽기 직전에, 나중에 사람으로 환생할 테니 중으로 제도해 달라는 부탁을 한다. 그런 뒤에 실제로 사람으로 환생해서 중이 되고 법력을 크게 떨치기까지 한다. 각편 (마)에서는 호랑이가 죽는 데서 이야기가 중단되니, 환생하는 대목이 있을 수가 없다. 그러나 화소 4의 내용으로 보아 호랑이로서 죽었으니 사람으로 환생했을 것으로 여겨도 좋겠다. 이야기꾼으로서는 환생한 다음의 호처녀에 대한 이야기를 감당하기 어려워서 여기서 그쳤을 가능성도 있으나 확실하지 않다.

각편 (마)의 화소내용으로 보아 기본형의 화소와 전혀 상관성이 없으므로, 기본형의 화소에서 변형된 것이라 보기 어렵다. 형식상 변형화소로 분류되었으나 실제로는 생성화소이다. 기본형의 화소 4가 각편 (다)에서 변형되었다가 (라)에서 탈락된 다음에, 그 공백을 메우고자 다른 설화에 있던 화소가 새로 끼여든 것이다. 새로운 화소가 끼여들면 다른 화소들도 상호관계 속에서 재구성되어야 한다. 그래야 앞뒤의 맥락이 순조롭게 이어질 수 있다. 각편 (마)는 아직 그런 단계까지 이르지 못했다. 그러면서 변이형으로서 일관성을 보이는 것은 초월적인 존재에 의해 통제된 희생이 아니라는 점에서 같은 양상을 보인다.

변이화소 8은 호처녀의 유언에 따라 비방을 말하는 대목으로, 호랑이에게 다친 사람을 치료하는 내용이다. 기본형과 각편 (나)를 제외한 다른 각편에서도 이 화소가 변형되었거나 두루 탈락된 걸 보면, 호랑이에게 상한 사람을 치료하는 민속요법과 관련된 이 화소는 특히 전승력이 약한 셈이다. 기본형 (가)와 각편 (나)의 화소 8에 해당되는 이야기의 구체적인 내용은 다음과 같다.

"오늘 제 발톱에 상처를 입은 사람은 모두 홍륜사의 간장을 상처에 바르고 그 절의 나발소리를 들으면 나을 것입니다."…… 그 호랑이가 시키는 대로 치료하자 그 상처가 모두 나았다. 지금의 민속에도 그 방법을 쓴다.[16]

"당신허구 나허구 처음 만났던 절 옆에 가랑잎을 헤쳐보면 캠파리(사금파리)가, 질그릇 깨진 곳에 물이 고여 있습니다. 그 물을 나한테 물리고 할킨 사람한테 발러주면 씻은 듯 낫습니다."…… 그 캠파리 물을 발라주니까, 금방 막 낫는 거여. 딱지져 떨어지구, 딱지져 떨어지구.[17]

화소 8이 전승력을 상실하여 탈락되거나 변형된 까닭은 호랑이 출현에 따른 인명피해가 없어졌기 때문이다. 그 치료법도 상당히 주술적인 것이어서 속신으로 여겨질 뿐 합리적으로 신뢰성을 획득하기는 어렵다. 따라서 호랑이로부터 입은 상처를 치료한다는 화소의 현실적 기능이 사라진 것과 함께, 종래의 주술적 종교적 세계관에서[18] 오늘날은 합리적 과학적 세계관으로 바뀌었기 때문에 화소 8은 약화되어 변형되거나 탈락되게 마련인 것이다. 각편 (가)가 전승되던 고려조만 하더라도 민속요법이 설화에서처럼 행해지고 있었으나, 요즘 채록된 각편 (나)에서는 한낱 이야기로만 전승될 뿐이다.

변이형 (다)의 화소 8은 호처녀의 유언이 상처의 치료법에 관한 것에서 호랑이 자신의 이름을 남기게 해달라는 것으로 바뀌었다. 죽기 전에 호처녀가 청년에게 남긴 유언을 이야기 속에서 찾아보면 다음과 같다.

"……내가 세상에 났다가 사람 혀용(形容)으로 하기도 하고 이라는데, 내가 죽은 짐스일망정 내가 이름이나 뒈야 안 되겠나?…… 계룡숲 속으로 날로(내가) 드가그덩, 어짜든지 약간만 접적거렸부도 내가 죽을 모야이, 그래가 죽은 혼령을 갖다가 호암사 카는 절로 이룩해가, 날로 재물로 그려가, 범을 기려 가지고…… 거기 놔둘 것 같으면 내가 천만 년을 가도 내 이름이 애 있겠나꼬?" 그래, 인자 하고 유언을 하고……[19]

기본형의 화소 8이 존재의의를 잃게 되면서 전승력이 약화되자 변이형 (다)의 화소 8이 대신 나타났다. 형식적으로 볼 때 변형화소에 해당된다.

16) 《三國遺事》, 주 6)과 같은 곳. "今日被瓜傷者 皆塗輿輪寺醬 聆其寺之螺鉢聲則可治……依諺而治之其瘡皆效 今俗亦用其方

17) 印權煥, 주 10)의 책, pp. 182~183.

18) Arnold van Gennep, *The Rites of Passage*, The University of Chicago Press, 1961, p. 2. "발전단계가 낮은 문화에서의 사회적 집단은 주술·종교적 기반을 가지고 있다."

19) 주 13)과 같음.

각편 (라), (마)에서는 탈락된 화소이다. 어떤 화소가 전승력을 잃게 되면 곧 바로 탈락되기도 하지만, 탈락 이전에 변형되기도 한다. 물론, (다)의 변이화소 8은 절을 짓는 것을 내용으로 한 화소 10의 의미를 더 강화하여 필연성을 지니게 한다. 다른 각편의 화소 10은 호처녀의 은혜에 보답하는 뜻에서 청년이 절을 짓는 것으로 나타나 있는데, 각편 (다)에서는 호랑이가 '호암사'를 짓도록 유언한 데 따라서 절을 짓기에 이른다. 그러므로 각편 (다)의 변이화소 8은 화소 10을 필연적으로 따르게 하는 별도의 원인행위 구실을 하는 것이다.

변이형 (라)와 (마)에서는 이 화소가 완전히 탈락되어 버렸다. 변이형 (다)에서 변형된 화소 8이 나타난 것도 기본형의 화소에 뿌리를 두고 변형된 것이 아니다. 앞뒤의 문맥과 관련성 속에서 자생적으로 생겨나 기본형의 화소 8의 자리를 메운 것이다. 그러므로 형식상 기본형의 화소를 대신하고 있으니 변형화소 같으나, 사실은 생성화소나 다름없다. 결국 기본형의 화소 8은 그 자체로서 전승력을 확보하지 못하고 탈락되는 상태에 이르렀다고 보아야 할 것이다.

화소 8은 주술적 종교적 세계관에서 과학적 합리적 세계관으로 바뀌면서 전승력이 약화된다는 문화사적 이유도 있지만, 설화 자체에서 지니는 화소들 사이의 맥락에서도 유기적이지 못하다. 호처녀가 죽으면서 상처 치료법을 가르쳐주고 그 치료법에 따라 사람을 치료했다는 것은, 이 설화의 전체 구성에서 삽화적인 구실을 할 뿐이다. 그러니 이 화소는 탈락화소로서 쉽게 그 자취를 잃어버릴 가능성이 있는 것이다.

변이화소 10은 각편 (마)에서만 탈락되었다. 여기서 탈락되지 않았으면 종속화소가 되는 것이다. 따라서 형식적인 분석에서 화소 10은 변이화소에 귀속되지만 사실상 종속화소 구실을 하는 것이다. 왜냐하면 각편 (마)는 화소 7까지만 구연되고 말았기 때문에 그 이후의 화소는 나타날 수가 없다. 그 결과 원형화소인 화소 9도 이야기상에는 사실상 나타나지 않는다. 그러나 "호랑이를 잡은 사람은 정석 3천 석을 주마 해갖고는 막 그냥 방을 붙여놓고"[20] 범잡을 사람을 구하는 원형화소 5가 있으므로, 범을 잡는 데까

---

20) 崔德源, 주 9)의 책, pp. 578~579.

지만 이야기되면 자연히 현상을 받아 잘살았다는 식의 결말을 상상할 수
있게 된다. 이야기의 구연이 중도에서 끝났으니 원형화소도 나타날 수 없
고, 그 이후에 나타나는 종속화소도 물론 기대할 수 없다. 그러므로 화소
10은 이 각편 (마)에서만 탈락되게 되었다. 전승상의 문제가 아니라 연행
상의 문제로 탈락되었다. 우연성에 의한 것이라고 봐도 좋겠다. 그러므로
변이화소 10은 사실상 종속화소 구실을 하는 것이다.

　화소 10의 종속화소적 성격은 각편차원의 특징보다 유형차원의 특징을
이해하는 데 도움이 된다. 따라서 이 화소를 통해서 김현감호형의 유형적
특징을 다시 검토할 수 있다. 화소 10의 내용은 청년이 성취한 뒤에 호처
녀의 은혜에 보답하기 위해 절을 지어주었다는 내용이다. 호처녀의 희생을
딛고서 성취를 이룬 청년으로서는 당연히 보답이 있을 만하다. 김현감호형
의 한 국면인 불교적 성격에 입각해서 호처녀를 위한 절을 지어주는 것이
다. 호처녀 스스로 절을 지어달라고 요청하기도 한다.

　　"그러구 나 죽거들랑 여기다가 절이나 지어주고 나를 좀 위해 주십시오."
　　그렇게 얘길 허구서 끝난 거여.[21]

　　"내 혼려으로(혼령을) 호암사로 이룩해가주고 거기 내 혀용으로 범을 기려가
　　거기 놔둘 것 같으면, 내가 천만년을 가도 내 이름이 애 있겠나꼬?"[22]

　절의 이름은 각편마다 제각기 다르다. 호원사·신흥사·호암사, 호류사
등으로 명명되어 있다. 신흥사를 제외한 모든 절의 이름에는 호처녀의 넋
을 기리고자 '호'(虎)자가 들어 있다. 그러므로 김현감호형 설화는 어느 것
이나 창사연기설화(創寺緣起說話)의 특징을 지니게 되었다.

　다음의 변이화소 11은 변이형 (다)에서만 나타난다. 생성화소라 할 수
있다. 화소의 내용은 김현감호 이야기가 투전타령의 유래가 되었다는 것이
다. 이 화소에 따르면, 각편 (다)는 호암사의 창사연기설화이면서 투전타
령의 유래담이기도 하다. 그러나 앞에서 거론한 바와 같이 김현감호형의
설화는 어느 것이나 창사연기설화로서의 성격이 더 강하다. 이들 각편의

---

　21) 印權煥, 주 10)의 책, p. 182.
　22) 趙東一·林在海, 주 7)의 책, p. 706.

결말화소나 다름없는 화소 10의 내용은 호처녀를 위해 절을 짓는 것으로 마무리되고 있다. 각편 (다)의 화소 10에 해당되는 부분만 인용해 본다.

　　마 얼매 있으니 마 범이 죽는 기라. 그래가 그 참 호암사 절로, 인자 이 사람이 그 돈을 받어가 호암사 절로 지아가주고 그 범을 그레(그려)가 붙이고.[23]

　이러한 결말에 의해서, 이 각편은 호암사의 창사연기설화로서 마무리가 된 것이다. 이야기의 시작도 "옛날에는 경주서 호암사라꼬 절이 있어요. 경주 호암사가 있는데. 김평식이라 카는 사람……[24]"라고 하여, 호암사의 유래담을 이야기한다는 것이 처음부터 분명하게 드러나 있다. 그래서 이야기의 시작과 끝이 서로 호응하면서 온전한 한 편의 이야기를 엮어낸 것이다. 그런데 투전타령의 한 대목이 이 이야기로부터 비롯되어 불리어진다는 화소 11이, 결말화소 10 다음에 덧붙어 있다. 그 내용은 아래와 같다.

　　그케 옛날엔 안 그런 기요. 저 여 티전 너리게 "장자 한 잔[25] 들고 보이 장자 수풀에 범이 들어 일자 포수 다 들어도 그 범 한 마리 못 잡았다." 그기 그거라요.[26]

　이 대목은 호랑이의 출현과, 이에 따른 포수의 동원에 관련된 내용이다. 호처녀가 호랑이의 모습으로 나타나서 인명을 해치자 왕이 현상을 걸게 되고, 나라의 일등 포수들이 다투어 나서서 잡으려 했으나 실패만 거듭했다. 이때 주인공 '김평식'이 나서서 잡겠다고 한 것이다. 김평식이 범을 따라 계림 숲속을 들어가니 범이 스스로 죽어주었다. 결국 내로라 하는 명포수들은 다 실패했는데, 포수가 아닌 김평식이 범을 잡았으니, 노래의 사설처럼 "장자 수풀에 범이 들어 일자(일등) 포수 다 들어도 그 범 한 마리 못 잡았다"고 할 만하다.

　이 대목은 '장타령', '각설이타령', '숫자뒤풀이', '화투타령' 등에도 나

---

23) 위와 같음.
24) 주 7)과 같음.
25) '장자'가 숫자 뒤풀이처럼 10을 나타낼 때에는 '한 자(字)'로 노래될 수 있고, '장자'가 화투의 뒤풀이에서 '풍'을 나타낼 때에는 화투를 헤아리는 단위로서 '한 장'으로 노래될 수 있다.
26) 趙東一·林在海, 주 7)의 책 7-2, p.707.

타나는 것으로서, 비교적 흔한 노래사설이다. 이야기의 특정 대목과 노래의 사설이 관련되어서, 투전타령의 '장자'[27] 부분의 사설이 이 설화로부터 비롯된 것으로 이야기된 것이다. 그러나 화소 11은 이야기의 전체적 구성으로 보아서 없는 것이 오히려 짜임새가 있다.

각편 (다)뿐만 아니라, 김현감호형의 각편은 모두 창사연기설화로서 서두에서부터 결말에 이르기까지 일관성 있는 짜임새를 보인다. 그래서 화소 10으로써 완결된 작품구조를 이루고 있다. 화소 11은 이야기꾼이 여담으로 덧붙인 것에 지나지 않는다. 결국 이야기의 전체적인 구성이나 내용과 상관없이 부분적 관련성에 의해 첨가된 것에 불과하다. 그것도 이야기의 말미이므로 그럴 가능성이 더 크다.

실제로, 이야기가 끝난 다음에 이야기꾼의 개인적 재량에 의해 덧붙여지는 대목이 다양하게 나타나는 수가 많다. 화소 11도 그런 양상 중의 하나로 볼 수 있다. 이야기를 마무리짓고 난 뒤에 덧붙이는 내용으로는 (ㄱ) 이야기 내용의 특정 부분과 한정적으로 결부된 민속기원설, (ㄴ) 이야기에 대한 이야기꾼의 논평, (ㄷ) 이야기의 주체에 대한 이야기꾼의 인물평, (ㄹ) 이야기를 재미있게 마치기 위한 현실적 경험적 관련담, (ㅁ) 이야기꾼이 이야기와 관련해서 청중에게 당부하는 말 등이 있다. 이러한 양상들의 구체적인 예들을 정리해 보면 아래와 같다. 화소 11은 이 가운데 (ㄱ) 의 양상에 해당된다.

(ㄱ) '해순이 달순이 별순이' 이야기에서, 해순이 형제는 새 동아줄을 타고 하늘로 올라가서 해와 달, 별이 되었는데, 호랑이는 썩은 동아줄을 타고 하늘로 올라가다가 떨어져 죽었다는 이야기 말미에, 호랑이가 수수밭에 떨어져 죽어서 수수깡이 붉게 되었다는 대목이 덧붙은 것은 여기에 해당된다.

(ㄴ) 어떤 이야기를 끝낸 이야기꾼이 "어때, 이야기가 그럴 듯하잖아?" 또는 "되잖은 이야기지만 한번쯤은 들을 만하지" 등으로, 자기가 한 이야기에 대해 논평을 덧붙인다.

(ㄷ) "그래서 잘 살드란다" 하고 마무리를 지은 다음에, "사람은 어쨌든지 본심을 써야 돼. 본심을 쓰만 일이 잘 풀리게 되지.", 또는 "그 사람이 못 배워서 출세를 못해 글치(그렇지) 대인은 대인이야!"라고 하는 것은 이야기의

---

27) 이때의 '장자'는 화투의 '풍'을 나타낸다.

주체에 대한 이야기꾼 자신의 견해를 밝히는 것이다.

(ㄹ) 이야기를 마친 다음에 좌중을 웃기고자, "어제 장에 가니 그 영감쟁이
가 아직도 짚신 삼고 있더라.", 또는 "며칠 전에 그 영감이 죽어가주고 내가
문상하러 다녀왔잖나!" 하는 식으로, 여담을 덧붙이기도 한다.

(ㅁ) 이런 경우는 주로 아랫사람이 청중일 때 나타난다. 이를테면, 효도에
관한 이야기를 마친 다음에, 아랫사람들에게 효도를 착실히 해야 한다는 것을
훈계삼아 당부하는 사례가 있는 것이다.

화소 11과 같은 민속기원설이 객관화되어 있으면서 이야기의 전체적인
전개가 기원설과 유기적으로 관련되어 있을 때에는 사정이 다르다. 단순한
덧붙임의 화소가 아닌 원형화소나 종속화소로서의 본격적인 구실을 한다.
그렇지만 여기서는 이야기꾼의 주관적 상상력에 입각한 부분적인 관련이므
로, 삽화적 생성에 의한 변이화소로밖에 보아질 수 없다. 그러므로 다른
각편에서도 이 화소가 지속적으로 나타나지 않는 것이다.

다음은 호처녀형 설화의 변이화소를 검토하기로 한다. 김현감호형에서
변형·탈락을 보이던 화소들이 호처녀형의 각편에 오면 하나도 나타나지
않는다. 이를테면 호랑이의 살생에 대해서 하늘로부터 징벌의 계시가 있었
다든가, 호랑이에게 상한 사람을 비방으로 치료했다든가, 또는 호처녀의
은혜에 보답하기 위해 절을 지어주었다든가 하는 화소는 전혀 나타나지 않
는다. 변이화소를 비교해 보면 김현감호형에서 탈락화소를 가장 많이 보이
고 있는 각편 (라)와 가장 가깝다. 따라서 유형차원의 변이는 각편차원의
변이가 축적되어서 마침내 이루어진 것이라고 볼 수 있겠다. 즉 김현감호
형의 기본형에서부터 변이화소가 변형·탈락됨으로써 각편차원의 변이가
이루어졌는데, 이러한 각편들의 변이가 지속적으로 확대되면서 유형차원의
변이를 일으키게 된 것이다. 결국 양적인 변화가 질적인 변화를 가져온 셈
이다.

호처녀형의 기본형은 원유형에서부터 찾아야 한다. 원유형의 화소와 비
교적 가까운 각편이 (바)이다. 그러나 각편 (바)에는 원유형에 없는 화소 9
가 있다. 화소 9는 생성화소인 것이다. 따라서 화소 9를 제외한 각편 (바)
의 화소가 호처녀형의 기본형을 이루게 된다. 기본형의 화소부터 정리해
본다.

호처녀형 설화의 기본형

(종) 1. 청년이 산림에서 생업에 종사했다.

(유) 2. 청년이 산림에서 호처녀를 만났다.

(원) 3. 청년이 호처녀 오빠의 공격으로부터 보호를 받았다.

(원) 4. 호처녀는 청년의 손에 죽을 것을 자청했다.

(종) 5. 나라에서는 현상금을 걸고 호랑이 퇴치자를 구했다.

(원) 6. 청년이 나서서 호처녀의 뜻에 따라 호랑이를 퇴치했다.

(종) 8. 호랑이를 퇴치한 공을 인정받아 큰 성취를 이루었다.

기본형에는 변이화소가 나타나 있지 않다. 변이형 (바)와 (사)에 각각 변이화소 7과 9가 나타나는데, 이들 변이화소가 모두 생성화소이기 때문에 기본형에는 없는 것이다. 먼저 각편 (바)의 생성화소 9를 보기로 한다. 생성화소 9는 호처녀 설화가 화랑의 유래담이라는 것이다. 그럴 조짐은 이야기의 서두에서부터 보인다.

"화랭이라고 잘난 청년이 하나 있었는데" 하면서, 이야기의 첫마디가 시작되었다. 그리고 청년 화랑은 호랑이를 퇴치하고 천금상만호후(千金賞萬戶侯)에 봉해진다.[28] 자연히 결말은 화랑의 유래담으로 맺어지게 마련이다. 이야기의 결말을 작품에서 인용해 보자.

그 범을 때리잡았다. 때리잡고 나이 그 사람이 뭣이 상을 타고, 그래서 오늘날까지 화랑, 화랑 크는 기라. 꽃 화자. 그래서 화랑이라 크는 기라.[29]

김현감호형의 주체가 김현·김평식·성씨(成氏) 등으로 바뀌다가, 청년으로 막연하게 부르는 단계에서는 이름을 잃어버리게 되었다. 화소 10이 탈락되자 사찰연기설화로서의 기능도 상실하게 되었다. 그러니 주체인 청년의 이름을 화랑으로 바꾸어 이야기를 화랑의 유래담으로 변모시킨 것이다.[30] 이들 이야기를 전승하는 민중들은 화랑의 구체적 행적을 자세하게 알

---

28) 이야기꾼이 범 잡는 사람을 무슨 자리에 봉하는지 몰라서 좌중에게 묻자, 청중이 '천금상 만호후'라고 이야기해 주었다. 이야기꾼은 잘못 알아듣고 계속 '삼천 만호후'라고 했다. 각편 (라)에서도 '천금상 만호'라고 했다. 가장 높은 현상의 하나로서 '천금상 만호'가 관용구처럼 쓰이고 있다.

29) 鄭尙圤·柳鍾穆,《韓國口碑文學大系》8-1, p. 53.

30) 창사유래담의 성격을 유지하게 되면 화랑이 주체로 등장할 수 없다. 따라서 화랑의 유래담도 될 수 없다.

168

고 있지 못하더라도, 화랑이 용감하고 기백있는 인물이라는 정도로는 알고
있다. 따라서 호랑이를 퇴치하고 크게 성공했다는 이름없는 청년을 그 행
적에 걸맞게 화랑으로 이름을 붙여준 것이다. 물론 화랑은 고유명사가 아
니다. 화랑이라는 일반명사의 유래가 되는 근거로서 화랑이라는 고유명사
가 필요했던 것이다. 이로써 사실임을 입증할 만한 아무런 증거물도 없이
허구적인 이야기로 떨어져서 민담화되어 가는 이 설화를, 다시 화랑이라는
역사적 제도와 연결시켜 풍속전설로 변모시키게 되었다. 그 결과 김현감호
설화는 새로운 각도에서 이야기의 사실성과 전승력을 확보하게 된 것이다.
화랑이라는 역사적 사실이 이미 있는 이야기, 특히 주인없는 이야기를 자
신의 이야기로 끌어들인 것이다. 청중들이 이에 대한 반론을 펴지 않는 것
을 보면, 좌중의 사람들은 이 이야기를 화랑의 유래로 인식하는 데 거부반
응을 가지지 않은 셈이다.

다음에는 각편 (사)의 생성화소 7을 검토하기로 한다. 화소 7은 호랑이
를 퇴치한 청년이 퇴치자로서 공인받기 위해 증거물을 확보하는 내용이다.
증거물을 확보하는 방법이나, 확보해야 하는 이유는 호처녀가 청년의 손에
죽을 것을 자청하면서 당부하는 말이다. 당부의 내용을 이야기 속에서 찾
아보면 아래와 같다.

나(내)가 아무 데 가서, 나가 누었을 껜끼니(것이니), 당신이 총을 쏴갖고
나를 쥑이가이고 살뿐 아무도 모르게 한쪽 날개를 탁 비(베어)가이고 숨어삐리
라고. 그러지 않으몬 그 사람들한테 맞아죽을 끼라고.[31]

이 내용과 관련하여 청년은 호랑이를 퇴치한다. 호랑이 처녀의 말을 좇
아서 호랑이를 퇴치하는 것은 화소 6과 같다. 그러나 화소 8에서처럼 호랑
이의 퇴치공로를 인정받아 바로 큰 성취를 이루는 것이 아니다. 다른 포수
들과 호랑이 퇴치의 공로를 다투는 대목이 별도로 있다. 화소 7에 해당된
다. 이 생성화소 7의 구체적인 내용을 이야기 속에서 인용해 본다.

그래 마 총을 쏴서 호랑이를 쥑있다(죽였다). 쥑이갖고 살뿐 분질러갖고[32]

---
31) 주 7)과 같음.
32) 호랑이 몸의 한 부분을 살짝 잘라내어가지고.

처이(처녀) 시키는 대로 숨었다. 숨고 살품(살며시). 그래, 모두 호랑이 보고
서리(서로) 잡았다고 서리 포수가 인자 서리 잡았다 쿠면서로(그러면서), 막
임금한테 막 뷘다고 말이지, 포수가.

　이 사람이 그래 숨어 있다가 낸중에(나중에) 진짜로 나가 잡았으니 보라꼬.
호랭이를 인자 잡은 그석에(거기에) 딱딱 맞차보문(맞추어보면) 뉘가 잡은지
확실하거든요. [조사자 : 어데를?] 호랭이 꼬리로 문질러가이고(분질러가지고)
것다가(그것에다가) 대보몬(대어보면) 나가 이, 참 진짜로 나가 이 잡은 사람
이라고. 이리 인자 맞차보몬 대절해보몬(대질해 보면) 되거든요. [33]

　위의 이야기 내용처럼, 일반적으로 이야기의 주인공이 공로를 세우나,
현상에 탐이 난 다른 사람들이 그 공로를 가로채게 된다.[34] 그러나 마침내
주인공이 기지를 발휘하여 그 공로를 인정받게 함으로써, 이야기의 결말
부분을 반전시켜 한층 긴박감 있게 사건을 이끌어나가도록 한다. 이러한
반전은 주인공이 다 이루어놓은 성취를 순조롭게 획득하게 하지 않고 위기
를 한 차례 더 겪게 함으로써 주인공의 훌륭한 능력을 강조하는 동시에 사
건전개의 긴장감을 높여서, 독자나 청중의 이야기에 대한 흥미를 고조시키
는 구실을 한다.

　그러나 각편 (사)의 화소 7은 주인공의 훌륭함을 강조하거나 청중들의
긴장감을 고조시키는 구실을 적극적으로 해내지 못한다. 그것은 주인공 청
년의 주체적인 행위에 의해서 모험이 전개되는 것이 아니라, 호랑이 처녀
가 시키는 대로 따르다 보니 성취를 이루는 것이므로, 주인공의 행위가 특
히 돋보이게 하는 구실을 하지 못하기 때문이다. 그리고 처음부터 주인공
의 모험이 나타나지 않는다. 이 또한 호랑이 처녀에 의한 수동적 행위에
지나지 않는 것이다. 다만 앞을 내다보는 호랑이 처녀의 지혜만 두드러질
따름이다. 큰 시련 없이 문제를 해결해 나가는 민담적 주인공의 한계라고
하겠다. 그러므로, 이 화소는 전체적인 작품구성상 필연성을 지니거나, 일

---

33) 주 29)와 같음.
34) 地下國大賊退治說話에 의하면, 주인공이 지하의 괴물에게 잡혀간 공주를 구해서
　　지상으로 올려보내면, 부하들이 기다렸다가 주인공은 끌어올리지 않고 지하에 남겨
　　둔 채 공주만 데려가서 자신들이 구한 것처럼 공을 내세우기 일쑤이다. 이러한 구조
　　는 '영웅의 일생담'에서 흔히 나타나는데, 고전소설 '金圓傳'을 비롯한 우리 민담과
　　외국의 민담에도 두루 보인다. 자세한 것은 張德順, 《韓國說話文學研究》, 서울대출
　　판부, 1970, pp. 216~221 참조.

정한 기능을 특별히 담당하는 것은 아니다. 이 화소가 삽입됨으로써 이야기의 내용이 그만큼 풍부하게 될 뿐이다.

그러나 화소 7은 각편 (사)에서 상당한 비중을 차지하고 있다. 구술된 이야기 전체에서 차지하는 비중이 양적으로 높을 뿐 아니라,[35] 질적으로도 가장 재미를 유발하는 대목이다. 그 앞부분은 인과관계의 논리를 바탕으로 이야기가 전개되는 것이 아니라, 우연성에 입각해서 막연하게 전개되었으므로 무미건조한 이야기였는데, 화소 7만은 앞의 화소와 인과관계를 지니고 있는 것이다. 따라서 화소 7이 삽입됨으로써 이 이야기는 그래도 어느 정도의 재미를 느끼게 하고 있다. 그것은 이 화소가 지닌 일반적인 기능으로서 반전의 묘미를 확보해 주기 때문이다.

3. 호국룡 설화의 변이화소와 변이양상

호국룡 설화에는 원유형인 문무형과, 변이유형인 김부형, 유금형이 있다. 논의의 대상이 되는 각편은 문무형 4, 김부형 2, 유금형 4 등 모두 10개의 각편이다. 앞장에서 밝혀진 변이화소를 중심으로 각편의 기본형과 변이형을 설정하고 그에 따른 화소의 변이양상을 검토하기로 한다.

유형차원에서의 기본형은 이미 정해져 있다. 유형화소·원형화소·종속화소를 갖추면 유형차원에서의 기본형이 되는 것이다. 각편차원에서의 기본형은 앞의 세 화소들을 두루 갖춘 상태에서, 변이화소의 유무 및 변형 여부에 따라 기본형과 변이형이 갈라지는 것이다. 그러기 위해서는 변이화소의 최초 상태를 알아야 한다. 문헌자료와 대조해 보는 것이 타당성을 지닐 수 있다. 호국룡 설화를 전승하는 문헌자료는《삼국사기》,《삼국유사》,《세종실록지리지》,《동국여지승람》 등이 있다. 2장에서 그 내용이 자세하게 거론되었으므로 여기서는 이들 자료를 일일이 소개하지 않는다. 기본형의 설정을 위해서는 변이화소에 한정해서 대조해도 좋다.

문헌자료는 설화로 정착되기 이전의 역사적 사실이 단편적으로 옮겨져

---

35) 이야기 전체 분량의 4분의 1에 해당된다.

기록되었거나, 설화적인 부분보다 사료적인 부분을 중심으로 기록된 것이
다. 따라서 설화적 유기성이 없는 상태에서 단편적인 기록으로 그친 경우
가 많다. 이 점을 고려해서 문무형의 변이화소와 문헌자료를 대조해 보면
기본형의 윤곽이 드러난다.

문무형의 변이화소는 화소 4, 5, 6, 9, 10이다. 화소 4, 5, 6은 문무왕의
유언이 이루어지도록 신문왕이 감은사에서 축수하며, 문무왕이 용으로 변
신해서 득천하는 것을 알고, 신문왕이 이견대에서 호국룡의 득천을 지켜보
았다는 내용이다. 이 내용은《삼국유사》,《세종실록지리지》및《동국여지승
람》등에 두루 전하는 것들이다. 그러나 화소 9에 해당되는 내용, 즉 "하늘
에서 울릉도는 조선의 수구맥이라고 하여 치지 못했다"고 하는 기록은 없
다. 새로 생성된 변이화소라 하겠다. 화소 10은 이견대의 유래를 나타내는
화소로서 문헌의 기록과 다름없다. 그러므로 문무형의 변이화소 가운데 기
본형에 속하는 화소는 9를 제외한 4, 5, 6, 10이다. 기본형의 줄거리를 확
인하는 뜻에서 유형차원의 화소들과 각편차원의 변이화소 가운데, 기본형
을 중심으로 화소를 정리하기로 한다. 원형·유형·종속·변이화소를 차례
로 (원)·(유)·(종)·(변)으로 표시한다.

(원)1. 삼국통일을 한 문무왕은 왜적의 침입이 유일한 걱정거리였다.
(유)2. 문무왕은 용이 되어서 왜적을 막겠다고 유언했다.
(종)3. 유언에 따라 동해안의 대왕암에 장사지냈다.
(변)4. 선왕의 유언이 이루어지도록 신문왕이 감은사에서 축수했다.
(변)5. 문무왕이 용이 되어 득천한다는 사실을 알렸다.
(변)6. 신문왕이 대를 쌓고 선왕의 득천을 지켜보았다.
(원)7. 문무왕이 용이 되어 득천했다.
(원)8. 득천하면서 동해의 열두 섬을 쳤다.
(변)9. 이로운 것을 봤다고 해서 이견대라고 했다.

기본형의 화소체계로 보아, 각편 (가), (나), (다), (라) 가운데 (가)가
기본형에 속하게 된다. 각편 (가)와 같은 화소체계를 지닌 각편이 없으니
나머지 각편은 모두 각편 (가)의 변이형이다. 변이형 상호간에도 화소체계
가 모두 같지 않다. 그러니 각기 독자성을 지닌 변이형이 되겠다. 지금부
터는 각편들을 기본형과 변이형으로 구별하기로 한다.

변이형에 따라 개별적인 변이양상을 살피기 전에 전체적인 성격을 보면, 변이화소가 탈락되어서 변이된 것과 생성되어서 변이된 것이 있다. 탈락화소는 4, 5, 6으로 감은사·이견대·신문왕 등의 역사적인 사실과 관련되어 있는 화소라면, 생성화소 9는 울릉도가 조선의 수구맥이라고 하는 민속신앙의 내용과 닿아 있다. 감은사·이견대·신문왕은 모두 호국룡 설화와 관련되어 있는 역사적 인물 및 유적이다. 그러니 처음부터 화소로 존재했을 가능성이 있다. 호국룡 설화와 처음부터 관련되어 있는 역사적인 요소이긴 하지만 직접적인 것은 아니다. 직접적인 것은 문무왕과 대왕암이다. 따라서 감은사·이견대·신문왕 등의 역사적 사실을 구비전승 과정에서 정확하게 기억하고 한 편의 이야기 속에 고루 수용하기란 여간 힘드는 일이 아니다. 문무왕이 호국룡이 되었다는 이야기를 들려달라고 하면 이들 가운데 한두 가지는 빠뜨리고 이야기하기 일쑤이다. 그러므로 문무왕과 대왕암은 문무형 설화에서 반드시 거론되게 마련이나, 상대적으로 이차적인 사실들은 탈락되기 쉽다. 역사적인 관련 사실들을 일일이 기억해서 이야기하기란 쉽지 않기 때문이다.

문무형의 기본형에 없는 생성화소 9는 각편 (다)에서만 나타난다. 문무형에서 변이된 김부형의 두 각편에도 나란히 나타나는 걸 보면 전승과정에서 형성된 생성화소가 틀림없다. 문무왕이 용이 되어 득천하면서 동해 열두 섬을 치는데, 옥황상제가 울릉도는 조선의 수구맥이니 치지 말라고 했다는 것은, 문무왕의 호국룡 기사와는 관련이 없었던 것이다. 그러나 역사적 사실이 설화로 재구성되는 과정에 이러한 화소가 새로 끼여들 수 있다.

사실 역사적인 내용을 중심으로 따지게 되면, 이 이야기는 문무왕이 호국룡이 되겠다고 유언하면, 유언에 따라 대왕암에 수장하고, 신문왕이 선왕을 위해 감은사를 짓는 한편, 선왕의 유언을 믿어 이견대에서 호국룡의 득천을 지켜보았다는 데서 마무리가 되어야 한다. 물론 실제로 득천하는 것을 보지는 못했을 것이다. 그러나 유언이 그러하고 또 유언을 믿고 지켜보기까지 했으니 부왕이 득천한 것을 보았다는 데까지 이야기될 수 있다. 이견대가 실제로 있고, 이견대의 유래로 보아서 그런 것이다. 그러므로 이 내용까지 역사적 사실로 기록될 수 있다.[36] 그러나 설화의 세계에 이르면 여기서 만족할 수 없다.

문헌에 전하는 기록처럼 왜적을 막고자 호국룡이 되었는데, 용이 되어 득천하고 말면 아무런 소용이 없다. 이야기의 발단에 대한 문제해결이 전혀 이루어지지 않은 것이다. 득천하면서 무엇인가를 해야 왜적을 막을 수 있는 것이다. 용이 할 수 있는 일은 왜적의 침입경로인 동해의 열두 섬을 치는 일이다. 최소한 여기까지는 이야기가 되어야 납득될 수 있고, 이야기로서 기본형을 이룰 수 있다. 따라서 이 정도로 문무형 설화는 만족할 수 있다. 이야기의 발단과 결말이 슈미상응(首尾相應)하도록 마무리되었기 때문이다.

그러나 이야기에 대한 이해력이 깊고 창조력이 뛰어난 이야기꾼들은 여기서 만족할 수 없다. 동해의 섬을 치면서 왜 울릉도는 치지 않았는가 하는 의문이 자연히 떠오를 수밖에 없기 때문이다. 이 문제는 문무왕의 호국 의지와 아무런 상관이 없다. 이야기의 논리와 지금 존재하고 있는 자연물과의 관계 속에서 제기되는 전승자들의 인식과 관련이 있는 것이다. 울릉도의 존재를 인식하고 있는 전승자들로서는 납득할 만한 설명이 뒤따라야 한다. 그래야 이야기로서 완결성을 지니고, 전승력을 획득할 수 있다.

울릉도를 치지 않은 까닭을 추론해내야 한다. 용이 칠 수 있는 능력이 없어서 그랬다고 하는 것은 호국룡의 지위를 깎는 결과가 된다. 칠 수 있지만 쳐서는 안되기 때문에 남겨두었다고 해야 본디 이야기의 뜻을 살릴 수 있다. 문무왕도 훌륭한 왕으로 인정되고, 울릉도도 예사 섬이 아니라는 것을 함께 알리는 것이 되어야 한다. 울릉도를 중요한 섬으로 만들 필요가 있다. 울릉도를 우리나라의 수구맥이로 인정하게 된다면, 이 문제는 쉽게 해결이 된다. 마을마다 골맥이가 있고 수구맥이가 있는[37] 것처럼 나라에도

---

36) 《三國遺事》권 2, 萬波息笛 ; 《世宗實錄》 地理志 慶尙道 慶州府 ; 《東國輿地勝覽》 권 21, 慶州 樓亭 利見臺 등을 참조할 것.

37) 골맥이가 마을을 수호하는 동신이라면, 수구맥이는 마을의 물길이나 강·바다를 보호하는 신이라고 할 수 있다. 한마을에 洞神木과 水口木이 따로 있어 그 기능이 나누어져 있는 경우도 있고, 함께 있는 경우도 있다. 연구자의 현지조사에 의하면, 안동군 임동면 지례동 원지례 마을에는 동신목과 수구목이 따로 있다. 수구목은 마을의 좌측인 동쪽에 물이 흘러들어오는 곳에 있고, 동신목은 마을의 우측인 서쪽에 마을로 들어오는 동구의 길목 산기슭에 있다. 안동군 풍산면 소산동의 동신은 열두 고을의 물길이 모이고 있는 수구맥이라고 하며, 동신제의 대상이 되고 있다.

174

골맥이와 수구맥이가 있다고 생각하는 세간의 속신에 근거하여, 울릉도를 우리나라의 수구맥이라 한 것이다. 세간의 수구맥이 속신이 호국룡 설화와 결부되어 하나의 화소로 생성되었다고 할 수 있다. 그러므로 역사적 사실을 근거로 이야기가 형성되나, 점차 이야기 자체의 논리에 의해 자연적 문화적 요소와 더불어 새로운 화소를 생성시키면서 이야기가 발전적으로 전승된다는[38] 것을 알 수 있다.

변이형 (나), (다), (라)에는 각기 기본형에 있는 화소 4, 5, 6, 10이 하나 이상 탈락되고 있다. 변이형들은 제각기 역사적 사실에서 점차 일탈해 가고 있음을 알 수 있다. 특히 신문왕이 감은사에서 축수했다고 하는 화소 4는 기본형에서만 나타난다. 호국룡 설화에서 이 내용은 가장 쉽게 잊어버리기 쉬운 역사적 사실인 셈이다. 그리고 대왕암·이견대·감은사의 관련 유적들 가운데에서 호국룡의 득천과 직접적인 관련을 맺고 있지 않은 것이 감은사이다. 그러므로 가장 쉽게 그리고 가장 많은 탈락현상을 보이는 것이다.

탈락화소 5, 6, 10은 모두 이견대와 관련된 것이다. 신문왕이 선왕의 득천 사실을 알고 이견대에서 득천을 지켜보았다는 대목이 있어야, 호국룡의 득천 사실이 설득력있게 이야기로 전승될 수 있다. 따라서 이 부분의 세 탈락화소는 상호관련성 속에 유지 또는 탈락된다. 이견대의 유래에 모두 걸려 있기 때문에 독자적으로 전승되기 어려운 탓이다. 따라서 기본형을 비롯한 변이형 (나), (다)에도 세 화소가 함께 나란히 이야기된다. 변이형 (라)에서만 탈락되었는데, 이때에도 세 화소가 함께 탈락되었다. 그러므로 역사적 사실로 이루어진 탈락화소 가운데도 전후 문맥과 상호 관련을 지닌

---

38) 막연하게 동해 열두 섬만을 쳤다고 하면 실감이 나지 않는다. 동해는 참으로 넓은 곳이다. 어디쯤 있는 섬을 쳤는지 막연하기만 하다. 울릉도가 거론됨으로써 동해 열두 섬의 지리적 위치가 분명해진다. 일본과 우리나라 사이의 공간적 인식이 울릉도로 하여 확실해지는 것이다. 울릉도는 아직도 우리 땅이니 일본 땅이니 하고, 일본과의 영토분쟁이 잠재되어 있는 독도 근처의 섬이다. 조선의 수구맥이라고 함으로써 일본사람들의 주장이 헛된 것임을 확실히 하는 의미도 있다. 이야기처럼 울릉도를 수구맥이로 믿고 지켜야 한다. 그렇지 않으면 동해가 언제 일본사람들의 차지가 될는지 모른다. 사실상 울릉도는 우리의 동해를 지키는 수구맥이 구실을 하고 있는 것이다.

화소는 변이형에 함께 나타나면서 쉽게 탈락되지 않으나,[39] 그렇지 않은 화소는 개별적으로 나타나고 쉽게 탈락되어 기본형에서만 찾아볼 수 있다.

문무형의 변이화소 가운데 생성 및 탈락화소를 통해서 각편의 변이양상을 검토한 결과 사실을 근거로, 이야기가 허구화되어 가는 과정을 이해할 수 있었다.

이야기가 역사적인 사실을 근거로 형성되었을 경우에, 역사적 사실 가운데 어느 한쪽은 탈락되고 다른 한쪽은 유지된다. 이야기의 전개에 직접적인 관련이 있고 상호 유기성을 지닌 사실들은 유지되나, 그렇지 않은 화소들은 탈락되어 가는 것이다. 반면에 역사적 사실과 무관하지만 전승자들이 인식하는 자연환경 및 문화적 환경에 바탕을 둔 상상력이, 새로운 이야기의 화소를 창조해서 덧보태어나간다. 그러므로 호국룡 설화는 우선 문무형을 통해서 역사적 사실 중심의 이야기에서 문학적인 허구 중심의 이야기로 변이되고 있다는 사실을 밝힐 수 있겠다.

다음은 문무형의 변이유형인 김부형의 각편들을 보기로 한다. 이미 원유형인 문무형에서 기본형이 정해졌으므로, 변이유형의 경우에도 이를 중심으로 기본형을 설정할 수 있다. 김부형에는 (마), (바) 두 개의 각편이 있는데, 이 가운데 원유형과 가까운 것이 각편 (바)이다. 따라서 김부형의 기본형은 각편 (바)이고 변이형은 각편 (마)이다. 따라서 기본형의 화소를 정리하면 아래와 같다.

(원) 1. 왜적이 동해 열두 섬에 주둔해서 노략질이 잦았다.
(유) 2. 김부대왕은 용이 되어 왜적을 막고자 했다.
(종) 4. 김부대왕의 혼령이 뱀(용)이 되어 들에 누워 있었다.
(종) 5. 어른들은 이를 보고 모두 뱀이라고 하며 무서워했다.
(종) 6. 할머니 등에 업혀 있던 아이는 용이라고 했다.
(원) 7. 김부대왕이 용이 되어서 득천했다.
(종) 9. 물이 빠져서 큰 들이 생겼다.
(종) 10. 용이라고 한 아이의 이름을 따서 유금이들이라고 했다.
(원) 11. 득천하면서 동해 열두 섬을 쳤다.

---

39) 관련되는 여러 화소 가운데 하나만 기억되면 다른 화소는 저절로 기억되기 때문이다. 따라서 상호 관련성 속에 있는 화소는 탈락되는 확률이 그만큼 적은 것이다. 그러나 일단 탈락되면 관련된 화소들이 함께 탈락될 가능성이 크다.

(변)12. 하늘에서 울릉도를 조선의 수구맥이라고 하므로 치지 못했다.

김부형에서 기본형 (바)와 변이화소가 다르게 나타나는 변이형은 (마)뿐이다. 기본형과 다르게 나타난 변이화소는 3과 8이다. 기본형에 없는 화소가 새로 나타났으니 변이화소 3과 8은 생성화소이다. 따라서 김부형은 이야기가 좀더 창조적인 방향으로 변이·생성되고 있음을 알 수 있다.

이미 이야기의 주체도 문무에서 김부로 바뀌었다. 대왕암이라는 화소도 김부형에서는 나타나지 않는다. 문무왕이 없는 대왕암은 생각할 수 없는 것이다. 호국룡 설화의 일차적인 역사적 사실들이 사라진 것이다. 자연히 이견대·감은사·신문왕과 같은 이차적인 사실들도 찾아볼 수가 없게 된다. 그러므로 문제의 인식이 크게 달라진다.

비교적 원유형과 가까운 김부형의 기본형 (바)는 구체적인 인명이나 지명이 역사적 사실의 실증성을 지니지 않은 채 상당히 일반화되는 방향으로, 이미 유형적 차원의 변이를 일으켰다. 그렇지만 아직 역사적인 사실과 상당히 근접해 있다. 왜적을 막아야 한다는 호국룡의 의지는 그대로 살아 있다. 용이 되어서 다른 의지를 실현하겠다는 대목은 없다. 우선 주제에서 벗어나지 않은 것이다. 여기서 이탈의 가능성이 변이화소 3과 8로 나타난 것이다.

변이형 (마)의 생성화소 3과 8은 호국룡의 본디 의지와 다른, 새로운 의지를 표방하고 있다. 화소 3은 산이 물을 막고 있어서 들에 농사를 지을 수 없음을, 왜적이 침입해서 걱정거리였다고 하는 원형화소 1과 같은 논리에서 문제삼고 있는 것이다. 화소 3의 문제는, 화소 1과 마찬가지로 해결해야 할 문제이다. 따라서 생성화소 8이 이에 상응하여 나타나지 않을 수 없다. 용이 득천하면서 왜적을 막기 위해 섬을 쳤다고 하는 원형화소 11이 필요하듯이, 득천하면서 물을 막고 있는 산(둑)을 쳤다고 하는, 생성화소 8도 필요한 것이다. 그러므로 이 두 생성화소는 원형화소 1과 11에 대응하면서 이야기의 사건을 전개시키는 발단 구실을 하고, 사건을 해결하는 마무리 구실을 함께 하는 것이다.[40] 그러나 구체적인 내용에서는 역사적 사실

---

40) 두 화소의 기저형태가 원형화소와 같다는 점은 앞장에서 자세하게 언급되었다.

과 거리가 있는 민중적 현실인식을 바탕으로 형성된 것임을 알 수 있다.

변이화소 3과 8은 변이형 (마)의 생성화소이지만, 작품 속의 기능이 원형화소와 같으므로, 상호 충돌될 가능성이 없지 않다. 따라서 구비전승의 안정성을 획득하기 어렵다. 어느 한쪽이 다른 한쪽으로 대치될 가능성이 높은 것이다. 같은 화소끼리 마찰을 피해야 유동적이지 않고 짜임새 있는 한 편의 이야기로서 전승력을 지닐 수 있기 때문이다. 이미 있는 원형화소와 새로 원형화소 구실을 하고 있는 생성화소 사이의 상호 충돌에서 어느 쪽이 유리할 것인가 하는 것은 쉽게 추론할 수 있다.

원형화소의 뿌리가 튼실하면 생성화소가 그 자리를 넘볼 수 없다. 일시적인 변이형으로 나타났다가 사라질 것이다. 그러나 새로 나타난 생성화소가 원형화소 구실을 하고 있다는 것은 이미 원형화소의 뿌리가 흔들리고 있다는 증거이다. 실제로 원형화소는 역사적 사실에 기반을 두고 있는 것인데, 앞에서 검토한 바와 같이 원유형의 각편들이나 변이유형의 각편들이 한결같이 역사적 사실에서부터 멀어지는 방향으로 이야기가 변이되고 있는 것이다. 그러므로 우리는 생성화소 3과 8이 원형화소 1과 11의 구실을 함께 하다가, 마침내는 원형화소의 자리를 차지할 것이라고 전망할 수가 있다. 물론 이러한 변이에까지 이르면 유형적 차원의 변이가 이루어지게 될 것이다.

김부형의 두 각편에서 보이는 변이의 방향은 유금형의 각편으로 나타났다. 위의 추론을 검증이라도 하듯이, 유금형의 각편에서 보이는 원형화소는 어느 것이나 김부형의 생성화소 3과 8로써 대치되었다. 문무형과 김부형에서 보이는 원형화소는 기저형태로만 남아 있는 것이다. 왜적의 침입이 문제가 아니라 물을 막고 있는 산이 문제이고, 용이 득천하면서 해결하고자 하는 일은 왜적을 막는 것이 아니라 물을 막고 있는 산을 쳐서 들을 만드는 것이다. 이로써 역사적인 사실과 관련을 맺고 있는 화소들은 거의 현실적인 문제들로 탈바꿈을 했다.

김부형에서 보이던 각편차원의 변이가, 유금형에서 더욱 발전되어 유형차원의 변이유형으로 탈바꿈한 것이다. 앞장에서는 유형차원의 변이가 유형화소에 의해서 그 자체로 변이되는 것처럼 이해되었으나, 사실은 각편차

원의 변이가 지속적으로 이루어질 때 유형차원의 변이에까지 이를 수 있는
것이다. 그러므로 문무형의 기본형에서부터 변이형, 그리고 김부형의 기본
형에서 변이형으로 변이가 진전되다가 같은 맥락 속에서 마침내 유금형에
이른 것이다.

유금형의 각편은 (사), (아), (자), (차) 넷이다. 선행 유형인 김부형의
화소 및 변이방향을 고려하면, 각편 (차)가 유금형의 기본형이 된다. 각편
(아)와 (자)는 화소체계가 같으니 하나의 변이형인 것이다. 따라서 유금형
에는 기본형 (차)와 두 개의 변이형이 전승되고 있는 셈이다. 기본형의 화
소를 정리해 본다.

(원) 1. 산이 강을 막고 있어서 경주 일대는 온통 물바다였다.
(유) 2. 김부대왕은 용이 되어 물길을 트고 육지를 만들고자 했다.
(변) 3. 기본형에는 나타나지 않는다.
(종) 4. 김부대왕은 죽어 용(뱀)이 되어 들에 누워 있었다.
(종) 5. 어른들은 이를 보고 모두 뱀이라고 하며 무서워했다.
(종) 6. 할머녀 등에 업혀 있던 아이는 용님이라고 했다.
(원) 7. 김부대왕이 용이 되어서 득천했다.
(원) 8. 득천하면서 강을 막고 있는 산을 쳤다.
(종) 9. 물이 빠져서 큰 들이 생겼다.
(종) 10. 용이라고 한 아이의 이름을 따서 유금이들이라고 했다.

이 기본형의 화소와 각편의 화소를 대조해 보면, 변이화소 3에 의해서만
변이형이 발생되고 있다. 특히 변이화소 3은 가장 널리 나타난다. 기본형
에만 없고 변이형의 각편에는 두루 나타난다. 따라서 변이화소 3은 생성화
소이다. 생성화소의 내용은 '용님 소리를 들으면 용이 되어서 산을 치겠으
니 용으로 불러달라'는 것이다. 실제 현장에서 이야기되는 내용은 다음과
같다.

내가 죽으면은 서상가(형산강)을, 이거를 내가 쳤부머 여(여기)가 육지가 되
고, 여가 대명지가 될 모얘이(모양이)까네, 어야든지 내가 죽을덜랑 마 내가
뭐가 돼가주고, 구리(구렁이)가 돼가주고 거 있일 모야이께네, 〔큰 소리로〕 그
용님이라꼬, 용님 소리 시(세) 분(번)만 들으만 〔본래 소리로〕 이 꽁지(꼬리)
로 가주고 서상가을 친다꼬.[41]

이 화소는 유금형의 변이형에서 비로소 생성된 화소이다. 그러나 이러한 화소의 생성배경은 미리부터 마련되고 있었다. 이 변이화소의 생성과정을 살피기 위해서는 김부형부터 다시 검토할 필요가 있다. 특히 이 화소는 왕이 호국룡으로 비약하는 근거를 설명하고 있는 화소이므로, 상당히 중요한 의미를 지닌다. 원유형에서 변이유형에 이르기까지 그 변이과정을 주목해 보면 설화를 전승하는 주체인 민중들의 의식성장과 왕에 대한 인식이 드러나 있기 때문이다.

문무형에서 왕의 득천은 문무왕 자신의 의지에 의해서 이루어진다. 신문왕이 선왕의 의지가 이루어지도록 감은사에서 축수했다고 하나, 그것은 일반형이 아니다. 일반형으로 인정하더라도 모두 왕의 의지에 입각해 있는 것이다. 따라서 왕은 용으로 비약하겠다는 의지를 가지면, 그 의지가 아무런 장애 없이 이루어질 수 있다는 의식을 담고 있다. 왕의 신분은 그만큼 절대적인 것이고, 왕의 의지는 초월적인 힘을 지니는 것으로 받아들여지는 것이다.

김부형에서는 사정이 다르다. 왕은 용이 되고자 했지만 용이 되지 못하고 뱀이 되어서 머무른다. 또는 용이 되었다고 하더라도 득천하지 못하여 용의 구실을 하지 못한다. 따라서 뱀이나 다름없다. 모두들 뱀이라고 하니 제아무리 용이라도 용이 아닌 것과 같다. 이것은 왕이 스스로 비약할 수 있는 능력의 한계를 말해 준다. 왕권의 한계를 인정하는 것이다. 왕이기 때문에 용으로 비약하여 나라에 큰일을 하고자 하는 의지를 품을 수 있다. 그러나 왕이라고 하여 품은 의지대로 성취되는 것은 아니다. 성취를 이루지 못하고 좌절해 있는데, 유금이라는 아이로부터 용이라는 소리를 듣고 비로소 용으로 변신하여 득천하는 성취를 이룬다.

왕이 아무리 용으로 비약하여 큰 뜻을 이루고자 하여도 백성들이 뱀이라고 하면 뱀일 수밖에 없다. 그러나 뱀이라도 백성들이 용이라고 하면 용으로서의 능력을 발휘하게 되는 것이다. 이것은, 왕이 아무리 비약을 꾀하고 큰 뜻을 품어도 백성들이 이를 인정하지 않고 지지하지 않으면 불가능하다

---

41) 趙東一·林在海, 《韓國口碑文學大系》 7-2, p. 47.

는 것을 나타낸다.[42] 백성들의 뜻에 따라 왕의 통치력이 잘 실현될 수도 있고 그렇지 않을 수도 있다는 것을 이야기를 통해 형상화하고 있는 것이다.

문무형에서는 백성들의 지지가 필요하지 않았다. 왕이 자력으로 큰 성취를 이루었다. 김부형에서는 왕이 자력으로 성취를 이루려고 했으나 좌절했다. 백성들의 도움으로 마침내 좌절을 딛고 성취를 이루었다. 그러나 유금형의 변이형에서는 왕이 처음부터 백성들의 지지를 기대한다. 김부형에서는 왕이 스스로의 한계를 몰랐기 때문에 좌절을 겪었지만, 유금형에서는 왕이 스스로의 한계를 미리 알고 있다. 그래서 용님이라고 불러줄 것을 당부한다. 자신의 한계를 인정하는 한편, 백성들의 지지기반이 필요하다는 것도 자각하고 있었던 것이다. 백성들의 지지 없이는 왕이 통치력을 발휘할 수 없음을 인정함으로써, 왕과 백성을 함께 통치력의 주체자로 인식하기에 이른 것이다.

물론, 이러한 의식은 이야기 속의 왕에 의한 것은 아니다. 이들 이야기를 생성하고 전승하는 민중들 자신의 의식이다. 민중의식의 각성과 더불어 호국룡 설화는 문무형에서 김부형으로, 김부형에서 다시 유금형으로 변이·발전되어 온 것이다.

4. 변이화소와 변이형의 관계

변이화소는 종속화소와 달리 유형화소에 영향을 받지 않고 독자적으로 생성·소멸·변형한다. 변이화소의 분석은 같은 변이유형에 속하는 각편들의 화소 가운데 유형화소에 종속되지 않는 화소를 찾아내면 된다. 즉 각편마다 제각기 나타나는 화소가 변이화소이다. 자연히 각편이 하나뿐인 변이유형의 경우는 변이화소 분석이 불가능하게 된다. 유형화소가 이야기의 전승집단에 의해 결정되며 유형차원의 변이를 가능하게 한다면, 변이화소는 이야기꾼 개인의 연행에 의해 결정되며 각편차원의 변이를 가능하게 한다. 변이화소는 그 변이양상에 따라 셋으로 나누어 이름붙일 수 있다. 기본형에 없는 화소가 변이형에 새로 나타난 화소를 '생성화소', 기본형에 있는

---

42) 趙東一, 《人物傳說의 意味와 機能》, 영남대출판부, 1979, p. 54 참조.

화소가 변이형에 다른 모습으로 바뀌어 나타난 화소를 '변형화소', 기본형
에 있었던 화소가 변이형에 나타나지 않는 화소를 '탈락화소'라 한다.

기본형과 변이형의 관계는 원형을 토대로 한 시간적 선후관계와 변이화
소에 의해 결정된다. 따라서 변이화소는 기본형과 변이형의 변별을 객관적
으로 규정하는 준거가 될 뿐 아니라, 어떠한 변이화소가 지속적으로 나타
나느냐에 따라 해당 유형의 설화작품에 관한 통시적 전승의 방향을 가늠할
수 있다. 생성화소가 변이형에 지속적으로 나타날 때 설화의 전승방향은
확대지향적으로 이루어진다면, 변형화소나 탈락화소가 변이형에 지속적으
로 나타날 때는 설화의 안정적 전승이 흔들리면서 변화지향적 또는 축소지
향적으로 전승된다고 하겠다. 그러므로 변이화소는 단순히 각편차원의 변
이양상이나 이야기꾼의 개성만을 포착하는 근거가 아니라, 설화작품의 생
존사를 파악하는 중요한 단서가 되기까지 한다. 이 문제에 관해서는 다음
장에서 본격적으로 논의될 것이다.

김현감호 설화의 변이화소를 분석해 보면 변형화소와 탈락화소가 대부분
을 이루고 있다. 김현감호형의 변이형에서 개인적인 구복행위로 나타난 변
이화소 1 '불교적 탑돌이 풍속'은 호처녀형에서 탈락되어 버렸다. 결국 이
변이화소는 전승과정에서 그 내용이 변형되는 불안정을 보이다가 마침내
탈락된 것이다. 이는 불교시대에서 탈불교시대로 바뀜에 따라 불교적 요소
를 지닌 화소가 변이·탈락된 것으로 이해할 수 있다. 변이화소 4 '호랑이
의 살생에 관한 징치계시'는 청년을 보호하기 위한 처녀의 재치로 바뀌어
나타났다가 다른 각편에서는 완전히 사라져버린다. 이 변이화소의 변이양
상은 초월적 신성성에 입각한 이원론적 세계관에서 인간적인 윤리와 재치
및 현실법칙에 입각한 일원론적 세계관을 반영하는 쪽으로 설화가 전승되
고 있음을 보여준다고 하겠다.

변이화소 8 '호랑이 상처를 치료하는 민속요법'에 관한 내용 역시 변형
되어 나타나다가 탈락되었다. 호랑이의 출현이 현저하게 줄어들었고 이에
따른 인명피해가 거의 일어나지 않은데다가 주술적 종교적 세계관에서 합
리적 세계관으로 민중의식이 바뀐 까닭으로 볼 수 있다. 그리고 이 화소
자체가 작품 속에서 삽화적 구실밖에 하지 않으므로 탈락되기 쉽다. 그러

므로 이들 변이화소의 분석을 통해서 김현감호 설화는 축소지향적으로 전 승된다고 전망할 수 있다.

호국룡 설화의 변이화소는 김현감호 설화와 달리 생성화소가 주조를 이 룬다. 물론 문무형의 기본형에서 보이는 감은사 및 이견대에 관련된 화소 들이 탈락되긴 하지만, 왜적의 침입경로인 동해의 열두 섬을 친다는 내용 에 관련된 화소들은 새로 나타났다. 왕가 중심의 역사적인 사실에서 점차 벗어나, 민중 중심의 문학적 상상력에 입각한 화소들이 자리를 잡아가는 셈이다. 문무형의 생성화소들은 김부형과 문무형에 이르면 종속화소로 바 뀌어 이야기의 중요한 근간을 이룬다.

이러한 변이에 따라 김부형에서는 화소 3과 8이 생성화소로 새로 등장하 고, 이들 생성화소는 유금형에서 원형화소로 대치되기에 이른다. 즉 왜적 의 침입경로를 막기 위해 열두 섬을 친다는 호국룡의 비약의지가, 물을 막 고 있는 산이나 강을 쳐서 농토를 확보하는 것으로 바뀌게 된 것이다. 그 러면서 왕이 죽기 전에 '용으로 불러달라'는 생성화소 3이 새로 이야기된 다. 백성들의 지지 없이 왕의 비약이 불가능하다는 것을 반영한 화소이다. 호국룡 설화에서 보이는 변이화소의 생성과정을 통해서 설화가 확대지향적 으로 전승되고 있음을 확인할 수 있다. 내용면에서는 왕의 절대적이고 초 월적인 힘을 인정하던 이야기에서 점차 왕권의 한계를 드러내고 백성들의 지지와 참여를 반영하는 한편, 왕권의 상징인 영토의 확장이나 보존보다, 민권의 토대인 농토의 확장을 강조하는 이야기로 발전하고 있다.

변이화소의 논의에서 새삼스레 주목할 것은 각 화소들이 작품 안에서 독 자적인 기능을 발휘하되, 서로 무관한 것이 아니라 일정한 관련을 맺고 있 다는 것이다. 각편차원의 변이를 일으키는 일정한 성격의 변이화소가 지속 적으로 나타나서 축적되면 마침내 유형차원의 변이도 가능하게 한다. 이는 마치 물의 온도가 계속 높아지거나 낮아지는 데 따라서 물이 수증기로 또 는 얼음으로 그 형태가 바뀌는 것과 같다. 이를테면 일군의 생성화소가 지 속적으로 나타나게 되면 유형차원에서 종속화소로 또는 원형화소로 그 화 소적 위상이 바뀌는 동시에 유형적 변이까지 초래하게 된다. 그러므로 각 편차원의 변이와 유형차원의 변이는 양적 변화의 축적에 따른 질적 변화와 같은 맥락에서 이해될 수 있다.

이들 네 화소의 변이기능을 기호화하면 다음과 같이 변별된다. 한 쌍의 +−기호 가운데 앞의 것은 유형차원을, 뒤의 것은 각편차원을, +는 동질성을, −는 이질성을 나타낸다.

　　　유형화소 +−　　원형화소 ++　　종속화소 −+　　변이화소 −−

또 이들 네 화소의 기능을 유형(+)차원에서 기능하는가 각편(−)차원에서 기능하는가, 또는 동질적(+)으로 기능하는가 이질적(−)으로 기능하는가에 따라서, 아래와 같이 도식화해서 명료하게 체계화할 수 있다.

차원　　　　기능	동질성(+)	이질성(−)
유형(+)	원형화소(++)	유형화소(+−)
각편(−)	종속화소(−+)	변이화소(−−)

지금까지 3, 4, 5장에 걸쳐서 유형화소, 원형화소, 종속화소, 변이화소의 개념과 기능 및 분석방법을 검토한 다음, 실제로 두 유형의 설화작품을 분석하고 분석결과에 따른 해석을 시도했다. 이러한 분석과 해석은 어디까지나 작품 내적 체계 속에서 이루어진 것이다. 작품의 생성과 전승 및 변이는 설화 자체가 지닌 유기체적 생명력에 의해서 이루어지기도 하지만, 이야기하는 사람·이야기판·전승지역의 환경 등 다양한 작품 외적 변수에 의해 이루어지기도 한다. 이제 남은 과제는 이들 변수를 고려하면서 화소체계에서 나타난 변이양상들을 재검토하는 일이다. 즉 설화작품의 내적 체계와 함께, 작품의 전승과 변이에 일정한 관련을 맺고 있는 작품 외적 조건들을 다각적으로 검토할 필요가 있다.

이러한 검토는 사물의 발전을 사물의 내부적이며 필연적인 자기 운동으로 보는 동시에, 개개 사물의 운동은 모든 주변의 다른 사물과 상호관련되며 서로 영향을 주고받는 것으로 인식하는 변증법적 세계관에 근거하고 있다. 변증법에서는 외적 요인을 변화의 조건, 내적 요인을 변화의 근거라 하고, 외적 요인은 내적 요인을 통하여 작용한다고 생각한다. 자연히 화소

체계에 의한 작품 자체의 분석은 변화의 근거이자 내적 요인을 해명한 것
이라면, 설화를 구연하고 전승하는 사람과 그 집단 및 환경을 다루는 논의
는 변화의 외적 요인인 조건을 해명하는 작업이다. 다음 장에서는 뒤의 문
제에 관한 논의가 집중될 것이다.

제 6 징 변이의 전개과정과 역사적 이해

1. 변이과정과 설화의 전승방향

설화는 구비전승되는 옛날 이야기이다. 설화의 모든 각편은 구비전승의 한 과정에서 공시적으로 존재한다. 각편 하나만을 두고 보면 고정적인 작품이다. 고정적인 것처럼 보이는 각편이 전승의 연쇄를[1] 잇는 하나의 고리이자, 설화의 구체적인 작품이다. 고리에 해당되는 각편만을 보고 설화의 본디 모습을 온전하게 이해할 수 없다. 고리의 이어진 양상, 즉 고리끼리의 이음새도 보아야 한다. 개별적인 고리의 이음새가 변이의 양상이다. 이러한 이음새의 연쇄가 전승의 양상이다. 각편의 고리가 연쇄적으로 이어져서 한 유형의 온전한 설화가 전승력을 지니며 역사적으로 살아 있게 된다.

따라서 각편 하나를 통해서 특정 설화의 유형을 전면적으로 이해하기란 불가능하다. 각편은 유형의 부분이자 일시적인 나타남새일 뿐이다. 그러므로 각편의 이해는 유형의 부분적 잠정적 이해에 머무는 것이다. 이를테면 과거만을 이해하고 미래는 이해하지 못하며, 개체만을 이해하고 전체는 이해하지 못하는 것은 어느 쪽이나 일면적 이해인 셈이다.

대상을 진실로 알기 위해서는 모든 측면, 모든 연관과 媒介를 파악하고 연구

---

1) 전승의 연쇄(chain of tradition)를 이루지 않는 것은 구비전승의 이야기, 즉 설화가 아니다. 따라서 말로 이야기되긴 하지만 목격담(eyewitness accounts)은 제외된다. 여러 사람의 입과 귀를 거치면서 전승되지 않았기 때문이다. 떠돌아다니는 풍문도 제외된다. 여러 사람들 사이에 말로 전달되긴 하지만 옛날부터 지금에 이르기까지 역사성을 지니면서 전승되지 않았기 때문이다.

　Jan Vansina는 구비전승의 연쇄를 다음과 같이 정리하고 있다. "사실 또는 사건→참관자(observer) : 최초 또는 원증언→전승의 연쇄 : 연쇄의 한 고리를 형성하는 구비에 의한 진술 및 증언→마지막 제보자 : 최종의 증언→기록자 : 최초의 기록 자료" Jan Vansina, *Oral Tradition*, Penguin Books, 1973, pp. 20~21 참고.

해야만 한다. 우리가 결코 완전하게 여기까지 도달하지는 못한다 하더라도 전
면성에 대한 요구는 우리를 오류나 경직성에 함몰되지 않도록 방지해 줄 것이
다.[2]

그러므로 이 장에서는 각편들이 살아 있는 설화의 일생을 통시적으로 검
토하고 역사적으로 이해할 필요가 있다. 자연히 미래의 전승상황까지 추론
하는 과제가 함께 주어져 있다.

한 유형의 이야기에는 저마다 독특한 전승의 연쇄가 있다. 이것이 이야
기의 일생이다. 이야기의 생성·발전·쇠퇴·소멸의 과정을, 한 생명체의
일생처럼 다루는 것이 이야기생물학(märchenbiologie)이다.[3] 이야기생물학은
이야기를 생명이 없는 정태적인 대상으로 보지 않는다. 살아 있는 이야기
의 생존사를 다루는 것이다. 설화의 전승을 생존사의 맥락에서 본다면, 각
설화의 자료들은 생존사의 한 시점에서 파악되고 논의되어야 한다. 그래야
설화의 생성과정과 발전 및 앞으로의 전승방향에 관한 전망을 통시적으로
포착할 수 있다. 무엇이 설화의 생존사를 지배하고 있는가 하는 문제도 파
악될 수 있다.

설화의 생존사를 통시적으로 기술하고, 그 생존사를 결정하는 요소를 공
시적으로 검토하는 것은 설화의 전승과정 일반과, 설화가 전승되는 현장의
사회적 문화적 상황을 총체적으로 문제삼는 거시적 고찰이 따라야 한다.
그러나 거시적 고찰이 미시적인 설화작품의 분석 없이 이루어질 때에는 공
허한 논의로 그칠 가능성이 짙다. 따라서 설화 각편의 변이과정에 대한 구
체적인 분석이 치밀하게 이루어져야 실증적인 설득력을 지닐 수 있다. 이
미 분석단위로 거론된 화소체계를 중심으로 이 문제의 논의를 더 진전시킬
수 있다.

---

2) 毛澤東, 李騰淵 역,《실천론·모순론》, 두레, 1989, p. 59.
3) 이 방법에 관해서는 崔貞茂,〈演行中心의 民談學과 그 歷史的 背景〉, 金烈圭 외,
《民談學槪論》, 일조각, 1982, pp. 155~157에 소개된 바 있다. 이 글에서는 이야기생
물학(märchenbiologie)을 '민담생태학'이라고 했다. 생태학(ecology)은 생물학
(biology)과 구별되는 용어이다. 생태학은 설화와 같은 문화현상을 그 자체로서 고
립적으로 다루지 않고 자연환경과의 상호관계 속에서 유기적으로 다루는 데 관심을
모은다면, 생물학은 설화와 같은 문화현상을 정태적인 고정물로 보지 않고 살아 있
는 생명체로서 다루는 데 관심을 모으는 것이다. 특히 이야기의 생존사에 주목한다
는 점에서 이 논의는 생태학 쪽보다 생물학 쪽에 가까운 것이 되겠다.

일반적으로 이야기는 세 방향으로 변이되면서 전승된다고 할 수 있다. 기본형에서 점차 이야기의 내용이 양적으로 풍부해지는 쪽으로 변이되는 것과, 점차 양적으로 소략해지는 쪽으로 변이되는 것, 그리고 이야기의 내용이 질적으로 달라지는 쪽으로 변이되는 것 등으로 갈라볼 수 있다.[4] 앞의 변이는 확대지향적인 변이형을 생산하게 되고, 다음의 변이는 축소지향적인 변이형을 생산하게 되며, 뒤의 변이는 변화지향적인 변이형을 생산하게 된다.

확대지향적인 변이형에는 새로운 화소가 계속 끼여들게 마련이다. 생성화소가 변이화소로 등장하는 것이다. 축소지향적인 변이형에는 이미 있던 화소가 탈락되게 마련이다. 탈락화소가 변이화소로 나타나는 것이다. 변화지향적인 변이형은 기존의 화소가 내용이 다른 화소로 대치되면서 바뀐다. 변형화소가 변이화소 구실을 하는 것이다. 확대지향적인 변이형은 발전론적 전승의[5] 과정에서 생산된 것이라면, 축소지향적인 변이형은 퇴화론적 전승의[6] 과정에서 생산된 것이다. 변화지향적인 변이형은 변동론적 전승의[7] 과정에서 생산된 것이다.

---

4) 金烈圭, 〈總論：民談을 보는 多樣한 눈〉, 金烈圭 외, 《民談學槪論》, 일조각, 1982, pp. 16~17에서는 이야기의 변화를 구비전승되는 동안에 탈락·망각·삭제되는 '일탈원리', 부연·첨가되는 '가중원리', 오해, 잘못된 기억에 의한 '왜곡원리'로 나누어 파악하고 있다. 그러나 총론에서의 글이기 때문에 더 이상 진전된 논의나 구체적인 작품분석은 없었다.

5) 발전론적 전승은 퇴화론적 전승에 상대되는 개념의 용어이다. 즉, 이야기는 처음부터 완벽한 형태로 생성되는 것이 아니라, 전승되는 과정에서 점차 완전한 형태로 발전되면서 제 모습을 갖추어나간다는 것이다.

6) 핀란드학파의 전파론은 원형이 전파되는 과정에서 전승자의 기억력의 한계에 의해 점차 본디 모습을 잃어간다는 전제를 인정하고 있다. 그래서 원형이 가장 완벽한 데 비해, 전승의 역사적 시간이 길어지고 전파의 지리적 공간이 넓어질수록 원형에서 일탈된다는 주장인데, 이 주장을 일컬어 전파론의 퇴화론적 전제라고 한다. Alan Dundes는 퇴화론적 전제를 잘못된 가정으로 비판한 바 있다. Alan Dundes, "The Devolutionary Premise in Folklore Theory," *Journal of Folklore Institute* Vol. 6, No. 1, 1969.

7) 趙東一, 《人物傳說의 意味와 機能》, 영남대출판부, 1979, p. 2에서, "문학은 그것을 창작하는 사람과 수용하는 사람 사이에서 존재하는 가변적인 구조"라는 가설적인 정의를 하고, 인물전설은 이야기집단과 이야기하는 사람에 따라서 달라진다는 창조적이고 논쟁적인 시각에서 설화의 가변성을 체계적으로 다룬 바 있다. 이때 '가변적인 구조'라는 것은 전승과정에서 생기는 변이 전반을 포괄하는 개념이나, 여기서는 발전론적 전승과 퇴화론적 전승에 상대되는 변이만을 한정해서 '변동론적 전승'이라 한다.

반드시, 특정 유형의 이야기가 어느 한 방향으로 한정되어서 일관성 있게 변이되는 것은 아니다. 한 방향으로 변이를 보이는 것도 있고 여러 방향으로 두루 변이를 보이는 것도 있다. 한 유형의 이야기에 일정한 화소가 탈락되는가 하면, 새로 끼여드는 것도 있고, 다른 화소로 바뀌는 것도 있는 것이다. 변이양상이 다양하게 두루 나타나는 설화는 그만큼 융통성이 많은 작품이라고 할 수 있겠다. 또는 전승의 안정성을 획득하지 못한 작품이라 할 수도 있겠다. 이런 설화는 쉽게 변이형으로 바뀌는가 하면, 변이유형을 새로 생산하는 등 비슷한 유형의 이야기군(群)을 다양하게 생성할 수 있다. 이야기꾼의 창조적 역량에 따라 얼마든지 새롭게 이야기될 수 있는 재창조의 여지가 많은 작품인 것이다. 이러한 설화의 생존사는 한두 편의 각편으로 파악하기 어렵다. 많은 자료를 더불어 살펴야 전승과정의 변이양상을 온전하게 살필 수 있다.

이와는 달리, 변이양상이 일관성을 보이는 유형의 설화는 작품의 개성이 뚜렷하다. 변이의 융통성이 그만큼 제약되어 있는 것이다. 이야기가 하나의 자립적 형식체로서 유기성을 지니고 있으면 쉽게 가감이나 변화를 허용하지 않는다. 이야기의 줄거리가 논리적인 조직으로 체계화되어 있으면 이야기꾼의 역량이 쉽게 영향을 미칠 수 없다. 거의 완전한 형식을 갖춘 상태라고 하겠다.

그러나 계속해서 풍부해진다든가, 계속해서 축소되는 경향의 설화는 생존사의 한 고비로서 나타나는 것이다. 앞의 경향을 보이는 설화가 현실적인 그럴 듯함을 널리 확보하고 있을 때라면, 뒤의 경향을 보이는 설화는 현실적인 그럴 듯함의 공감대를 상실하고 있을 때이다. 그러므로 이야기는 원형에서부터 점차 축소된다는 퇴화론적 전제나, 발전되면서 완성되어 간다는 발전론적 전제 가운데 어느 한쪽을 일반론으로 받아들이려는 것은 단선적인 논리에 지나지 않는다. 설화의 생존사를 고려할 때에는 생존사의 한 부분적인 인식에 그치고 마는 것이다.

설화의 각편이 전승의 어떤 과정에 속해 있는가 하는 것이 파악되어야 생존사가 분명하게 드러날 수 있다. 그러나 구체적인 분석단위를 고려하지 않은 채 양적인 길이를 중심으로 판단하거나, 수사학적 표현의 **변화**를 중심으로 파악하는 것은 곤란하다. 왜냐하면 통시적인 맥락에서 벗어난 논의가 되어버리거나, 일관성 없는 일시적인 현상에 이끌린 나머지 역사적 전개과정의 전체적인 모습을 조망할 수 없게 되기 때문이다.

공시적인 상황에서도 이야기의 변이가 폭넓게 이루어질 수 있다. 이야기하는 사람의 개인적인 구연능력에 따라 크게 좌우될 수 있기 때문이다. 입심좋은 이야기꾼은 축소지향적인 변이형의 이야기를 상황에 따라 뼈와 살을 붙이고 부연해서 길게 이야기할 수 있다. 구연능력이 떨어지는 이야기꾼이 확대지향적인 변이형의 이야기를 대충 해버리는 경우 아주 짧아질 수 있다. 그러므로 단순히 이야기의 길이에 의존할 것은 아니다. 화소의 유무·다소·상이를 분석해서 전승의 전체적 동향을 파악해야 객관적 이해에 이를 수 있다.

이미 각 변이유형의 각편들을 통해서 변이화소에 관해서는 상당한 논의가 있었다. 변이화소에는 탈락된 것, 변형된 것, 생성된 것의 세 종류가 있다고 했다. 이들 화소의 출현에 따라 전승양상이 결정된다. 탈락화소가 계속 나타나면 퇴화론적 전승이 이루어진다. 생성화소가 계속해서 나타나면 발전론적 전승이 이루어진다. 변형화소가 지속적으로 나타나면 변동론적 전승이 이루어진다. 특정 유형의 설화는 퇴화론적 전승을 보이는가 하면, 다른 유형의 설화는 발전론적 전승을 보인다. 그러나 이러한 전승의 양상은 일정한 시기에 한정적으로 드러난 현상이다. 통시적인 시각의 범주를 확장시키면 설화의 생존사 중의 한 부분에 지나지 않는 것이다. 아무리 강한 전승력을 지닌 이야기도 구비전승의 과정에서, 결국은 생멸(生滅)하는 일생에 지나지 않기 때문이다.

그러나 이러한 일반론을 들어 전승의 역사적 전개과정을 외면할 수는 없다. 현재 수집할 수 있는 자료를 통해서 특정 유형의 설화가 지금까지 어떤 방향으로 전승되어 왔으며, 앞으로는 어떤 방향으로 전승되어 갈 것인가 하는 문제는, 설화의 생존사를 해명하는 중요한 의의를 지닌다. 설화의 생존사가 어떠한 영향 아래 발전되고 축소되는가 하는 문제도, 설화의 화소체계 및 사회문화적 상황 등과 함께 해명된다면, 이러한 논의는 설화의 작품사를 이해하는 데에서 머물지 않고 문화사를 이해하는 데까지 발전될 수 있다.

화소체계의 논의와 함께 통시적인 전승양상이 부분적으로 논의되기는 했다. 유형화소와 변이화소를 다루면서 유형차원의 전승과 각편차원의 전승이 제각기 논의되었던 것이다. 그러므로 여기서는 지금까지의 논의를 바탕으로 하여 설화 각편들의 전승양상을 총체적으로 검토하고 역사적인 이해를 깊이 다지고자 한다.

2. 김현감호 설화의 통시적 분석

김현감호 설화는 두 방향으로 변이되었다. 유형화소에서 드러나는 바와 같이, 김현감호형으로부터 불교적인 방향으로 강화되어 변이된 호승형이 있는가 하면, 현실적인 방향으로 점차 변이된 호처녀형이 있다. 유형화소 자체로 보아서 호처녀형은 주체의 만남 공간만 바뀌었던 데 비하여, 호승형은 주체까지 함께 바뀌어버렸다. 변이의 정도를 순차적으로 인식하면 호처녀형이 1차변이유형이며, 호승형은 2차변이유형이라 할 수 있다.

그러나 호승형은 1차변이유형인 호처녀형을 기반으로 하여 변이된 것이 아니다. 김현감호 설화의 원형으로부터 바로 변이된 것이다. 각편 (나)에서 (사)까지의 자료는 모두 최근에 수집된 구전자료들인데, 호승형 설화 (아)는 《보한집》에 실려 있는 고려조의 문헌자료이다. 《수이전》에 전하는 자료가 《삼국유사》에 수록되기 전에 《수이전》의 원형을 기반으로 해서 변이된 것이다. 《보한집》이 《삼국유사》보다 훨씬 앞서기 때문이다. 《수이전》에 수록되었던 김현감호 설화가 직접 호승형으로 변이되었을 가능성도 있고, 불교권의 승려들에게 널리 구전되는 과정에 호승형으로 변이되었을 가능성도 있다. 어느 쪽이든 현재 구전되는 설화를 기반으로 변이되지 않은 것임에는 틀림없다. 그러므로 김현감호 설화는 호처녀형과 호승형으로 계기적인 변이를 일으킨 것이 아니라, 각기 원형을 기반으로 하여 독자적인 변이를 일으키며 전승되었다고 할 수 있겠다.

호승형과 호처녀형이 서로 계기적인 관계 속에서 변이의 선후를 문제삼을 수 없지만, 그 변이의 시기는 선후가 있다. 변이유형이 나타난 시기는

문화사적 이해의 근거가 되기 때문에 변이의 시기와 시대적 상황을 관련지
워 검토할 필요가 있다. 설화의 생성·전승 및 변이의 시기를 절대적인 연
대로 파악하는 일은 거의 불가능하다. 그러나 문헌자료를 중심으로 상대적
인 선후관계를 확정하고 그 시대적 범주를 대체적으로 포착할 수는 있다.

《수이전》은 언제 누가 편찬한 책인지 확실하지 않다. 《삼국유사》원광서
학(圓光西學)조를 보면 《고본수이전》을 참고했다는 전거가 있다.[8] 《대동운부
군옥》에서는 최치원이 지은 《신라수이전》을 참고했다고 밝혔다.[9] 각훈(覺
訓)의 《해동고승전》에서는 《수이전》의 자료를 인용하고 작자를 박인량(朴寅
亮)이라고 했다.[10] 이런 기록들을 보아 《수이전》은 신라 때에 이미 이루어
졌으며, 원작자는 최치원이었을 가능성이 있다. 고려에 와서 박인량 등에
의해 《수이전》이 증보·개작되면서, 신라 때 이루어진 최치원의 《수이전》
을 고려의 것과 구별하기 위해 《고본수이전》, 또는 《신라수이전》으로 일컬
었던 것으로 볼 수 있다.[11]

일연이 《고본수이전》을 근거로 하여 원광서학조를 기록했다고 하는 것으
로 보아, 김현감호 설화 역시 고려 때 이루어진 박인량의 《수이전》이 아니
라, 최치원의 《신라수이전》을 전거로 했음을 알 수 있다. 《대동운부군옥》의
자료와 내용이 같은 것은 출전이 같기 때문이다. 10세기 전기부터 《신라수
이전》에 실려[12] 전승되던 김현감호 설화는 《삼국유사》, 《동경잡기》, 《대동
운부군옥》에 그대로 전재 또는 축약되어 실림으로써 이야기의 원형을 그대
로 유지할 수 있었다.

같은 이야기가 서로 다른 문헌에 거듭 실린다는 것은 구전의 경우와 마
찬가지로 전승력을 획득하고 있었기 때문이다. 수록자들이 김현감호 설화
를 통해서 받아들이는 수용태도는 일정하지 않지만, 일연과 같은 불승이
나, 민주면·권문해와 같은 유자(儒者)에 의해서도 함께 받아들일 수 있는
성격이 있었기 때문이다. 즉, 김현감호 설화는 불교적 세계관과 현실적인

---

8) 《三國遺事》권, 4 義解 제 5 圓光西學. "又東京 安逸戶長 貞孝家 在古本殊異傳."
9) 權文海, 《大東韻府群玉》권 1, "纂輯書籍目錄 本國諸書條 書名에 新羅殊異傳."
10) 覺訓, 《海東高僧傳》권 2, 阿道. "若按朴寅亮殊異傳."
11) 조동일, 《한국문학통사》1, 지식산업사, 1982, p. 358.
12) 최치원(857~?)의 생존연대로 보아 9세기 말기로 추정할 수 있다.

세계관이 함께 수렴되어 있으므로, 10세기초부터 17세기말까지[13] 문헌에 거듭 수록될 수 있었던 것이다.

김현감호 설화가 포괄적 세계관에 입각해 있으므로 구전되는 설화들도 몇 갈래로 전승 또는 변이되었다. 우선 원유형이라고 할 수 있는 김현감호형 설화의 각편들이 현재까지 널리 구전되고 있다. 불교적 세계관과 현실적 세계관이 세간에서 더불어 전승력을 지닐 수 있었던 것은 우리의 문화사적 전개과정과 상당히 일치한다. 전통적으로 호랑이를 신성한 영물(靈物)로 믿어왔던 관념이 호랑이의 변신을 인정하게 되고, 사람으로 변신한 호랑이 설화를 널리 전승하게 되었다.

호랑이 설화의 변신화소가, 신라 중기부터 정착하기 시작한 불교와 만나 김현감호 설화가 생성되는 배경을 이루었다. 호처녀의 희생은 유교적인 윤리관과도 통하는 것이다. 따라서 불교문화의 강성과 더불어 전승력을 확보하고 있던 김현감호 설화는 여말선초(麗末鮮初)에 부각된 유교문화의 현실성과도 조화를 이룰 수 있었다. 그러므로 전통적인 민중의식과 불교 및 유교문화의 영향으로 형성된 세계관이 10세기부터 형성되어 전승되던 이 설화를 오늘날까지 계속 수용·전승하는 바탕이 되고 있다. 그러므로 원형에 가까운 설화들이 지금까지 구전되고 있는 것이다.

그러나 불교에 귀의하고 있는 승려들에게는 받아들일 수 없는 내용이 있다. 남녀가 통정을 했다든가, 현상을 타서 부귀영화를 누린다든가 하는 세속적인 욕망과 성취는 자연히 배제되게 마련이다. 따라서 고려조에 이미 승려들의 집단에서는 이 설화를 불교적인 세계관을 통일적으로 보여주는 방향으로 변이시켜 구전하고 있었다. 이때 나타난 변이유형이 호승형 설화이다.

호승형 설화는《보한집》에 한 편 실려 있지만, 최자가 노승이 이야기하는 것을 직접 듣고 수록한 것이므로, 노승이 다른 사람을 대상으로 해서도 이와 같은 유형의 이야기를 널리 구연했을 가능성이 있다. 승려들 사이에는 물론, 불교도들에게도 널리 전승되었을 가능성이 높다. 나말여초(羅末麗

---

13)《대동운부군옥》의 저자 권문해(1534~1591)의 생존연대로 미루어보아 김현감호 설화가 16세기말까지 문헌에 거듭 수록되었다고 하겠다.

初) 이후 불교가 국교로 받들려지고 그 교세가 강성해지자 김현감호 설화가 불교권 안으로 끌어들여지면서 불교적 세계관을 강화하는 쪽으로 변이유형을 생산하게 된 것이다. 이 변이유형의 전승 주체는 승려 및 불교도들이 되겠다.

세간에서는 불교도들과 달리 호승형 설화로써 만족할 수 없다. 김현감호 설화의 원유형이 없었으면 모르지만, 불교적으로 편벽되게 기울어진 호승형 설화는 세간에서 널리 받아들여지기 어렵다. 따라서 불교적인 면과 현실적인 내용이 적절히 조화된 김현감호형이 계속해서 세간에 전승될 수 있었다. 그런 한편, 조선조가 시작되면서 불교가 좌도로 몰려 쇠퇴일로에 있고, 유교문화의 발전과 더불어 과학의 발달로 점차 현실적 합리적 세계관으로 변모하게 되었다. 따라서 불교적인 요소와 초월적인 신성성의 국면은 점차 축소·탈락되고, 현실적인 요소와 세속적인 국면만 남는 쪽으로 변이를 일으키게 되었다. 이러한 변이를 통해서 나타난 것이 호처녀형 설화이다. 아직 김현감호형 설화가 더 우세한 전승력을 보이는 것으로 보아, 호처녀형은 비교적 최근에 나타난 변이라 하겠다. 이들 설화의 전승 주체는 불교와 무관한 민중들이 되겠다.

김현감호 설화가 호승형으로 변이되었든 호처녀형으로 변이되었든 본디 모습에서 점차 축소되면서 전승되고 있는 것은 틀림없다. 이러한 과정을 불교적인 요소와 현실적인 요소로 나누어서 그 생성 및 탈락과정을 보면 쉽게 이해할 수 있다. 먼저 불교적인 요소들이 원유형과 변이유형에서 어떻게 나타나는가를 살펴보자.

김현감호형	호처녀형	호승형
—	—	스님
탑돌이 풍속	—	연등회 개최
절에서 탑돌이	—	연등회 참석
하늘에서 징계	—	주지의 징계
호원사(호암사·호류사)	—	일엄사
—	—	호소년의 환생
—	—	중으로 제도
—	—	법력을 떨침

원유형에 있는 불교적 요소들이 호처녀형에는 전혀 나타나지 않는다. 그러나 호승형에서는 원유형의 요소들이 불교적으로 더욱 강화되는 한편, 새로운 요소들이 훨씬 더 불어났다. 이를테면 징벌의 계시를 내린 주체가 원유형에서는 하늘인데, 호승형에서는 주지스님으로 한층 불교화되었으며, 이야기의 주체도 청년에서 스님으로 완전히 바뀌었다. 그런가 하면 호소년이 인간으로 다시 환생하여 중이 되고 일엄사의 법사가 되어 법력을 크게 떨쳤다고 하는 대목은 호승형에서만 새로 나타난 화소들이다.

특히 새로 나타난 화소들은 원유형의 불교적인 요소들보다 더 본질적이고 근원적인 내용이다. 법사가 되어 법력을 떨치는 내용이나, 인간으로 환생하여 윤회설을 입증하는 대목은 불교의 세계관을 상당히 깊이 있고 치열하게 형상화하고 있는 대목이다. 그런데 호처녀형에는 상대적으로 이와 같은 요소들이 전혀 나타나지 않는다. 새로 생성되기는커녕 이미 있던 불교적 요소들마저 모두 배제해 버렸다. 호승형과 반대 방향으로 변이를 일으킨 것이다.

호처녀형의 현실적인 성격 역시, 이와 같은 식으로 정리해 보면 선명하게 드러난다. 현실적인 요소들만 원유형에서 뽑아내고 각 변이유형에 나타나는 요소들을 대조해 본다. 대조의 효과를 높이기 위해 두 변이유형에 함께 나타나는 내용은 제외시켰다.

김현감호형	호승형	호처녀형
—	—	산림에서 생업
청년과 호처녀	—	+
남녀의 통정	—	+
현상이 붙음	—	+
부귀하게 됨	—	+

호처녀형과 상대적으로, 호승형에서는 원유형에 있는 현실적인 내용들이 하나도 나타나지 않는다. 그러나 호처녀형에서는 원유형의 요소들을 그대로 계승하고 있는 한편, 새로운 요소가 덧보태어졌다. 이야기의 주체가 산림에서 생업에 종사하고 있는 내용이다. 청년이 월성숲을 경비하는 일을 했다든가, 나무꾼으로 산중에 나무를 하러 갔다고 한다. 호처녀는 냇가에

서 빨래를 했다고 한다.

김현감호형에서는 탑돌이를 하다가 청년과 호처녀가 만나는데, 호처녀형
에서는 나무꾼 청년과 빨래하던 호처녀가 만나는 것이다. 절에서 탑돌이를
한다든가, 나중에 호랑이의 희생에 보답하는 뜻으로 절을 지어준다든가 하
는 대목이 전혀 없다. 호처녀형은 원유형의 현실적인 요소들만 선별적으로
계승한 것이다.

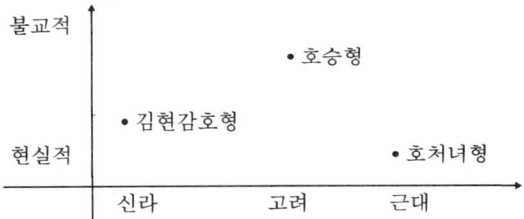

불교적인 요소와 현실적인 요소를 함께 지니고 있던 신라시대의 김현감
호 설화가, 불교가 강성하던 고려시대에 불교권 안에서 구전되면서 불교적
인 세계관을 강화하는 쪽으로 크게 변이되었다. 그러나 세간에서 원형의
모습을 그대로 유지하면서 최근까지 전승되던 김현감호형의 설화는 오늘날
의 과학적 합리적인 세계관에 맞게 변이되면서 불교적인 요소들은 점차 배
제되고 현실적인 요소들로 서서히 바뀌어가고 있음을 알 수 있다. 설화의
전승 주체와 시대적 배경에 따라 서로 다른 세계관이 설화의 전승방향 및
설화의 생존사에 영향을 미치기 때문이다. 이처럼 문화사적 전개에 따라
설화의 전승과 변이에서 세계관적 차이를 보이는 한편, 갈래상의 차이도
보인다.

먼저 호처녀형부터 검토하면서 갈래상의 문제를 다루기로 한다. 호처녀
형의 각편 (바)와 (사)는 원유형의 화소 10이 모두 탈락되었다. 화소 10은
호처녀의 은혜에 보답하기 위해 청년이 절을 지어주는 내용이다. 이러한
화소 10이 탈락됨으로써 호처녀형은 원유형인 김현감호형의 변이유형으로
서 갈래상의 독자성을 지니게 된다. 왜냐하면 화소 10이 있는 김현감호형
이 창사연기설화로서의 갈래상의 특징을 지녔다면, 이 화소가 없는 호처녀

형은 창사연기 설화의 갈래적 자질을 지닐 수 없게 되기 때문이다. 주인공 중심의 인물전설이나 민담으로서 만족해야 한다.

호처녀형의 각편 (바)와 (사)는 창사연기설화가 아니라는 점에서 동일하지만, 화소의 차이에 따라 갈래상의 차이도 일어난다. '청년이 호처녀 오빠의 공격으로부터 보호받는다'는 화소 3은 원형화소이다. 따라서 이야기 속에서 기능하는 기저형태가 일치한다. 그러나 각편에 따라 구체적인 표현은 조금씩 다르다. (바)에서는 청년이 호처녀 오빠 호랑이들로부터 위험에 처하게 되었으나, 호처녀의 도움으로 목숨을 구하게 된다.

> "오빠는 어디 갔노?"
> 물으이께,
> "니거(너의) 오빠는 금방 이리 나갔다. 나갔이니, 잠깐 있으면 올꺼다."
> 그래 그 총각 아로 장방아(광에다) 잡아 여뿌렸어. 장방아 딱 잡아 여놓고 문을 닫아놓고. 그래 있이이, 우 그디마는 빔(범)이 한 마리 들어온다.
> "아이, 인내(사람 냄새)야."
> 크그덩.
> "하이고, 오빠도 얄궂이네. 엄마캉 둘이 있는데, 무신 인내가 나노? 엄마캉 둘이 있는데 무신 인내가 나노?"
> 그래이, [냄새 맡는 시늉을 하면서]
> "하 나는 인내가 나네, 나네."
> 그래 한참 있디이, 마 떡―가뿌는기라. 그러 그러고 날이 떡―샜다.[14]

그러나 각편 (사)에서는 그러한 위험에 직접 부닥뜨리기 전에 호처녀의 도움으로 문제가 순조롭게 해결된다. 즉, 청년을 공격할 가능성이 있는 호랑이 가족들을 사전에 선제공격하여 퇴치해 버리는 것이다. 물론 이러한 퇴치는 청년 자신의 판단에 의한 것이 아니라 호처녀가 시키는 대로 하다 보니, 호랑이를 퇴치하고 위험으로부터 벗어나게 된 것이다. 이야기의 일부만 인용해 본다.

> 또 인자 저거 오빠가 하나 있어서, 저어 강 건네 고로(그리로) 딱 해서 오는 질에다 해 가이고 활로 쏴서 쥑이삐리라 쿠거든. 그래 인자 또 나가서 처니(처녀) 시키는 대로 해가이고. 오거든. 그래 활로 쏴서 인자 제 오래비를 쥑이삐

---

14) 趙東一・林在海, 《韓國口碑文學大系》7-3, p.589.

리고. 그래 인자 참 부부겉이 해가이고〔조사자 : 저거 오래비를, 처이 오래비를 죽여요?〕 처이 오래비 그기 호랭이라. 처이가 그리 시키요. 그래 활로 쏴서 오거들랑 쥑이삐라고 처이가 시킸어.[15]

화소 3이 이렇게 다른 모습으로 나타나는 것은 행위의 주체와, 설화 전체의 관계 속에서 해명될 수 있다. 김현감호형 설화에서는 행위의 주체가 김현·김평식·신평의 성씨·국가에 유공하고 후세에 이름을 남기려는 청년 등이 주체로서 인물의 성격이 뚜렷하다. 그리고 탑이나 절을 도는 행위 및 절을 짓는 행위 등 남주인공으로서의 주체적인 행위와 의식이 이야기 속에 큰 비중을 차지하고 있다. 그리고 이와 같은 의식과 행위가 이야기의 발단과 전개 및 결말에 이르기까지 줄거리를 이끌어가는 원동력이 되고 있다. 따라서 이들 이야기는 어느 것이나 인물전설의 성격을 지니고 있다. 그러므로 김현감호형 설화는 인물전설의 성격과 창사연기 설화로서 사물전설의 성격을 함께 지니고 있다.

호처녀형의 각편 (바)의 주체도 '화랭이'라는 청년으로 명명되어 있을 뿐 아니라, 월성숲을 경비하는 경비원으로서 구체적인 성격을 지니고 있다. 나아가서 이야기의 결말은 '화랑'의 유래담으로 마무리되고 있다. 그러나 각편 (사)의 주체는 인물의 성격이 막연할 뿐만 아니라 행위도 수동적이다. 그저 가난한 총각이 산중을 가다가 호처녀를 만나서 그녀가 시키는 대로 하다보니 큰 성취를 이루는 것으로 이야기가 짜여 있다.

김현감호형은 김현·김평식과 같은 사람의 인물전설이면서, 호원사·호암사·호류사·신흥사와 같은 절의 창사연기 설화로서의 성격을 아울러 지녔다. 반면에 호처녀형의 (바)는 인물전설, 또는 풍속전설의 성격을 지녔고,[16] (사)는 민담적 성격을 지닌 것이다. 그러므로 인물의 성취과정도 차이를 보인다.

인물전설의 주인공은 그 성취의 획득이 여러 가지 위기를 거치면서 비로소 이루어진다. 그러나 민담의 주인공은 특별한 난관이나 위기에 봉착하지

---

15) 鄭尙圤·柳鍾穆, 《韓國口碑文學大系》 8-1, p. 52.
16) 화랭이라는 청년의 성취과정을 그렸다는 점에서는 인물전설이나, 호랑이를 퇴치하는 영웅적 행위를 한 젊은이를 후대에까지 '화랑'이라 일컫고, 그러한 제도가 실제로 있었다는 사실에 관심을 기울이면 풍속전설 또는 역사전설이 된다.

않은 채 순조롭게 성취를 이룬다. 가난한 총각이 산중에서 우연히 호처녀를 만나서 큰 성취를 이루는 것은 우연성에[17] 바탕을 둔 민담의 전형적 전개방식이다.[18] 그러므로 호처녀형의 각편 (사)에는 화소 3이 위기감 없이 순조로운 문제해결에 이르도록 함으로써 민담으로서의 전체적 성격과 조화를 이루게 되었다.

갈래상의 변이는 호승형에서도 일어난다. 김현감호형에는 없는 화소 7과 8이 호승형에 있다. 모두 유형화소에 따르는 종속화소이다. 화소 7은 호랑이 소년의 유언대로 사람으로 환생한 호소년을 제도하여 중이 되게 했다는 내용이다. 여기서 이 이야기는 완결될 수 있다. 그런데 화소 7 다음에 이 이야기를 직접 구연한 변산의 노승이 중이 된 호소년의 행적을 직접 확인했다는 대목이 덧붙여진 것이다.

> 그런데 홀연 자취를 감추어 간 곳을 모르다가 뒤에 들으니, 일엄사의 법사가 비방주문을 연수하여 지닌 법력을 보탬으로써 날로 사람을 감복하게 되었다. 그래서 명을 받아 경기도내에 있는 절에 부임했다. 법사(내)가 가서 알아보니 바로 그전의 어린 중이었다.[19]

이 내용은 호승형 설화의 화소 8에 해당된다. 화소 8은 법사가 된 호소년이 법력을 크게 발휘하고 있다는 내용이다. 중이 되고자 법사 앞에서 자결한 호랑이 소년이 법사의 도움으로 중이 되었으면, 여기서 이야기는 마무리되어도 좋겠다. 그런데도 중이 되어서 법력이 대단했다는 등, 중이 된 이후의 행적을 다시 문제삼는 것은 덧붙이는 대목에 지나지 않는다.

그러나 화소 8은 단순한 덧붙임이 아니다. 중이 되어서 법력을 크게 발휘했다는 것이 아니고, 발휘하고 있다는 것이다. 이야기꾼인 법사가 스스

---

17) 민담의 우연성에 관해서는 막스 뤼티, 李相日 역, 《유럽의 民話》, 중앙일보사, 1978, pp. 129~130 참조.
18) 막스 뤼티, 李相日 역, 위의 책, p. 130. "민담이라는 구성 내부에서는 전적으로 자연스런 움직임이라는 사실이 우리는 그것을 '꾸며진' 것으로 느끼지도 않으며, '우연'이라고 생각하지도 않는다." 이처럼 민담을 전승하는 사람들은 민담의 내용을 사실이라고 생각하지는 않지만, 사실로 여겨지도록 그럴 듯하게 표현하고 있다. 그래서 우연이 우연으로 느껴지지 않는 것이다. 임재해, 〈설화의 존재양식과 갈래체계〉, 《口碑文學》 8집, 한국정신문화연구원, 1985, pp. 116~118 참조.
19) 崔滋, 《補閑集》 권 하. "忽遁去不知所之 後聞日嚴寺師修秘呪 以加持力日服人 承命赴畿內蘭若 師往省之乃向沙彌也."

로 찾아가서 직접 확인하고 왔다는 것이니 한갓된 전설이 아니라, 이야기
꾼 자신이 겪고 목격한 사실을 전달하는 경험담이자 목격담인 것이다. 이
야기꾼이 직접 겪은 이야기라는 것은 이야기 서두에서부터 줄곧 나타난다.
이야기 속의 호소년과 더불어 주인공으로 등장하는 중은 바로 이야기꾼 자
신이다.

> (내가) 지난날에 고창현 사람이 연등회를 베푼다는 소문을 듣고 가서 본 적
> 이 있다. 한 소년이 있었는데, 보통 사람들과 다르기에 좌우의 사람들에게 물
> 어보았으나 모두 누구의 아들인지 모른다고 했다. 연등회가 파하고 돌아가기
> 에 그의 뒤를 따라 산기슭에 이르렀다.[20]

이렇게 시작되는 이야기는 이야기꾼의 경험담이니 설화로서 다룰 대상이
아닌 것 같다. 그러나 실제 경험담은 아니다. 경험담처럼 구연했을 뿐이지
이야기꾼이 실제 겪은 사실은 아니다. 이야기꾼은 승려이니, 유학자인 최
자에게 불법을 전하고자 이미 있는 이야기의 내용을 빌려와 설법을 한 것
이다. 이야기 그대로는 설법으로서의 구실을 제대로 할 수 없으므로, 스스
로 겪은 일처럼 이야기를 한 것이다. 성직자 및 사제자들은 신도들에게 설
법을 할 때, 경전에 있는 이야기를 객관적으로 전달하기도 하지만, 스스로
목격하거나 겪은 것처럼 윤색해서 이야기하는 경우가 종종 있다. 이 이야
기도 이런 각도에서 받아들여야 할 것이다.

만일 이야기꾼이 이 이야기를 전설로서 이야기했다면, 화소 7에서 이야
기를 끝낼 수 있다. 이야기 속에서 제기되었던 문제들이 화소 7에 이르러
모두 해결되었기 때문이다. 그러나 이야기꾼은 자신이 겪은 경험담으로 이
야기하니, 경험담으로서의 사실성과 증거력을 확보하기 위해 화소 8이 덧
붙여질 수밖에 없다. 훌륭한 중 노릇을 하는 것을 직접 가서 보았다고 하
고, 그 중이 일엄사의 법사라고 해야 경험담으로서 실감을 주고 설득력을
지닐 수 있는 것이다. 유학자 최자를 두고 한 설법이니 더욱 그럴 필요가
있었던 것이다. 그러므로 화소 8은 전설로서 구전되는 이야기가 경험담으
로 변이되는 과정에서 발생된 것이라 하겠다.

---

20) 崔滋, 위의 책, 같은 곳. "往時聞高 敞縣人設燃燈會 往觀焉 有一少年 異於尋常者
問諸左右 皆曰不知誰之子 及罷去 踵其德追至于山麓."

지금까지 설화의 전승에 따른 세계관의 차이와 갈래상의 변모를 다루어 왔다. 이제 김현감호 설화의 생존사에 따른 전승력을 가늠해 볼 차례이다. 그러기 위해서는 변이화소의 일반적인 변이동향을 주목해야 한다. 변이화소는 원유형에서 변이유형으로, 또는 기본형에서 변이형으로 바뀜에 따라 차례로 변형되다가 탈락되는 현상이 나타난다. 세계관적 차이나 갈래상의 변이도 한결같이 변이화소의 변형 및 탈락으로 이루어졌다. 변형 및 탈락 현상이 일시적이거나 개별적으로 무질서하게 나타나는 것이 아니라, 일정한 화소가 일관성 있게 변형되고 탈락되는 것이다.

이를테면 김현감호형의 화소 4와 8은 각편 (다)에서 변형을 보이다가 각편 (라)에서 탈락된다. 내용적인 변이가 형식적인 변이로 이어진 것이다. 전승력이 약화되면 특정 화소가 본디 모습을 유지하지 못하고 흔들리다가, 마침내 전승력을 잃고 탈락되어 버린다. 이러한 현상은 변이유형인 호처녀형에서도 지속적으로 나타난다. 호처녀형에서는 김현감호형의 화소 4와 8이 탈락되었을 뿐 아니라 화소 10도 탈락되었다. 이들 원유형의 세 화소는 호처녀형에서 처음부터 나타나지 않는다. 그래서 전체적인 이야기가 원유형의 본디 모습을 갖추지 못하고 크게 이지러졌다. 갈래상의 변모로까지 나타난 것이다. 변화지향적인 변이형 (다)에서 축소지향적인 변이형 (라), (마), (바), (사)로 이어져, 퇴화론적 전승을 보이고 있는 것이다.

생성에 의한 변이화소는 이야기를 양적으로 풍부하게 하는 구실을 한다. 따라서 이들 변이화소가 구전되는 자료에 일관되게 나타나면 발전론적 전승이 이루어지는 것이다. 따라서 생존사를 조망하기 위해서는 생성화소에 대해 별도의 검토가 있어야 한다. 그러나 김현감호 설화의 각편에 나타나는 생성화소들은 모두 제각각이어서 일관성 있게 나타나는 것이 없다.

이야기의 구조상 각편 (다)의 생성화소 11은 투전타령에 대한 이야기꾼의 개인적 관심에 의해 덧붙여진 것이며,[21] 각편 (사)의 생성화소 7은 다른

---

21) Annti Aarne, *Leitfaden der Vergleicheden Märchenforschung*, FF Communications No. 13, 1913, p. 23에 민담의 변이법칙을 열다섯 가지로 정리해 두었다. 각편 (다)의 변이화소 11은 변이법칙 7에 해당된다. 말미에 다른 이야기의 소재가 덧붙여진 것이다. Stith Thompson, *The Folktale*, AMS Press, 1979, p. 436에서 재인용.

설화의 화소를 차용해서 재구성한 것이다.[22] 각편 (아)의 변이화소 8은 이야기꾼의 구연의도에 따라 경험담으로서의 형식을 충실히 갖추고자 덧붙여진 것이다.[23] 그러므로 이야기꾼이 바뀌고 구연상황이 달라지면 이들 생성화소는 탈락되게 마련이다. 지속적 전승력을 지닐 수 없는 생성화소들은 발전적인 전승에 영향을 미치기 어렵다. 다만 각편 (사)의 생성화소 7은 이야기의 구성을 더 발전적으로 재창조하는 구실을 하고 있으며, 다른 설화에 일반적으로 나타나는 화소이므로 전승력을 지니면서 일관되게 나타날 가능성이 있다. 그러나 김현감호 설화 전체의 전승방향이 소략한 방향으로 전개되고 있고, 특히 각편 (사) 자체가 퇴화론적 전승을 보이고 있어, 이 변이화소 하나만으로 발전론적 전승을 기대하기란 어렵다.

호승형 설화 (아)는 원형화소들을 제외하고는 모두 탈락되거나 달라지는 변모를 보인다. 주체까지 바뀌었다. 전설이 이야기꾼의 경험담으로 바뀌었기 때문이다. 오늘날 이 이야기를 경험담으로 구연할 사람은 없다. 따라서 호승형 설화는 그 자체로서 전승력을 지니기 어려운 사정이다. 그러므로 김현감호 설화는 점차 전승력을 상실하게 되어 퇴화론적 전승의 과정에 있다고 할 수 있다.

3. 호국룡 설화의 통시적 분석

호국룡 설화는 문무형에서 1차적인 변이를 일으켜 김부형으로 바뀌었다. 1차변이에서 가장 두드러지게 나타난 것은 호국룡의 변신 주체인 왕이 문무에서 김부로 바뀐 것이다. 이러한 변이로 역사적 사실을 전달하는 전설에서 역사적인 의식을 표현하는 전설로 변모하게 되었다.

문무는 백성의 희생을 딛고 국가적인 성취를 이룬 왕이다. 김부는 자신

---

22) 각편 (사)의 변이화소 7은 Annti Aarne의 변이법칙 2에 해당된다. 이야기꾼의 독창적인 표현이 아니라 다른 이야기에 일반적으로 빈번하게 나타나는 화소를 가져온 것이다.

23) 각편 (아)의 변이화소 8은 Annti Aarne의 변이법칙 12에 해당된다. 어떤 이야기가 처음으로 이야기될 때에는 마치 이야기하는 사람이 이야기 속의 주인공처럼 이야기될 수 있다는 것이다.

의 희생을 통해서 백성들의 안정된 삶을 보장해 준 왕이다. 문무는 삼국을 통일하고 호국룡의 의지를 실현하고자 대왕암의 수중릉에 깃들어 있는 영웅적인 왕이다. 김부는 나라의 세력이 약해지자 백성들의 희생을 줄이고 결정적인 파국을 면하고자 고려에 항복하는 길을 택한 패배의 왕이다. 그럼에도 민중은 김부를 대왕으로 택했다. 영웅이 품었던 호국룡의 의지를 패배자의 의지로 대신해 버렸다.

문무는 역사적 사실에 뿌리를 내리고 있고 위대한 업적을 이력으로 지니고 있지만, 자신의 지위를 이야기 속에서 계속 지키지는 못했다. 이야기를 전승하는 민중의 마음속에 자리잡지 못한 것이다. 전쟁의 영웅적 승리와 영토의 확보보다 민생의 안정과 농토의 확보에 관심을 기울이는 왕을 더 높이 평가하는 민중의식이, 역사적 사실조차 무시하고 문무 대신에 김부를 대왕으로, 그리고 호국룡신으로 받들어 전승하고 있는 것이다. 그러므로 역사적 사실이라도 민중의식에 공감력을 주지 못하면 전승력을 잃고 만다.

김부왕의 행적을 높이 평가하는 것은 민중에게 한정된 의식이 아니다. 김부식과 같은 상층의 유학자도 김부왕을 높이 평가했다. 김부왕을 평해 놓은 《삼국사기》의 해당 부분을 인용해 본다.

> 敬順王이 태조에게 귀순한 것은, 비록 마지 못하여 한 것 같으나, 이는 또한 칭찬할 만한 일이다. 만약 그가 힘을 다해 싸우고 죽음으로써 지키려고 왕건의 군사에게 항거하다가 힘이 꺾이고 형세가 궁함에 이르렀다면, 반드시 그 왕족 일가는 박멸되고 무고한 백성들이 참해를 입었을 것인데……태조에게 歸附하였으니 그는 조정에 공로가 있었고 백성들에게 아주 큰 덕을 베풀었다고 하겠다.[24]

이러한 경순왕을 민중은 시호 대신에 이름을 살려 김부대왕이라 했다. 민중은 전쟁의 영웅을 택하지 않았다. 전쟁으로 국토를 넓히고 왕권을 강화하고자 한 왕을 대왕으로 인정하지 않은 것이다. 백성들의 고난과 희생에 고민하는 왕을 마음속에 새겼다. 백성들이 참혹하게 죽는 것을 차마 보

---

24) 《三國史記》 권 12, 新羅本記 12, "若敬順之歸命太祖 雖非獲己亦可嘉矣 向若力戰守死以抗王師 至於力屈勢窮 則必覆其宗族害及干無辜之民……其有功於朝廷 有德於生民甚大."

지 못하는 마음 때문에 왕좌와 나라를 함께 포기한 김부대왕을 호국룡으로
모신 것이다.

민중에게 역사적 사실은 그리 중요하지 않다. 역사를 생각하는 의식이
중요한 것이다. 이미 있었던 사실보다, 그러한 사실에 대한 자신들의 의식
을 전하는 데 더 적극적이었다. 의식은 지금 지니고 있는 것이다. 역사적
사실은 과거에 있었던 것이다. 민중들은 과거의 일을 그대로 전달하려 하
지 않고 지금 자신들의 의식을 가탁시켜 이야기를 재창조하고자 했던 것이
다. 그러므로 문무왕은 이야기 속에서 김부대왕에게 자리를 내줄 수밖에
없었던 것이다.

문무형에서 김부형으로 변이되는 과정을 좀더 구체적으로 살피기 위해
역사적 사실들이 어떻게 다루어지는가 하는 것을 소재의 변모를 통해 확인
할 수 있다. 화소차원에서의 논의는 지금까지 계속 다루어져왔으므로, 소
재로 등장하는 역사적 사실들만 집약해서 보기로 한다.

	문 무 형				김 부 형	
	기본형	변이형			기본형	변이형
	(가)	(나)	(다)	(라)	(마)	(바)
문무왕	+	+	+	+	김부대왕	김부대왕
대왕암	+	+	(+)	(+)	−	−
감은사	+	−	−	−	−	−
신문왕	+	+	+	−	−	−
이견대	+	+	+	−	−	−

문무형에서조차 감은사는 기본형 외에는 거론되지 않는다. 대왕암도 분
명하게 이야기되지 않는 경우가 있다. 마침내는 신문왕과 이견대까지 언급
되지 않는다. 변이형 (라)에서는 극도로 축소되어 문무왕만 등장한다. 풍
부한 역사적 사실들이 다 사라지고 주체만 남은 것이다. 김부형의 각편에
이르면 이러한 양상은 더 뚜렷하다. 문무왕조차 김부로 바뀌어버린다.

역사적 사실들이 문무왕의 역사적 행적과 더불어 잊혀지고 있는 것이다.
문무형 자체로 보아서는 퇴화론적 전승을 보이고 있다. 호국룡 설화의 전
승이 곧 중단될 것 같은 위기에 이른 것이다. 문무형에서와 같이 역사적
사실을 있는 그대로 전달하려는 경우에는 이렇게 위기를 맞을 수 있다. 그

204

러나 이야기는 이미 있었던 일을 그대로 전하는 데 만족하지 않고 있다. 있었던 사실과 상관없이 문무왕의 자리에 김부대왕을 모셨듯이, 전승자들의 의식을 중심으로 새로운 이야기를 재창조할 수 있다. 새로운 사실들은 김부형의 각편에서부터 유금형의 각편으로 이어진다. 역사적 사실들이 생명을 잃어가기 때문에 새로운 사실들이 잉태되는 것이다. 새로운 사실들은 일상적인 사람들과 자연물들로 이루어져 있다. 각편마다 뚜렷한 차이를 보이는 김부형만 각편으로 나누어보기로 한다.

	문무형	김부형 기본형	변이형	유금형
손살맥이	−	−	+	+
형산강	−	−	+	+
안강들	−	+	+	+
할머니	−	+	+	+
손자아이	−	+	+	+
유금이들	−	+	+	+

대왕암·감은사·이견대·신문왕은 민중의 일상생활과 동떨어져 있는 사실들이다. 손살맥이·형산강·안강들·할머니·손자아이·유금이들은 민중이 일상적으로 생활 속에서 만나는 사실들이다. 문무형에서는 나타나지 않던 민중적 사실들이 김부형에서 대거 나타나기 시작하여 유금형으로 이어진 것이다. 앞에서 축소지향적으로 나타나던 역사적 사실들과는 반대로 확대지향적으로 나타나고 있음을 확인할 수 있다. 이러한 양상을 개념도로 나타내면 쉽게 이해된다.

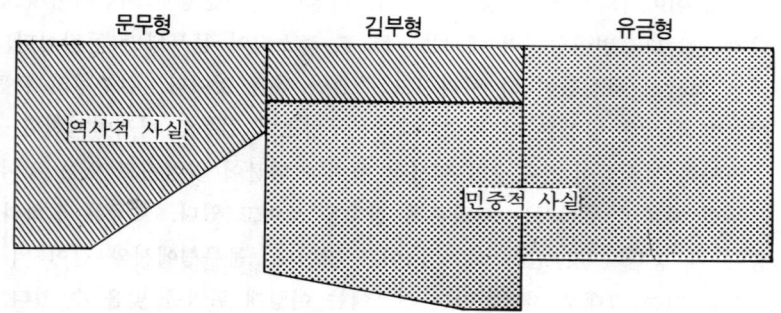

왕 중심의 역사적 사실들이 점차 축소되면서, 민중의 문제의식과 민중이 접하는 생활 속의 문제들이 새로운 소재로 자연스럽게 떠오른 것이다. 김부형은 이러한 전환의 과정에 있는 것이다. 따라서 김부형은 문무형과 유금형의 양면성을 지니고 있다. 문무형의 잔존형태를 유지하면서 유금형의 새로운 태동을 상당히 비중 높게 감당하고 있는 것이다. 그래서 김부형에는 화소도 특별히 많다. 문무형과 유금형은 모두 열 개의 화소로 이루어져 있는데, 김부형은 열두 개나 된다. 상대적으로 화소의 통일성도 잃고 있다. 서로 다른 두 얼굴을 지니고 있기 때문이다. 따라서 김부형은 전승이 안정적이지 못하다. 전승되는 각편도 둘뿐이다.

김부형에서 유금형에 이르면 전승이 안정된다. 축소지향적이지도 않고 확대지향적이지도 않다. 변이화소가 거의 없는 것이다.[25] 그것은 문무왕에서 김부왕으로 주체가 바뀐 데 이어, 왕이 해결해야 할 문제의식도 적절히 바뀌었기 때문이다. 문무형과 김부형에서 문제되고 있던 역사적 사건에서 생업의 문제로 변이된 것이다. 왜적의 침입을 막고자 한 것이 아니라, 물길을 트고자 한 것이다.

왜적의 침입은 신라 이후 조선조까지 줄곧 계속된 역사적 사건이다. 나라와 나라 사이에서 벌어진 분쟁이다. 전쟁과 같은 국제적인 문제이다. 왕이 해결해야 할 가장 큰 문제는 이와 같은 문제이다. 그러나 유금형에 오면 문제의식이 민중적인 것으로 바뀐다. 물길을 막고 있는 산이 있어서 경주가 온통 물바다였다고 하든가, 아니면 들에 물이 고여서 못을 이루고 있는 탓에 농사를 지어먹을 수 없었다고 한다. 현장에서 전승되는 구체적인 이야기를 보자.

"여 포항 우에 손살맥이라고 있십니다. 손살맥이 젙에 거게 안강들이라고 있는데, 손살맥이가 이렇게 맥혔어요. 이전에 포항 거거 포항으로 내레오는 그게

---

25) 문무형은 탈락화소가 셋 이상 있다. 점차 축소되어 전승되고 있는 것이다. 김부형은 생성화소가 셋 이상 있다. 점차 발전되면서 전승되고 있는 것이다. 두 변이유형 모두 전승의 안정성을 지니고 있지 못하다. 그러나 유금형에는 많은 화소 가운데 생성화소 하나만 나타나고 있다. 특히 이 생성화소는 기본형에만 나타나지 않고 두루 나타나고 있어서 각편들 상호간의 화소 차이가 거의 없다. 네 각편의 화소체계가 거의 일치하고 있는 것이다. 변이의 폭이 적다는 것을 말해준다. 그러므로 유금형은 전승의 안정성을 지니고 있는 것이다.

맥헤가주, 안강들이 못해 먹었어요. 못이가 돼가주고, 수만 정보 몬해먹고 이랬는데."[26]

"경순왕이 가만이 생각해보이, 아매도 자꾸 성 안에 물이 들와요. 비가 자꾸 오이, 거 또 漏水가 되이까네……자꾸 물이 들어오이, 도저히 여 살 수가 없어. 아 이래가 안될따고."[27]

"김부대왕이 저 경주 여게 한참 여 울리고 있을 때에, 거 인제 경주가 개(강)이그던요. 개이 됐는데, 만날 문지바아(문지방에) 여게 인자 자기 집 앞에 개이 돼가주고 만날 넘청넘청 그러이까네, 그기 포부가 돼가주고……"[28]

"여(여기)는 인자 강이 돼가 이런데, 장(늘) 봐서 인자 이 들을 해먹어야 되이, 그래 진부(김부)대왕이라 카이가(카는 이가)……"[29]

이러한 내용은 이미 김부형에서부터 보이고 있었다. 왜적의 침입과 함께 의식된 문제였다. 그러다가 유금형에 이르면 이 내용으로 완전히 바뀌어 버린다. 세 변이유형의 내용으로 보아 문제의식의 변이는 돌연하게 이루어진 것이 아니다. 서서히 이루어졌다. 그 과정은 다음과 같다.

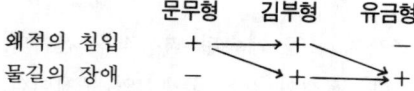

외세와의 문제, 전쟁의 문제, 영토의 문제에서 점차 나라 안의 문제, 생업의 문제, 농토의 문제로 바뀌었다. 앞의 문제는 왕과 같은 통치자들의 문제의식에 걸맞다. 처음에 호국룡 설화는 문무왕의 일화에서부터 시작된 것이다. 왕실의 이야기였다. 문무왕의 행적과 문제의식이 그대로 이야기된 것이다. 따라서 왕 중심의 문제의식과 역사적 사실 중심의 이야기로 엮어질 수밖에 없다. 그러나 이야기는 세간에서 전승되는 것이다. 세간에서 전승되는 이야기의 전승 주체는 민중이다. 전승과정에서 민중의 생각은 자연스럽게 이야기 속에 반영되게 마련이다. 그러므로 민중의 문제의식이 곧

26) 趙東一, 《人物傳說의 意味와 機能》, 영남대출판부, 1979, p. 49.
27) 趙東一, 《韓國口碑文學大系》 7-1, p. 124.
28) 趙東一・林在海, 《韓國口碑文學大系》 7-2, p. 47.
29) 趙東一・林在海, 위의 책 7-3, p. 210.

설화 속의 왕의 문제의식으로 대치되는 것이다.

여러 가지 변모에도 불구하고 왕이 스스로 용이 되겠다고 하는 내용에는 변함이 없다. 모든 변이유형에 한결같이 나타난다. 상층이나 하층이나, 옛날이나 지금이나, 왕실에서나 세간에서나 용신신앙을 믿고 있기 때문이다. 여기서 이야기되는 용은 인간과 별도로 존재하는 신격이 아니다. 인간이 변신해서 용으로 비약한다. 인간인 왕이 스스로 신격인 용으로 비약하는 것이다. 이것은 사람과 신격을 별도의 존재로 인식하고 초인적인 힘을 발휘하려면 신격의 힘을 빌릴 수밖에 없다는 타력적(他力的) 신령관(神靈觀)에 입각해 있는 것이 아니다. 인간은 마음가짐에 따라 스스로 신격으로 비약할 수 있고 그 능력을 획득할 수 있다는 자력적(自力的) 신령관으로 볼 수 있다. 이런 관점에 서면 신격이란 인간의 마음속에서 우러나온 형상이면서, 인간의 마음을 끌고가는 형상이라 하겠다.

그러나 왕이 용으로 비약하는 과정이 유형마다 다르다. 이 문제 역시 호국룡 설화의 전체적 변이양상과 관련되어 있으며 민중의 역사의식을 깊이 있게 반영한다. 호국룡을 통한 신인관의 역사적 변모와, 왕권에 대한 민중의식의 역사적 전개과정을 살필 수 있다.

문헌설화와 마찬가지로 문무형에서는 왕이 호국룡이 되고자 해서 호국룡이 되었다고 한다. 문무왕의 의지는 무엇이라도 이룰 수 있다는 초월성을 인정하는 동시에, 문무왕은 곧 신격과 통하는 신성한 존재라는 것을 나타낸다. 문무왕 같은 사람이 아니면 용이 될 수 없다는 것이다. 아직도 호국룡이 동해를 지키고 있다는 것을 믿도록 하고 있다. 문무형의 기본형에는 여기에다 신문왕의 지극한 효심이 더 보태어졌다. 감은사를 짓고 문무왕의 득천을 축수했다는 것이다.

이는 문무왕 부자의 투철한 충효사상을 내세우는 것이다. 따라서 문헌설화와 더불어 문무형 설화는 무열왕계(武烈王系)의 왕가(王家)설화로 볼 수 있다. 감은사는 신문왕이 그 부왕(父王)의 능침사(陵寢寺) 기능을 했을 것이라고 보는 견해도[30] 이와 관련되어 있다. 그러므로 이 설화의 일차적 기능

---

30) 金宅圭,《韓國民俗文藝論》, 일조각, 1980, pp. 190~196 참조.

은 왕가를 지탱하는 정신적 지주 구실을 하며, 이차적으로는 왕권의 신성성을 통해서 국민적 결속을 강화하는 규범적 기능을 지닌다. 왕은 백성에 대해서 신과 같은 위력을 지니듯이, 자연에 대해서도 일정한 의지와 작용을 통해서 신의 위력을 발휘할 수 있다고 믿는[31] 고대국가적 왕권 관념의 표현으로 볼 수 있다.

김부형에서는 왕의 비약이 실패한다. 백성의 지지를 통해서 비로소 실현된다. 호국의 주체가 왕가 중심에서 왕과 백성 중심으로 변모한 것이다. 신격의 획득이나 나라를 지키는 일은 백성의 지지를 얻은 왕이라야 성취할 수 있음을 표현하고 있다. 왕권의 독자적인 신성성을 부정하고 백성의 참여와 지지를 중시하는 것이다. 따라서 왕은 신격으로 바로 통하지 않고 백성들의 인정에 의해 신격을 획득한다. 이는 인간의 의식이나 생각에 따라 신격의 획득이 결정된다는 뜻이기도 하다. 신격이 실제로 있다는 것을 믿기보다는 신으로 비약하고자 하는 마음가짐과 신격을 인정하는 태도가 곧 신격을 획득할 수 있다는 자력적 신령관을 표현하는 것이다.

이러한 관념이 유금형에서는 더욱 확실하게 나타난다. 왕은 처음부터 신격으로 비약하는 일이 불가능하다는 것을 깨닫고 백성의 협조를 바란다. 백성들이 신격을 인정할 때만 신격의 모습을 갖추게 되고 그 능력을 획득할 수 있게 된다. 자연히 이야기는 신 중심에서 인간 중심으로, 왕 중심에서 백성 중심으로 크게 발전된 것이다.

앞의 두 유형은 호국룡신을 문제삼은 것이라면, 유금형에서는 농사일을 관장하는 농업룡신을 문제삼은 것이다. 섬을 치는 용이 아니라, 물길을 트고 들을 마련하는 용이기 때문이다. 무열왕계의 왕가설화에서 농업을 생업으로 하는 민중의 설화로 변모되면서, 주권에 대한 백성들의 각성된 의식과 자연에 대결하는 인간의 자력적 신령관이 점차 두드러지고 있다. 문무형이 이미 있었던 일의 사실전달에 머무르고 있다면, 김부형은 지금 맞닥뜨리고 있는 의식을 표현하는 데까지 나아갔으며, 유금형은 앞으로 있어야 할 세계의 민중적 꿈을 창조적으로 형상화하는 단계까지 발전된 것이다.

---

31) James George Frazer, *The New Golden Bough*, The New American Library, 1964, p. 187.

이 발전적인 형식은 화소체계의 안정성과 더불어 계속 전승력을 지닐 것으로 보아도 좋겠다.

4. 통시적 전승의 역사적 검토

설화의 통시적 전승방향은 설화의 생존사를 의미한다. 생존사의 관점에서 보면 설화의 전승은 세 유형으로 정리된다. 첫째, 발전론적 전승과정에서 확대지향적인 변이형이 나타나는 유형, 둘째, 퇴화론적 전승과정에서 확대지향적인 변이형이 나타나는 유형, 셋째, 변동론적 전승과정에서 점차 변화지향적인 변이형이 나타나는 유형이 있다. 특히 셋째 유형은 전승이 불안정한 상태이므로 첫째 유형이나 둘째 유형으로 전승이 바뀌게 된다. 과도적인 전승양상이라 할 수 있다.

이러한 전승양상에 입각해 보면 김현감호 설화는 퇴화론적 전승을 보이고 호국룡 설화는 발전론적 전승을 보인다. 김현감호 설화는 사회적 전승집단 및 역사적 상황에 따라 불교적인 종교설화와 현실적인 세속설화로 축소되면서 전승되었다. 불교적인 요소와 현실적인 요소를 포괄적으로 담고 있는 신라 때의 원유형이 불교가 강성하던 고려 때에 이르러서는 승려층에 의해 불교적 세계관을 강화하는 호승형으로 크게 변이되고, 근래에는 과학적 합리적 세계관에 맞는 현실적인 세속설화로 변이된 호처녀형을 전승하게 되었다. 그러나 신라 때의 김현감호형이 아직도 전승되고 있다. 지금도 불교적인 세계관이 민중의식을 상당히 지배하고 있기 때문이다. 설화의 변이유형은 시대적으로 생산된 것이지만 같은 시대에 여러 시대의 변이유형이 현장상황에 따라 함께 전승될 수 있다.

갈래상의 변모과정도 역사적 전개과정과 일치한다. 초기에는 종교전설로 신성시되던 이야기가 점차 세속전설로 변모하여, 어느 정도 사실로 간주되다가 마침내는 민담과 같은 허구적인 이야기로 변모되었다. 문화사적인 전개에 따라 초월적인 경이가 믿어지던 신화시대에서 전설의 시대로, 다시 이것이 부정되는 민담의 시대로 발전된 셈이다.

호국룡 설화는 왕가 중심의 역사적 사실에서 민중 중심의 일상적 사실로

210

크게 바뀌었다. 구체적인 변화과정을 보면 문제의식에서 외세·전쟁·영토 문제에서 백성·생업·농토의 문제로 바뀌었고, 소재의 경우에도 문무왕· 신문왕·대왕암·감은사·이견대 등에서 손살맥이·형산강·안강들·할머 니·유금이 등으로 바뀌었다. 그리고 왕이 용으로 비약하는 양상도 왕의 초월성을 인정하면서 호국룡신으로 받드는 쪽에서부터 점차 왕의 인간적 한계를 드러내면서 농업룡신으로 주목하는 쪽으로 바뀌어 전승되었다.

호국룡 설화는 삼국통일을 이룩한 무열왕계의 왕가설화에서 농업을 생업 으로 하는 민중의 설화로 역사적 전개에 따라 변이되어 전승되고 있는 것 이다. 이러한 전승의 전개과정은 이미 있었던 역사적 사실의 감동적 전달 에 머무르지 않고, 현실문제와 함께 앞으로 이루어야 할 세계의 민중적 기 대를 창조적으로 형상화하는 방향으로 설화가 발전되고 있음을 보여주고 있는 것이다.

설화의 역사적 전개에 따른 변이의 원인은 작품 자체에 의한 것과 문화 사적 발전과정에 의한 것으로 구분할 수 있다. 뒤의 경우는 주술적 종교적 세계관에서 합리적 과학적 세계관으로의 변화에 의한 것, 민중의식의 성장 과 함께 변이된 것, 생태적 환경의 변모에 따라 변이된 것 등이 해당된다. 앞의 경우는 갈래상의 변모에 의한 것, 사실전달 중심에서 문학적 형상성 을 획득해가는 과정에서 변이된 것 등이 해당된다. 그러므로 설화의 통시 적 전승에 따른 역사적 검토에는 화소체계에 따른 작품 자체의 분석과 함 께 문화사적 사회사적 이해와 문학사적 이해가 더불어 필요하다.

제 7 장   전승현장의 상황과 전승의 관계

1. 전승현장과 설화의 사회적 생산

설화가 존재하는 데에는 세 가지 기본적인 요소들이 필수적으로 있어야 한다. 세 요소는, 옛날부터 공동으로 구전되어 온 역사적 전승(tradition)과 현재 이야기되고 있는 공동체(community), 그리고 직접 이야기를 하는 이야기꾼(narrator)이다. 이 세 요소는 모두 동등하게 중요하다.[1] 지금까지 설화 자체의 유형과 각편차원의 전승 및 변이를 논의하고, 역사적 전승의 전개 양상도 다루었다. 이야기가 구전되고 있는 공동체와, 이야기를 직접 들려준 이야기꾼에 관심을 기울여야 할 차례이다. 먼저 이 장에서는 공동체를 중심으로 설화의 생산과 전승문제를 집중적으로 거론하고자 한다.

공동체는 두 가지 의미로 받아들여질 수 있다. 설화가 구연되고 있는 연행현장에[2] 귀속되어 있는 공동체와, 설화가 역사적으로 전승되고 있는 전승현장에[3] 귀속되어 있는 공동체가 그것이다. 앞의 공동체를 연행공동체, 뒤의 공동체를 전승공동체라 일컫기로 한다. 연행공동체는 이야기판에 참여하고 있는 이야기꾼과 듣는 사람들의 집단을 뜻하고, 전승공동체는 설화가 전승되고 있는 지역사회의 구성원 전체를 뜻한다.

공동체의 성격은 일정한 현장상황을 기반으로 형성된다. 설화가 전승되는 미시적 현장이라 할 수 있는 연행현장은 이야기판이다. 이야기판의 장

---

1) Linda Dégh, *Folktales and Society*, Indiana University Press, 1969, p. 49.
2) 林在海, 《민속문화론》, 문학과지성사, 1986, p. 203. "연행현장은 연행이 이루어지는 미시적 현장으로서, 이야기가 이루어지는 '이야기판', 동제가 올려지는 '동제당', 민속극이 놀이되는 '놀이마당' 등으로 제한된 현장을 뜻한다."
3) 林在海, 위의 책, 같은 곳. "전승현장은 민속자료가 전승되는 거시적 현장으로서, 이야기·동제·민속극 등이 전승되는 마을 단위 이상의 지역공동체로 개방된 현장을 뜻한다."

소·시간·분위기·이야기꾼과 듣는이들의 구성 등에 따라 연행공동체의
성격이 결정된다. 한낮 동구의 느티나무 밑에 할머니들이 손자를 업고 나
와서 이야기판을 벌인 경우와, 밤에 마을의 큰 사랑에 모여앉은 할아버지
들이 이야기판을 벌인 경우, 여기서 구연되는 이야기의 목록 및 이야기의
내용이 상이하게 되는 것이다. 연행현장에 따른 공동체의 성격이 다르기
때문이다. 연행현장을 시공간적으로 확대시키면 전승현장이 된다. 설화가
전승되고 있는 지역공동체를 단위로 한 현장이다. 가장 구체적인 단위로는
연행현장이 속해 있는 마을공동체를 들 수 있다. 마을사회의 자연환경과
지리적 위치, 연혁, 신분적 지체, 인적 조직과 구성, 생업, 문화적 상황 등
이 전승공동체의 성격을 결정한다. 이를테면 산촌과 농촌, 어촌에 따라,
또는 동성반촌과 각성민촌에 따라 이야기의 전승현황은 크게 달라진다. 이
야기의 전승 목록도 다르지만, 같은 유형의 이야기도 제각기 다르게 전승
되는 것이다. [4] 여기서는 전승현장의 상황을 중심으로 한 전승공동체의 성
격과 설화전승의 관계를 주로 다루게 될 것이다.

 던데스(Alan Dundes)는 구비문학의 작품을 세 국면에서 분석할 수 있다고
했다. 작품의 합성요소(texture), [5] 작품 자체(text), [6] 자료가 처해 있는 상황
(context)이 그것이다. 지금까지 구비문학의 연구는 주로 둘째 국면, 즉 작
품 자체에 관한 연구에 집중되어 있었다. 첫째 국면의 '합성요소'에 관한
연구는 일부 언어학자들의 관심에 머물렀다. 그러나 어느 정도의 연구는
이루어졌다. 셋째 국면의 '상황'에 관한 연구는 거의 무시되어 왔다. [7] '상
황'이란 구비문학 작품이 전승되고 있는 사회적 상황(social situation)을 뜻
한다. 바로 이와 같은 사회적 상황이 전승현장을 구성하는 여러 가지 조건
들인 것이다. 전승현장의 생태적 사회적 문화적 역사적 환경들이 '상황'을

---

4) 임재해, 〈마을공동체의 성격과 설화의 전승양상〉, 《韓國民俗學》 18, 민속학회,
  1985, pp. 247~260에서 이 문제를 자세하게 다룬 바 있다.
5) 작품의 합성요소(texture)는 압운(rhyme)·어세(stress)·말투(pitch)·접속·어조
  (tone)·의성(onomatopoeia) 등의 언어학적 자질을 뜻한다.
6) 작품(text)이란 이야기꾼의 연행을 통해서 생산된 설화·민요·속담 등의 각편
  (version)을 뜻한다.
7) Alan Dundes, "Texture, Text and Context," *Interpreting Folklore*, Indiana Uni-
  versity Press, 1980, pp. 22~24.

결정하고 공동체의 성격을 규정하게 되는 것이다.

우리가 전승공동체, 또는 사회적 상황에 관심을 기울이는 것은, 던데스의 지적처럼 이 방면의 연구가 거의 이루어지지 않았다는 소극적인 이유 때문만은 아니다. 설화의 생존은 전승현장의 공동체를 기반으로 이루어지고, 전승현장의 상황과 공동체의 성격에 따라 가변적으로 존재하기 때문이다. 특히 설화의 경우는 다른 문화양식의 창조 및 향유와[8] 달리, 공동으로 지어지고 공동으로 전승될 뿐 아니라, 창조자와 향유자, 전승자가 하나의 공동체 속에서 유기적인 통합을 이루고 있는 것이다. 설화를 향유하고 보존하는 사람들은 이를 수용하는 주체자이자 생산자로서 창조적인 활동에 적극 참여하되, 개인적인 창작권이 주장되거나 인정되지 않는다. 공동체가 공유하는 집단적인 전승물로 존재하는 것이다. 따라서 지금까지 다루어온 화소체계와 그에 따른 전승과 변이양상들이 순전히 작품 자체만의 형식과 논리로서 비롯되는 것이 아니라, 전승현장의 상황과 공동체의 성격에 밀접한 관련을 맺고 있다는 점을 체계적으로 밝히고자 하는 것이 이 논의의 적극적인 목적이다.

이러한 논의는 설화가 개인적인 이야기꾼에 의해 창작되는 것으로 보느냐, 아니면 사회구조적 조건에 의해 생산되는 것으로 보느냐 하는 문제와도 걸려 있다. 물론 개인적인 이야기꾼의 직접적인 연행 없이는 이야기가 전승될 수 없다. 이야기꾼의 기여 없이 이야기는 생성될 수도 없고 재창조되면서 변이될 수도 없다는 것은 자명한 사실이다. 그러나 설화작품이 공동체로부터 독립해서 고립적으로 창작되지 않는다는 것도 확실하다.[9] 설화는 이야기되고 있는 순간에 공동체의 삶에 귀속된다. 따라서 개인적인 설화의 작자는 없다. 저작권도 문제되지 않는다. 익명성에 의한 공동작으로 생성·전승·변이되는 것이다. 집단적인 작자의식의 연쇄에 의해 민속공동체가 이야기를 생산·전승한다.[10] 그러므로 이야기되는 바로 그 순간에만 개인이 전승의 연쇄를 이어주는 하나의 고리구실을 할 뿐, 이야기는 공동

  8) 기록문학 또는 고급문화는 창작을 담당하는 생산자와, 이를 수용자에게 매개하는
     전달자, 직접 향유하는 수용자가 서로 분리되어 있다.
  9) Linda Dégh, 주 1)의 책, p. 49.
  10) Linda Dégh, 위의 책, p. 50.

214

체의 자산으로서, 그리고 공동체의 사회적 전승으로 존재하는 것이다.

한 공동체 안에서 전승되고 있고, 그 공동체 성원이 보유하고 있는 이야기들은 개인적인 창작품이 아니라 공동의 지식으로서 사회적 생산품이다. 평균적인 사람들은 자신들이 보유하고 있는 이야기를 알고 있고 누구든지 구연할 수 있다. 그러므로 이들 설화는 자연히 창조적인 이야기꾼을 속박하게 된다.[11] 공동작에 의해 전승되므로 이야기꾼의 창조적 재량권이 무한하게 주어질 수 없다. 이야기는 공동체의 집단적 의식에 입각해 있어야 생성되고 전승될 수 있으며, 공동체 성원이 공유하고 있는 일종의 문화적 자산이기 때문이다. 집단적 의식은 일정한 사회의 평균적인 구성원들에게 공통된 신념과 감정의 총체로 규정된다.[12] 집단적 의식이 무의식의 심층까지 뿌리를 내리고 있는 경우에 역사적 지속성을 획득하게 되고, 이를 기반으로 생산된 설화는 전승력을 확보하게 되는 것이다. 개인적인 이야기꾼도 이러한 집단의식을 알게 모르게 공유하고 있다. 그러므로 모든 이야기꾼은 자신이 속해 있는 공동체의 설화를 일시적으로 이야기하기 위해 나선 사람일 뿐이다.[13]

우리는 지금까지 설화의 작품을 전승과 연행의 층위를 고려한 화소체계에 따라 두 차원으로 나누어서 검토해 왔다. 유형차원과 각편차원의 전승과 변이를 구별했던 것이다. 각편차원의 전승과 변이가 개별적이며 연행현장에서 일시적으로 나타난다고 한다면, 유형차원의 전승과 변이는 집단적이며 전승현장에서 지속적으로 나타난다고 할 수 있다. 각편은 이야기판에서 직접 생산되고 이야기꾼과 청중 사이에서 한정적으로 존재하는 것이다. 이에 비해, 유형은 일정한 지역사회 안에서 설화의 전승을 지속적으로 담당해 온 공동체 성원의 문화적 공유물로서 잠재적 추상적으로 존재하는 각편의 원천이다. 따라서 전승현장의 상황과 그 공동체는 주로 유형차원의 전승에 영향을 미친다면, 연행현장의 상황과 그 공동체는 주로 각편차원의 전승에 영향을 미친다. 즉 마을 단위의 전승현장에서는 유형차원의 설화를

---

11) 위와 같음.
12) Émile Durkheim, *The Division of Labor in Society*, Free Press, 1964, p. 79.
13) Linda Dégh, 앞의 책, p. 52.

생산하고 전승한다. 이야기판의 연행현장에서는 이미 보유하고 있는 유형차원의 설화를 구체적인 각편으로 생산하고 재창조한다. 그러므로 이 논의에서는 주로 전승현장의 상황과 유형차원의 전승 및 변이의 관계에 대한 집중적인 검토가 이루어질 것이다.

이러한 논의는 문학사회학과 관련되어 있다. 문학사회학자들은 문학을 비롯한 예술창작 전반이 어느 개인의 천재적 창조력에 의한 것이 아니라, 사회의 구조적 조건에 의한 집단적 생산으로 본다.[14] 개인적인 작자의 죽음을 선언하면서 작품 생산의 주체를 사회의 구조에 두고 있는 것이다.[15] 문학사회학은 주로 소설사회학에서부터 출발했다. 소설작품이 가지는 허구적 현실과 작가가 인식하는 경험적 현실의 관계를 파악함으로써 작품 속에 상징체로 형상화되어 있는 현실의 구조를 읽어내는 데 관심을 기울였다. 이러한 견해에 따르면 문학사회학의 과제는 작자가 상상에 의해 꾸며낸 인물들과 상황들에 대한 경험을, 그러한 인물과 상황이 나오게 된 역사적인 상황과 연관시키는 것이다.[16]

따라서 문학사회학은 두 경향으로 나누어진다. 문학이 사회적 생산이라는 점에 관심을 모으고 문학의 생산과정을 사회와의 상관관계 속에서 밝히려는 경향이 그 하나이다. 다른 하나는 문학작품이 사회구조의 직접적인 반영이라는 점에서 작품 자체에 관심을 모으고 사회구조 및 공동체의 집단의식을 읽어내려는 경향이다.[17] 사회와 작품을 관련짓되 앞의 경향은 작품 외적인 여러 상황을 통해서 작품의 생산문제를 해명하려 들고, 뒤의 경향은 작품 자체를 통해서 거기에 반영된 사회적 문제들을 환원시키려는 노력을 한다. 지금까지 작품 자체의 화소분석을 통해서 사회적 문제들이 역사적 상황과 더불어 논의되어 왔으므로, 이 장에서는 자연히 앞의 경향을 따

14) Lucien Goldmann, *Towards a Sociology of the Novel*, Tavistok Publications, 1975, p. Ⅷ. "문화 창조의 진정한 주체는 사회적 집단이지 고립된 개인이 아니다."
15) 예술의 사회적 생산에 대해서는 Janet Wolff, *The Social Production of Art*, The Macmillan Press, 1981, pp. 9~48 참조.
16) L. Lowenthal, *Literature and the Image of Man*, Beacon Press, 1957, p. Ⅹ ; Alan Swingewood · Diana Laurenson, 鄭惠善 역, 《文學의 社會學》, 한길사, p. 12에서 재인용.
17) Alan Swingewood · Diana Laurenson, 鄭惠善 역, 위의 책, p. 87.

216

르게 된다. 즉, 이야기가 전승되는 공동체의 생태적 사회적 환경을 통해서 이야기의 생산과 전승의 양상을 해명하는 데 관심을 모으게 된다.

그런데 문학이 사회적 생산으로 이루어진다는 점에 지나치게 집착해 버리면 작품의 미학적 양식을 배제해 버리게 된다. 실제로 이데올로기가[18] 사회적 집단을 통해 매개되기만 하면 곧 바로 문학 형태로 나타나는 것처럼 골드만(Lucien Goldmann)은 설명하고 있다. 이에 대해 울프(Janet Wolff)는 작품이 지닌 미학적 특수성을 모르기 때문이라고 비판하면서 특정 갈래와 특정 예술형식의 본질에 대한 연구를 강조했다.[19] 따라서 작품에 의해 형상화되는 이데올로기와, 그 형상에 작용하는 미학적 양식을 함께 보아야 한다. 이 점을 염두에 두지 않으면, 이데올로기와 구별되는 예술은 따로 존재하지 않는다. 예술과 이데올로기는 그 내용이, 형식에서나 생산과 수용에서 별개의 특징을 지니고 있기 때문이다.[20]

설화의 경우도 갈래나 유형에 따라 공동체의 이데올로기와 밀접한 관련을 지니고 생산되는가 하면, 전승공동체의 자연환경 및 비이데올로기적 요소와 더 밀접한 관련성 속에 생산되기도 한다. 또는 자연적 사회적 환경이 공동체의 이데올로기를 결정짓고, 거기서 생성된 이데올로기의 영향으로 생산되는 설화도 있다. 그러므로 대상이 되는 설화의 갈래상의 특징이나 유형적 성격에 따라 저마다 개성있는 논의가 이루어져야 할 것이다.

2. 김현감호 설화의 현장과 전설적 전승력

김현감호 설화의 통시적 분석과 검토에서 이 설화는 퇴화론적 전승을 보이고 있다는 사실을 확인했다. 그렇다면 이 설화가 퇴화론적 전승을 보이는 데에는 그만한 이유가 있어야 할 것이다. 우선 호랑이와 인간이 이성으로서 부부간의 사랑을 나눈다는 것이 일반적 설득력을 지니기 어렵다. 그

---

18) Raymond Williams, *Marxism and Literature*, Oxford University Press, 1977. "이데올로기란 한 특정 집단의 특징적 신념체계이다." Janet Wolff, 주 15)의 책, p. 54에서 재인용.
19) Janet Wolff, 위의 책, p. 61.
20) Janet Wolff, 위의 책, p. 66.

러자면 호랑이가 우선 인간으로 변신할 수 있다는 것이 인정되어야 한다. 호랑이의 변신은 이야기 속에서 상당히 널리 인정되고 있는 것이다.

기존의 변신설화연구를 참조해 보면 동물 변신의 경우 호랑이의 변신이 두번째로 많이 나타나고 있다.[21] 호랑이는 옛날부터 백수(百獸)의 왕으로 인정될 뿐 아니라, 신성한 존재로 여겨져서 산신령으로 받들려지고 신앙의 대상이 되기까지 한다. 심지어는 '호랑이'라는 말 자체가 금기어로 여겨져 노인네들은 호랑이라는 말을 삼가고 신령님, 또는 산신님으로 호칭할 정도 이다. 따라서 호랑이가 산신령일 경우에는 으레 신선과 같은 노인으로 변신하여 나타나지만, 예사 호랑이도 변신능력을 지닌 것으로 믿어지고 있는 것이다.

그러나 호랑이가 처녀로 변신하여 인간인 남성과 사랑을 나누었다는 것은 흔하지 않은 화소이다. 흔하지 않기 때문에 오히려 화소로서의 전승력을 획득할 수 있다. 비일상적이고 충격적인 내용일수록 전승력을 획득하기 때문이다. 이러한 전승력 때문에 상당한 축소를 보이고 있는 변이형들의 각편 (라), (마), (사)에서도 이와 같은 내용의 화소들은 계속 지탱되고 있는 것이다. 그럼에도 불구하고, 계속해서 축소되면서 전승되는 까닭은 불교적인 세계관과 증거물에 관련되어 전승력을 확보하고 있는 사찰연기 설화라는 갈래상의 특징 때문이다.

불교적 세계관에 입각해 있는 이야기꾼들은 이야기를 설법의 자료로 삼아 계속해서 풍부하게 전승할 수 있었을 것이다. 그래서 신라 때 이야기가 불교를 국교로 삼았던 고려조에까지 갖춘 형태를 지니면서 온전한 모습을 유지할 수 있었으며, 불교를 배척하던 유학자들 앞에서도 호승형과 같은 경험담으로 재창조될 수 있었던 것이다. 그러나 지금은 사정이 크게 달라졌다. 조선조 이후 불교에 대한 혁파정책(革罷政策)과 더불어 유교적 세계관이 지배하게 되었다. 이에 따라 자연히 이들 이야기는 본디 모습을 유지하기 어렵게 된 것이다. 유형차원의 변이를 보이는 것도 이 때문이라고 하겠다.

---

21) 李相日, 〈變身說話의 類型分析과 原初意識〉, 《大東文化硏究》 8, 성균관대 대동문화연구원, 1971, pp. 11~13 참조.

호처녀형 (바)와 (사)에는 불교적 세계관의 흔적을 찾아볼 수 없게 되었다. 김현감호형에서 이야기의 발단은 절을 무대로 한 것이며, 주인공이 절이나 탑을 도는 불교적 의식과 관련되어 사랑의 만남을 이루게 되는 것인데, 이들 이야기에는 이런 모습이 보이지 않는다. 다만 호젓한 산중이나 숲속에서 한 쌍의 남녀로 만나는 것이다. 그리고 김현감호형의 각편들은 모두 창사연기 설화로서 마무리를 짓게 되는데, 이들 이야기에는 그런 것도 나타나지 않는다. 시대적인 변화와 더불어 불교적 세계관이 쇠퇴해 버린 탓에, 이들 설화의 형성 및 전승을 뒷받침하고 있던 민중의식이 더 이상 불교적인 이야기로 전승하지 않게 된 것이다. 그러므로 한낱 사람으로 변신한 호처녀와 청년의 사랑 이야기로, 또는 한 젊은이의 우연한 성취담으로 변모시켜, 본디 모습에서 크게 일탈된 모습으로 축소하여 전승하기에 이른 것이다.

그럼에도 불구하고, 신라 때 전승되던 설화 (가)와 같이, 갖춘 형태를 지니고 있는 설화 (나)가 이들 축소지향적인 변이형과 더불어 수집되었다는 것은 이와 같은 단선적인 추론을 쉽게 인정하지 않는다. 그것은 이야기를 전승하는 원동력이 종교적 세계관의 변화라는 하나의 변수에 한정적으로 걸려 있는 것만은 아니기 때문이다. 설화의 전승력은 세계관의 역사적 변모과정에 한정되어 있는 문제가 아니다. 따라서 통시적 문제에서 공시적 문제로 논의의 시각을 바꾸어야 한다. 전승지역의 생태적 환경과 사회적 문화적 환경이 설화의 전승 및 변이의 내용과 관련지워 검토될 필요가 있다. 특히 전설의 경우는 증거물과 관련되어 있으므로 더욱 그러하다.

전설은 증거물과 관련되어 생성되고 전승되는 이야기이므로, 증거물의 존속 여부에 따라 이야기의 전승력은 크게 달라진다. 전승현장에 증거물이 있는 한, 그 증거물에 관련된 전설은 계속해서 전승력을 확보할 수 있으나, 증거물이 사라져버리면 전설로서의 전승력이 그만큼 약화된다. 이야기 자체가 문학적 흥미를 가진 짜임새 있는 것이라면 민담으로 변모·발전해서 계속 전승되기도 하나, 단순한 증거물의 설명기능만 지녔던 전설은 증거물의 소멸과 더불어 소멸되게 마련이다.

김현감호형의 설화는 김현·김평식 등 남주인공의 인물전설이다. 동시에

호원사·호암사·호륜사·신흥사 등의 창사유래를 설명하는 사물전설이기
도 하다. 그러므로 인물과 사물의 두 증거물이 함께 이들 이야기의 전승력
을 지탱하고 있는 것이므로, 전승력을 확보하는 데 상당히 유리한 이야기
라고 하겠다.

인물은 사물과 달리 이야기를 전승하는 증거물로서의 생명력이 길지 못
하다. 인물은 쉽게 생멸하기 때문이다. 그러나 이름을 크게 날린 역사적인
인물은 죽어도 살아 있는 것이나 다름없이 증거물로서의 위력을 지니고 있
다. 이럴 경우에는 인물의 명성과 더불어 인물전설도 전승력을 강화하게
된다. 또한 전설에 의해 인물의 생명력이 역사 속에 좀더 깊고 넓게 자리
잡을 수도 있다. 따라서 인물의 됨됨이와 그 인물의 전설은 서로 보완적인
관계에서 공생하고 있는 셈이다. 따라서 김현과 김평식 등 역사적인 인물
로 두드러지지 않은 인물의 이야기는 그의 이름만으로써는 전승력을 확보
할 수 없다. 실제로 이들 인물은 각편 (가), (다)에서만 구체적인 이름이
거론될 정도로 역사성이 약화되어 있다. 그래서 대부분의 이야기에서는 막
연한 이름이나 보통명사로서 이들 인물을 나타내고 있다. 그러나 창사유래
담으로서 절 이름이 구체적으로 거론된 것은 김현감호형의 네 이야기에 두
루 보인다.

이들 설화와 관련된 절 이름은 (가) 호원사, (다) 호암사, (라) 호륜사 등
으로, 절 이름이 서로 일치하지는 않지만 각편 (나)의 신흥사를 제외하고
는 모두 호랑이와 관련된 이름으로 전승되고 있다. 각편 (나)의 신흥사는
현존하는 절의 이름이므로[22] 호랑이와 의도적인 관련을 지을 수 없다. 있는
그대로 이야기할 수밖에 없다. 그러나 각편 (가)의 호원사는 폐사이다. 각
편 (다)와 (라)의 호암사와 호륜사는, 호원사를 이름 자체로서 기억하지
못하고 이야기와 관련해서 기억·전승하다가 달라진 이름들이다. 특히 호
륜사는 각편 (가)에 함께 보이는 홍륜사와 호원사가 복합되어 변이된 것
같다. 홍륜사와 호원사는 모두 신라 때 경주에 있던 절이다. 확실한 연대
는 알 수 없지만 오래전에 폐사가 되었다. 그래서 이 지역에는 절의 이름

---

22) 신흥사는 忠南 唐津郡 新平面 망각재에 있는 절이다.

220

어 전하고, 이와 더불어 김현감호형 설화가 전승되는 것이다.[23]

그러나 절이 폐사된 지 오래이므로 점차 축소지향적인 변이를 보이면서 지금까지 구전되고 있다. 그런데 각편 (나)는 각편 (다), (라)와 달리 신라 때부터 전승되던 원형 (가)와 같은 화소를 두루 갖추고 있다. 그것은 신흥사라고 하는 이야기 속의 절이 아직 건재하고 있기 때문에, 절의 생생한 모습과 더불어 절의 창사연기 설화가 사물전설로서 계속 전승력을 지니고 있는 까닭이다. 앞의 설화들이 흥륜사와 호원사가 있었던 경주·월성 일대에서 전승되고 있는 것처럼, 신흥사의 유래를 전하는 각편 (나)는 신흥사가 있는 신평면에서 전승되고 있는 이야기이다. 특히 이야기꾼은 신흥사의 소재를 정확히 알고 있음이 이야기 끝부분에서 잘 드러나 있다.

> 그래가지구 거기다가 절을 쪄가지구 지금으로 말하면 산신당이지. 그것이 신평면에 가면 망각산이라는 데가 있유. 망각산에 절 망각산 **당**각재 절인디, 그 절이 지금 신흥사로 이름어 돼 있유. 그 절이 유래가 산신각이 유래가 된 거구.[24]

설화 (나)의 끝부분이다. 이처럼, 이야기꾼과 증거물과의 생생한 인식의 관계가 이야기의 전승력을 확보해 주는 것이다. 특히 증거물이 사찰이므로, 이야기의 바탕을 이루고 있는 불교적 세계관과도 밀접한 관련성을 확보하고 있는 것이다.

그러나 절 이름을 말로만 들었지 어디에 있는지, 언제 없어졌는지 구체적으로 알 수 없는 이야기꾼이라면 이렇게 사찰에 대해서 자세하게 이야기할 수가 없다. "그래가 그 참 호암사 절로, 인자 이 사람이 그 돈을 받어가 호암사 절로 지어가지고 그 범을 그레(그려)붙이고" 정도로밖에 이야기할 수 없다.

위에서 보듯이, 호원사의 유래담이라고 할 수 있는 원형 (가)의 김현감

---

23) 호암사와 호류사의 유래담인 설화 (다), (라)는 모두 月城郡 甘浦邑에서 전승되고 있다. 월성군은 최근에 경주군으로 그 이름이 바뀌었다. 이 지역은 현재의 경주와 인접해 있을 뿐 아니라, 신라 때에는 경주권에 속해 있던 지역이다. 특히 설화 (다)가 전승되는 감포읍 대본리는 感恩寺·利見臺·大王岩 등 통일신라시대의 유적지가 많은 지역이다.

24) 印權煥, 《韓國口碑文學大系》 4-1, 한국정신문화연구원, 1980, p. 183.

호 설화가 신흥사의 유래담 각편 (나)로 이야기되는 것은 증거물의 흡인력
이라고 할 수 있겠다.[25] 일정한 이야기가 구전되는 과정에 더 가까이 있는
다른 증거물과 관련되어, 그 증거물의 이야기인 것처럼 전승되는 현상, 즉
특정 증거물이 다른 증거물과 관련되어 구전되는 이야기를 끌어들여 그 증
거물의 이야기로 전환시키는 힘을 증거물의 흡인력이라고 하는 것이다. 이
러한 증거물의 흡인력 때문에 경주에서는 이 이야기가 경주에 있었던 사찰
과 관련되어 호원사·호암사·호류사 등의 유래담으로 이야기되지만, 충남
당진군(唐津郡) 신평면(新平面)에서는 이 지역에 현존하고 있는 사찰 신흥사
의 유래담으로 전승되는 것이다.

각편 (나)는 증거물과 구전되는 이야기가 더불어 전하니 전승력이 강하
여, 신라 때 이야기가 제 모습대로 온전하게 전승될 수 있으나, 각편 (다),
(라)는 순전히 구전에 의한 설화 자체의 전승력에 한정되어 이야기가 전승
되니 세계관의 변모와 더불어 전설로서의 기능도 의미를 잃게 되고, 이에
따라 이야기도 점차 축소되어 전승될 수밖에 없는 것이다. 특히 호처녀형
의 경우는 더 심각한 퇴화를 보이는데, 그것은 사찰연기 설화로서의 기능
을 완전히 상실했을 뿐 아니라, 전승지역이 사찰이 있던 경주와 동떨어진
곳이므로, 전설로서의 모습을 유지할 수도 없게 되었다.

호처녀형 (바)는 경주에서 전승되는 것이되, 사찰과는 무관하게 이야기
되니 사찰연기 설화로서의 갖춘 꼴을 지닐 수 없는 것이다. 오히려 화랭이
의 유래담으로 변모되었다. 그것은 유형적(有形的)인 증거물인 사찰이 오래
전에 폐사되어 기억력 속에서도 사라지게 되자, 화랑이라고 하는 제도적
문화적 유산의 증거물과 만나게 된 것이다. 이런 전설을 풍속전설이라고
할 수 있는데, 이것도 역시 문화적 증거물의 흡인력에 의한 변모라고 볼
수 있겠다. 알지 못하는 이름없는 폐사보다 '화랑'이라는 역사적 인물 및

---

25) 趙東一,《人物傳說의 意味와 機能》, 영남대출판부, 1979, pp. 255~257에서 방학중
이란 인물의 흡인력을 다룬 바 있다. "다른 인물이 했다는 것도 이 고장에 오면 방
학중이가 행한 짓으로 바뀐다. 이것이 방학중이가 지니는 흡인력이다…… 서울서는
정수동 이야기이고, 평양에서는 김선달 이야기이고, 이곳 영해 영덕에서는 방학중
이 이야기인 것이 당연한 일이다. 정수동·김선달·방학중은 누구든지 자기 고장에
서는 그만한 흡인력이 있다고 인정되게 마련이지만, 이중에서 방학중이 이야기는
지금도 살아 있으니, 살아 있는 방학중이가 주인이다."

제도가 이 이야기를 끌어들인 것이 각편 (바)이기 때문이다.

각편 (나)와 각편 (바)는 다 같이 증거물의 흡인력에 의해서 본디 증거물이 아닌, 다른 증거물과 결부되어 전승되는 이야기이지만, 각편 (나)는 각편 (가)와 같은 증거물로서 전승자가 직접 확인할 수 있는 신흥사라는 사찰에 흡인되었으므로 본디 모습을 온전하게 유지하고 있다. 그런데, 각편 (바)는 각편 (나)의 증거물과 거리가 먼 '화랑'이라는 제도적 증거물에 흡인되었으므로, 본디 모습에서 크게 일탈된 것이다. 그러므로 증거물의 흡인력이 본디 이야기의 증거물과 같은 유의 증거물에서 비롯되는 경우는 전승력을 보강하는 구실을 하게 되나 그렇지 않은 경우는 설화의 변이를 촉진시키게 된다.

증거물에 의한 전승력의 확보를 특히 전설적 전승력이라고 할 수 있다. 그것은 신화나 민담에서 쉽사리 확보할 수 없는 전설 고유의 것이기 때문이다. 전설은 사실로 여겨지는 이야기가 초월적으로, 그럴 듯하지 않게 표현되는 것이라고 규정한 바 있다.[26] 사실답지 않게 초월적으로 이야기되는 것임에도 불구하고 이야기꾼이나 청중이 사실로 여기면서 이야기를 전승하는 까닭은, 사실로 여기도록 하는 증거물이 있기 때문이다. 전설이 증거물을 잃게 되면 전승이 중단되거나 약화되는 까닭도 여기에 있다. 이야기의 짜임새와 주제가 문예성을 획득하고 있는 전설은 이럴 경우에도 증거물과 독립되어 민담으로 변모하여 전승이 지속될 수 있다. 물론 이때의 전승은 전설적 전승력에 의한 것은 아니다. 이야기 자체가 지니고 있는 문학적인 흥미와 가치 때문이다.

각편 (마)는 증거물에 의한 전설적 전승력을 잃고 있는 것이어서, 민담 형식으로 전승되고 있다. 이야기의 원고향인 경주와 지리적으로도 상당히 떨어진 경남 거제군(巨濟郡) 신현읍(新縣邑)에서 전승되는 것이다. 따라서 호처녀가 죽음을 자청하여 가난한 청년을 도와 큰 성취를 이루게 했다는 문학적 흥미가 전설적 전승력을 대신하고 있지만, 본디 모습에서 가장 많은 변이를 보일 수밖에 없다. 그러므로 전설의 발생지 및 증거물과의 관계

---

26) 임재해, 〈설화의 존재양식과 갈래체계〉, 《구비문학》 8, 한국정신문화연구원, 1985, pp. 118~124.

에 따라 이야기의 전파 및 전승의 법칙은 다시 정리될 필요가 있다.

일반적으로 이야기는 원고향에서 지리적으로 멀어질수록, 그리고 역사적으로 후대에 전승될수록 전승력이 약화되어 본디 모습에서 크게 일탈되는 것으로 법칙화하고 있는데,[27] 전설의 경우에는 반드시 그렇지도 않다. 그것은 증거물이 지니고 있는 흡인력에 의한 전설적 전승력을 고려하지 않은 탓이다.

전설의 전승력은 민담과 달라서 이야기 내적인 것에 한정되지 않고 증거물에 힘입어 전승력을 확보하는 것이다. 따라서 전승현장에 증거물이 변함없이 존재하고 있는 경우에는 그 증거물과 더불어 증거물에 흡인된 이야기 역시 강한 전승력을 지니게 마련이다. 그러므로 이야기의 원고향과 지리적으로도 동떨어져 있을 뿐 아니라, 시간적으로도 수백 년이 지난 지금까지 각편 (나)는 신흥사의 유래담으로 계속 강한 전승력을 지니며, 원고향에서 전승되는 신라시대의 원형 (가)와 다름없이 갖춘 형태의 본디 모습을 유지하고 있는 것이다.

이른바 광포전설(廣布傳說)이라고 하는 개무덤 전설이나 장자못 전설, 대홍수 전설, 아기장수 전설, 오뉘힘내기 전설 등은 모두 증거물에 의한 전설적 전승력을 확보하고 있는 것들이다. 개무덤 전설은 그 증거물이라고 하는 개무덤이 널리 존재하고 있고,[28] 장자못 전설의 증거물인 욕심많은 장자의 집터가 함몰되어 만들어졌다는 황지못·용두못·장자골·돌미륵, 홍

---

27) 成耆說, 〈傳播論〉, 金烈圭 외, 《民談學槪論》, 일조각, 1982, p.104에서 역사지리학파의 전파론을 소개한 다음, 그 법칙을 "민담은 그 고향에서 가장 순수한, 가장 본원적인 형식에 가깝고, 가장 고형으로 생존하고, 멀어질수록 변이가 많다."고 요약하고 이에 의문을 제기했다. 역사지리학적 방법을 확립시킨 연구로 높이 평가받고 있는 Stith Thompson, "The Star Husband Tale," Alan Dundes ed., *The Study of Folklore*, Prentice-Hall Inc., 1965, p.455의 결론 부분에서, "태평양 연안의 이야기들은 최초의 이야기로부터 후기에 영향을 받아서 재창조된 것처럼 풍부한 변이를 보인 데 반하여, 중앙평원의 각편들은 거의 변이를 보이지 않는다. 그러므로 중앙평원이 순수한 이야기 및 기본적인 유형을 전승하고 있다는 이유에서 가장 합리적인 기원지인 것처럼 보인다"고 했다.
28) 孫晉泰, 《韓國民族說話의 硏究》, 을유문화사, 1947, p.528. "'개무덤'이 있는 곳이라는 점에서 명명되었을 것은 사실일 터이며, '개무덤'이 있었던 곳에는 반드시 義拘傳說도 있었을 터이다. 이렇게 조선 각지에는 義拘塚이 있으며 의구 전설이 거의 보편적으로 있을 뿐 아니라, 이 전설은 고려시대부터 조선에 존재하였던 것도 알 수 있다."

수 전설의 증거물인 삿갓봉・배나니고개・고리봉・갈모봉, 오뉘힘내기 전설의 증거물인 성터・명당・말바위, 그리고 아기장수 전설의 증거물인 장수발자욱・용마바위・용소 등이 전국적으로 분포되어 있으므로,[29] 이들 전설이 증거물과 더불어 널리 전승되고 있는 것이다. 인물전설의 경우도 마찬가지이다. 정수동이나 김선달의 이야기가 정만서나 방학중의 이야기로서 경주・월성지방 및 영해・영덕지방에서 널리 전승되고 있는 것은[30] 정만서와 방학중이 이 지방에 실재했던 인물들이기 때문이다. 이런 현상 역시 증거물의 흡인력에 의한 전설적 전승력으로 볼 수 있겠다.

이처럼 증거물의 흡인력에 의해 전승력을 확보해 주는 것이 바로 전승현장의 사회적 문화적 자연적 상황이다. 증거물과 가까이 있거나 같은 문화권에 속하는 전승현장에서는 전승력이 강화되나, 그렇지 않은 전승현장에서는 약화되게 마련이다. 증거물이 오래전에 없어졌지만 지역적으로 동일 문화권에 속하는 경주・월성 일대에서는, 증거물의 훼손과 더불어 이야기도 어느 정도 훼손되었지만, 비교적 본디 모습을 유지한 채 전승력을 지니고 있다. 그것은 지리적 동질성뿐만 아니라, 불교문화의 역사적 중심지로서 문화적 동질성을 더불어 지니고 있는 까닭에, 사찰연기 설화로서의 김현감호 설화의 전승이 활발한 것이다.

특히 감포읍 대본리와 감포리에서 차례로 각편 (다), (라)가 창사연기 설화로 전승되는 것을 보면, 《삼국유사》에 전하는 흥륜사 및 호원사가 이 지역주민들에게 특별히 인식되었을 가능성이 높다. 이 지역에는 감은사지(感恩寺址)가 있고 이견대(利見臺) 및 대왕암(大王岩)이 더불어 있어, 《삼국유사》에 전하는 전설이 신라 때의 불교 유적과 함께 풍부하게 전승되고 있다. 이른바 문무왕의 호국룡 설화가 그것인데, 다른 지역에서는 《삼국유

---

29) 崔來沃, 《韓國口碑傳說의 硏究》, 일조각, 1981, pp. 25~79에 이들 전설의 변이양상과 전승지역 및 증거물이 자세히 다루어져 있다.
30) 연구자의 현지조사에 의하면, 정만서의 생장지와 가까운 월성군 현곡면 가정리 일대에서 정만서 이야기가 많이 수집되었고, 방학중의 생장지인 영덕군 강구면 하저리에서 방학중 이야기가 많이 수집되었다. 물론 정만서의 고장인 경주・월성지역 일대와, 방학중의 고장인 영해・영덕 일대에도 널리 전승되고 있음을 확인했다. 이들 자료는 각기 趙東一, 《韓國口碑文學大系》 7-1과, 趙東一・林在海, 같은 책 7-7에 집중적으로 수록되어 있다.

사)에 실린 내용과 상당히 다르게 구전되고 있지만 이 지역에서는 거의 같은 양상으로 전승되고 있다.[31]

설화는 전승되면서 시대적 상황과 사회적 상황의 변화에 따라 달라지게 마련이지만, 역사적 종교적 유물과 관련된 전설의 경우는 반드시 그렇지 않다. 해당 전설의 증거물이 있었거나, 있는 지역에서는 고형(古形)의 전설이 그대로 유지되는 경향이 있다. 그 까닭은 역사적 종교적 유물이 지역주민들의 자부심과 긍지를 일깨워주는 근거가 되므로, 지역 공동체 내부에서 스스로 전승력을 강화하는 내적 요인을 지니고 있는 때문이다.[32] 역사적 유물이 있되 전설이 없으면 유물의 역사적 의미가 약화되고, 종교적 유물이 있되 그에 얽힌 이야기가 없으면 종교적 기능이 발휘될 수 없게 된다. 따라서 유물의 역사적 종교적 의미와 기능을 강화함으로써 전승현장의 사회적 문화적 가치를 높이고자 유물에 얽힌 이야기를 역사적 긍지와 종교적 믿음에 의하여 적극적으로 전승하는 계기가 된다. 이러한 계기는 본디 이야기가 줄기차게 전승될 수 있는 근거를 마련해 준다. 그러므로 감포읍 일대에서 감호유형의 원유형이 전승력을 획득하고 있는 것은 전승현장의 사회적 문화적 상황과 밀접한 관련성을 지니고 있는 까닭이라 하겠다.

김현감호 설화는 호랑이의 인명살상과 관련된 내용이므로, 호랑이의 출현이라고 하는 자연환경 요인과도 무관하지 않다. 당시에는 스님들이 흔히 호식(虎食)의 대상이 되었으므로, 인명을 해치는 호랑이를 징계하고 막고자 하는 의도와 염원에서 절들이 세워졌으며, 그와 관련하여 이야기도 전승되

31) 林在海,〈護國龍說話의 傳承樣相과 神人關係〉,《韓國民俗學》13, 민속학회, 1980, p.106.《삼국유사》소재 문무왕 설화와 가장 가까운 "문무형은 대왕암이 있는 양북면 봉길리, 감포읍 대본리 일대에서 구전되고 있다…… 대본리와 봉길리의 이야기꾼들은 이와 같은 역사적 인물과 사적을 빠뜨리지 않고 이야기하고, 이 지역이 유서 깊은 곳임을 강조한다. 이는 문헌설화와 유사한 가장 고형의 설화로 볼 수 있겠다."
32) 林在海, 위의 글, p.107에서, 대왕암이 있는 대본리와 봉길리에서 문무왕의 호국룡 설화가 고형을 유지하면서 강한 전승력을 확보하고 있는 까닭을 다음과 같이 설명하고 있다. "이 지역 주민들은 누구나 자기 마을 가까이 대왕암이 있는 것을 자랑으로 생각한다. 삼국통일을 이룩한 문무왕이 마을의 앞바다에 수장되어 있으며, 또 호국룡이 되어 나라를 지킨다는 것은 보통 자랑거리가 아니다. 신문왕이 감은사를 짓고 기도를 했으며, 이견대에서 선왕의 득천을 지켜보았다는 사실도 숨겨둘 일이 아니다. 이러한 주민의 의식이 고형의 문무왕 전설을 유지시키는 바탕으로 작용했을 것이다."

었을 것이라는 견해가 있다.[33] 이야기의 내용을 주술적으로 파악하면 이런 주장도 가능하다. 호랑이처녀는 형제들이 인명을 살상한 죄를 대신 뒤집어 쓰고 희생적인 죽음을 당하는 속죄양이다. 그리고 인명을 해친 데 대한 하늘의 징벌이 호랑이의 죽음을 필연적인 것으로 계시하고 있다. 유감주술의 원리에 입각해서, 절을 짓고 이런 내용의 전설을 전승하면 전설의 내용처럼 호랑이를 퇴치할 수 있다고 생각할 수 있다. 이야기 속에 호랑이에게 다친 상처를 낫게 하는 처방과, 그 처방이 동시에 민속요법으로 전해지고 있다는 내용이 있는 것 또한 당시 이 지역에 호환이 많았다는 사실을 반영하고 있는 것이다.

또는 호식이 많았다는 당시의 상황을 그대로 반영한 것이 아니라 사람을 위해서 호랑이가 희생되었다는 이야기이므로, 현실의 역설적인 반영으로 보기도 한다.[34] 이것은 현실의 역설적 극복의지가 설화로 형상화되었다고 보는 관점이다. 역설적인 반영도 역시 현실을 바탕으로 이루어지는 것이므로, 전승현장의 사례가 이러한 현실적 반영을 뒷받침할 수 있어야 설득력을 지닐 수 있다. 실제로 이 지역에서 호환을 입은 일이 있으며, 전승현장의 공동체 성원들이 이를 객관적으로 인식하고 있을 때, 설화의 전승과 전승현장의 유기적 상관성을 인정할 수 있게 된다.

이 설화의 전승현장인 감포읍 감포리에서는 반농반어(半農半漁)의 해촌으로서 3년 두리 별신굿을 한다.[35] 감포리의 별신굿에서는 다른 마을에서 하지 않는 범굿을 한다. 범굿은 호탈굿·범탈굿이라고도 하는데, 옛날에 마을사람이 호랑이에게 물려간 일이 있어서 이러한 재앙을 막기 위해 하는 굿이다.[36] 따라서 이 굿은 호환이 있었던 마을에서만 별도로 하는 굿거리이

33) 이러한 견해는 영남대학교 민족문화연구소의 《三國遺事》 윤독모임에서, 연구자가 '金現感虎條'를 발표할 때(1980. 3. 15.) 정석종 교수가 밝힌 것이다. 조동일, 《한국문학통사》 1, 지식산업사, 1982, p. 194. "호랑이가 많이 나다니며 사람을 해쳐 호환을 막아달라고 기원하는 절을 세우고 그런(김현감호) 이야기를 지어냈을 것이라는 해석도 가능하다"고 했다.
34) 이 견해는 앞의 같은 모임에서 조동일 교수가 제기한 것이다.
35) 趙東一·林在海, 《韓國口碑文學大系》 7-2, p. 794, 839 참조.
36) 崔正如·徐大錫, 《東海岸巫歌》, 형설출판사, 1974, p. 36. "범굿을 행하는 마을은 범의 피해를 받은 마을에서 범이 다시 나타나지 않도록 하기 위하여 이 굿을 행한다."

다.[37] 물론, 감포리에서도 호환을 당한 적이 있어서 범굿을 하는 것이다. 그러므로 전승현장의 자연환경과 경험적 사실에 대한 공동체 성원들의 주술적 문화적 인식이 범굿이라는 특별 제의를 전승시키는 것과 마찬가지로, 김현감호 설화를 지속적으로 전승하는 것이다.

《삼국유사》소재 김현감호 설화가 이야기로 전해진 내력도 이 문제를 논의하는 데 주목할 만하다. 일연은 김현이 스스로 쓴 전기를 통해서 이 설화가 비로소 세상에 알려지게 되었다고 하면서,[38] 그 전기의 이름을 논호림(論虎林)이라고 밝혀두었다. 호랑이가 출현하는 수풀을 논했다는 것이니, 이야기 속에 나오는 숲과 일정한 관련성을 지닌다.

《삼국유사》에 수록된 각편 (가)에도 "김현이 칼을 들고 숲속에 들어가니 범이 낭자로 변하여 반가이 웃으며 말했다"는[39] 대목이 있다. 경주·월성 일대에서 수집된 구전자료에도 범의 출현장소는 숲이다. 각편 (다)에서는 '계림 숲속'으로[40] 구체적인 실제의 숲이 그 무대가 되고, (라)에서는 "바로 며칠 전에 가든 그 숲속이"[41] 나온다. 각편 (바)의 경우에도 남주인공이 "월성 숲에 내(늘) 갱비로(경비를)"하는데 호랑이가 나타난다. 옛날부터 경주의 계림은 역사적으로 유명한 숲이었고, 지금 황성공원의 숲과 함께 휴식공간으로 이용되고 있는 현전하는 숲이다. 이런 숲들이 모두 논호림의 대상이 될 수 있고, 오늘날까지 이들 이야기를 전승하는 사람들이 구체적으로 인식하고 있는 전승현장의 자연환경이 되는 것이다.

실제로 《동경잡기》에는 신라사람 김현이 지은 호원사라는 절이 경주의

---

37) 崔吉城, 《韓國巫俗의 硏究》, 아세아문화사, 1978, p. 311. 범굿을 하는 마을로는 월성군 감포읍 외에 "영일군 구룡포읍, 강사리 도구지, 지행면 죽정리, 수성리 행교, 영덕군 강구면 하저동, 서하동, 화보, 원척 등이다."

38) 조동일, 주 33)의 책, p. 195. "김현이라는 인물이 자기가 겪었던 일에 대해서 입밖에 내지 않고 있다가 죽을 임시에 '깊이 느낀 바가 있어서, 붓을 들어 전(傳)을 지었다'고 했다. 이 말대로 하면 김현이라는 사람 자신이 전을 지었다고 해야 한다. 물론 그대로 믿기는 어렵다. 김현은 이야기의 주인공이자 가탁된 작자이며, 이야기를 글로 써서 전을 만든 사람은 따로 있었을 것 같다."

39) 《三國遺事》, 金現感虎. "現持短劍入林中虎戀爲娘子熙怡而笑曰"

40) 趙東一·林在海, 주 35)의 책, p. 706. "이 사람이 드가 마, 고고 계림 숲속을 다 가가, 마 범 따라가 드가이 마, 얼매 있으이 마 범이 죽는 기라."

41) 趙東一·林在海, 위의 책, p. 771. "이래가주고 가는 곳이 어느 수목이 울밀한 그런 숲속으로 드가요."

228

서천(西川)가에 있다고 기록되어 있다. 일제 때 학자들은 호원사지가 나원리(羅原里) 5층석탑과 김후직(金后稷)의 묘 등이 있는, 현재의 황성공원 숲에 있었던 것으로 추정하였다.[42] 그러므로 이야기 전승현장의 실제적 상황과 계림숲이나 월성숲으로 이야기하는 전승자들의 인식 및 이야기 속의 상황이 서로 일치되는 것임을 알 수 있다.

그런데 이러한 현장상황을 벗어나면 이야기의 전승도 달라진다. 경주·월성지방이 아닌 곳에서 수집된 자료에는 호랑이 출현장소로 숲이 등장하지 않는다. 원형과 가장 가까운 형태로, 가장 완벽하게 전승되고 있는 충북 당진군 신평면 설화 (나)에서도, 호랑이가 등장하는 무대는 산속이나 산꼭대기일 뿐이다.[43] 숲이란 말은 일체 없다. 각편 (나)의 신흥사는 호원사와 달리 산간에 자리잡고[44] 있기 때문이다. 경남 신현읍에서 전승되는 각편 (사)의 경우도 마찬가지이다. 호랑이가 출현하는 무대는 산중의 개울가이거나 길가의 언덕이다.[45] 여기서 우리는 전승현장의 생태적 환경과 문화적 상황이 이야기의 전승력과 이야기의 내용에 가변적으로 영향을 미친다는 것을 다각적으로 검토할 수 있었다.

3. 호국룡 설화의 현장과 생태학적 이해

호국룡 설화의 세 변이유형이 전승되는 현장은 일정한 권역(圈域)을 이루고 있다. 전승현장이 지역적으로 다른 분포를 보일 뿐 아니라, 문화적 자연적 환경의 특성이 뚜렷하게 구별된다. 따라서 호국룡 설화와 환경에 따른 생태학적 고찰이 가능하다. 생태학과 환경은 구별되는 개념이다. 환경

---

42) 韓國佛教研究院, 《新羅의 廢寺》1, 일지사, 1974, p.38.
43) 印權煥, 《韓國口碑文學大系》4-1, p.181. "칼하구 창을 가지고 뒷동산에 올라갔어. 올라가니까, 자기 부인이 있는 거여. 산꼭대기에서 아주 어여쁜 여인이 그날 따라 더 이쁘다 그런 얘기여. 호랭이가 부인으로 변한 거지."
44) 印權煥, 위의 책, p.183. "망각산에 절, 망각산 망각재 절인디, 그 절이 지금 신흥사로 이름이 돼 있유."
45) 鄭尙圤·柳鍾穆, 《韓國口碑文學大系》8-1, p.53. "그날 저녁에 그 뭐 질에다가 누워가이고 있으몬 호랭이가 돼갖고, 누웠지 뭐. 그래 마 총을 쏴서 호랑이 호랑이를 직있다(죽였다)."

은 특정 집단이 살고 있는 자연적 상황을 말하고, 생태학이란 인간집단과 환경과의 관계를 말한다.[46] 생태학의 과제는 생물집단이 주어진 환경과 어떠한 관계를 맺고 있으며, 또한 그 생물집단이 주어진 환경 아래에서 어떻게 적응하면서 생존해 나가는가를 연구하는 것이다.[47] 마찬가지로 설화의 생태학적 고찰은, 설화를 전승공동체의 사회적 생산으로 인식하면서, 해당 설화가 전승현장의 사회적 문화적 자연적 환경과 어떤 관계를 맺으면서 전승되고 변이되는가 하는 것을 유기적으로 검토하는 일이라 하겠다.

문무형은 대왕암이 있는 월성군 양북면(陽北面) 봉길리(奉吉里)와 감포읍(甘浦邑) 대본리(臺本里) 일대에서 구전되고 있다. 김부형은 영덕군 영해면(盈海面) 대진(大津) 2동과 경주시에서 수집되었다. 유금형은 유금들에 인접해 있는 월성군 안강읍(安康邑) 외에 월성군 일대의 농촌 마을에 두루 전승되고 있다. 먼저 문무형의 전승현장을 통해서 호국룡 설화가 원형의 모습을 유지하면서 전승되고 있는 근거를 현장상황을 통해 따져보기로 한다.

문무형이 널리 전승되고 있는 봉길리와 대본리는 행정구역상으로 보아 양북면과 감포읍으로 구분되어 있지만, 지리상으로 보아서는 바로 이웃에 있는 인접 마을이다. 대왕암이 있는 앞바다를 끼고 있으면서 두 마을 사이에 아무런 장애물이 없으므로 가시적인 위치에 있다. 직선 거리로 500미터가 채 못된다. 따라서 이들 두 마을은 대왕암과 그에 따른 문화유적 및 전설까지 공유하고 있는 형편이다.

대왕암을 바라보고 있는 해수욕장이 봉길해수욕장이다. 대왕암과 함께 해수욕장은 행정구역상 양북면 봉길리에 속해 있다. 그러나 해수욕을 즐기러 온 피서객이나 대왕암을 비롯한 관련 유적들을 보기 위해 찾아온 관광객들이 머무는 숙박업소는 모두 감포읍 대본리에 있다. 대본리의 숙박업소와 봉길리의 백사장이 더불어 해수욕장을 이루는 것이다. 그래서 사람들은 행정구역과 상관없이 대본해수욕장이라는 말을 즐겨 쓰고, 대왕암도 대본리에 있는 것인 양 인식하고 있다.

---

46) F.E. 존스톤·H. 셀비, 權彛九 역, 《現代文化人類學》, 탐구당, 1981, p. 296.
47) 권이구, 〈전통적 생활양식의 생태학적 측면〉, 《傳統的 生活樣式의 硏究》하, 한국정신문화연구원, 1984, p. 2.

신문왕이 선왕의 수중릉을 지켜보면서 득천하는 모습을 보기 위해 이견 대를 지은 곳이 대본리 언덕이다. 대본리에서 바로 내려다보이는 곳에 대왕암이 있기 때문이다. 《세종실록지리지》나 《동국여지승람》에서도 이견대와 대왕암의 직선거리를 표시하고 있다. 행정구역상 대왕암은 봉길리에 속해 있으며 지리적으로도 봉길리의 해안선에서 더 가깝다고 말할 수 있다. 대본리·대왕암·봉길리가 삼각형을 이루면서 분포되어 있는 것이다. 그러나 역사적 문화적으로는 대본리에 더 가깝다. 이견대가 대본리에 있기 때문이다.

봉길리와 대본리는 어촌이다. 동해안을 끼고서 반농반어업을 생업으로 하고 있다. 이전보다 점차 농업 쪽으로 기울어지고 있다고 한다. 인근에는 이견대와 대왕암 외에, 이와 관련되는 유적 감은사가 있다. 감은사는 지금 탑과 사지(寺址)만 남았다. 감은사지는 양북면 용당리, 대왕암은 봉길리, 이견대는 감포읍 대본리에 속해 있으나 서로 이웃해 있으므로 근래에 가른 행정구역의 의미는 크지 않다. 1960년대에 들어와서 대왕암이 본격적으로 문무왕의 수중릉으로 밝혀지고, 이견대가 수축되는가 하면 감은사지가 발굴되자, 이 지역은 새삼스레 역사적인 고장으로 부각되기에 이르렀다. 이에 따라 관광객들과 국내외 학자들이 몰려들기 시작했다. 여름철에는 해수욕을 하고자 하는 피서객도 더 늘어났다. 농어업의 수입에 못지않게 숙박업을 통한 관광수입도 늘어나게 되었다.

이러한 사정 때문에 이 고장 사람들은 누구나 이들 유적에 대한 이야기를 잘 알고 있다. 유적에 대한 인식 때문이기도 하지만 찾아오는 사람들의 질문에 답하는 과정에서, 잊어버리기 쉬운 이야기들을 생생하게 되살릴 수 있는 기회가 여러 차례 주어지기 때문이기도 하다. 역사 유적에 얽혀서 전승되는 이야기니 내용이 풍부한 것은 당연하다. 《삼국유사》에 전하는 기록보다 더 짜임새 있고 자세한 내용의 이야기가 전한다. 《삼국유사》에 없는 역사적 이야기도 전승되고 있다. 호국룡 설화를 비롯해서 만파식적(萬波息笛) 이야기가 전할 뿐 아니라, 각 유적에 얽힌 다양한 설화들이 구비역사(oral history) 구실을 하고 있다.

이를테면, 감은사의 큰 종을 왜적들이 쳐들어와 훔쳐갔는데, 종을 실은 배가 대왕암 앞바다를 지날 때 태풍이 일고 벼락이 쳐서 배가 파산되고 종이 바다에 빠졌다는 이야기가 전하고 있다. 대왕암 앞바다에 빠진 종은 파도가 칠 때마다 종소리를 울렸는데, 사라호 태풍 이후에는 모래 속에 묻혀 들리지 않고, 그때 벼락을 맞은 바위가 대왕암에서 400미터 정도 떨어진 곳에 있으며 벼락바위로 불리어지고 있다고 한다.[48]

물론 이 전설은 문헌에도 전하지 않는다. 그러나 이 고장 사람들은 이 이야기를 사실로 알고 오래전부터 구전하고 있다. 대왕암 전설 이상으로 널리 이야기되고 있다. 종이 아직도 대왕암 앞바다에 묻혀 있다고 생각하기 때문에 "이 종을 언제나 파낼란가 모르죠. 요새 이 참 뭐 이 발달 생활에 엥간하면(어지간하면) 안 팔능교?"[49] 하면서, 감은사의 종을 발굴해 내야 한다고 주장한다. 그러나 이러한 사실은 역사적인 사실로 간주된 적이 없다. 한낱 이야기로 받아들여졌을 뿐이다. 호국룡 설화가 역사적 사실로 간주되지 않아왔던 것과 마찬가지이다.

대왕암이 문무왕의 수중릉으로 밝혀지자 이견대·감은사에 관한 조사와 발굴 및 복원사업이 계속되었다. 연구자가 감은사의 종에 관한 설화를 조사한 이듬해에 감은사지 발굴조사단은 감은사의 중수내력을 기록해 둔 현판을 발견했다. 거기에 왜적이 쳐들어와서 절의 소종(小鐘)과 기타 기물 다수를 훔쳐가면서 절의 건물도 훼손했다는 내용이 적혀 있었다. 이로써 왜구가 감은사의 종을 훔쳐가다가 동해를 지키는 호국룡의 조화로 종을 대왕암 앞바다에 빠뜨렸다는 전설이 역사적 사실에 바탕을 두고 있음을 알 수 있다. 감은사 앞과 대왕암 앞바다를 잇는 내를 '대종천'(大鐘川)이라고 하는 까닭도 여기에 있다. 실제는 작은 종이었는데, 이야기에서는 큰 종으로, 실제는 왜구가 훔쳐갔는데 이야기에서는 대왕암 앞바다에 수장된 것으로 형상화되고 있다. 사실의 전설적 전환이라고 하겠다.

왜구가 쳐들어와서 감은사의 작은 종을 훔쳐가버렸다고 사실대로 이야기해서는 이야기가 되지 않는다. 문학적 형상성이 없기 때문이다. 전설은 단

---

48) 趙東一·林在海, 《韓國口碑文學大系》 7-2, pp. 630~631, 감포읍 설화 2 '대왕암 앞바다에 빠진 감은사의 종(1)', pp. 636~637, 감포읍 설화 9 '대왕암 앞바다에 빠진 감은사의 종(2)'

49) 趙東一·林在海, 위의 책, p. 637, '대왕암 앞바다에 빠진 감은사의 종(2)'.

순한 사실의 전달로써 형성될 수 없다. 사실에 대한 전승자들의 집단의식이 문학적으로 형상화되어야 한다. 실제로는 왜구에게 종을 빼앗겼지만 의식 속에서는 종을 빼앗기지 않은 것이다. 특히 호국룡이 앞바다를 지키고 있다는 믿음을 지니고 있으므로, 왜구들이 종을 훔쳐갔다는 사실을 인정할수 없다. 호국룡의 존재를 믿는 한 더욱 그러하다. 왜구를 극복하려는 집단의지가 사실과 다르게 굴절되어 전설적 전환을 일으킨 것이다. 마치 임진왜란에 패했음에도 불구하고 《임진록》(壬辰錄)에는 왜적을 통쾌하게 물리친 것으로 문학적 형상을 이루고 있는 것과 마찬가지이다.

우리가 주목할 것은 이 지역에서 전하는 전설의 역사성뿐만 아니다. 호국룡 설화와 더불어 감은사의 종, 만파식적 등에 얽힌 이야기가 한결같이 왕과 바다·왜적·유적·유물 등이 서로 관련되어 있다는 사실이다. 이와같은 소재는 이 고장의 문화적 생태적 환경과 밀접한 관련성을 지니고 있다. 이 고장은 바다를 끼고 있는 해촌일 뿐 아니라, 문무왕과 관련되어 있는 역사유적이 실제로 많다. 그리고 동해를 거쳐 들어온 왜구들이 이 지역을 관문처럼 드나들며 노략질을 많이 했다고 하는 사실들이,[50] 이들 설화의 전승과 무관하지 않다. 호국룡 설화가 문무형으로 계속해서 전승될 수 있는 것도 이와 같은 전승현장의 환경 때문이다.

문무형은 문헌에 전하는 기록과 가장 가까운 고형의 설화이다. 문무왕이 유언에 따라 대왕암에 수장되었으며, 신문왕이 감은사에서 축수를 하고 이견대에서 선왕의 득천을 지켜보았다는 내용이, 다른 변이유형에서는 찾아볼 수 없는 내용이다. 이야기에 등장하는 대왕암·감은사·이견대·동해변 등의 증거물은 이들 전승지역에 집중되어 있다. 이 고장 사람들은 누구나 이들 증거물을 보고 듣고 확인하면서 생활하고 있다. 따라서 이들 증거물에 얽힌 이야기들은 누구나 관심있게 들어서 잘 알고 있는 것이다. 그리고 이야기를 하게 되면 자연히 이들 유적과 왕들의 관계를, 동해의 앞바다를 무대로 하여 역사적 사실에 입각해서 이야기한다.

---

50) 黃壽永, 〈新羅文武大王陵 發見의 意義〉, 《新東亞》, 1967, 7월호, p. 223. "大鍾川은 동해로부터 國都에 출입하는 최단거리로 국방의 요지일 뿐 아니라 남쪽의 울산太和江과 함께 동해에 통하는 교통의 관문이었다." 金宅圭, 《韓國民俗文藝論》, 일조각, 1981, p.192에서 재인용.

혼히 전설은 증거물과 관련된 이야기이므로 줄거리가 일정하다고 생각하기 쉽다. 그리고 증거물과 가까운 지역에서 전승되는 이야기는 변이가 적고 증거물에서 멀어질수록 이야기의 내용은 변화의 폭이 커져서 민담으로 변모되기까지 한다는 것이 일반적인 생각이다. 이렇게 생각하면 이 지역에 구전되는 설화가 가장 고형을 유지하는 것은 당연한 현상이다. 그러나 이야기꾼은 이미 있는 이야기를 단순하게 전달하는 데서 만족하지 않는다. 의식적이든 무의식적이든 자신의 생각을 반영하게 마련이다. 또 자신의 의식을 효과적으로 전달하고자 이야기를 생산하고 전승한다면 이 문제는 다른 각도에서 다시 고려해야 할 것이다.

이 고장 사람들은 누구나 자기 마을 가까이에 대왕암이 있는 것을 자랑으로 생각한다. 삼국통일을 이룩한 문무왕이 마을 앞바다에 수장되어 있으며, 또 호국룡이 되어 나라를 지키고 있다는 사실은 보통 자랑거리가 아니다. 특히 세계에 하나밖에 없는 수중왕릉이 있다는 것은 대단한 자랑거리이다. 신문왕이 감은사를 짓고 기도를 했으며, 이견대에서 선왕의 득천을 지켜보았다는 사실도 숨겨둘 일은 아니다. 이러한 신이한 자랑거리들을 드러냄으로써 그들의 고장을 예사동네로 보이지 않게 한다. 이들은 설화를 통해서 자랑할 것을 자랑하는 데 그치지 않고, 꼭 한 번씩 와보아야 할 곳이라면서 관광홍보까지 곁들인다. 실제로 이들은 국내외의 모모 박사들과 교수들이 이들 유적을 보기 위해서 자주 다녀가는 곳이고, 해수욕장의 물이 맑아서 휴양지로도 적절한 곳이라는 이야기를 함께 한다. 김부형이나 유금형처럼 이야기해서는 유서깊은 마을의 자랑을 다할 수 없다. 이러한 전승공동체의 집단의식이 고형의 문무왕 설화를 유지시키는 바탕으로 작용했을 것이다.

이러한 사실은 이 고장 사람들 일반과 두루 관련된 문제이다. 즉 같은 생태적 환경과 문화적 상황 속에 사는 사회적 공동체로서 문무형 설화를 전승하게 된 일반적 근거가 되는 것이다. 좀더 구체적인 근거로서 전승공동체 성원의 조직과 설화의 관계를 살필 수 있다. 역사적 고찰에서 거론한 바와 같이, 문무형은 문무왕 부자의 충효사상을 신화적으로 내세우는 무열왕계의 왕가설화로 볼 수 있다. 왕가설화의 기능은 왕권의 신성성을 통해서 국민적 지지기반과 충성심을 강화하는 것이다. 무열왕계의 왕가에서는 이 설화를 역사적 사실로 믿으면서 의도적으로 널리 전승했을 가능성이 있다. 이들 설화가 주로 전승되고 있는 대본리의 성씨 구성을 보면 아직도 김해 김씨가 제일 많다.

> 대본 3리는 신라 말기에 생긴 마을이라고 한다. 자연부락명은 대밑이라고 하는데 이견대 밑에 있다는 뜻이다. 이견대의 유적이 발견되고 다시 수축된 것은 최근의 일이나 오래전부터 대밑이라는 부락명이 전해 오는 걸 보면, 이곳이 이견대가 있던 자리가 분명하고 신라시대에 생긴 마을임에 틀림없다고 했다. 김해 김씨가 처음으로 마을에 자리를 잡았으며 현재 13대째 내려오고 있다고 한다. 김씨가 이 마을에 처음으로 자리를 잡아서 살았다면 13대가 훨씬 넘어서야 할 것 같으나 확실하지 않다. 총 가구 수 132호 중에서 김해 김씨가 42호로 가장 많고 다음 신안 주씨가 38호, 그외 이씨와 최씨가 차례로 많이 살고 있다. 김씨와 주씨는 문중조직이 있어 춘추로 한 차례씩 종친들의 모임이 있으며 각기 제실도 있다.[51]

이러한 마을의 성격으로 보아, 이 마을 공동체의 중심세력은 김해 김씨임을 알 수 있다. 역사적인 뿌리나 사회적인 비중이 가장 깊고 넓은 성씨가 김해 김씨이다. 이들 김씨에게 문무왕은 딴 남이 아니다. 그들의 선조인 김서현(金舒玄)의 둘째 딸이자 김유신(金庾信)의 누이인 문명부인(文明夫人)과 태종무열왕(太宗武烈王) 사이에서 태어난 왕이 문무왕인 것이다. 문무왕은 바로 김해 김씨의 외손(外孫)인 것이다.

김춘추는 금관가야(金官加耶)의 후손으로 김해(金海)지방에서 세력을 떨치던 김유신 일가와 혼인함으로써 삼국통일의 기틀을 마련하고, 그 아들인 문무왕이 마침내 통일의 대업을 완성하게 된다. 결국 무열왕계가 왕권을 잡고 삼국통일을 이룬 것은 김해 김씨와의 결탁에 의한 것이다. 그러므로 삼국통일을 이룩한 문무왕의 업적은 김해 김씨 일가의 위업이기도 하다. 김해 김씨는 왕비족(王妃族)으로서 위대한 선조의 역사적 행적을 이야기로 전하고자 하니, 호국룡 설화의 원형에 가까운 역사적 사실 중심의 문무형 설화를 전승할 수밖에 없는 것이다.

김부형이 전승되는 영해면 대진동과 경주시는 호국룡 설화의 증거물이

---

51) 趙東一·林在海, 주 48)의 책, ·p. 621.

있는 지역과 지리적으로 상당히 떨어져 있는 곳이다. 따라서 일정한 변이를 보이는 것은 자연스럽다. 그러나 어떤 내용은 변이를 보이고, 어떤 내용은 원형을 그대로 유지하고 있는가 하는 문제는 역시 전승현장의 상황과 공동체의식을 고려해서 자세하게 검토되어야 할 부분이다.

우선 설화의 변이내용부터 보면, 용으로 변신한 왕이 동해의 열두 섬을 치고 왜적을 막았다는 내용은 문무형과 일치한다. 그러나 왕이 문무왕에서 김부대왕으로 바뀌었을 뿐만 아니라, 신문왕·대왕암·감은사·이견대 등 역사적 사실들은 일체 이야기 속에 등장하지 않는다. 역사적 사실들 대신에 할머니·아이·유금이들 등 일상적인 인물과 자연물들이 등장한다. 그리고 문무형에서는 왕의 의지에 의해 호국룡으로 비약하는데, 김부형에서는 왕이 스스로 비약하지 못하고 좌절해 있다가 어린 아이가 용이라고 함으로써 용으로 변신한다. 등장인물이나 유적 및 용으로의 비약과정으로 보아, 문무형이 문무왕 부자의 왕가설화인 데 비하여, 김부형은 일상적인 사람들과 왕이 함께 등장하는 민중설화라 할 수 있다.

문무형이 구전되는 대본리 및 봉길리와 달리, 김부형이 전승되는 영해면 대진동과 경주시는 상이한 지역이므로, 이 변이유형의 기본형이 전승되는 대진동을 중심으로 논의를 전개하기로 한다. 대진동 역시 동해안에 있는 어촌이다. 그러나 이야기의 고향인 대본리와는 군을 달리할 정도로 상당히 떨어져 있다. 마을의 상황을 개관해 보기로 한다.

> 대진 2동은 영해면 소재지에서 북동쪽으로 4킬로 정도 떨어져 있는 해변 마을이다. 마을이 생긴 시기는 정확히 알 수 없으나 동네에서 제일 먼저 자리잡았다고 하는 김씨들의 족보를 통해서 추정해 보면 약 450년 정도로 짐작된다. …… 고가와 같은, 옛날 마을로서의 유형적 자취는 남아 있는 것이 거의 없다. 일제시대에는 이곳에 수산물 창고도 큰 것이 있었고, 마을의 뒷산으로 볼 수 있는 상대산에는 일본인 초소도 있었으나 해방과 함께 모두 헐려지고 지금은 잔해만 남아 있다.
>
> 호수는 136호이다. 김해 김씨와 金寧 김씨가 각기 30여 호로 가장 많고, 다음 월성 이씨가 30호 가까이 된다. 이들 집안은 문중조직을 가지고 있지 않기 때문에 다른 지역에서 하는 화수회에 참석하는 외에 별도의 문중행사는 하지 않는다. ……동해안의 바닷가에 자리잡은데다가 마을 뒤편과 좌우는 산으로 막혀 있어서, 들이나 농토는 거의 없다. 재래식 어업이 주산업이었으나, 차츰

236

반농반어업으로 기울어간다. 물론 농토는 이웃 마을에 두고 있다. 어업을 제대로 하려면 위험부담도 있기 때문에 지금은 농업을 택하는 쪽이 더 많아지고 있다.[52]

대진동 사람들은 호국룡 설화를 전해듣고 문무형처럼 원형에 가깝게 구전할 수도 있다. 하지만 대왕암이나 이견대·감은사 등 자기 마을과 무관한 역사적 증거물은 염두에 두지 않는다. 듣는 순간에 잊어버릴 수도 있다. 자세히 기억되어 있어도 증거물을 경험한 적이 없으므로, 쉽게 잊혀질 수 있다. 증거물에 의한 이야기의 흡인력도 없다. 따라서 대왕으로 인식하고 있는 김부가 문무왕 대신에 이야기의 주인공으로 바뀌고, 뱃길을 오가면서 확인한 동해 열두 섬의 흔적들이 이야기의 주요한 증거물로 남는 것이다.

문무왕·신문왕·이견대·감은사·대왕암 등의 역사적 사실들을 두루 잊어버리고 있으면서도, 왕이 용이 되어서 왜적을 막고자 했고, 실제로 동해의 열두 섬을 쳤다고 하는 것은 문무형과 일치한다. 이 부분은 역사적 증거물의 유무와 관련된 것만은 아니기 때문이다. 지역의 입지적 조건, 즉 자연환경을 함께 고려해야 한다. 동해안에 자리잡은 이 지역은 대본리와 마찬가지로 왜적의 침략을 직접 겪어오던 곳이다. 일제 때 수산물 창고도 큰 것이 있었고 마을 뒷산에 일본인 초소도 있었다고 하는 걸 보면, 마을의 위치와 더불어 볼 때, 일제 때는 일본과의 교류통로 구실을 했음을 알 수 있다. 그렇다면 그 이전부터 왜구의 침입경로가 되었을 가능성이 있다.

왜구의 침략은 동해안 일대의 마을이 일반적으로 겪어왔던 역사적 수난이다. 따라서 섬을 치고 왜적을 퇴치해야겠다는 생각은 김부대왕의 개인적인 집념이자, 이 지역공동체 성원들의 한결같은 소망이기도 하다. 이러한 전승공동체의 집단의식이 왜적을 막고자 했다는 문무형의 화소를 그대로 유지시키게 된 것이다.

문무형의 호국룡 화소를 어느 정도 유지시킨 까닭은, 이 설화의 고향인 대본리와 마찬가지로 왜구의 침입이 잦은 동해안에 있다는 사실 때문만은 아니다. 무열왕계와 결속한 김해 김씨들이 역사적으로나 사회적으로 이 지

52) 趙東一·林在海,《韓國口碑文學大系》7-7, pp. 18~19.

역에 상당한 뿌리를 내리고 있다는 사실도 고려에 넣어야 한다. 물론 현재
는 전체 호수의 5분의 1을 조금 넘는 정도의 비중을 차지하고 있지만, 이
마을에 제일 먼저 터를 잡은 성씨가 김해 김씨였고 아직도 마을에서는 가
장 많은 성씨에 속하므로, 호국룡 설화를 온전하게 전승할 수 있는 사회적
기반을 갖추고 있었던 것이다.

그러나 이 설화의 본디 고향인 대본리 일대와 같을 수는 없다. 설화의
증거물이 전혀 없는데다 입지적 조건을 볼 때 농토가 거의 없는 상태이다.
왜적의 침입을 막는 것도 현실적으로 중요한 과제이지만 농토를 확보해서
식량을 자급자족하는 것도 절실한 과제이다. 따라서 막혀 있는 물길을 트
고 넓은 들을 확보했다는 이야기를 문무형과 달리 창조적으로 전승하게 된
것이다. 이미 있었던 과거의 사실을 반영하면서 있어야 할 자신들의 소망
도 이야기로 형상화한 것이다.

유금형 설화가 수집된 지역은 월성군 현곡면(見谷面) 가정리(柯亭里), 외
동면(外東面) 입실(入室), 안강읍(安康邑) 등지이다. 모두 내륙에 있는 농촌
마을이다. 유금리(有琴里)와 유금들은 행정구역상 월성군 강동면(江東面)에
속해 있다. 강동면에서는 현지조사를 하지 않았으므로 자료가 수집된 것이
없으나, 이 지역을 조사하면 유금형 자료가 풍부하게 수집될 것으로 본다.
그동안의 조사결과로 보아 월성군의 농촌마을에서는 어느 곳이나 이 설화
가 전승되고 있다고 할 수 있다. 외동면은 지리적으로 대왕암이 있는 대본
리와 더 가까운 곳이지만 문무형의 대왕암 전설이 아닌 유금형의 유금이들
전설을 전승하고 있다. 그리고 전승지역 상호간의 거리도 상당히 멀리 떨
어져 있다. 다만 내륙에 속해 있는 농촌마을이라는 성격만 공통성을 지닌
다. 특히 주목할 것은 문무형의 1차변이유형이라 할 수 있는 김부형이 영
일군을 지나서 직선거리 100킬로미터 이상 떨어진 영덕군 영해면에 전승되
고 있는데, 2차변이유형인 유금형은 대본리에서 불과 20킬로미터가 채 못
되는 외동면 일대에서 전승되고 있다. 따라서 설화의 전파는 물결의 파문
처럼 확산되어 나간다는 역사지리학파의 학설은[53] 그대로 받아들이기 어렵

---

53) Richard M. Dorson, *Folklore and Folklife*, The University of Chicago Press, 1972,
pp. 7~8.

238

다. 즉 지리적 위치나 공간적 거리보다 전승현장의 생태적 문화적 환경이 이야기의 전승 및 변이에 더 큰 영향을 미친다는 것을 알 수 있다.

유금형 설화가 전승되는 지역은, 증거물이 있는 유금리와 상당히 멀리 떨어져 있으므로 유금이들의 행정구역을 정확하게 알고 있는 경우가 드물다. 전승자들은 강동면에 있는 유금이들을 주로 안강읍에 있는 것으로 알고 있으며, '안강 유금이들'이라는 말을 관용구처럼 쓰고 있다. 행정구역상 강동면에 속해 있지만 경주에서 포항으로 가는 기차를 이용해 보면, 안강역을 지나서 유금이들이 있어 안강 유금이들로 알고 있는 것이다. 강동면에는 역도 없고 행정규모상 안강읍보다 작아서, 널리 알려져 있지 않다. 그러므로 읍소재지가 있고 역이 있는 이웃 고을에 흡인되어 안강읍 유금이들로 알려지게 된 것이다.

유금형에서는, 용이 되고자 하는 왕의 의지가 왜적을 물리치고 나라를 지키고자 하는 데 있는 것이 아니라, 막혀 있는 물길을 터서 물을 빼고 들을 만들고자 하는 데 있다. 따라서 용이 되어 득천하면서도 물길을 막고 있는 산이나 강둑을 치는 데 그친다. 문무형과 김부형에서처럼 동해의 열두 섬을 쳤다는 내용은 없다. 바다니 섬이니 왜적이니 하는 내용은 전혀 나타나지 않는다. 호국룡 설화에서 가장 중요한 내용이 바뀌어버린 것이다. 이 때문에 유금형에서는 문무형에서 나타나는 역사적 증거물은 하나도 나타나지 않는다. 김부대왕을 제외하면 이름 없는 일상적인 인물과 자연물만이 이야기의 소재로 나타난다. 내륙의 농촌지역에서는 동해안에 수장되어 있는 문무왕의 수중릉이나 호국룡이 생활상의 큰 의미를 지니지 못한다. 생활환경이 크게 다르기 때문이다. 그러므로 공동체의 생활양식과 가치관에 맞게 유형차원의 변이를 일으킨 유금형 설화를 널리 전승하고 있는 것이다.

유금형이 전승되는 지역은 지리적으로 바다와 멀리 떨어져 있으므로 왜적의 침입에 따른 위험에 직면해 있지 않다. 그리고 내륙지방에서는 동해의 열두 섬을 의식하기조차 힘겹다. 문무형이나 김부형을 전승하는 지역은 해안지역이고 전승공동체의 성원들이 어업을 하므로, 동해의 섬을 구체적으로 인식하고 있다. 지금도 뱃사람들은 섬을 친 곳을 잘 알고 있다고 한다. 직접 봤다고 하는 이도 있다.

> 지금 저 뱃사람들은 잘 알지. 저 가면 이 안에도 아직(아주) 깊으고, 거기 가면 굉장히 얕은 데가 있습니다.[54]

아주 얕은 곳은 옛날에 섬이 있었던 자리라고 한다. 문무왕이 득천하면서 섬을 쳤는데, 섬이 있었던 자리는 뿌리가 남아 아주 얕다는 것이다.

> 현지 가보면 방우(바위)가 마카 있습니다. 이 물 속에 갱빈이 아주 드러나 있습니다. 내가 봤는데.[55]

섬을 친 흔적이 바닷속에 남아 있다는 것이다. 그래서 다른 곳과 달리 강변처럼 바위뿌리가 솟아 있는 것을 직접 봤다고 한다. 배를 타고 바다에서 어업을 하는 분들의 이야기니 섬을 직접 봤다고 이야기할 만하다. 그러나 내륙의 농촌지방에서는 바다조차 구경하기 어렵다. 그러니 이러한 내용들은 자연히 전승력을 상실하게 마련이다.

농민들로서는 광대한 토지를 얻어 마음껏 농사를 짓는 것이 가장 큰 소망이다. 바다를 넘어오는 왜적에 대한 경계심보다 농토의 확보가 더 시급한 과제이다. 따라서 품은 의지대로 초월적인 힘을 발휘할 수 있는 용은 오직 산을 치고 큰 들을 만들었을 뿐이다. 왜적으로부터 나라를 지키는 호국룡에서 백성들의 생업을 보호하는 호민룡(護民龍)으로 변이된 것이다. 이러한 변이는 순전히 전승현장의 생태적 문화적 상황에 따른 공시적 환경에 의한 것만은 아니다. 역사의식의 변화와도 관련이 있다. 시대의 흐름과 함께 왜적의 위협은 실질적으로 사라졌다. 하지만 농토를 확보해야 하는 문제는 변함없는 과제로 남아 있다. 문무형을 전승하는 대본리 일대에는 역사적인 유물이 많은 유적지이므로, 주민들의 생각은 유적을 중심으로 한 과거의 역사에 사로잡혀 있는 것이다. 이들 유적이 주민들의 자부심과 긍지를 확보해 주기 때문이다. 그러나 김부형이 전승되는 대진동 일대의 해안지방이나 농촌지역에서는 이러한 역사적 사실에 사로잡혀 있을 이유가

---

54) 趙東一·林在海, 주 48)의 책, p.644.
55) 趙東一, 《人物傳說의 意味와 機能》, 영남대출판부, 1979, p.50.

없다. 당면한 문제해결에 관심이 집중되게 마련이다.

이러한 역사의식의 변모는 왕과 백성의 관계까지 상보적인 쪽으로 발전하게 한다. 대본리의 김씨들은 왕비족으로서, 그들의 외손인 문무왕의 호국룡 의지를 신성하게 여기고 있다. 문무왕의 비약을 절대적으로 인정하고 믿을 따름이다. 그러나 김부형을 전승하는 지역이나 유금형을 전승하는 지역에서는 사정이 다르다. 왕의 비약을 절대적으로 인정하지 않는다. 비약하려다 좌절하도록 만든다. 백성들의 지지를 받아야 비약이 가능하다는 것을 내세운다.

유금형에서는 이 점이 특히 강조된다. 왕이 스스로 백성들의 지지를 기대하도록 이야기하고 있다. 왕조시대의 역사의식에서 벗어남으로써 왕과 백성을 상보적인 관계로 파악하는 민주적인 의식을 지니게 되었다. 왕비족의 후손들보다 일반 민중의 의식이 좀더 민주적으로 발전하게 된 것이다.

그렇다고 해서 문무형을 전승하는 대본리에서는 역사의식이 계속해서 제자리걸음만 하고 있었다는 생각은 곤란하다. 역사적 사실에 입각해서 원형 그대로만 이야기를 전승하고 있었던 것은 아니다. 문무형을 그대로 유지하면서도 일부 자료에 한해서, 왕의 비약에 제동을 거는 대목이 나타나고 있다. 또 다른 자료에는 물길을 터서 들을 만드는 대목도 보인다. 그러나 이런 대목은 역사적인 사실을 충실하게 전하는 가운데, 한 대목씩 부분적으로 삽입되어 있을 뿐이다. 즉, 왕이 용이 되지 못해 좌절한 상태에서 유금이라는 아이가 용으로 불러줌으로써 득천하게 되고, 이때 산을 쳐서 물길을 트고 들을 만들었으며, 그 들 이름을 유금이들이라고 했다는 내용이 일관성 있게 나타나지 않는다. 부분적인 내용이 단편적으로 끼여들어 유기성을 지니지 못하고 있다. 그러다가 보니, 본디 이야기와 상충되기도 한다.

문무형의 각편 (다)를 보면 이런 양상을 띠고 있다. 문무왕이 용이라고 하는 소리를 듣지 못해서 득천하지 못하고 있는데, 할머니 등에 업혀 있던 아이가 용님이라고 해서 득천했다고 한다. 왕의 자력적 변신을 부정하는 것이다. 그러다가는 곧장 이야기를 앞질러 했다고 하면서 신문왕과 문무왕의 상봉 장면을 다시 이야기했다.[56] 문무왕의 가르침대로 신문왕이 이견대

---

56) 趙東一・林在海, 주 48)의 책, pp. 647~649 참조.

에서 문무왕의 화룡(化龍) 모습을 지켜보았다는 것이다.

앞의 대목에 의하면 문무왕은 유금이라는 아이에 의해 타력적으로 득천했고, 이야기를 고쳐서 한 뒤의 대목에 의하면 문무왕은 신문왕이 지켜보는 가운데 자력으로 득천했다. 이야기꾼으로서는 오랫동안 전승해 오던 이 고장의 본디 설화를 기억하고 있으나, 의식이 앞서 앞의 대목을 새롭게 구연했던 것이다. 그러나 본디부터 전승되어 오던 부분, 즉 신문왕·이견대와 관계되는 부분을 빠뜨릴 수 없으므로 앞뒤의 대목이 상충되는 구연을 한 것이다. 역사적 전승력과 새로운 의식에 입각한 재창조의 내용이 공존한다는 것은 대본리에서도 시대적인 발전에 따라 어느 정도의 변이가 일어나고 있다는 것을 말해 준다. 그러므로 전승현장의 사회적 환경이 역사의식의 발전으로부터 완전히 독립적인 상태에서 설화의 전승에 영향을 미칠 수는 없다고 하겠다.

4. 전승현장과 설화의 전승양상

설화의 유형과 전승지역은 일정한 대응관계를 이루고 있다. 특정 유형의 설화가 전승되는 지역은 광범위하나, 해당 유형의 변이유형이 전승되는 지역은 한층 제한되어 있다. 따라서 변이유형의 생성 및 유형적 특징을 이해하고 설화의 전승법칙을 밝히려면 구체적 전승현장과 작품의 관계를 체계적으로 따져보아야 한다. 전승현장의 특수한 생태적 환경과 전승공동체의 집단의식이 특정 변이유형을 생성하고 전승하기 때문이다.

일반적으로 설화는 최초의 발생지에서 멀어질수록 전승력이 약화되고 변이의 폭이 커진다고 한다. 이 법칙에 따른다면 김현감호 설화는 호원사가 있던 경주에서 가장 원형에 가까운 이야기가 전승되어야 한다. 그런데 실제로 가장 원형에 가까운 이야기는 충남 당진군에서 전승되고 있다. 그것은 호원사의 유래담이던 김현감호 설화가 당진군에 있는 신흥사의 유래담으로 바뀌어 전승되기 때문이다. 그러므로 설화의 발생지, 또는 그곳과의 지리적 거리와 상관없이 새로운 증거물의 흡인력에 의해 본디 모습의 고형의 이야기가 전승되고 있다. 이러한 전승력을 증거물의 흡인력에 의한 전설적 전승력이라고 할 수 있다. 전설이 새로운 증거물에 흡인되는 경우는 최초의 발생지와 상관없이 본디 모습의 이야기가 그대로 전승력을 획득하게 된다.

앞의 사실과 관련하여, 설화의 전파는 파문처럼 동심원(同心圓)을 그리면서 확산된다는 법칙도 수정되어야 한다. 김현감호 설화의 원유형이 충남 당진군과 월성군 감포읍에 있는가 하면, 변이유형이 경주시와 경남 거제군에 전승되고 있다. 호국룡 설화는 원유형이 설화의 발생지인 감포읍 대본리에 전승되고 있으나, 1차변이유형은 발생지와 상당히 멀리 떨어진 영덕군 영해면 대진동에서 전승되고 있는 데 비해, 2차변이유형은 발생지와 아주 가까운 이웃 고장에서도 전승되고 있다. 1차변이유형은 발생지와 역사적 생태적 환경이 비슷한 동해안의 어촌에서 전승되고, 2차변이유형은 내륙의 농촌에서 두루 전승되고 있다. 따라서 설화의 전승은 지리적인 거리보다 문화적 생태적 거리에 더 중요하게 영향을 받는 것이다. 그러므로 설화는 본디의 현장상황에 한정되지 않고 전파과정에서 구체적인 전승현장의 역사적 문화적 사회적 환경에 흡인되어 변이되고 전승된다고 하겠다.

설화는 역사적으로 후대에 전승되는 것일수록 전승력이 약화되고 원유형에서 변이되는 정도가 크다는 법칙도 수정되어야 한다. 이 법칙은 순전히 이야기꾼의 기억력에 의해 설화가 전달된다는 생각 때문에 추론된 법칙이다. 이야기꾼의 창조력, 그리고 전승현장의 상황은 역사적 전승력까지 뛰어넘고 있다. 동시적으로 전승되는 설화가 전승현장에 따라서 본디 모습을 유지하고 있는 것도 있고 크게 변이된 것도 있다. 그러므로 설화의 사회적 분포와 역사적 전승을 역사지리학적 관점에서 규정할 것이 아니라 문화적 생태학적 관점에서 규정할 필요가 있다.

제8장 연행현장의 상황과 이야기꾼

1. 이야기판에 따른 설화의 생산과 수용

설화의 연구는 두 가지 목적을 겨냥해야 한다. 한편으로는 말로 이야기되는 것이 설화의 본질이며 본디 모습이라는 사실에 관심을 기울여야 한다. 다른 한편으로는 설화를 통해서 민속문화가 표현된다는 점에 관심을 모아야 한다.[1] 한 방향으로 치우쳐버리면 설화를 올바르게 이해하는 데 장애가 된다. 우리는 앞장에서 사회적 환경과 문화적 바탕 위에서 이야기의 전승과 변이를 논의했다. 설화의 역사적 전개과정을 통해서 이야기의 생존사를 조망하고 문화사적 이해의 기회도 가졌다. 그러므로 이제는 말로 이야기된다는 사실에 관심을 쏟아야 할 차례이다.

설화는 말로 전승되기 때문에 반복되어서 이야기되지 않으면 존재할 수 없게 된다.[2] 반복해서 이야기되므로 역사적 전승이 가능해진다. 역사적 전승은 공동체 성원들의 지속적인 참여에 의한 것이다. 이처럼 이야기의 생존사는 공동작에 의한 집단적 전승을 기반으로 하고 있지만, 이야기가 실제의 작품으로 구현되는 것은 어느 특정 개인의 연행에 의한 제한된 순간이다. 즉 설화는 이야기꾼이 이야기를 연행하는 시간과 공간의 범주 안에서 일시적으로 작품화되는 것이다.

---

1) Linda Dégh, *Folktales and Society,* Indiana University Press, 1969, p. 45. 앞의 관점은 주로 비교문학의 연구로부터, 뒤의 관점은 프랑스 사회학자와 영국의 인류학자가 민속공동체를 조사연구하기 위해 설화에 관심을 기울이면서 발생했다고 한다.
2) Roger D. Abrahams, "The Complex Relations of Simple Forms," Dan Ben-Amos ed., *Folklore Genres,* University of Texas Press, 1976, p. 195. "구비문학은 반복되는 연행을 통해서 발생하는 지식의 전통적인 항목들을 일컫는 집합적인 용어이다."

따라서 설화가 하나의 작품으로 살아 있는 시공간은 이야기의 연행현장
뿐이다. 연행현장에서만 설화의 작품이 각편으로 살아 있게 된다. 오로지
이야기되고 있을 때에만 이야기인 것이다.[3] 그러므로 구비문학은 완결된
실체로 굳어진 집합적인 작품(aggregate of things)이 아니라, 엄밀히 말하자
면 의사교환의 과정(communicative process)이다.[4] 말을 바꾸면, 구비문학은
연행현장에서 일어나는 바로 그 순간의 행위이며, 그것은 곧 예술적 행위
이다.[5]

그런데 설화를 연구하는 대부분의 학자들은 창조적 과정으로서 이야기되
는 연행현장의 문제를 소홀히 다룬다고 비판받고 있다.[6] 이 문제를 소홀히
다룬 까닭은 대량으로 수집된 자료들의 분류체계를 발견하려고 애쓰다보
니, 연구자들은 자연히 작품을 축약시키게 되고, 축약된 자료를 통해서는
실제로 이야기되는 작품을 떠올릴 수 없기 때문이다. 결과적으로 이러한
작업은 연행현장에서 생동하는 예술적 행위 자체를 무시하고 죽은 자료의
기반 위에서 미덥지 못한 원형이나 추론하는 데 관심을 기울였다. 시도우
(Carl von Sydow)는 원형을 재구성해 내는 일은 불가능하다고 하면서, 이야
기가 살아 있는 환경의 체제(framework) 안에서만 조사·연구되어야 한다고
했다.[7] 그래야만 이야기는 왜 하며, 어떻게 하는가 하는 문제 등을 해명할
수 있다. 우리가 설화의 연행현장을 주목하고자 하는 이유도 여기에 있다.[8]

설화의 연행현장은 이야기판이다. 이야기판의 상황과 설화의 연행은 밀
접한 관계에 있다. 우선 어떤 이야기가 구연되기 위해서는 동기나 계기가
마련되어야 한다. 이야기의 구연동기는 상대방에게 설화를 통해서 표현하

---

3) Roger D. Abrahams, "Personal Power and Social Restraint in the Definition of
Folklore," Américo Paredes·Richard Bauman eds., *Toward New Perspectives in
Folklore*, The University of Texas Press, 1972, p. 28. "Folklore is Folklore only
when performed."
4) Dan Ben-Amos, "Toward a Definition of Folklore in Context," Américo
Paredes·Richard Bauman eds., 위의 책, p. 9.
5) Dan Ben-Amos, 위의 글, p. 10.
6) Linda Dégh, 주 1)의 책, p. 47.
7) Linda Dégh, 위의 책, p. 48.
8) Dan Ben-Amos, 주 4)의 글, p. 14. "구비문학의 특질을 결정하는 것은 자료의 생
존사(life history)가 아니고 현재의·존재양식이다"고 했다.

고자 하는 이야기꾼의 주제의식이 강할 때 마련될 수 있다. 이야기꾼의 심리적인 표현욕구가 특정 이야기를 하게 되는 동기가 되는 것이다. 반면에 좌중에서 이야기되는 설화의 내용을 통해서 잠재적인 표현욕구가 자극되기도 한다. 좌중의 연행목록을 통해서 상대적으로 이야기를 구연하는 계기가 마련되는 것이다. 이때는 앞의 설화에 대해 상보적인 내용의 설화가 구연될 수도 있고, 이와 맞서는 대립적인 내용의 설화가 구연될 수도 있다. 같은 이야기를 통해서 연행공동체의 공감대를 넓히기도 하고, 상반된 이야기를 통해서 세계관적 논쟁을 벌이기도 하는 것이다.

물론 이야기판의 주체는 이야기하는 사람이다. 그러나 이야기하는 사람만으로는 이야기판이 성립되지 않는다. 이야기가 구연될 수 없기 때문이다. 구연은 개인적인 행위이지만 듣는이의 참여를 전제로 한다. 노래의 경우는 자족적인 성격 때문에 듣는이 없이도 혼자서 구연할 수 있다.[9] 이야기는 노래와 사정이 다르다. 이야기꾼의 개인적인 표현욕구가 아무리 강하더라도 듣는이가 없으면 구연이 이루어질 수 없다.[10] 대상이 있어도 이야기를 들어주지 않으면 역시 구연이 불가능해진다. 설화는 의사교환의 활동으로서 서로의 뜻을 소통하는 데 목적이 있기 때문이다.[11] 이처럼 듣는이는 이야기 연행의 객체로서 소극적인 구실만 하는 것은 아니다. 이야기꾼을 부추겨서 특정한 이야기의 연행을 유도하고 자극하는 적극적인 구실도 한다. 이때에는 이야기꾼이 듣는이에 의해서 수동적으로 이야기를 연행하게 된다.

따라서 이야기의 연행은 이야기를 생산하는 주체(이야기꾼)와 이를 수용하는 주체(듣는이)의 상호작용에 의해 이루어진다. 연행현장의 두 주체인

---

9) 林在海, 〈민속연구의 현장론적 방법〉, 《민속문화론》, 문학과지성사, 1986, p. 220. 노래가 자족성을 지닌 것은 이야기에 없는 '가락'이 있기 때문이다.

10) Arnold Hauser, 崔成萬·李丙珍 역, 《藝術의 社會學》, 한길사, 1983, p. 29. 설화뿐만 아니라, 모든 예술적인 표현은 실제적인 청중이나 독자가 아니면, 가상적인 청중이나 독자라도 염두에 두고 있음을 밝히고 있다. 기록문학의 경우는 가상적인 독자를 염두에 두고 생산될 수밖에 없으나, 설화의 경우는 구체적인 청중이 있어야 생산된다.

11) Arnold Hauser, 崔成萬·李丙珍 역, 위의 책, p. 26. "본질적으로 예술은 의사교환이고 정보인 것이며, 그것이 목적하였던 전달과 의사소통이 이루어질 경우에만 성공한 것으로 될 수 있다."

생산자와 수용자는 상호 종속적이면서 상호 협조적인 관계에서 연행공동체를 형성하게 되는 것이다.[12] 상보적인 관계로 인해 이야기꾼은 자연히 듣는이를 의식하면서 이야기하게 마련이다. 같은 이야기라도 듣는이에 따라서 다르게 구연해야 한다. 듣는이에게 호응을 얻기 위해서는 듣는이의 기대와 수용능력에 맞게 이야기할 수밖에 없다. 이러한 생산과 수용의 상호 작용에 의해 이야기는 끊임없이 변화하는 것이다. 그러므로 우리는 이야기꾼과 듣는이들 사이에서 전개되는 연행의 실제 상황을 유의해야 한다.

설화의 연행은 이야기판에서 벌어진다. 이야기판은 생산자인 화자(話者)와 수용자인 청자(聽者) 사이에서 이야기가 전달되는 현장이다. 수용미학자들은 언어소통이론에 입각해서, 화자가 언어를 통해서 청자에게 자신의 의사를 전달하는 행위는, 작가가 텍스트(Text)를 통해 독자에게 작품(Werk)[13]을 전달하는 것과 같다고 했다. 그러면서 문학작품의 수용은 작가─작품─독자의 삼각관계에서 이루어진다는 것을 강조한다.[14]

그러나 문학작품은 작가에 의해서 생산되고 독자에 의해서 수용되는 것이되, 작가와 독자가 작품을 사이에 두고 직접적인 만남과 대화는 이루어지지 않는다. 대면관계가 성립되는 것이 아니다. 작품을 통한 간접적인 만남 속에서 대화와 전달이 이루어지므로 독자와의 의사교환이 불가능하다. 작가는 독자를 모르는 가운데 작품을 생산하고,[15] 독자 역시 작품을 통해서 작가를 간접적으로 이해할 따름이다. 그러므로 엄정한 의미에서 언어소통이론과 맞아떨어지지 않는다. 그러나 설화의 경우에는 이야기판에서 화자와 청자가 이야기를 직접 전달하고 수용한다는 점에서 이 이론에 입각한 논의를 더 적절히 할 수 있다.

---

12) Arnold Hauser, 崔成萬·李丙珍 역, 위의 책, p. 30. "예술의 생산과 수용은 상호 종속적"이라고 했다.
13) 수용미학자들은 텍스트(Text)와 작품(Werk)을 구별하여 용어화하고 있다. 車鳳禧, 《수용미학》, 문학과지성사, 1985, p. 18에 의하면 "작가가 창작해 놓은 인쇄물인 (창작) 작품을 '텍스트'(Text)라고 부르고, 이것을 독자가 읽고 이해하여 재생산해 낸 문학 텍스트를 '작품'(Werk)이라고 한다."
14) 車鳳禧, 위의 책, p. 28.
15) Arnold Hauser, 崔成萬·李丙珍 역, 주 10)의 책, p. 26. "어떠한 작가도 인류 전체를 지향하거나 어떤 임의의 독자를 위해서 글을 쓰지 않는다." 특정 부류의 계층을 대상으로 한다. 그러나 그 대상은 가상적이고 간접적일 뿐이다.

그리고 기록문학의 작품은 생산자와 수용자가 구별되고 분리되어 있는 가운데, 생산자에 의해서 작품이 일방적으로 생산되고 전달되는 것이다. 그러나 설화는 생산자인 화자와 수용자인 청자가 대면관계에서 이야기판을 이루고 있다. 따라서 이야기를 하는 화자와 이야기와 청자는 모두가 하나의 계기적 합성체의 구성요소로 이어져 있다.[16] 이야기판에서 화자와 청중의 역할 분담은 지속적 고정적인 것이 아니라 일시적 가변적인 것이다.[17] 서로 역할바꿈을 하는 가운데 이야기를 동시적으로 생산·전달·수용하게 되는 것이다. 즉 한 편의 이야기가 연행될 때에는 특정한 이야기꾼 한 사람이 생산자이고 나머지 청중은 모두 수용자이나, 다른 이야기를 할 때에는 이야기꾼이 바뀌게 되고 생산자와 수용자의 역할도 바뀐다. 따라서 이야기판에 참여하고 있는 연행공동체의 성원들은 누구나 수용자와 생산자가 될 수 있다.

특정한 이야기가 연행될 때에도 연행을 담당하는 이야기꾼은 생산자이기만 하고 청중은 수용자이기만 한 것은 아니다. 청중이 이야기 연행에 간섭하고 참견하며 개입할 수 있다. 이러한 개입이 연행을 보완하고 도와주기도 하지만[18] 연행을 가로막고 방해하기도 한다.[19] 어떤 방향으로 개입하든 청중이 이야기의 연행에 직접적인 개입을 하게 되면 이야기꾼과 청중의 역

---

16) Dan Ben-Amos, 주 4)의 글, p. 10. "말하는 것(telling)이 곧 이야기(tale)이다. 그러므로 화자와 이야기와 청중들은 모두 서로 한 연속체의 구성요소로 관련되어 있는데, 이것이 의사교환 행위이다."

17) 기록문학의 경우에는 작자(생산자)와 독자(수용자)의 관계가 고정적이고 지속적이다.

18) 이야기꾼이 기억하지 못하는 부분을 청중이 알려주어서 이야기 진행이 막히지 않도록 하는 경우가 여기에 해당된다. 이런 경우를 한 대목 인용해 본다. "범잡는 사람은 뭐라 크든고? 뭐라 크는고, 무슨 뭐를 봉한다 크든고?〔청중 : 천금상만호후.〕봉한다. 삼천만호후 봉한다 크든가. 봉한다."

19) 전설을 이야기할 때 사실과 다르다고 참견하며 이야기를 제지하는 경우가 있다. 한 대목 인용해 본다.
"그거 인자 저 물이 인자 사방 터지고, 경주가〔청중 여럿이 그렇지 않다고 하자 큰소리로〕내가 입띰(입담)이 없어서 그렇지 그 나는 그래 들었어.
박동준 : 가마 있어, 그렇잖애.
김봉조 : 에 그 이야기 잘 해조라.
박동준 : 그 인제(지금) 이얘기는 마커(전부) 사적에 있는 일인데, 그 와 그래 이얘기 해가주는 안되는데.
김봉조 : 그래 사적에 있다.
박동준 : 김부대왕 용 돼 올러갈 때는……"

248

할이 일시적으로 바뀌게 된다.[20] 그러므로 이야기꾼은 생산자 구실을 주로 하고, 청중은 수용자 구실을 주로 할 뿐이지, 그 역할이 사뭇 갈라져 있는 것은 아니다. 서로 이야기를 주고받게 되는 것이다. 진실한 예술작품은 단순한 표현에 그치는 것이 아니라 의사교환이어야 한다. 그것은 단순히 누구에게 말을 건네는 것이 아니라 누구와 말을 주고받는 것이어야 한다.[21] 그렇다면 이야기판에서 연행되고 있는 설화야말로 진실한 예술작품이라 할 수 있다.

연행현장에서 이야기판이 형성되려면, 두 가지 사회적 조건이 필요하다. 먼저 이야기꾼과 듣는이가 모두 똑같은 상황에 있어야 한다. 그리고 같은 준거집단(reference group)의 일부여야 한다. 이 조건은 사람들이 서로 대면해서 직접적인 상호 관련을 맺고 있는 상황 안에서만 의사교환 행위로서 이야기판이 형성된다는 뜻이다.[22] 따라서 이야기꾼은 청중을 알고 있으며 그들과 특별히 관련을 맺고 있다. 그리고 듣는이들도 이야기하는 사람을 알고 그의 독특한 표현방식에 반응한다. 그들은 같은 언어로 말하고 동일한 가치·신앙·지식의 배경을 공유하며 사회적 상호 작용을 위한 같은 규범과 기호체계를 가진다.[23]

이야기판의 연행현장적 성격은 설화의 경우에만 한정되는 것은 아니다. 구비전승에 의한 민속문학 및 민속예술 일반에 두루 나타나는 특성이다. 이를 민속 전반에 일반화시켜 민속의 개념을 규정하기도 한다. 민속은 소집단 안에서의 예술적 의사교환이라는[24] 개념규정이 바로 그것이다. 이때의 소집단은 세대·직업·지역·종교 등에 의한 통합성을 지니며 민족적 동질성을 지닌 공동체를 뜻한다.[25] 일상적인 이야기판의 연행공동체 역시 이와

---

20) 주 19)에서 인용한 이야기처럼, 이야기꾼의 이야기를 가로막고 청중이 이야기꾼의 역할을 맡아서 하는 경우가 있다.

21) Arnold Hauser, 崔成萬·李丙珍 역, 주 10)의 책, p. 29.

22) Dan Ben-Amos, 주 4)의 글, p. 12.

23) Dan Ben-Amos, 위의 글, pp. 12~13.

24) Dan Ben-Amos, 위의 글, p. 13.

25) Dan Ben-Amos, 위의 글, 같은 곳 참조. Roger D. Abrahams는 Dan Ben-Amos의 "Folklore : The Definition Game Once Again"을 참조하면서, 이와 같은 성격의 소집단(small group)을 내집단(in-group)이라는 말로 표현하기도 했다. 개인적으로

같은 소집단의 성격을 지니고 있다. 윗 세대가 아래 세대에게 교훈적으로 이야기를 들려주는 이야기판의 경우는 서로 다를 수 있지만, 일반적으로 신분·성별·연령·거주지 등이 동일한 소집단이다.

이야기꾼은 이야기판을 이루는 연행공동체의 성원이지만, 특정 각편에 한해서는 역시 생산의 주체이다. 각편과 이야기꾼은 작품과 생산자로서 대응되게 마련이다. 이야기꾼의 개인적인 구연활동 없이는 이야기가 전혀 창조되지 않을 수도 있고, 또 이미 창조된 이야기도 각편으로 존재하지 않아 생명력을 잃게 된다. 그야말로 이야기는 이야기꾼의 입술 위에서 살아 있는 것이다. 그래서 살아 있는 모든 생명체처럼 변화를 계속 겪는다.[26] 이야기의 변이는 작품 자체의 논리와 역사적 전승, 그리고 공동체의 사회적 성격에 따라 이루어지고 있음을 줄곧 논의해왔다. 린다 데그(Linda Dégh)가 지적한 것처럼 전승(traditions)·공동체(community)·이야기꾼(narrator)은 이야기를 존재하게 하는 근본적인 요소이다.[27] 그러나 이야기꾼과의 관련에 대해서는 아직 본격적으로 다룰 겨를이 없었다. 살아 있는 이야기의 창조적 생산자로서 이야기꾼을 주목해야 한다.[28]

우선 이야기의 변이가 개인적인 연행에 의한 것인가, 집단적 전승에 의한 것인가를 결정해야 한다.[29] 그렇지 않으면 이야기의 전승과 재창조의 양상을 체계적으로 이해할 수 없다. 연행현장에서 이야기꾼에 의해 생산되는 작품은 이미 있는 작품을 근거로 재창조되는 것이다. 이미 있는 작품이 설화의 유형이고 이를 바탕으로 재창조된 작품이 설화의 각편이다. 유형은 공동작의 결과이며 과거의 역사적 전승물이며, 공동체의 집단의식을 바탕으로 형성·전승되는 추상적 작품이다. 각편은 개인적인 재창조의 결과이면서 현재의 동시적 연행물이며, 이야기꾼의 개인의식을 바탕으로 연행되

상호작용을 하는 가운데 말로써 지식을 표현하고 재미를 즐기는 집단이 내집단이다.
26) Stith Thompson, *The Folktale*, Ams Press, 1979, p. 436.
27) Linda Dégh, *Folktales and Society*, Indiana University Press, 1969, p. 49.
28) 역사지리학파는 이야기꾼을 단순히 전달자로 간주했기 때문에 이야기꾼의 창조적 능력을 무시했다. 구조주의자 및 정신분석학파들은 이야기꾼의 존재를 염두에 두지 않고 작품에만 관심을 기울였다.
29) 주 27)과 같음.

250

는 구체적 작품이다. 따라서 유형의 생산과 전승 및 유형차원의 변이는 공
동체의 집단의식에 의해 결정되나, 각편의 연행 및 각편차원의 변이는 이
야기꾼의 개인의식에 의해 결정된다. 이야기꾼은 변이화소를 통해서 각편
차원의 변이형을 생산하게 되나, 전승공동체는 유형화소의 변이를 통해서
변이유형을 생산·전승한다. 그러므로 전승공동체와 작품과의 관계는[30] 주
로 유형화소 중심으로 논의되어야 할 것이나, 이야기꾼과 작품과의 관계는
주로 변이화소 중심으로 논의되어야 할 것이다.

기록문학과 구비문학 사이의 장벽이 그렇게 큰 것만은 아니다. 기록문학
작품 역시 수정될 수 있고, 작자와 같은 이야기꾼은 전승의 범위내에서 작
품을 구성한다. 구비문학과 기록문학은 서로의 주제와 구성·인물·어휘
등을 끊임없이 교환하고 있다. 양자의 결정적인 차이는 수용자에 있다.
즉, 작가는 보이지 않는 독자를 위하여 작품을 쓰고, 이야기꾼은 가시적인
청중들에게 이야기를 들려준다. 기록문학의 작가는 작품을 양식화하기 전
에 불필요한 부분을 제거하고 다듬어서 완전하게 할 수 있다.

그러나 이야기의 화자는 그의 생각으로부터 쏟아져나오는 말로 이야기를
들려준다. 따라서 그가 같은 이야기를 아주 여러번 이야기한 적이 있더라
도 이야기하는 것을 받아적어보면, 이야기의 시작이 잘못되었거나 순서가
뒤바뀌기도 하고 문법적으로 맞지 않은 문장이 많아서 불완전성을 지닌다.
그러나 이러한 실수나 불완전성은 청중들이 이야기의 내용을 이해하는 데
아무런 장애가 되지 않는다. 왜냐하면 유능한 이야기꾼은 이야기를 극화해
서 구연하며, 얼굴표정·손짓·억양·음성 등 목소리와 몸짓으로 이야기의
구연을 보충하기 때문이다. 그러므로 구연양식의 연구자는 필수적으로 자
료의 수집자이면서 관찰자가 되어야 한다.[31]

---

30) 현장론적 방법이 개척되면서 이야기꾼에 관한 연구가 기록문학의 작가 연구처럼
    주목을 받기 시작했다. 최근에 한국에서 나온 업적으로는 Dawnhee Yim, "A Tel-
    ler and His Tale,"《東國大學校論文集》21(인문사회과학편), 동국대 대학원, 1984,
    pp. 55~69가 있다. 이야기꾼의 경험이 이야기의 내용과 상당히 일치되면서, 자신의
    죄의식을 이야기를 통해서 투사시킴으로써 속죄, 또는 용서받으려는 의식이 있다는
    것을 검토했다.
31) Richard M. Dorson, "Oral Styles of American Narrators," *Folklore : Selected
    Essays*, Indiana University Press, ·1972, p. 102 참조.

이 논의의 대상이 되는 자료 가운데 일부 자료는 연구자가 직접 수집하지 않은 것이므로 이야기꾼 개인의 구연양식에 관한 검토는 자연히 제약을 받게 된다. 그리고 구연양식의 논의는 이야기꾼의 이야기 목록 전반을 검토해야 드러날 수 있는 국면이다. 이 논의는 이미 한정해 놓은 작품을 중심으로 이야기꾼의 문제를 다루게 되므로, 이야기꾼의 일반적인 구연양식은 적극적으로 다룰 수 없게 되었다. 다만 일정한 설화의 각편과 이야기꾼의 구연, 그리고 연행공동체의 관계가 작품의 변이를 중심으로 논의될 것이다.

2. 김현감호 설화의 이야기꾼과 각편

1) 최자와 '호승' 설화의 이야기꾼

설화의 연행현장은 일반적으로 구전설화에 한해서 논의의 대상이 된다. 그러나 호승 설화처럼 자료의 연행상황이 어느 정도 밝혀진 경우에는 문헌설화의 경우에도 논의가 가능하다. 연행현장의 상황은 이야기판·이야기꾼·청중·구연계기 등으로 결정된다. 우선 문헌에 전하는 호승 설화의 이야기판부터 차례로 살펴본다.

호승 설화의 수용자이자 자료의 보고자인 최자는 《보한집》에서, "변산(邊山)에 한 늙은 중이 있었는데 스스로 말하기를" 하고는, 진술상의 화자를 이야기꾼인 중으로 바꾸어서 이야기의 내용을 기술하고 있다. 이로써 이야기꾼은 중이며 이야기꾼 스스로 자진해서 이야기를 했다는 것이 드러났다. 그러나 어디서 누구를 상대로 이야기를 했는지는 드러나 있지 않다. 확실한 것은 변산의 노승이 스스로 말하는 것을 들었다고 하니, 최자가 노승의 이야기 대상이 되었다는 사실이다. 그러므로 이야기의 연행현장은 최자와 노승의 관계 속에서 이해되어야 할 것이다.

노승이 최자를 찾아와서 이야기했을 가능성도 있고, 최자가 노승이 머무는 곳으로 찾아가서 이야기를 들었을 가능성도 있다. 최자는 유자인 만큼 상대적으로 불자를 멀리했을 것이므로, 노승을 찾아다니면서까지 이야기를 들을 처지는 아니다. "늙은 중이 있었는데 스스로 말하기를"이라는 기록을 보아도 듣고자 하는 최자가 이야기 연행의 주체가 된 것이 아니라, 하고자 하는 노승이 이야기 연행의 주체가 되었음을 알 수 있다. 그렇다면 노승이 스스로 최자를 찾아와서 이야기를 들려주었을 가능성이 높다.

노승이 최자와 같은 유자를 대상으로 자진해서 이야기를 했다면, 그것은 일종의 설법을 한 것이다. 호승 설화를 통해서 부처님의 신이함과 불법의 오묘한 이치를 전하고자 했던 것이다. 불법의 이치를 논리적으로 따져서 설명해서는 유교적인 논리와 사고에 입각해 있는 최자에게 먹혀들지 않았을 뿐 아니라 오히려 상대적인 반론을 불러일으킬 수 있다. 그러나 이야기는 인간의 감성에 의해 마음을 뿌리부터 흔들어버리므로, 그럴 여유를 주지 않는다. 이야기를 통해 설법을 많이 하는 까닭도 여기에 있다.

일반적인 청중에게는 이야기 이상의 좋은 설법자료가 없다. 그래서 대부분의 경전은 설화로 이루어져 있다. 그러나 최자와 같이 유교적인 사상이 투철한 청중에게는 예사 설화로써 설법의 효과를 올릴 수 없다. 설법으로 하는 이야기는 신비롭고 기이한 대목이 많을 수밖에 없는데, 이는 순전히 신앙심에 의해서 사실로 믿어지고 있으므로, 신앙심이 없거나 다른 신앙을 가지고 있는 사람에게는 사실로 인식시켜 믿도록 하는 일은 여간 어렵지 않다. 이야기의 신이성이 설법의 사실상 효과이나, 이를 믿지 않은 경우에는 도리어 이 신이성 때문에 더 큰 불신의 대상이 되기도 하는 것이다.

김현감호 설화가 변이되어 '호승형 설화'로 유형적 차원의 변이를 보이는 것은 특수한 이야기꾼과 특수한 청중으로 형성된 특수한 연행공동체의 이야기판에서 이 이야기가 구연된 까닭으로 볼 수 있다. 승려와 유자 사이에서 벌어진 설법논쟁이므로, 승려는 자진해서 불법의 진리를 설법으로 전하고자 했으며, 최자는 이를 온전히 수용하지 않고 허탄한 것으로 몰아세우고자 했던 것이다. 그러므로 노승이 직접 보고 겪은 목격담으로 변이시켜 이야기했으나, 최자는 이를 그대로 인정하려 들지 않았다. 그의 논평이 수용태도를 잘 말해주고 있다.

> 이 이야기는 몹시 괴이하고 허탄하다. 세상에는 앞날의 일을 기록한 讖書에 호승의 이야기가 있다고 한다. 그러나 오직 일엄사의 법사만이 이에 해당된다는 것은 이 또한 믿기 어렵다.[32]

이야기가 괴이하고 허탄함을 지적한 다음에, 참서의 호승 이야기를 거론했다. 참서의 호승은 어느 정도 인정하면서도 이 이야기의 구체적인 내용은 '믿기 어렵다'고 했다. 최자는 결국 부정적인 수용을 한 것이다.[33] 참서는 인정하되 이야기는 불신하는 까닭은 화자와 청중의 믿음에 의한 세계관이 서로 상반된 탓도 있지만 참서와 이야기의 전달매체가 글과 말이라는 데서 찾을 수 있다. 즉 같은 호승 화소이지만 참서의 것은 믿고 이야기로 된 것은 믿지 않는 원인은 구비전승 자료보다 문헌전승 자료, 또는 말보다 문자에 대한 신뢰감이 더 높은 탓이기도 하다.

호승 설화의 생산자인 노승 역시 김현감호 설화를 남에게서 들은 수용자이다. 모든 이야기꾼은 이야기의 생산자이자, 그 이전에는 수용자였다. 이야기꾼이 이야기를 들려주려면 앞의 이야기꾼으로부터 이야기를 듣고 제나름대로 수용한 다음에라야 다른 사람에게 그 이야기를 전해 줄 수 있기 때문이다. 모든 이야기꾼은 구비전승의 연쇄를 이루는 한 고리로서 수용자이면서 생산자 구실을 하고, 청중은 수용자 구실을 하면서 장차 생산자 구실을 할 수 있는 역량을 갖추게 되는 것이다. 그러므로 이야기꾼인 노승이 김현감호의 이야기를 어떻게 수용해서 재창조했는가 하는 것은 스스로 연행한 호승형 설화와 김현감호형 설화를 대비해서 파악할 수 있다.

이미 이 설화의 변이과정과 그 원인을 다각적으로 살핀 바와 같이 김현감호의 창사연기 설화가 이야기꾼 자신의 목격담으로, 또는 일엄사의 법사에 관한 인물전설로 탈바꿈했다. 노승은 불법을 따르고 지키면 호랑이도 인간으로 변신할 수 있고 인도환생까지 할 수 있다고 믿는다. 이른바 불교의 윤회설과 부처님의 신통력을 믿기 때문이다. 김현감호 설화를 사실로 믿기 때문에, 이들 사실을 바탕으로 더 적극적인 이야기를 재창조하는 데까지 이른 것이다. 기독교의 사제자가 성경에 기술된 하느님의 기적을 전적으로 믿는 것과 더불어, 현실적인 불가사의와 예기치 못한 사건들을 하느님의 뜻으로 받아들이는 것과 마찬가지이다. 믿음에 의한 종교적 인식이

---

32) 崔滋, 《補閑集》, 권 하. 李相寶 번역 참조.
33) 金周漢 교수는 이 원고를 읽고 《보한집》 원문으로 봐서 참서도 믿지 않는 것이 아닐까 하는 의견을 제기했다.

김현감호 설화의 신이성을 전폭적으로 수용하기에 이르렀고, 나아가 설법의 필요에 의해서 스스로의 목격담으로까지 재창조하는 발전적 변이를 보인다.

노승과 최자를 《보한집》의 호승 설화에 한정시키면 생산자와 수용자로서 그 역할이 고정적이지만, 그 전후관계를 아울러 고려하면 둘 다 어떠한 방식으로 수용한 이야기를 자기 식으로 전승하고 있다. 기록문학의 경우는 수용자의 수용태도를 별도로 조사하고 분석해야만이 그 수용양상이 드러나지만 구비문학의 경우는 수용의 결과가 이야기로 전승되므로, 화자의 이야기를 통해서 그 수용태도를 포착할 수 있다. 그러므로 수용을 전제로 생산되는 구비문학은 이야기의 연행현장인 이야기판에서 수용양상이 바로 드러나는 셈이다.

일반적으로 수용의 유형은 단순한 수용, 생산적인 수용, 분석적 수용, 분석·생산적 수용으로 나누고 있다.[34] 노승의 수용은 김현감호 설화를 듣고 자기 고유의 생산이라 할 수 있는 호승 설화를 변이유형으로 재창조해서 연행했으므로 '생산적 수용'에 해당되고, 최자의 수용은 노승에게서 들은 이야기를 그대로 기록하고 자신의 감상을 덧붙여 개인적인 문집에 논급해 두었으므로 '단순한 수용'에 해당된다.

한편 김현감호 설화를 《삼국유사》에 수록한 일연의 수용태도는 또 다른 양상을 보인다. 일연은 논호림에 전하는 김현감호 설화를 수록하는 데 그치지 않고 비슷한 내용으로 여겨지는 《태평광기》(太平廣記)에 실린 당(唐)의 '신도징 설화'를 함께 수록하고 두 설화를 비교 분석하는 글을 길게 덧붙였다. 그리고 설화의 수용을 바탕으로 찬까지 지어 붙였다. 일연은 일단 작품을 수용하고 뒤이어 작품분석을 한 것으로서 '분석·생산적 수용'을 한 셈이다. 그러므로 자료에 덧붙여 기록한 내용들은 특수한 의미에서 비평적인 글이라고 볼 수 있는 설명적인 텍스트이다.[35]

---

34) 車鳳禧, 《수용미학》, 문학과지성사, 1985, p. 30.
35) 위와 같음.

2) 진경성과 '신홍사의 유래'

다음은 설화 (나)의 '신홍사 유래'를 보기로 한다. 안타깝게도 설화 (나)의 구연상황은 밝혀져 있지 않으므로 이야기판의 상황은 짐작하기 어렵다. 이야기꾼인 진경성(남·30)은 설화 3편을 이야기했는데 3편 모두 구연상황이 밝혀져 있지 않다. 다행히 이야기꾼에 관한 기록에 구연상황이 어느 정도 드러나 있어 참고할 수 있다.

> 신평면 한 정유소에서 이 마을에서 살고 있는 젊은 얘기꾼을 만나, 긴 얘기 몇 편을 들었다. 그는 이 고장에서 태어나서 자라나 농사를 지으며 살았으나 하두 객지를 떠돌아다니길 좋아하여 1년이면 반년은 집에 없다고 하였다. 그는 재담가였고, 아무에게나 자신이 알고 있는 얘기를 들려주길 좋아하는 듯하였다. 조사자들이 조사하려는 의도와 내용을 들려주자, 자신의 얘기는 길다며 3편의 얘기를 구술하였으며 민요 몇 편을 노래하기도 하였다.[36]

이야기꾼은 이 고장 토박이 농사꾼이나 객지 출입이 잦은 편이다. '재담가'라고 할 정도로 자신이 알고 있는 이야기를 즐겨 하는 분이다. 노래도 즉석에서 3편이나 했다. 농사꾼답게 가래질 노래, 논매기 노래, 모심기 노래를 차례로 불렀다. 낯선 사람들이 일시적으로 모인 정류소에서 갓 30인 젊은이가 이야기와 노래를 함께 구연했다는 것은 예사스럽지 않은 일이다. 스스로 자신의 이야기는 길다고 할 정도로 이야기에 자신이 있었으며 노래도 막힘없이 불러나갔다. 젊은이답지 않은 이야기꾼의 모습이다. 그러므로 정류소에서 처음 만난 낯선 조사자들에게 주저없이 이야기를 늘어놓은 것이다.

이처럼 뛰어난 이야기꾼은 이야기판의 상황에 거의 구애를 받지 않는 것이다. 물론 술기운이 있어서[37] 정류소라는 이야기판의 제약을 벗어나는 데 어느 정도 도움을 얻었을 것이나, 긴 이야기를 어김없이 술술 해나가는 것으로 보아 술기운으로 돌릴 일만은 아니다. 주목되는 상황은 이야기꾼이 구연한 이야기의 목록과 내용이다. 각 이야기들이 상당히 치밀하게 계획된

---

36) 印權煥, 《韓國口碑文學大系》 4-1, p. 170.
37) 위와 같음.

이야기처럼 일관성을 보이고 있다.

처음에 '삼대독자'[38] 이야기를 했다. 홀어머니와 살고 있는 열두 살 먹은 삼대독자가 시주하러 온 스님의 말을 듣고 단명(短命)을 극복하기 위해 스님을 따라나선다. 여러 가지 우여곡절을 겪고 3년 만에 간신히 살아서 집에 돌아왔으나, 이미 어머니가 세상을 뜬 뒤라서 어머니의 묘 가까이에 큰 절을 지어두고 여든여덟 살까지 살았다는 이야기였다.

다음의 이야기는 설화 (나)의 '신흥사 유래'이고, 마지막 이야기는 '횡재한 머슴 공씨' 이야기였다.[39] 머슴 공씨가 벼슬을 하여 호강하고자 지나가는 스님에게 그 대책을 물었더니 쌀 천석을 시주하고 백일불공을 드리면 그 뜻을 이룰 수 있다고 하여 스님이 시키는 대로 불공을 드리는 등 우여곡절을 겪는다. 그러다가 마침내 귀한 집 딸을 아내로 맞이하고 큰 재물을 얻으며 과거에 장원급제까지 해서 돌아가신 스님을 위해 절을 크게 지어주고 잘살았다는 이야기였다.

재미있는 것은 세 이야기 모두 스님이 구원자로 등장하는 창사연기 설화라는 점이다. 전체적인 작품전개의 양상도 상당한 유사성을 지니고 있다. 이야기의 주인공인 젊은 청년 또는 소년은 한결같이 일정한 문제를 안고 있다. 이를테면 단명·미혼·미천한 신분·가난 등이다. 때로는 이 가운데 몇 가지가 함께 문제되기도 한다. 그때마다 문제해결의 실마리를 찾아주는 것은 스님이고, 주인공은 스님의 말을 좇아서 일정한 성취에 이른다. 그리고는 은혜를 갚고자 으레 큰 절을 짓는 데서 이야기가 마무리된다.

이러한 일관성은 이야기꾼의 세계관과 상당한 관련이 있을 것으로 보인다. 정류소에서 우연히 만난 낯선 조사자들에게 들려준 이야기들이 한결같이 불교적인 세계관에 입각해 있다는 것은 우연성으로 돌리기 어렵다. 그것도 술기운이 있는 가운데 들려준 것이니 더욱 그렇다. 이런 맥락에서 김현감호형에 속하는 각편 (나)의 '신흥사 유래'도 세부적인 내용에서 다시 검토될 필요가 있다. 김현감호 설화에는 스님이 등장하지 않는데 이 이야기에는 스님이 등장하는 것이다. 소원을 이루기 위한 젊은이의 탑돌이도

---

38) 印權煥, 위의 책, pp. 172~176, 신평면 설화 1의 자료.
39) 印權煥, 위의 책, pp. 183~189, 신평면 설화 3의 자료.

다른 이야기처럼 일반적인 속신이나 풍속을 따라서 한 것이 아니라, 스님의 가르침을 좇아서 한 것이므로, 스님의 등장이 이야기의 전개에 중요한 영향을 미치는 것이다.

> 그래서 하루는 중이, 스님이 신평이란 마을에 좀 떨어진 덴데 거기를 쏙 지나면서 하는 얘기가,
> "아니 당신은 왜 돈을 많이 붙었으면서두(벌었으면서도) 장가를 안 드냐?"
> 고 하니까, 이 성씨라는 사람이,
> "아이쿠 잘 만났습니다. 나도 그것이 소원인데, 어떻게 했으면 장가를 들겠나?"
> 하고 하니까, 이 스님이,
> "그러면 우리 절로 오라고. 우리 절로 오면 내가 다 알려준다고."[40]

각편 (나)의 김현감호 설화를 가장 원형에 가깝게 구연했지만, 역시 자신의 세계관에 맞게 수용해서 재창조한 것이 '신흥사 유래'이다. 그의 세계관은 일정한 틀을 이루며 이야기로 형상화되어 있다. 즉 모든 사람들이 저마다 처한 문제는 스님이 발견해 낼 수 있고, 그 해결에 관한 처방도 스님이 내릴 수 있다는 관념이 지배적으로 나타난다. 스님이 내린 처방은 절에서 백일불공을 드려야 한다는 상투적 전형성을 지니고 있다. 그러므로 각편 (나)의 성씨 총각도 스님의 말을 좇아 이백 일 동안 정해진 시간에 탑돌이를 하는 정성을 보인다. 이처럼 풍속이나 속신에 따라 어느 날 탑돌이를 세 차례 한다는 다른 각편들과 상당한 차이를 보이고 있는 것은, 이야기꾼이 자신의 불교적 세계관에 입각해서 김현감호 설화를 수용하고 이를 자신의 이야기 문법에 맞게 재창조한 것으로 해석할 수 있겠다. 실제로 이 대목에 의하여 불교적인 의미가 더 강화되고 이야기의 전개도 원형보다 더 풍부하게 된 셈이다. 이와 같이 이야기꾼의 구연목록과 더불어 이야기를 검토하면 이야기의 수용양상과 생산과정을 더 깊게 이해할 수 있다.

이야기꾼이 재담가이며 이야기하기를 즐기고, 긴 이야기를 막힘 없이 구연할 수 있을 뿐만 아니라, 연행현장의 불리한 조건에 구애되지 않고 이야기를 해나갔다는 사실 등은 진경성씨를 뛰어난 이야기꾼으로 평가할 수 있

---

40) 印權煥, 위의 책, pp. 177~178.

는 근거가 된다. 최근에 수집한 설화 (나)가 수백년 전의 원형에 가장 가
깝게 전승되는 까닭이 전승현장과 관련되어 다각적으로 다루어진 바 있다.
그러나 그것은 순전히 신홍사라는 실재하는 절의 창사유래담이라는 전설적
전승력에 한정되는 것만이 아님을 이야기꾼의 구연능력을 통해서 확인할
수 있다. 진경성과 같이 구연능력이 뛰어난 이야기꾼은 원형을 빠짐없이
구연할 뿐만 아니라, 자신의 세계관에 입각해서 이야기를 지어보탬으로써
더 풍부한 이야기를 재창조해 내는 것이다. 특히 이야기의 내용과 이야기
꾼의 세계관이 일치하는 경우에는 이러한 창조적 전승이 더욱 강화되는 것
이다. 그러므로 이야기의 전승현장 및 이야기꾼의 역량을 고려하지 않은
채, 이야기는 전승되면서 축소된다는 역사지리학파의 전파론적 전제는 재
고되어야 함이 거듭 확인되었다.

3) 김복종과 '호암사의 유래'

각편 (다) '호암사의 유래'는 감포읍 대본 3리 김인락씨 댁에서 김복종
(남·79)으로부터 연구자가 직접 수집한 자료이다. 이 이야기꾼은 인근 마
을 봉길리에서까지 이야기 잘하는 분으로 소문이 나 있었다. 소문대로 이
야기를 썩 잘했다. 동장도 이분을 먼저 만나보는 것이 좋겠다고 하며 안내
를 했다. 동장과 함께 이야기꾼을 찾아가는 길에 골목길에서 만나게 되어,
이분을 모시고 김필용씨 댁에서 첫날 이야기를 듣고, 다음날은 김인락씨
집에서 다시 이야기를 들었다. 첫날은 연구자가 이야기꾼을 찾아가서 이야
기를 들었는데, 이날은 이야기꾼 스스로 연구자가 있는 곳을 찾아와서 이
야기를 들려주었다.[41]

첫날 김필용씨 댁 사랑에서 벌인 이야기판에서는 이야기꾼을 비롯한 할
아버지 세 분과 동장, 그리고 주인댁 할머니가 좌중을 이루었다. 이 사랑
의 좌장은 주인어른인 김필용(남·81)이지만, 이야기판의 좌장은 김복종이
었다. 이야기꾼 김복종이 이야기판을 휘어잡고 이야기를 계속하는 동안에
다른 사람들은 가끔씩 참견하거나 보충하는 이야기를 간간이 하는 정도였

---

41) 趙東一·林在海,《韓國口碑文學大系》7-2, p.625, 644~645 참조.

다.[42] 이야기꾼의 이야기와 다른 변이형을 이야기하는 외에는 이야기꾼 혼자서 이야기를 맡아놓고 한 셈이다. 이야기의 목록은 한결같이 이 고장과 관련된 전설이었으며 역사적인 사실과 상당한 관련을 지니고 있는 것들이었다.

다음날 김인락씨 댁에서 벌인 이야기판에는 할머니들이 여럿 있는데도 불구하고 이야기꾼 스스로 찾아왔다. 할머니들은 이날 저녁에 연구자와 함께 이야기를 나눈 바 있어 익숙한 분들이었다. 할머니들의 이야기판에서, 늦게 참여한 할아버지들의 이야기판으로 바뀐 뒤에, 좌중은 이야기꾼에게 이야기를 잘한다는 것을 새삼스럽게 강조하면서 이야기를 권했다. 이야기꾼은 기다렸다는 듯이 '가리도치 중과 김활량' 이야기를[43] 길게 했다. 할머니 한 분이 이야기가 끝나자 중 이야기가 나왔으니 나도 중 이야기를 한번 하겠다고 나서면서 '당금 애기'와 비슷한 이야기를 했다.[44] 이 이야기를 받아서 "내도 하나 하지" 하고는 이야기꾼이 다시 나섰다. 이때 들려준 것이 각편 (다) '호암사의 유래'이다.

첫날 김필용씨 댁의 이야기판은 남성 중심의 이야기판으로서 역사적 사실과 관련된 고장의 지역전설이 중심을 이루었는 데 비해서, 각편 (다)가 구연된 둘쨋날 김인락씨 댁의 이야기판은 여성 중심의 이야기판으로서 주로 민담이 구연되었다. 민담이 중심을 이룬 이야기판에서 각편 (다)와 같은 전설이 구연된 것은 예외적인 것 같지만, 그 목록들을 검토해 보면 일정한 맥락을 이루고 있음을 추론할 수 있다.

이야기꾼이 이야기판에 끼여들어서 처음 들은 '중으로 둔갑한 호랑이' 이야기는 호랑이의 변신화소와 중의 등장으로 각편 (다)와 상당한 관련을

---

42) 김복종은 '감은사의 유래', '만파식적', '이여송과 김덕령', '양반의 근본 찾기', '당머리'에 관한 이야기를 차례로 계속 구연했다. 이야기꾼의 구연내용 가운데 자신이 알고 있는 것과 다르다고 생각되는 이야기를 주봉이(남·71)와 주경명(남·50)이 각각 한 차례씩 했는데, 모두 '문무왕의 득천'에 얽힌 이야기였다. 趙東一·林在海, 위의 책, pp. 644~661의 구연목록 및 구연상황 참고.

43) 趙東一·林在海, 위의 책, pp. 690~701. 이야기꾼이 이야기를 하기 전에, 좌중에 의해 '짐승의 말을 알아듣는 며느리', '중으로 둔갑한 호랑이', '점괘 세 개'라는 이야기가 차례로 구연되었다.

44) 이 이야기는 채록되지 않았다.

지니고 있다. 그러나 이야기꾼은 이 이야기를 통해서 각편 (다)를 떠올리
지는 못했다. 이어서 구연된 '점괘 세 개' 이야기의 말미는 부인이 외간남
자와 간통한 사실을 밝혀내는 내용이다.[45] 이야기꾼은 앞의 이야기에서 중
을 떠올리고, 방금 들은 이야기에서는 간통을 떠올린 것이다. 그래서 이러
한 내용이 두루 포함되어 있는 '가리도치 중과 김활량'이라는 이야기를 하
게 된 것이다. 간통을 즐기는 중의 부정적인 행위를 다룬 이야기이다.

다음에 구연한 할머니의 '당금 애기'는 스님의 정사를 다룬 것이긴 하지
만, 간통과 달리 종교적 신성성을 부여하고 있는 이야기이다. 부처님의 응
신과 그 신성성이 종교적인 차원에서 입증되는 이야기이다. 스님과 정사를
한 당금 애기는 모든 고난을 참고 견딘 다음에 새 생명을 탄생시키고, 그
결과 삼형제는 삼신이라는 영광된 신격의 지위에 오르게 되는 것이다.[46] 이
이야기가 이야기꾼으로 하여금 각편 (다)를 구연하게 하는 직접적인 계기
를 마련한 셈이다. 가리도치 중의 퇴폐적인 간통이 비극적인 결말을 초래
한다는 이야기로부터, 사원에서 불교적인 의식을 하다가 이루어진 정사가
큰 성취를 이루는 이야기로 기억력을 전환시키는 계기가 된 것이다. 물론,
이 이야기만이 그 계기를 준 것은 아니다. 앞의 이야기들에서부터 마련된
호랑이의 변신, 남녀간의 정사, 부처의 응신, 불교적 신성성 등이 함께 이
야기꾼의 잠재된 이야기 목록 가운데 각편 (다)를 기억의 표면으로 떠올리
게 한 것이다.

이야기꾼은 그때마다 이야기판에서 늘 좌장 노릇을 하면서 '선비'로, 또
는 '노래와 함께 늙은 분'으로 통했다. 한학을 많이 알고 이야기 못지않게
노래도 잘한다는 뜻으로 한 말이다. 그런데 이야기꾼은 선비라는 말을 듣
는 분답지 않게 음담 섞인 이야기를 주저없이 했다.[47] 그러나, 남녀간의 정
사 장면을 구연하는 것이 이야기판에 따라서 달랐다. 남성들의 이야기판인
김필용씨 댁과 여성들의 이야기판인 김인락씨 댁에서의 정사 묘사가 차이

---

45) 이 이야기도 채록되지 않았다. 자세한 내용은 曺喜雄, 〈千兩짜리 豫言說話〉, 《李
崇寧先生古稀紀念國語國文學論叢》, 1977, pp. 647~660 ;《朝鮮後期의 文獻說話硏究》,
형설출판사, 1980, pp. 110~116 참조.
46) 徐大錫, 《韓國巫歌의 硏究》, 문학사상사, 1980, p. 167.
47) 趙東一・林在海, 주 41)의 책, pp. 625~626.

를 보였다. 청중을 의식한 탓이다. 우선 앞의 이야기판에서 구연된 '요강원'의 정사 대목과 뒤의 이야기판에서 구연된 설화 (다)의 정사 대목을 대비해 본다.

> 사또가 가만 보이 인물도 만고일색이지러, 술도 맛 좋지러. 〔청중 1 : 만고일색이지로.〕 그래. 〔청중 2 : 일색이 아이라 절색이지.〕 그래가 떡 있으이 술을 한 잔 먹고 난 뒤에, 아 그르이 거 남자라 카는 것은 그저 보낼 수가 없으이, 그날 저역(저녁)에 그날 저역에 동품을 하고 거게 눕어 자다가······〈요강원〉[48]

> 그날 밤에 밤이 야심해가 글차 크이, 여자가 거서 그날 저녁에 잘 놀고 했는데, 밤이 야밤쭈이나 되이 고마 여자가 나서는 기라.〈신흥사의 유래〉[49]

남성들의 이야기판에서는 정사 장면에 이르자 맞장구가 대단하다. 이야기꾼의 표현을 반복해서 부추기는가 하면 표현을 더 강화시키도록 한다. 청중의 참견과 수용태도가 정사 장면을 은근한 표현으로 지나쳐버릴 수 없는 상황을 조성한 것이다. 따라서, "그날 저역에 동품을 하고 거게 눕어"잤다고 정사 장면을 그대로 묘사해서 구연했으나, 여성들의 이야기판에서는 사정이 다르다. 청중의 참견이 거의 없다. 일반적으로 할아버지가 이야기를 하는 데에는 할머니들이 적극적으로 개입하지 않는 편이다. 그러므로, "그날 저녁에 잘 놀고 했다"는 식으로, 정사 대목을 은근하게 표현하고 말았다. 이 대목만 한정해서 듣는 사람은 '잘 놀았다'는 것이 구체적으로 무엇을 뜻하는지 모를 정도이다.

이로써, 우리는 이야기판에서 연행된 이야기의 목록과 이야기판의 성원 집단인 연행공동체의 성격이 이야기꾼의 이야기 목록을 결정하고 구연내용에 영향을 직접적으로 미친다는 것을 알 수 있다.

이야기꾼의 개인적인 관심도 이야기에 투사되어 생성화소를 이룬다. 김현감호의 다른 각편에는 보이지 않는 화소가 이야기 말미에 새로 삽입된 것이다.

> 그케 옛날에 안 그런기요. 저 여 티전 너리게 "장자 한 잔 들고 보이, 장자

---

48) 趙東一·林在海, 위의 책, p. 651.
49) 趙東一·林在海, 위의 책, p. 703.

수풀에 범이 들어 일자포수 다 들어도 그 범 한 마리 못 잡았다." 그기 그거리요. 50)

이야기 말미에 군말로 덧붙인 대목인데, 투전노래, 또는 화투뒤풀이라고 할 수 있는 노래의 한 부분이 이 설화로부터 비롯되었다는 것이다. 예사 사람들은 이 노래조차 잘 기억해내지 못하는 처지이나, 노래를 좋아하는 이야기꾼으로서는 쉽게 노래를 떠올릴 수 있고, 이야기와 관련지워 노래의 생성배경을 설명할 수 있을 만하다. 좌중이 '노래와 함께 늙은 분'이라고 할 정도였으며51) 자진해서 노래를 부르기도 했다. 젊었을 때 이런 노래를 부르며 즐겼을 테니 노래의 생성배경에 관심을 기울였을 것이다. 그러므로 이야기꾼이 덧붙인 삽화는 이 노래의 민간어원설로 보아도 좋겠다. 52)

4) 김만갑과 '호륜사의 유래'

각편 (라) '호륜사의 유래'는 감포읍 경로당에서 이야기꾼 김만갑(남·69)으로부터 연구자가 직접 수집한 자료이다. 이야기꾼은 이야기를 잘하는 분으로 널리 알려져 있어, 경로당의 할아버지들로부터 경로당의 이야기판에 초청되어 참여한 분이다. 이야기를 잘할 뿐 아니라 이야기하는 것을 대단히 즐겼으므로, 생업으로 하는 대서소 일을 그만두고 종일 경로당의 이야기판에서 좌장 노릇을 했다. 대서소 문을 걸어잠그고 이야기판에 어울려 저녁이 되어도 읍내에서 떨어져 있는 자택으로도 돌아가지 않은 채 경로당에서 하루 낮과 밤을 보냈다. 이튿날 아침에 경로당을 나서며, 연구자를 두고 "이 젊은 친구 때문에 머리 시고(세고) 첨으로 외박했네"라고 하며 스스로 이야기에 정신이 팔렸음을 인정할 정도였다. 53)

---

50) 趙東一·林在海, 위의 책, p. 707.
51) 趙東一·林在海, 위의 책, p. 625, 이야기꾼 상황 참조.
52) 이야기꾼의 이야기처럼 화투 뒤풀이의 '장자' 대목이 김현감호 설화로부터 유래되었다기보다, 이 대목의 생성유래에 관심을 가지면서 후대적으로 얻어낸 설로 보는 것이 좋겠다. 화투 뒤풀이는 그 나름대로 일정한 질서를 유지하고 있는 까닭에 각 부분마다 다른 유래를 지니고 형성되었으리라 보기 어렵다.
53) 이야기꾼은 보통학교를 다녔으나, 고등교육을 받았으면 아마 文人이 되었을 것이라고 하며 자신의 문예적 소질을 드러내는 한편, 자신의 이야기는 들은 것 반 지어낸 것 반이라고 했다. 趙東一·林在海, 앞의 책, pp. 627~628 참조.

이야기꾼은 경로당에 도착해서 거의 두 시간에 걸쳐 이야기를 계속했다. 주로 역사적인 인물전설과 지역전설을[54] 구연하면서 문자쓰는 이야기들도[55] 간간이 구연했다. 정만서 이야기는 많이 알고 있는 것 같으나 격에 맞지 않는 이야기로 여겨서 애써 하지 않으려 했다.[56] '우목낭상'(郵目囊箱) 이야기를 마치고 도술 부리는 이야기를 들어보자고 했더니, 각편 (라)를 들려주었다. 이야기꾼은 호랑이가 처녀로 변신하는 것을 도술로 인식한 셈이다.

각편 (라)는 도술담으로서의 성격이 짙지 않은데도 불구하고 도술 부리는 이야기로 얼른 떠올린 것은 이야기꾼이 이 이야기를 잘 기억하고 있었다는 근거도 되지만, 이 이야기를 수용한 이야기꾼의 수용태도도 일정하게 반영하고 있는 것이다. 즉 불교적인 신성성이나 고승의 법력으로서가 아니라 도술로서 이 이야기의 초월성을 수용하고 있는 것이다. 따라서 각편 (가), (나), (다)는 복회(福會)·연등회와 같은 불교 풍속이나 탑돌이의 불공축원으로부터, 또 각편 (나)는 고승의 가르침에 따라 탑돌이를 하는 데서부터 이야기가 전개되는 데 비하여, 이 이야기는 "어느 청춘이 '내가 장차 어떻게 해서 국가에 유공(有功)하고 후세에 이름을 남길 수 있는 사람이 되겠느냐?' 카는 걸 늘 항상 생각을 하고 있는데"서부터 이야기가 전개된다. 국가에 공을 세우고 이름을 떨치고자 하는 개인적인 성취욕이 불교적인 속신을 수단화하는 데서 이야기가 시작되므로, 탑돌이 풍속 자체가 이야기 전개의 동기가 되고 있는 다른 각편들과는 구별되고 있다.

이야기꾼은 기억력도 우수하고 이야기의 구연능력도 뛰어나지만 있는 그대로의 이야기를 전달하는 데 만족할 수 없다. 그것은 이야기꾼이 이야기를 들을 때의 수용태도부터 다르기 때문이다. 이야기꾼이 한학을 익히고 스스로 문인의 꿈을 키워왔던, 감포읍장까지 지낸 당대의 엘리트이다.[57] 따

---

54) 인물전설로서는 황희정승, 蔡樊巖, 이순신 등에 관한 것을, 지역전설로는 전골, 용구무, 대왕암과 이견대, 萬波息笛 등에 관한 것을 구연했다.
55) 이야기의 제목이 한문구로 되어 있는 것인데 垂目囊箱, 靑松奇譚, 我生無蛙不成事 등이 이에 속한다.
56) 정만서 이야기를 연구자의 권유로 두 편을 구연했는데, '정만서의 코베어 팔기'는 다른 데서 듣지 못한 기발한 자료였다.
57) 주 51)과 같음.

라서 불교적인 신성성보다는 유교적인 입신양명을 중심으로 주인공 청년이
성취하는 과정에 중점을 두었다. 그러므로 청년의 탑돌이가 불교적 풍속에
의한 것이 아니라 국가에 공을 세우겠다는 목적성취의 한 방편에 지나지
않도록 이야기한 것이다. 이야기꾼 스스로 "들은 것 반 지어낸 것 반"이라
고 했듯이, 청년의 공명심을 작품전개의 동기로 다시 형상화한 것이다. 불
교적 세계관에 입각해 있는 이야기에 이야기꾼의 유교적인 세계관이 반영
된 것으로 볼 수 있겠다.

이러한 이야기꾼의 세계관은 다른 부분에서도 나타난다. 청년이 호처녀
를 따라 호랑이굴로 갔을 때 호처녀의 오빠 호랑이들이 나타나서 그 청년
을 해치려고 한다. 이때 다른 각편에서는 '하늘에서' 또는 '옥황님'을 통
해서 호랑이들의 살상을 나무라고 저지시키는데, 이 이야기에서는 어미 호
랑이가 호통을 쳐서 이를 저지시킨다. 하늘이나 옥황의 신격을 끌어들이지
않고 어머니의 호령으로 아들의 행패를 다스리는 것 또한 효관념을 중요시
하는 이야기꾼의 유교적인 세계관에 입각한 수용으로 볼 수 있겠다.

이야기의 말미에서도 이야기꾼의 이러한 의식이 잘 드러난다. 이야기의
끝부분을 인용해 본다.

> 그러이 그 가족이 모두 범이라. 범인데 워낙 수천년 묵어노이 사람도 될 수
> 있고 범도 될 수 있고. 이래서, 그 범을 잡았다고 해서 국가에서 천금상 만호
> 를 봉하고 거게다, 그 사람이 가마이 생각커 보이, '내가 이러한 은혜를 입었
> 는데 그양 둘 수 없다' 캐서, 범 호짜, 바퀴 륜짜, 절 사짜, 虎輪寺라는 절을
> 세웠다 그런 이얘기가 있습니다.[58]

호랑이가 사람으로 변신한 데 대한 설명을 별도로 하고 있는 부분 또한
다른 각편에서 볼 수 없는 것이다. 일연은 호랑이 처녀를 부처의 응신으로
까지 받아들였는데, 이야기꾼은 도술의 범주로 받아들인 셈이다. 호랑이나
여우와 같은 동물이 일정한 수명을 넘기고 오래 묵으면 변신능력을 지니게
된다는 일반적인 생각에 입각해 있는 것이다.

그리고 앞의 각편에서는 절을 짓고 법망경을 강했다든가, 절을 짓고 호

---

58) 趙東一·林在海, 위의 책, p. 774.

랑이 처녀의 모습을 그려붙였다는 대목이 있는데, 여기서는 절을 지었다는
데서 그친다. 이야기꾼은 기억력과 창조력이 뛰어난 분임에도 불구하고 하
늘의 징벌계시 및 호처녀에 대한 보답 부분을 약화시키거나 빠뜨린 것은
주인공 청년의 유교적 성취의지와 성취과정에 자신의 관심이 특히 쏠려 있
는 까닭이다. 그러므로 이야기꾼의 유교적인 의식세계가 이야기 속의 청년
을 통해 한층 두드러지게 표현되는 것이다.

  이야기꾼은 보통학교를 다녔으며 선친으로부터는 한학을 익혔고 스스로
강의록을 받아보는 등 독학을 해서 일정한 성취를 했다. 5·16으로 물러날
때까지 감포읍장을 지냈고 현지조사 당시에는 읍내에서 행정대서소를 경영
하고 있었다.[59] 이야기꾼의 구연목록 가운데 과거 보는 이야기가 많고 이야
기 속에 한시구가 많이 나오는 것도 이러한 자신의 이력상황과 관련이 있
다. 특히 여기서 다루고 있는 '호륜사의 유래'는 그의 이력과 밀접한 관련
을 지니고 있다.

  이야기꾼은 "스스로 생각하기를 고등교육을 더 받았더라면 문인(文人)이
되었을 것이라고 하면서, 국민학교 때 작문을 지어 당시 일본인 선생으로
부터 어린이 신분에 넘치는 글을 지었다고 오히려 꾸중을 들었다"고[60] 했
다. 이야기꾼은 어릴 때부터 작문능력이 뛰어났는데도 불구하고 훌륭한 문
인으로 그 이름을 떨치지 못한 것은 고등교육을 받지 못한 탓으로 여기는
것이다. 강의록까지 받아보며 독학을 했으나 그런 성취에는 이를 수 없었
던 것이 이야기꾼으로서는 안타까운 것이다. 이야기꾼으로서는 읍장까지
지낸 자신의 이력이 스스로의 성취욕을 만족시켜 주지 못한 셈이다. 국가
적인 공로를 세웠다고 보기도 어렵고 후세에까지 이름을 남길 수 있는 직
위도 아니라고 판단한 까닭에 이러한 아쉬움을 표현하는 것이다.

  결국 '국가에 유공하고 후세에 이름을 남길 수 있는 사람'이 되고자 한,
이야기 속의 청년이 품은 생각은 곧 이야기꾼 자신이 마음속으로 키워온
생각이기도 하다. 그러므로 이 이야기는 이야기꾼 자신의 꿈이 이야기의
주인공을 통해서 표현되고, 그의 성취를 통해서 이야기꾼은 대상적(代償的)

---

59) 趙東一·林在海, 위의 책, p.625, 제보자상황 참조.
60) 위와 같음.

인 성취를 이루는 것으로 볼 수 있겠다. 그의 작문능력은 이야기의 구연능력을 뛰어나게 했으며, 창조적 구연활동을 통해서 이러한 능력을 유감없이 발휘하게 한 셈이다.

5) 오기생과 '호랑이 처녀의 죽음'

각편 (바) '호랑이 처녀의 죽음'은 경주시 황오동 경로당에서 수집된 자료이다. 경로당에 모인 분들은 대부분 한복차림이어서 도시적인 분위기는 찾아보기 어려운 편이었고, 이야기는 아주 많아서 쉽사리 자료수집을 할 수 있었다고 한다.[61] 각편 (바)는 이 이야기판에서 여덟번째로 구연된 이야기인데, 그 앞에 경주지방의 지역전설이 계속해서 5편 구연되고, 타처에서 온 배남홍(남·81)에 의해 박문수 설화가 2편 거듭 구연된 다음에, 오기생(남·73)에 의해 이 이야기가 구연되었다. 이 이야기의 구연계기 및 상황을 알아보기 위해 전후의 구연목록을 살피기로 한다. 숫자는 구연순서이다.

(1) 성부산, (2) 봉황대, (3) 김부대왕이 용이 된 이야기, (4) 개무덤, (5) 김유신 이야기, (6) 박문수와 죽은 정승, (7) 박문수와 인색한 천석꾼, (8) 호랑이 처녀의 죽음, (9) 박문수와 영리한 아이.

(1)에서 (4)까지는 이수영(남·70)이, (4), (5), (8)은 오기생이, (3), (4), (6), (7), (9)는 배남홍이 구연했다. (3)의 김부대왕 전설이나 (4)의 개무덤 전설은 누구든 한마디씩 할 만한 이 지방의 전설이다. 특히 (4)의 이야기는 여럿이서 한마디씩 거들었으나 오기생이 본격적으로 내용을 갖추어서 구연했다. 이로써 이야기꾼 오기생은 조사자의 관심을 끌었다. "설화 (4)가 끝난 뒤에 물어보니, 오기생씨는 원래 고향이 경주라고 했다. 그러면서 스스로 '글도 모르고 무식하다'고 했다. 특히 이분에게 관심이 있어서", 선도산(仙桃山) 성모(聖母)·단석산(斷石山)·김유신 등에 관한 이야기를 물어보았더니, (5)의 '김유신 이야기'를 상당히 길게 했다.[62] 배남홍이

61) 趙東一·林在海,《韓國口碑文學大系》7-3, p.558.
62) 趙東一·林在海, 위의 책, p.570.《삼국유사》의 太宗春秋公조보다 내용이 풍부하고 구전 내용이 섞여들어서 내용도 상당히 달라졌다.

(6), (7)의 박문수 이야기를 이어서 구연한 다음 다시 오기생에게 이야기를 권하니, 각편 (바)에 해당되는 '호랑이 처녀의 죽음'을 이야기했다. 배남홍에 의해 신라·경주와 상관없는 박문수 이야기로 구연목록이 바뀌었지만, 이야기꾼 오기생에 의해 다시 경주 이야기가 이어진 셈이다. 앞에서 구연한 (5) '김유신 이야기'와 마찬가지로, 각편 (바)는 《삼국유사》 소재 설화와 밀접한 관련성을 지닌 이야기였다. 이야기꾼은 배남홍의 박문수 이야기에도 불구하고 처음부터 유지되어 오던 경주의 역사적 이야기를 계속하고자 했던 것이다.[63] 배남홍도 이에 질세라 박문수 이야기를 두 편이나 더 구연했다.

이 이야기판에서 설화다운 설화를 비교적 많이 구연한 사람은 배남홍과 설화 (바)의 이야기꾼 오기생이다. 그런데 이 두 사람의 구연목록을 보면, 오기생이 경주지역의 전설을 주로 이야기하는 데 비해, 배남홍은 박문수 이야기와 같은 일반적인 인물전설 쪽으로 이야기판을 이끌어가려 하고 있음을 알 수 있다. 그것은 두 이야기꾼의 거주 이력과 일정한 관련을 지니고 있다. 이들 이야기꾼의 연행상황을 조사할 필요가 있겠다.

> **배남홍** : 처음에는 듣고만 있더니, 이수영씨가 이야기를 하는데, 마음에 들지 않는지 자진해서 나섰다. 그러면서 외지에서 와서 경주 일은 잘 모른다고 했다. 물어보니 고향은 대구인데, 경남에서 오래 살다가 20년 전에 경주로 왔다고 한다.[64]

> **오기생** : 원래 고향이 경주이고, 경주서 대대로 살았다고 했다. 경주의 옛날 이야기도 잘 알아서 설화 5의 김유신 이야기, 설화 8의 김현감호형의 이야기 같은 것도 했다. 그런가 하면 신이한 요소가 많이 등장하는 긴 이야기도 즐겨 했다. 역사적인 전설을 말하면서 역사의 사실과 아주 다르게 엮어내는 것이 특징이기도 했다.[65]

배남홍은 타처에서 이주해 온 사람이다. 그래서 민담처럼 널리 전승되는 '개무덤' 전설은 알고 있어도 고대사와 관계되는 이 지역의 역사적 전설에

---

63) 물론 각편 (바)는 연구자가 유도한 것이 아니다. 특정 이야기를 지정하지 않고 이야기를 권하니, 이야기꾼 스스로 이 이야기를 구연한 것이다.
64) 趙東一·林在海, 주 61)의 책, p.560, 제보자상황 참조.
65) 趙東一·林在海, 위의 책, p.561, 제보자상황 참조.

대해서는 제대로 알 리가 없다. 이사와서 20년을 살았지만 그의 말대로 "경주 일은 잘 모른다"고 하겠다. 그러므로 자연히 박문수 설화와 같은 널리 알려진 이야기에 관심이 쏠릴 수밖에 없다. 그리고는 줄곧 자진해서 박문수 이야기만 네 편이나 했다.

그러나 경주에서 누대로 살아온 오기생은 사정이 다르다. 경주의 역사를 기록한 문헌도 보았으며,[66] 구전되는 전설도 많이 들었을 것이다. 그리고 경주사람들이 일반적으로 가지는 자부심, 즉 신라의 옛 수도인 역사적인 고장 경주에 살고 있다는 경주인으로서의 긍지를 지니며, 곧잘 '신라 천년'이라는 표현을 쓰듯이, 이야기꾼도 경주 토박이로서의 역사적 사실에 남다른 관심을 가졌던 것이다. 따라서 이성계(李成桂)나 무학(無學)이 등장하는 조선조의 타고장 전설도 상당히 알고 있었지만,[67] 애써 신라시대 경주의 이야기를 우선하여 구연한 것으로 볼 수 있다.

이야기꾼 오기생은 김현감호 설화를 온전하게 알고 있지 못했다. 구연능력으로 보아 들은 이야기를 허술하게 구연할 분은 아니었다. 그렇다면 이야기꾼은 갖춘 형태의 김현감호 설화를 들을 수 없었던 것이다. 문헌에서 본 것도 아닐 것이다. 고담책에서 본 적이 있다고 한 '김유신 이야기'는 《삼국유사》의 기록보다 훨씬 풍부하게 장편의 이야기로 구연했는데, 각편 (바)는 그렇지 못했다. 이야기꾼은 이 이야기를 제대로 수용하지 못했지만 경주 토박이로서의 긍지 때문에 이 이야기를 구연했는지 모른다. 따라서 이야기의 본디 내용과는 상당히 어긋난 것이지만, 경주 토박이들로서는 널리 관심을 가질 만한 다른 화소가 끼여들었다.

그래서 이야기꾼은 이 이야기를 화랑의 유래담으로서 구연했다. 이야기의 서두와 결말 부분을 보면 이러한 이야기꾼의 의도가 잘 드러나 있다.

　　화랭이라고 잘난 청년이 하나 있었는데. 월성숲에 내(늘) 갱비로(경비를) 했어. 경비로 내 이래 하다이께네, 하룻 밤에는 달이 환한데…… 그래가 그 범을 때리잡았다. 때리잡고 나이, 그 사람이 머시 상을 타고, 그래서 오늘날까지 화

---

66) 이야기꾼은 '김유신 이야기'를 한 다음에 고담책을 보았다고 했는데, 이 고장의 야사를 기록한 책을 본 것이 아닌가 생각된다.
67) 다음날 조사자가 경로당을 다시 찾아갔을 때 이야기꾼은 이들 이야기를 경주시 설화 38과 39로 들려주었다.

랑, 화랑 크는 기라. 꽃 화자. 그래서 화랑이라 크는 기라.[68]

위의 내용은 이야기의 서두와 결말 부분만 인용한 것이다. 경주는 곧 신라를 상징하고 신라의 독특한 제도로 화랑을 손꼽을 수 있다. 그러니 경주사람으로서의 자부심은 오늘날까지 그 정신을 이어받고자 하는 화랑제도에 자연히 관심이 쏠릴 수 있다. 화랑제도의 역사적 사실이나 김현감호 설화의 본디 내용을 정확히 모르는 이야기꾼은 이 두 내용이 하나로 어울려 있는 각편 (바)를 재창조해 낼 수 있다.

김현감호 설화의 내용을 어느 정도 자세하게 듣고 있는 이라도 불교적인 세계관에 회의적인 사람은 이 이야기에서 불교적인 내용을 의도적으로 빼어버릴 수도 있고, 쉽게 잊어버릴 수도 있다. 그래서 서두의 탑돌이도 빠지고 마지막에 절을 지었다는 대목도 빠질 수 있다. 경주사람들이 조선조를 거치면서 유학에 심취해 있는 동안 이 이야기를 이렇게 걸러서 전승했을 가능성도 있는 것이다. 여기에 화랑제도가 덧붙여지면 각편 (바)와 같은 '호처녀형' 이야기로 변이되는 것이다.[69]

우리가 이 이야기판에서 주목할 것은 이야기꾼이 경주사람으로서 경주의 역사 및 문화와 관련된 이야기를 지켜나가려 하는 반면, 타처에서 이주해 온 배문홍은 경주와 무관한 이야기를 계속하려 들었다는 것이다. 경주 이야기들은 내용이 풍부하지 못하고 흥미도 적었지만 경주사람인 이야기꾼은 이들 경주 이야기로써 경주의 자랑스러움을 이야기하고자 했다면, 배문홍은 그보다 이야기판의 재미를 생각한 탓에 경주 이야기에 얽매이지 않고 박문수 이야기를 계속 늘어놓은 것이다.

이야기꾼이 이야기 속에서 내세운 김유신과 화랑은 신라시대 경주사람의 영웅이라면, 배문홍의 박문수는 조선시대 백성들의 영웅인 셈이다. 그러므로 공간적으로는 경주·월성지역, 시간적으로는 신라시대에 관심을 모으고 있는 이야기꾼과, 공간적으로는 전지역, 시간적으로는 조선시대에 관심을

68) 趙東一·林在海, 주 61)의 책, p.588, 590.
69) 이야기꾼 스스로 이야기를 이렇게 엮어내었을 가능성도 있고, 전 이야기꾼으로부터 이렇게 들었을 가능성도 있다. 전 이야기꾼에 의해서 들은 것이라면 전 이야기꾼 역시 이런 의식에 입각해서 이야기를 듣고 전달했을 것이다.

모으고 있는 배문홍이 이야기의 구연목록을 통해서 각기 자기 중심적 이야기판으로 몰고 나가려고 다툼을 벌인 것이 이 이야기판이라 하겠다. 이러한 대립적인 이야기판의 형성은 이야기꾼의 서로 다른 거주경력으로부터 빚어진 것이다.

6) 김임수와 '호랑이 처녀'

각편 (사) '호랑이 처녀'는 경남 신현읍(新縣邑)에서 이야기꾼 김임수 (여·68)로부터 수집된 자료이다. 좌중에는 조사자밖에 없었으니 이야기꾼 혼자서 이야기판을 벌인 것이다. 조사자가 "이야기꾼의 시아버지를 만나러 갔더니, 귀가 먹어서 설화채록이 불가능한 것을 보고, 손님 대접이나 해야 되겠다며 자청하여 3편의 설화를 이야기하여 주었다."[70]

이야기꾼은 아래채 툇마루에 앉아서 '난리 속의 혼인', '호랑이 잡기', 그리고 각편 (사)인 '호랑이 처녀' 이야기를 차례로 들려주었다.[71] 그런데 이들 세 이야기에는 일정한 공통성이 있다. 갈래별로 보면 모두 민담인데, 내용을 따지고 보면 모두 총각 처녀의 혼인이나 만남에 얽힌 이야기이다. 그러면서 완전히 일치되지 않는 개연적 관련을 지니며, 또 이러한 개연성 때문에 다음 이야기의 구연목록이 결정된다. 이야기의 내용부터 살피기로 한다.

'난리 속의 혼인'은 신부 댁으로 혼례를 치르러 가는 길에 난리가 나서 양가의 가족이 다 흩어지고 혼자 남아 있는 신부와 신랑이 만나게 되나, 신부가 비범한 지혜와 능력을 발휘해서 신랑을 구하고 자신은 자결했다가 난리가 끝난 뒤에 다시 살아나서 행복한 결말에 이른다는 이야기이다.

'호랑이 잡기'는 힘이 센 장사가 호랑이를 쫓다가 처녀를 구해주고, 호랑이를 퇴치하여 남의 부모 원수를 갚아준 다음 자기가 구해준 처녀와 결혼해서 잘 살았다는 이야기이다. 이들 두 이야기에 이어서 끝으로 들려준 것이 각편 (사) '호랑이 처녀'이다. 그러므로 이야기 구연목록을 보면 일정한 맥락 속에 계기적으로 구연되고 있음을 알 수 있다.

---

70) 鄭尙坤·柳鍾穆. 《韓國口碑文學大系》 8-1, p. 25.
71) 鄭尙坤·柳鍾穆, 위의 책, pp. 47~53에 세 편의 이야기가 차례로 수록되어 있다.

우선 이야기꾼의 이야기는 처녀 총각의 만남에 일반적으로 걸려 있으나, 그 만남이 모두 예사롭지 않게 이루어지는 데 이야기로서의 묘미가 있다. '난리 속의 혼인'은 전쟁이라는 인재지변(人災之變)을 여자의 힘으로 극복하고 혼인을 성취하는 이야기라면, '호랑이 잡기'는 호식(虎食)이라는 호랑이로부터의 재난을 남자의 힘으로 극복하고 혼인을 성취하는 이야기이다. 서사적 구조는 같되 소재만 달라진 것이다.

그러나 '호랑이 처녀'는 앞의 '호랑이 잡기'와 소재는 같으나 서사적 구조가 달라졌다. 주인공이 호랑이를 퇴치하고 성취를 한다는 점에서 앞의 이야기와 소재가 같지만, 그 사건의 전개과정이 같지 않다. '호랑이 처녀' 이야기는 호처녀가 시키는 대로 따르다 보니 호랑이 처녀의 어미와 오빠를 두루 퇴치하고, 호처녀까지 처치한 다음에 큰 성취를 이룬다. 처녀와 총각의 만남이 파탄을 이룬 가운데 총각의 일방적인 성취로 결말을 맺는다는 점에서, 앞의 두 이야기들은 남녀이합(男女離合)의 구조를 이루는 데 비해, 이 이야기는 남녀합이(男女合離)의 구조를 이루고 있다. 그러므로 서사적 구조는 상이성을 보인다.

이 이야기의 소재는 앞의 '호랑이 잡기'뿐만 아니라, 처음 구연한 '난리 속의 혼인'과도 맥이 닿아 있다. 총각이 호랑이를 퇴치하여 성취한다는 내용은 '호랑이 잡기'와 비슷하지만, 총각의 그러한 행위와 성취가 처녀의 희생적인 노력과 비범한 능력에 의해서 이루어진다는 사실은 '난리 속의 혼인'과 같다. 그러므로 각편 (사) '호랑이 처녀'는 앞의 두 이야기에서 서사적 구조는 부정적으로 이어받고, 소재는 각기 긍정적으로 이어받은 것이다.

논의의 정리를 위해 처음 이야기의 서사적 구조를 '남녀이합의 구조'로, 이야기의 소재는 연행 순서에 따라 각각 '처녀의 신이한 도움', '호랑이의 퇴치'로 나타내고, 이러한 구조와 소재의 맥락이 긍정적으로 이어지는 것을 +로, 부정적으로 이어지는 것을 ―로 표시하면, 이야기꾼이 구연한 세 편의 이야기는 다음과 같이 계기적인 맥락을 유지하고 있는 것으로 정리된다.

	(1) 난리 속의 혼인	(2) 호랑이 잡기	(3) 호랑이 처녀
남녀이합구조	+	+	−
처녀의 도움	+	−	+
호랑이 퇴치	−	+	+

처음 이야기에서 다음 이야기로 넘어갈 때, 앞의 이야기가 지닌 서사적 구조를 유지하면서 소재를 바꾸었고, 마지막 이야기는 앞의 두 이야기가 공유하고 있는 서사적 구조를 바꾸면서 두 이야기가 각기 지니고 있는 소재 둘을 함께 취했다. 이처럼 특정 이야기꾼이 지니고 있는 이야기의 목록은 무질서하지만 특정 이야기판에서 구연될 때에는 기억력의 연상적 계기에 따라 그 목록들이 상호 관계의 맥락 속에서 개연성을 지니는 가운데 구연되는 것이다. 그러므로 이야기꾼의 이야기 보유목록은 비체계적이나 구연목록은 체계적일 수 있다.

이야기꾼의 '호랑이 처녀'는 김현감호 설화의 각편들 가운데에서 본디 모습을 가장 많이 잃은 것이다. 우선 전설에서 민담으로 바뀌는 갈래상의 변모부터 겪었다. [72] 이야기꾼은 김현감호유형 설화의 이야기꾼들 가운데 유일한 여성이었고 구연목록도 모두 민담이었다. 전설과 더불어 감호유형 설화를 전설로서 구연한 남성들과 달리, 이 이야기꾼은 다른 민담과 더불어 이 이야기도 민담화하여 구연했다. 전설의 민담적 전환은 여성 이야기꾼들의 일반적인 경향으로 볼 수 있겠다.

김현감호 전설이 이렇게 변모를 겪은 것은 이야기꾼 개인의 구연능력과도 관련이 있다.

> 친정 부친이 이야기를 잘하여서 많이 들었으나, 이제 기억력이 없어서 구술에 자신이 없다고 한다. 민담을 많이 알고 있는 것 같은데, 실제 구술에 잊어버린 부분이 상당히 나타났다. 3,4편 이야기하고 잘 이야기하려고 하지 않았다. [73]

이야기꾼은 민담을 많이 알고 있었지만 기억력이 없어서 제대로 구연할

---

72) 鄭尙珆·柳鍾穆, 위의 책, p.52, 구연상황을 보면 《삼국유사》의 金現感虎가 민담으로 된 것인데, 탑을 돌며 만나는 앞부분이 없어졌다. 그외에도 상당한 변모양상을 보인다"고 했다.
73) 鄭尙珆·柳鍾穆, 위의 책, p.25.

수 없다고 한다. 많이 듣고 많이 알고 있으니, 3편의 이야기라도 개연성을 지닌 가운데 구연된 것이다. 그러나 기억력이 없으므로 각각의 이야기는 그 자체로서 온전하게 구연될 수 없었다. 잊어버리고 빠뜨린 부분이 많은 데다가 즉흥적인 창작력이 없어서 이야기의 전개가 체계적으로 이루어지지 못했다.

처음 구연한 '난리 속의 혼인'은 이야기 전개에 비약이 많았다. 전후 상황을 자세히 이야기해야 할 부분들을 줄거리만 대강 이야기했으므로, 그럴듯함을 지니지 못한 채 납득되지 않는 기이한 부분이 두드러지게 되었다. 이어서 구연한 '호랑이 잡기'는 호랑이를 퇴치하고 처녀와 결혼하는, 힘이 장사인 총각과, 부모의 원수를 갚고자 호랑이와 싸우는 사람 사이에 혼란이 일어나서 분명한 구분 없이 계속 이야기되었다. 구연상황에서 "마지막 부분의 인물이 혼동된 듯했다"고 하는 것은[74] 이를 두고 하는 말이다. 각편 (사) '호랑이 처녀'도 이미 살핀 바와 같이, 화소들이 다소 빠지고 변모하여 가장 퇴화된 모습을 보이고 있다. 뜻밖에 다른 설화의 일반적인 화소가 덧붙여져서 '생성화소' 구실을 하는 것도 없지 않다.

이처럼 어느 이야기나 쉽게 납득이 가지 않는 부분이 많았다. 이런 탓으로 이야기꾼 스스로 이야기 구연에 혼란을 일으키기도 한다. 서로 다른 이야기가 섞여들기도 하고 어떤 부분은 본디 이야기보다 더 자세하고 흥미있게 이야기되기도 했다. 그러나 한 편의 잘 짜여진 이야기로서 온전한 모습을 갖춘 것은 없었다. 들은 이야기는 많되 기억력이 이를 감당하지 못하고 구연능력이 부족한 경우에는 이런 현상이 일어날 수 있겠다.

3. 호국룡 설화의 이야기꾼과 각편

지금까지 다루어온 호국룡 설화의 각편은 모두 10편이다. 직접 다루지 않은 자료도 상당수 있다. 호국룡 설화만 의도적으로 수집한다면 앞으로 얼마든지 많은 각편을 수집할 수 있다. 모든 각편은 이야기를 들려준 이야

---

74) 鄭尙박·柳鍾穆, 위의 책, p.50, 구연상황 참조.

274

기꾼과 1 대 1의 대응관계를 맺고 있다. 따라서 이야기꾼과 각편의 관계를 검토하는 작업은 유형론과 달라서 무한한 대상을 지니고 있다. 무한한 각 편들과 이야기꾼들 모두 다루는 일은 불가능하다. 가능하다 하더라도 그럴 필요가 없다. 논의의 대상이 무한할 때에는 대상 가운데의 일부를 표집해서 다루는 것이 효과적이다. 그러므로 여기서도 10명의 이야기꾼과 10편의 각편 가운데 일부만 표집해서 다루기로 한다.

1) 최원섭과 '이견대'

각편 (가) '이견대'를 들려준 이야기꾼은 최원섭(남·45)이다. 연구자가 대본리 일대에서 전승하는 설화 가운데에서, 특히 대왕암에 얽힌 전설을 듣고자 대왕암 앞 봉길 해수욕장에 찾아가서 만난 분이다. 최원섭은 문무대왕릉 관리소 관리인이었다. 식당에서 점심을 함께 먹으면서 여러 가지 이야기를 청해 들었다.

최원섭은 이 고장에서 생장한 토박이이다. 어릴 때 서당에서 한문을 익혔으며 고등공민학교를 중퇴했다. 계속 농사일을 해오다가 중년에는 봉길 리장을 3년간 했다. 문무대왕릉 관리소 일을 보기 시작한 것은 6,7년이 된다고 했다. 대왕암을 주로 관리하지만 이견대·감은사지·골굴암(骨窟庵)도 함께 관리한다. 이 고장에서 줄곧 살았을 뿐 아니라 사적들을 관리하는 직무를 맡고 있기 때문에 사적에 얽힌 이야기를 하는 데 상당히 익숙해 있었다.[75] 먼저 최원섭이 이야기한 구연목록을 정리해 본다.

최원섭은 감포읍 설화 1에서 7까지, 7편의 이야기를 혼자서 내리 했다. 이야기의 제목과 간단한 내용만 정리한다. 괄호 안의 숫자는 감포읍 설화의 고유번호이자 이야기꾼이 들려준 이야기의 순서이다.

   (1) 대왕암과 용등바위 : 어느 대왕이 바다에 빠져 죽었는데, 용이 되어서 득천했다. 득천할 때 친 바위를 용등바위라고 한다.
   (2) 대왕암 앞바다에 빠진 감은사의 종(1) : 왜구가 감은사의 큰 종을 훔쳐가다가 대왕암 앞바다에서 풍파를 만나 파선이 되고, 종은 바다에 빠뜨렸다.
   (3) 대왕암의 다른 이름 : 대왕암을 '댕바위'라고도 했다. 대왕암 가운데 있는

75) 趙東一·林在海,《韓國口碑文學大系》7-2, p.624, 감포읍 제보자 1 참조.

수중릉에 해당되는 바위를 황소바위라 하고, 여기서 목욕을 하면 부스럼이 난다고 해서 목욕과 접근을 삼갔다.

(4) 수제동의 기우제 : 기우제에 제물로 쓴 돼지머리를 대왕암 앞에 빠뜨렸는데 기우의 효과가 있었다. 제관이 부정을 타서 축을 맞은 다음부터는 기우제가 중단되었다.

(5) 이견대 : 문무형의 각편 (가)이다.

(6) 감은사 : 문무왕이 삼국통일을 완수하고 수장되어 호국룡이 되고자 호국사를 짓기 시작했다. 미완성으로 죽자 신문왕이 완공하고 절 이름을 감은사라 하였다.

(7) 수제동명의 내력 : 왕이 물 밑에 있다고 해서 水底라고 하다가 기우제를 지내는 동네라 하여 水祭洞이라 하는데, 산의 형국이 鳳과 같다고 하여 鳳吉里 라고 했다. [76]

최원섭이 들려준 위의 설화 7편은 어느 것이나 문무왕 또는 대왕암과 관련되지 않은 것이 없다. (4)의 기우제에 관한 이야기도 대왕암 앞에서 돼지머리를 빠뜨렸고, 그것이 주술적인 효험을 지니게 되어 배가 육지에 닿기도 전에 제관들이 비를 맞았다고 했다. 대왕암에 수장되어 있는 문무왕의 신성성과 관련된 이야기이다. 설화 (7) '수제동명의 내력' 역시 왕이 물 밑에 있다는 내용과 관련된 것이다. 그러나 이 가운데에서도 호국룡 설화의 유형에 속하는 문무형의 이야기는 각편 (가)에 해당되는 설화 (5)의 '이견대'뿐이다.

최원섭은 대왕암을 관리하는 관리인이므로, 자연히 대왕암과 문무왕, 그리고 자신의 관리 대상 유적이자 문무왕과 관련을 맺고 있는 이견대와 감은사 등에 관한 이야기를 집중적으로 했다. 설화 (7)을 이야기하고는 다른 전설은 더 없다고 하면서 이야기를 마쳤다. 이 고장의 어떤 이야기꾼보다 지역전설을 많이 알고 있었고, 또 많은 설화를 구연한 것으로 볼 수 있다. 거의 역사전설의 성격을 지녔다는 점에서 구연목록의 특성이 있다.

서당에서 한문을 익히고 중등교육까지 어느 정도 받았으니 지역 주민들 가운데에서 유식한 분에 속한다. 그리고 마을의 동장을 지녔을 뿐 아니라 사적 관리를 맡아서 하는 공직에 다년간 근무하고 있으므로, 자연히 고장

---

76) 趙東一·林在海, 위의 책, pp. 629~635 참조.

의 역사적 사실에 관해서 남다른 지식을 갖추고 있게 된다. 특히 문무대왕 릉 관리사무소의 관리인으로 있는 탓에, 이 유적을 찾아온 학자와 학생들 을 상대로 대왕암에 얽힌 이야기를 구연할 기회도 많다. 또 그들로부터 역 사적인 사실을 듣기도 많이 들었다. 따라서 이분의 이야기가 다른 어느 분 의 이야기보다 역사적 사실에 가장 가까울 수밖에 없다. 《삼국유사》의 기 록과 거의 일치하는 기본형을 그대로 유지하고 있는 까닭도 여기에 있다. 각편 (가)의 원문을 인용해 본다.

> 그 이건대 옛날 유래를 이약하라 크이, 인자 문무왕이 에 여게 뭐 세상을 떠 나실 때, 인자 그 왜적을 막기 위해서 水葬을, 동해 바다에 수장을 해주먼 내 가 왜적을 막아주겠다 카는 유언을 했답니다. 그래서 아들 신문왕이 문무왕을 그 인자 대왕암에서 수장을 하고 인자 감은사 절을 지아가 거서 축수를 했답니 다. 그래서 인자 문무대왕이 용으로 변화돼가 하늘을 득천할 무렵에 꿈에 현몽 을 하기를, "내가 머지 않아 곧 하늘에 득천할 것이니 네가 나를 보고 싶거든 거 와서 지키라." 이래 됐그던.
> 그래서 인자 신문왕이 그 집을 짓고 문무대왕이 하늘에 호국의 용이 돼가 가 는 것을 보기 위해 지켰다. 그래서 그 인자 용이 돼가는 걸 봤다. 이로운 것을 봤다. 이래가주고 이견대라고 했는데, 그래 인자 기초만 발견해 났다가,[77] 해 났다가 금년도에 공사를 했입니다.[78]

《삼국유사》의 기록에는 없되, 다른 각편에서는 두루 나타나는 상당히 중 요한 대목이 각편 (가)에서 빠졌다. 빠진 대목은 문무왕이 용이 되어 득천 하면서 동해의 열두 섬을 쳤다는 대목이다. 구전되는 호국룡 설화 가운데 가장 창조적인 내용이 이 대목인데, 이 이야기에서는 《삼국유사》의 기록과 마찬가지로 이 대목이 없다. 상상력에 의한 허구적 창조는 거의 찾아볼 수 없다. 문헌에 전하는 역사적 사실을 그대로 옮긴 것 같다. 그래서 다른 각 편들보다 이야기의 길이도 짧다.

최원섭의 이야기는 이것뿐만 아니라, 다른 작품들도 모두 사실 전달 중 심이다. 문학적인 표현이나 수식, 또는 재창조의 부분은 찾아보기 어렵다.

---

77) 오래전에 이견대의 유적과 터를 발견해 두었다가, 1986년에 복원공사를 했다는 말 이다.
78) 趙東一・林在海, 주 75)의 책, p. 633.

이야기의 길이도 한결같이 짧다. 구성이라고 하는 것이 거의 보이지 않고, 들은 사실들을 합리적으로 전달하는 것에 머무르고 있다. 문학으로서가 아니라 역사로서 이야기를 하는 셈이다. 특히 설화 (3), (4), (6), (7)은 문학성을 지닌 전설로 보기 어렵다. 지명을 합리적으로 설명하거나 제의의 방식 및 유래를 사실적으로 설명하는 데 그쳤다.

기우제를 이렇게 저렇게 지낸다든가, 또는 수제동은 기우제를 지내기 때문에 붙여진 이름이라고 하는 것, 그리고 감은사는 어느 왕이 어떻게 짓고 이름을 무엇이라고 붙였다고 하는 등의 이야기는 엄밀하게 말하면 설화로서의 문학성을 획득하지 못하고 있다. 일정한 사실을 전달하는 유래담일 뿐이다. 유래담이되 전설적 경이가 없기 때문에 전설로 보기 어렵다. 사실로 여기며 이야기하되 사실답지 않게 이야기되어야 전설적 경이를 통한 문학성을 확보할 수 있다. 그러므로 이들 이야기는 사실 전승에 머무르고 있는 것이다. 구비문학으로서 전설이라기보다는 구비역사로서 '사실 전승'이라고 할 수 있다.[79]

최원섭의 직업적 속성과 지식인으로서의 설화수용 태도가 사실 중심의 이야기를 구연하게 된 원인으로 분석할 수 있다. 이런 탓으로 설화 7편 가운데 어느 것도 문학적인 흥미를 끌 만한 이야기는 없다. 그래도 문무형의 각편 (가)에 해당되는 '이견대' 이야기가 가장 문학적이다. 자신이 알고 있는 역사적 사실들을 소박하게 알리는 데 관심이 집중되어 있기 때문이다. 이러한 이야기꾼의 의식은 구연방식에서도 드러난다. 전지자적(全知者的) 입장을 유지하면서 이야기를 구술하는 것이 아니라, 줄곧 전달자로서 이야기꾼의 처지를 드러내고 있다. 그러므로 이야기의 서술은 주로 간접화법을 쓰고 있다. 이를테면, "그래서 대왕암이라 칸다 카는 이야기를 들었습니다"고[80] 하든가, 또는 서술어로, '했습니다'가 아니라 '했답니다'라는 표현을 줄곧 쓴다. 몇 마디 예를 들어보면 아래와 같다.

• 그 손님들이 자기 집에 못 가고 비를 얻은 예가 마이 있었답니다.[81]

79) 林在海, 〈설화의 존재양식과 갈래체계〉, 《口碑文學》 8, 한국정신문화연구원, 1985, pp. 114~116, 120~122 참조.
80) 趙東一·林在海, 주 75)의 책, p. 630.

- 그라이(그러니) 부정을 만났다 카는 이런 이야기……
- 내가 왜적을 막아주겠다 카는 유언을 했답니다.
- 신문왕이 문무왕을 그 인자 대왕암에 수장을 하고 인자 감은사 절을 지아가 (지어서) 거서 축수를 했답니다.[82]
- 수장할 계획을 하고 절을 창건했답니다.
- 완전 중수를 못하고 세상을 떠났답니다.[83]

이야기의 문장도 단순하다. 앞에서 각편 (가)의 자료를 보면, "그래서 그 인자 용이 돼가는 걸 봤다. 이로운 것을 봤다. 이래가주고 이견대라고 했는데"와 같이, 이런 식의 단문이 계속 간접화법으로 이어진다. 이야기의 마지막에 "했입니다"는 대목이 나오기 전까지 같은 식의 화법이 되풀이된다. 다른 예를 더 보기로 한다.

> 그 이름이 베락바우다. 그 당시 왜적이 저 종을 훔쳐가다가 문무왕릉을 지나가 요 가다가 베락이 쳐서 배가 파산되고, 종을 거다 빠졌다. 그 베락 쳐가 배가 파산될 때에 그 바위가 베락에 맞았다. 그래서 그 베락바우다. 이런 전설이 있입니다.[84]

마지막 대목의 서술어 '있입니다'를 보지 않으면, 이야기를 받아적은 문장 같지 않다. 청중을 앞에 놓고 들려주는 이야기체가 아닌 것이다. 서술어만 한정해서 보면 구어체가 아니라 문어체에 가깝다. 이러한 현상은, 최원섭이 작품을 구술하는 생산자로서 이야기꾼의 역할을 하는 것이 아니라, 사실을 객관적으로 알려주는 전달자로서 설명자의 역할을 하기 때문이다. 소설 기술론의 측면에서 서술의 초점에 따라 보면, 앞의 경우 전지자적 작가 서술(omniscient author narration)에 해당된다면, 뒤의 경우는 작가 관찰자 서술(author-observer narration)에 해당된다.[85] 설화에 맞게 용어를 바꾸면, 앞의 경우는 전지적 이야기꾼의 구연이라면, 뒤의 경우는 전달자적 이야기꾼의 구연이라 하겠다. 최원섭은 전달자적 이야기꾼에 해당되는 것이다.

---

81) 趙東一·林在海, 위의 책, p. 632.
82) 趙東一·林在海, 위의 책, p. 633.
83) 趙東一·林在海, 위의 책, p. 634.
84) 趙東一·林在海, 위의 책, p. 631, 감포읍 설화 2 '대왕암 앞바다에 빠진 감은사의 종(1)'
85) 鄭漢淑, 《小說技術論》, 고려대출판부, 1973, pp. 133~143 참조.

이상의 논의로 보아서, 이야기꾼의 교육 정도와 생업, 그에 따른 이야기의 구연목록·내용·표현·길이·화법과 서술어의 양식 등이 모두 상호 관련을 맺으면서 통일적인 성격을 지니고 있음을 알 수 있다. 각편 (가)의 '이견대' 설화가 호국룡 설화의 원유형인 문무형의 기본형으로서, 가장 원형의 모습을 잘 유지하고 있는 까닭도 여기에 근거하고 있는 것이다.

2) 김복종과 주봉이의 '문무왕의 득천'

이야기꾼 주봉이(남·71)는 이 고장 토박이이다. 어업을 주로 해왔으나, 요즈음은 연로해서 농사일을 거들고 있다. 뱃사람답게 아직도 매우 건장했다. 배를 타며 불렀던 가래소리를 들려주었다. 처음에는 상스러운 소리라고 하지 않았으나 좌중의 다른 분이 이 노래를 서투르게 나서서 부르니 앞소리 사설을 맡아서 불렀다. 지신밟기 앞소리도 불렀다. 조금 부르다가 그쳤지만, 제대로 부르려면 밤새도록 불러야 한다는 걸로 보아 지신밟기 사설을 상당히 많이 알고 있는 것 같았다. 동장의 말에 의하면 가래소리를 잘 부를 수 있는 분이라고 했으나 실제는 망설이며 부르지 않으려고 하거나, 불러도 길게 부르지 않았다. 노래하는 일을 상당히 천박하게 여기기 때문이다. 배를 탄 것 역시 떳떳하지 못한 일을 한 것처럼 감추려고 했다. 그러면서 어부를 상놈으로 만든 까닭을 이야기하면서 원래는 어부가 양반에 속했다는 것을 강조했다.[86]

주봉이는 각편 (다) '문무왕의 득천'을 포함해서 모두 3편의 이야기를 했다. 이 이야기와 다음의 '만파식적'(萬波息笛) 이야기는 김복종(남·79)의 이야기를 듣고서, 그 이야기를 보완하거나 수정하고자 하는 뜻에서 들려준 것이다. 만파식적의 경우는 김복종의 이야기 가운데에서 피리를 분 정자의 위치가 틀리다고 하면서, 자기 주장을 편 정도이다. 한 편의 독립된 설화로 보기 어렵다. 다른 사람의 이야기에 참견한 데 지나지 않는다. 그러나 '문무왕의 득천'은 김복종의 이야기를 듣고 난 다음에, 자신이 알고 있는 이야기와 다르다는 생각에서 이 이야기를 다시 한 것이다.

---

86) 趙東一·林在海, 주 75)의 책, p.626, 감포읍 제보자 4 참조.

이런 사정으로 보아 주봉이는 스스로 먼저 나서서 이야기하기를 삼가고 있다는 것을 알 수 있다. 노래를 부를 수 있는 능력을 갖추고 있어도 애써 부르지 않았다. 좌중이 권해도 마찬가지였다. 이야기 역시 남의 이야기를 듣고 난 다음에 잘못되었다고 판단되자 비로소 나섰다. 이야기의 구연솜씨도 훌륭했다. 그런데도 배를 탄 분답지 않게 삼가고 자제하는 태도를 보였다. 그러나 꼭 밝혀야 되겠다고 생각하는 이야기는 자진해서 구연했다. '양반의 근본 찾기'라는 설화는 자진해서 들려준 것이다.

海事는 만경창파에 배를 타고 나가는데. 그 참 저 바닷가에 지망 없이 나가는 배가 어에든지 이 고장으로 이 지대로 찾아온다꼬요. 찾아오는데, 그걸 보이 才가 좋고. 그래 인자 참 이거 뭐 손도 발도 없는 이 배를, 침목으로 낭그(나무)로, 배를 맹글어가 노를 저어가 노소리를 하고 이래가주고 인자 나갔부고 드갔부고 이라그던. 이라는데, 참 거 돛을 옛날에 인자 이런 꼬재이(꼬챙이)로 두 나(개) 꼽아놓고 인자 거 침목을, 거 침목이라꼬 밑에 판때기를 꼽아놓고 그래가 인자 돛을 떠가, 바람대로 인자 오고 가고 하그던. 이라니 그래 거 인자 거 근본 조사할 때 가만, 참 요새글으만 판사지. 판사가 가면 글을 매기는 판사가 들어보이, [큰 소리로] 그거 상당하그던. [본래 소리로] 양반의 노력을 하고 있다 말이래. 그르이 재주가 찬란하다꼬. 그래 인자 양반을 아 맹글었다꼬. 아주 특별한 양반을 맹글었는데. 그래 양반을 맹글었는데. 그래 인자 그,

"대변 소변을 어짜노?"

오새는 대변 소변을 마캐(전부) 거 배에 변소칸이 다 생겼다고. 생겼는데, 글 때는 변소칸이 못 생겼단 말이. 못 생게가(생겨서).

"소변 대변을 거 물에 본다."

이랬그던. 다른 건 다 양반의 계급을 다 메겠는데. 소변 대변을 물에 본다, 거게서 인제 천하다. 그래 인자 직함이 천하게 됐어.[87]

어부들이 무당이나 백정과 달리,[88] 아주 특별한 양반으로 인정될 수 있는 근거를 다각적으로 이야기했다. 이런 이야기는 쉽게 들을 수 있는 것이 아니다. 널리 구전되는 이야기가 아니기 때문이다. 스스로 자제하고 삼가던

---

87) 趙東一・林在海, 위의 책, pp.662~663, 감포읍 설화 19.
88) 위의 인용한 대목 앞부분에서는 무당과 백정이 천하게 된 까닭을 먼저 이야기했다. 무당은 아들이 장구를 치고 쟁금을 치는데 그 어미가 들어가서 춤을 추기 때문이고, 백정은 소를 때려잡아서 생명을 빼앗고 소가죽을 벗기는 일을 하니 천한 사람으로 인정되었다고 이야기했다.

주봉이가 권하지도 않은 이야기를 자진해서 한 것은 자신의 지체에 대한
자격지심으로 볼 수 있겠다. 어민들이 양반대접을 받지 않는 까닭은 아주
하찮은 이유 때문이라는 것을 밝힘으로써, 자신을 포함한 어민들이 근본적
으로 양반이었다는 것을 드러내고자 한 것이다. 양반이 아닌 사람들이 얼
마나 수난받았는가 하는 점을 생각하면, 한 어부로서 자신들의 지체에 대
한 부당한 대우를 바꾸어보고자 하는 의식을 가질 만하다. 이 이야기의 서
두에 주봉이는 상민의 핍박받은 생활부터 이야기했다.

> 벼슬도 없는 집들으는 그것도 없고 저것도 없고 암꺼도(아무 것도) 없그던.
> 없고 그래 인자 글 때는 참 뭐 이거 직함도 없는 집들으는 그 사람들, 직함 있
> 는 사람들 있는데 고초만 받고, 그 욕을 마이 봤지요. 욕을 마이 보고 세금에
> 도 마이 매달레가주고 세금에도 욕을 보고 이럴 시대에……[89]

상민들의 고초를 이야기하면서, 어부들은 본디 양반인데 하찮은 일로 하
여 이와 같은 고초를 겪었다는 것을 드러내고자, 주봉이는 이 이야기를 한
것이다. 그러므로 주봉이는 이야기와 노래의 구연능력이 뛰어남에도 불구
하고 스스로 나서기를 삼간 것은 자신의 점잖은 지체를 소극적으로 드러내
고자 한 것이며, '양반의 근본 찾기' 이야기를 자진해서 한 것은 비록 배
를 탔지만 자신의 지체가 양반이나 다름없다는 것을 좀더 적극적으로 표현
한 것이라 하겠다.

여기서 주대상으로 삼고 있는 각편 (다) '문무왕의 득천'을 구연한 동기
를 자세하게 이해하려면, 앞서 한 김복종의 이야기부터 살펴보아야 한다.
주봉이가 김복종의 이야기를 보완하고자 이 이야기를 했기 때문이다.

연구자가 좌중에게 대왕암에 관한 이야기를 듣고자 청하니, 김복종이 나
서서 감포읍 설화 14 '감은사의 종과 문무왕의 득천'을[90] 구연했다. 김복종
은 여러 가지 지역전설을 섞어서 한꺼번에 이야기했는데, 호국룡 설화에
해당되는 부분만을 발췌 정리해 보면 다음과 같다.

(1) 경주에 물이 들어 있어서 신하들이 나무신을 신고 다녔다. 이를 본 문무

89) 趙東一·林在海, 주 75)의 책, p.662.
90) 趙東一·林在海, 위의 책, p.644.

왕이 용이 되어서 형산강 맥을 끊고 경주의 물길을 트고자 했다. (2) 문무왕이
용이 되어서 형산의 맥을 끊고 (3) 동해의 섬을 쳤다. (4) 울릉도는 옥황상제
가 조선의 수구맥이라고 해서 치지 못했다.

(5) 문무왕이 죽어서 용이 되어 있을 때 신문왕의 꿈 속에 나타나, 자신이
용이 된 모습을 지켜보라고 했다. (6) 이에 신문왕이 이견대를 지었다. 문무왕
이 용이 되어서 감은사 밑을 드나들었다.

이야기가 크게 둘로 나누어진다. (1)에서 (4)의 부분과, (5)에서 (6)의
부분이 서로 다르다. 앞부분은 김부형에 가깝다. 뒷부분은 문무형에 가깝
다. 그러나 김부형처럼 물길을 트고 들을 만들어 유금이를 주었다는 대목
은 없다. 유금이가 용이라고 불러주어서 용이 되었다는 대목도 없다. 특히
중요한 것은 동해의 섬을 친 까닭이 설명되지 않았다는 사실이다. 여러 변
이유형의 화소들이 잡다하게 섞여 있는 이야기이다.

(1)은 유금형, (2)는 김부형과 유금형, (3)과 (4)는 문무형과 김부형, (5)
와 (6)은 문무형에 속한다. 그리고 구성상 (1)에서 (4)와, (5)에서 (6)의
내용이 순조롭게 연결되지 않는다. 이미 용이 되어서 산의 맥을 끊어 물길
을 트고 동해의 섬까지 쳐버림으로써, 용으로 변신한 목적을 이루었다. 다
른 각편들은 모두 이 대목에서 이야기가 마무리된다. 그런데도 불구하고
다시 문무왕이 죽어서 용이 되는 대목이 나오고 부자상봉하는 이야기가 새
삼스럽게 이어진다. 이 부분이 (5)와 (6)이다. 원문을 자세히 보기로 한다.

참 문무외(문무왕)이 참 요(용)이 돼가지고 형상맥이를 끊고 포항가로 내려
가가 동해섬을 대강 칠 꺼 치고, 〔청중 : 열두 섬을 친다꼬.〕치고 참 저 울릉
도를 칠라꼬 하이 하늘에서 외. 그러고,
"아, 조선 우리 수구맥이라 그 섬을 몬친다."
고 외가주고 그 섬을 몬 치고. 참 그 어르이 세상을 베레가주고 참 예(용-)이
돼가 있일 때에 인자 신문왕 잠에 현모(現夢)을 서그던.
"내가 동해 아무데 가가 날로 볼라 크거든 너가 나가라꼬."
신문외이 참 이견대를 짓고 이 참 부자상봉할라고, 저 이래 있을 때에……[91]

동해 열두 섬을 치고 울릉도를 치지 않았다고 하는 대목에서 문무형의
이야기나 김부형의 이야기는 끝이 나게 되어 있다. 그런데 김복종의 이야

91) 趙東一·林在海, 위의 책, p.646.

기는 호국룡으로서 해야 할 일인 열두 섬을 치고 난 다음에 다시 '세상을
베레가주고' 하면서 새삼스럽게 문무왕이 죽어서 용이 되는 과정을 이야기
한 것은 앞뒤가 상충되는 것이다.

　앞의 대목은 역사적 사실이 아니다. 사기에 전하는 내용도 아니다. 허구
적인 이야기이다. 흥미에 이끌려 지어낸 이야기를 하다보니, 사기에 전하
는 역사적 사실이 걸린다. 늘 바라보고 있는 이견대·대왕암·감은사가 걸
린 것이다. 신문왕도 등장되어야 하는데 빠진 것을 깨칠 수 있다. 그래서
문무왕이 죽어서 용이 되고 신문왕이 이견대에서 용을 지켜보는 대목을 덧
붙여 구연한 것이다. 호국룡이 감은사에 깃들어 있었다는 것도 빠뜨릴 수
없는 대목이다. 그러니 앞뒤의 이야기가 문맥이 맞지 않고 상충될 수밖에
없다.

　주봉이는 김복종의 이러한 이야기를 듣고 만족할 수 없었다. 앞의 이야
기를 보충해야겠다는 생각에서 '문무왕의 득천'을 새로 구연했다. 이야기
의 서두 부분을 보면 다시 구연한 의도가 구체적으로 드러난다.

　　　와 근나 하면(왜 그러냐 하면) 참 대왕임이 동해 열두 섬이 있일 때는 어 왜
　　병(왜병)이 조선을 감, 해구지할라꼬 자꼬 오기 때문에, 그 대왕임이 생각할
　　때 "내가 언제라도 죽어가 인동을 해가[92] 요(용)이 되야 이 동해 열두 섬을 쳤
　　부야(처버려야) 이 왜병이 조선을 범하지 안한다." 이런 장(늘) 명치를(명심
　　을) 하고 있었답니다.[93]

　김복종은 앞의 이야기에서, 동해의 섬을 친 원인이나 의도를 전혀 이야
기 하지 않았다. 그저 경주가 물바다였다는 것만 이야기했다. 그러고는 형
산강의 맥을 치고 동해 섬도 쳤다고 했다. 왜적의 침입을 막고자 섬을 쳤
다는 내용은 전혀 언급되지 않았다. 그러므로 주봉이는 이 부분이 이야기
되어야 한다고 생각했다. 그래서 이야기의 시작도 '와 근나 하면' 하고는
바로 왜적이 섬을 이용해서 쳐들어오기 때문이라는, 섬 친 이유를 강조해
서 이야기했다. 그러다보니 이 내용이 상대적으로 강조되어 이야기된 것이
다. 다른 각편에서는 왜적을 물리치겠다는 왕의 의지만 이야기되고, 섬을

92) 죽어서 변신을 하겠다는 말이다.
93) 趙東一·林在海, 주 75)의 책, p.647.

치겠다는 구체적인 행위목표는 이야기되지 않는 경우가 대부분이다.[94] 그런데 주봉이는 이 부분을 보충하려는 의도에서 이야기를 했으므로 이야기의 서두부터 섬을 치고자 하는 뜻을 구체적으로 자세하게 구술한 것이다. 그리고 용으로 변신하는 과정도 앞의 이야기와 달리 자세하게 이야기했다.

김복종은 문무왕이 자력으로 왕이 된 것처럼 이야기했다. 그러나 주봉이는 이 부분도 보충해서 다시 이야기되어야 할 부분으로 인식하고 있었다. 그래서 유금이가 용이라고 불러주어서 용이 되어 득천할 수 있었다는 것을 보완하여 이야기했다. 그러므로 이 대목도 다른 각편에 비해 특별히 자세하고 구체적으로 묘사되었다. 용 소리를 들어야 득천할 수 있다고 말한 부분을 방점으로 나타내보면, 몇 차례 거듭해서 이야기되었다는 것을 알 수 있다.

> 그래가 인자 그 마 세상을 이 세상을 떠났는데, 그래 참 예(용)이 돼가 징개 맹개들에[95] 거게 인자 인자 예이 될또 안 될똥 인자, 용소리를 들어야 요(용)이 돼가 나가지. 자기만 용 됐다 캐가주고 용 소리를 못 들으며 요이 되도 득천을 몬하그던. 그래 인자 그 만 인간이 다 지내도,
> "아고, 저 진대이[96] 봐라 구리이 봐라."
> 이라지, 용이라 크는 말로 못 들아가 이 득천을 몬해. 몬해가 그래 인제 수차례 늙아가 있어요. 밤이나 낮이나 언제든지 용, 용님 크는 소리 들을라꼬. 들아야, 자 여 요이 득천을 하는데. [청중 : 용님 크는 소리 들아야.] 그래 인자 용님 크는 소리를 몬 들으이 마캐(전부) 보고 진대이라 크고 구리이라 크이까네, 우째 그래 요이 될 수가 있나 말이다. 용이라 크먼 하늘을 나는 [청중 : 큰 사람을 몬 만내 그래, 큰 사람을 몬 만내 그래요.] 그래 그래가, 인자 징개맹개들에 그기 인제 그거 그 땅에 늙어가주고 있어. 그래가 인제 그 할매가 손주를 업고 가는데. 그래 할매가
> "아, 요 저 구리이 봐라!"
> 이라 커거든, 그래 저거 손자가
> [점잖은 소리로] "아이고 할매야, 그 구리 애이다. 용님이다."
> 그래 인자 그 아가 용님이다 카는 소리를 듣고 득천을 했어요. 용이 됐다는 말이래. [청중 : 그 인제 유금이뜰] 그래, 그래 유금이떠러(유금이에게) 그래 인자 [청중 : 암만 그래 큰 사람이……] 그래 어린 아가 보이 할매 등어리 업겠

---

94) 각편 (나)에서만 어느 정도 밝혀져 있을 뿐이다.
95) 들 이름이다. 지금의 유금이들을 가리키는 옛이름인 것 같다.
96) 구렁이의 별칭이다. 특히 굵은 구렁이를 가리킨다고 했다.

(업혔)는데. 그 인자 징개맹개들에 유금이라 큿는 그 아해(아이)가 그 인자 용이라꼬 그래 불러주이 요이 됐다고요.

그래가주고 요이 돼가 나갔는데. 동해 열두 섬을 참 치고, 아까 이 형님(김복종) 말따나 열두 섬을 치고……[97]

상당히 길게 인용이 되었다. 그것은 주봉이가 이 부분을 특히 강조해서 자세하게 이야기했기 때문이다. 용 소리를 들어야 득천한다는 부분은 방점으로 표시한 바와 같이 여덟 차례나 되풀이 이야기되었다. 다른 부분은 오히려 간단하게 이야기되었다. "아까 이 형님(김복종) 말따나"라고 하듯이, 거듭해서 자세하게 구연될 필요가 없기 때문이다. 보완하고자 한 부분만 강조해서 거듭 이야기된 것이다.

김복종은, 옥황님이 울릉도를 조선의 수구맥이라고 해서 치지 못했다는 대목을 마치고, 이야기를 앞질러 했다고 하면서 다시 거슬러 이야기했다.

내가 이얘기를 좀 질게 했대이,[98] 살기 살 때에[99] 부자간에 의논이 있었어. 부자간에 의논을 할 때, 어째 했노 크머,

"내가 언제라도 죽어가 인동환생 요이 돼야, 이 조선을 좀 사두록(살도록) 해주고, 동해 열두 섬을 내가 쳐야 왜벼이 우리 조선을 범하지 안한다."

이래 됐던 모양이지요.[100]

여기서도 동해 열두 섬을 쳐야 하는 원인을 거듭 구연했다. 김복종이 빠뜨리거나 잘못 이야기했다고 생각되는 내용을 보완하고자 구연한 대목은 거듭 해서 자세하게 이야기하고 있다는 것을 알 수 있다. 그래야 구연의도를 충분히 살릴 수 있기 때문이다. 그러면서도 김복종과 같은 식으로, 앞부분의 이야기가 충분히 한 편의 독립된 작품 구실을 할 수 있는데도 불구하고, 다시 이야기를 앞질러 했다고 하면서 처음부터 다시 이야기했다. 문무왕이 살아 있을 당시부터 이야기를 새로 한 것이다.

앞의 이야기에는 이 고장의 역사적 유물이 전혀 언급되지 않았다. 김부형이나 유금형과 같은 성격을 지닌다. 그러나 다시 이야기한 대목은 대왕

---

97) 趙東一·林在海, 주 75)의 책, pp. 647~648.
98) 이야기의 앞부분을 빠뜨리고 뒷부분을 먼저 했다는 말이다.
99) 문무왕이 살아 있을 때에.
100) 趙東一·林在海, 주 75)의 책, p. 649.

암·신문왕·이견대 등이 동원되면서 《삼국유사》의 기록과 거의 같게 이야
기되었다. 이 점은 김복종이나 주봉이의 공통점이다.

이러한 현상은 이미 이 고장에서도 김부형과 같은 변이유형의 이야기가
어느 정도 싹트고 있으나, 문무형의 이야기를 벗어나서 독립적으로 구연될
수 없다는 것을 말해 주고 있다. 즉 변이유형의 이야기가 문무형보다 현실
적인 감각에 더 적절하고 근대적인 민중의식을 폭넓게 반영하고 있어서,
앞의 부분과 같은 이야기를 저절로 구연하게 된다. 그렇지만 늘 바라보고
있는 대왕암이나 이견대·감은사 등 문무왕의 호국룡과 직접 관련된 사적
들을 제쳐놓고 일방적인 이야기를 할 수만은 없다. 따라서 마침내 사적에
얽힌 고형의 이야기를 다시 기억하게 되고, 그러다 보니 이중의 이야기를
상충되는 가운데 하는 것이다. 어찌 보면 전설의 역사적 증거물이 문학적
창조력을 여러 모로 제약하는 역기능을 발휘한다고 해도 좋겠다.

이렇게 이중으로 이야기를 하는 김복종과 주봉이는 모두 구연능력이 뛰
어난 분이다.[101] 연구자가 김복종에게 이야기를 누구한테 들었느냐고 물었
을 때, 그는 "들었다기보담도 지어 보태가면서 이야기를 한다고 했다. 그
러면서, 남한테 들어서 이야기를 하려면 그렇게 많은 이야기를 어떻게 다
기억하느냐고 반문을 하기도 했다."[102] 스스로의 말처럼, 김복종은 전해 오
는 사적의 이야기를 그대로 전하는 데 만족하지 않고 자신의 이야기를 창
조적으로 했다. 물론 이야기꾼 자신의 창작이라고 보기는 어렵지만 이 고
장에서 일반적으로 전하는 문무형과는 상당한 차이를 보이는 대목을 먼저
구연했다.

주봉이도 마찬가지였다. 문무형과 다른 부분을 먼저 구연하고 나서 다시
문무형 이야기를 새로 덧붙여 한 것이다. 주봉이는 스스로 나서서 이야기
를 하려 들지 않았고 구연한 이야기의 편수도 적다. 하지만 이 고장 최고
의 이야기꾼으로 알아주는 김복종의 이야기를 보완하는 이야기를 받아서
하는 걸 보면, 주봉이 또한 예사 이야기꾼이 아님을 알 수 있다. 그러므로
훌륭한 이야기꾼은 역사적으로 전승되는 이야기보다 창조적인 이야기를 우

101) 김복종의 구연능력에 대해서는 이미 앞장에서 자세한 논의가 있었다.
102) 趙東一·林在海, 주 75)의 책, p. 626.

선적으로 하게 된다고 할 수 있다. 그리고 창조적인 대목을 구연할 때에는
전지자의 시점에서 이야기를 하는데, 역사적인 대목을 구연할 때에는 전달
자의 시점에서 이야기를 한다. 이러한 양상은 화법에서 드러난다. 창조적
인 대목에서는 "했어요, 됐다고요. 못쳤다 말이지"와 같이 직접화법으로
이야기하는데, 역사적인 대목에서는 "이래 됐던 모양이지요, 지었던갑대
요" 하는 식으로 간접화법으로 이야기한다. 창조적인 대목에서는 주관적
표현이 두드러져 있는데, 역사적인 대목은 객관적 전달에 치우쳐 있기 때
문이다.

3) 차만리와 김정락의 '용이 된 김부대왕'

김부형의 설화는 각편이 둘 있다. 각편 (마)에 해당되는 차만리의 '김부
대왕 호국룡'과, 각편 (바)에 해당되는 김정락의 '용이 된 김부대왕'이 있
다. 이미 차만리와 각편 (마)에 관해서는 선행연구에 의해 어느 정도 고찰
된 바 있다.[103] 여기서는 김정락과 각편 (바)를 중심으로 논의할 것이다. 이
논의를 위해서도 차만리와 각편 (마)에 관한 것을 먼저 살필 필요가 있다.

> 차만리는 올해 여든두 살이나 되는 늙은 어부이다. 평생 고기잡이에 종사하
> 면서 바다에 살았다. 그래서인지 신체가 건장하고 목소리도 굵다. 기억이 막히
> 지 않고 이야기도 잘 풀려나온다. 뱃길로 울릉도까지 여러 번 가보았다고 한
> 다. 바람이 좋으면 하루 만에 가고 바람이 나쁘면 여러 날을 고생하기도 했다
> 고 한다. 그러는 동안에 오랜 경험이 누적되어, 아래로는 포항 쪽까지, 위로는
> 강원도 쪽까지, 밖으로는 울릉도까지의 바다는 마치 안마당이라도 되는 듯이
> 소상하게 안다고 자부할 수 있게 되었다.
> 그래서 울릉도까지 가는 사이에 열두 섬이 있고, 그중에 울릉도만은 바다 위
> 로 솟았으며 나머지는 모두 바다 밑에 그 흔적만 남아 있다는 것을 자신있게
> 말한다.[104]

그래서 이야기의 서두에 동해 열두 섬을 보았다는 대목부터 구연한다.
차만리로서는 왕이 누구인가, 그 아들은 누구인가, 어디에 묻혀 있었던가,
어디서 용의 모습을 지켜보았던가 하는 문제는 관심 밖이다. 중요한 것은

103) 趙東一, 《人物傳說의 意味와 機能》, 영남대출판부, 1979, pp. 48~54.
104) 趙東一, 위의 책, p. 52.

자신이 배를 타고 어부 노릇을 하면서 보고 확인한 내용들이다. 그런 까닭에 문무왕·신문왕·이견대·감은사·대왕암 등의 사실들은 언급조차 없지만, 문무형의 화소 8에 해당되는 동해의 열두 섬에 관해서는 처음부터 집중적으로 이야기를 했다. 보고 확인했다는 것을 서너 차례나 반복해서 강조했다. 차만리가 들려준 '김부대왕 호국룡'의 서두 부분을 보기로 한다.

   이 섬이가 포항서부터 시작해가 울릉도꺼정 꼭 열두 섬이가 잇게 나갔답니다. 이거는 징거가 확실하지요. 우리가 봤입니다. 이 밑에 이런 〔아주 큰 바위임을 형용하면서〕 바우가 있입니다. 환하게 보입니다. 물밑에 바우가 있입니다. 환하게 보입니다. 여거 운당이라 크는. 이쯤 가다가 시퍼렇다가도 그런 데가 나서고.[105] 울릉도 근바아(근방에) 가까이 주위가 팔십리라 크는데. 이짝은 나두고. 이 옛날 섬은 왜 그런가 하면 짐부대왕이라고 옛날(말하는 이의 아우 차마산 : 신라말에) 짐부대왕이라고 있일 때, 나라 정치를 할 때……[106]

이야기의 서두로 보아서, 차만리는 김부대왕의 호국룡 이야기를 들려주려는 의도보다 동해 열두 섬의 유래를 설명하려는 의도가 훨씬 더 강하다. 섬의 흔적을 보았다는 것을 거듭 되풀이하다가, "이 옛날 섬은 왜 그런가 하면 짐부대왕이라고……" 하는 데서 비로소 호국룡 이야기가 시작되는 것으로 보아, 이야기의 내용이야 어떻든 차만리는 자신이 보고 확인한 열두 섬의 흔적이 생긴 내력을 이야기하고자 하는 것이다. 물론 이러한 생각은 차만리 개인의 생각만은 아닐 것이다. 차만리처럼 바다에서 어업을 하는 사람들은, 깊은 바다 한가운데에서 뜻밖에 솟아올라 있는 지반(地盤)의 바위들을 가끔씩 보게 되면 그때마다 의구심을 갖게 될 수 있다. 그 의구심을 푸는 상상력이 섬의 흔적이라는 쪽으로 집약되면, 어떤 초월적인 존재에 의해서 섬이 날아갔을 것으로 이해될 수 있다.

이러한 상상력은 문무형을 전승하는 대본리 일대의 사람들에게도 마찬가지이다. 바다와 더불어 살아가는 사람들의 공통된 생각일 수 있다. 그러나 내륙에 있는 사람들에게는 이런 대목이 전승되지 않는다. 조사자가 동해의 섬을 쳤다는 말은 없는가 하고 물어봐도 내륙의 사람들은 섬은 치지 않았

105) 바닷물이 깊어서 시퍼런 곳이 있다가도 섬이 있던 자리에는 얕아서 바다 밑의 바위가 흰하게 보인다는 말이다.
106) 趙東一, 앞의 책, p. 48.

다고 한다.

> 그래 그(용) 소리를 듣고 고개를 번쩍 들고 휙 돌아가주고 인자 형산강 형제
> 산 그 매기를 끊었어요…… 그게 뭐 그런 전설이.
> 〔조사자 : 그래가주고 저 뭐 바다에 가서 섬을 쳤다는 말은 없던가요?〕 없어
> 요. 섬을 쳤단 말은 없어요. 〔청중 : 그 말은 없어요.〕 그저 그것만 그 산만 끊
> 었지.[107]

바다와 더불어 살아가되 어업에 직접 종사하지 않아서 섬의 흔적을 경험
하지 않았거나, 상상력에 의하지 않고 오직 역사적 사실만 전하고자 하는
사람들은 동해 열두 섬에 관해서 차만리처럼 자세하게 구연하지 않는다.
앞에서 다룬 바 있는 봉길리의 최원섭은 섬에 관해서 한마디도 언급하지
않았다. 둘 다 어촌에서 생장한 토박이이면서도 대왕암 관리사무소 관리인
노릇을 하는 최원섭과 생업으로 어업을 하면서 바다와 직접 부딪히면서 살
아가는 차만리의 이야기가 이런 대목에서 큰 차이를 보이는 것은 생업의
차이 때문이다. 따라서 지역적인 자연환경에 어느 정도 영향을 받으면서도
이야기꾼 개인의 성격과 생업 및 구연능력에 따라 이야기의 각편은 제각기
개성을 지니는 것이다. 그러므로 평생을 바다 위에서 어업에 몸바쳐온 차
만리는 섬에 대한 인식을 중심으로 개성있는 이야기를 구연한 것이다.

각편 (바) ‘용이 된 김부대왕’을 구연한 이야기꾼 김정락(남·77)에 대해
서는 자세한 조사가 이루어지지 않았다. 생업도 알 수 없다. 구연장소와
구연능력에 관해서만 간단히 언급되었다. 보고서를 인용해 본다.

> (경주시) 중앙경로당에서 만났다. 처음에 이분에게 이야기를 청했더니 몇 가
> 지 시작하기는 했어도 자세한 내용은 몰랐다. 성의는 있으나 들려줄 만한 것이
> 없는 것 같았다.[108]

우선 이 내용으로 보아 김정락은 이야기하고자 하는 성의는 있어도 이야
기의 구연능력이 이를 따르지 못했다는 것을 알 수 있다. 이야기의 단편적
인 내용만 알고 있고 자세한 부분은 이야기할 수 없었던 것이다. 그럼에도

---

107) 趙東一, 《韓國口碑文學大系》 7-1, p. 125.
108) 趙東一·林在海, 《韓國口碑文學大系》 7-3, pp. 563~564.

중앙경로당에 여러 사람이 모였는데, 먼저 나서서 이야기했다는 것은 이야기를 들려주고자 하는 생각은 남보다 앞섰다고 할 수 있다. 첫 이야기의 구연상황과 이야기를 보면 이러한 상황이 쉽게 납득이 간다.

먼저 경주 근처의 전설부터 묻기 시작했다. 처음에 김정락씨가 현곡면에서 손순이 아이를 묻으려고 하다가 돌종을 얻었다는 孫順埋兒 전설을 들려주었는데, 널리 알려진 바와 같아서 여기 수록하지 않는다. 그 다음에 김유신장군 능 뒤에 있는 옥녀봉의 유래를 물었더니, 아래와 같은 말이 오고 갔다.

김정락 : 옥녀봉은 여 금산재 뒷산, 현곡도 연에(역시) 경주시캉 고 머시기고 〔유래를 물으니〕 옥녀봉은 옥녀봉이라고 하지마는, 그때는 응당 仙桃山이고, 옥녀봉이고 지명을 그래 머시를 했는 모양이지요. 〔옥녀가 내려오지 않았는가 물으니〕 그거야 응당 옥녀가 내레왔길래 옥녀봉이라고 지았는기고. 선도산에는 신선이 놀았다고 선도산이라고 하는 기고 글치.
이영우 : 산 생긴 모양이 여자 형국으로서, 옥녀봉이라고, 여 보면……[109]

이처럼 전설에 관해서 물으면 그때마다 김정락이 먼저 이야기를 꺼냈다. 처음의 '손순매아'도 그랬다. 그러나 보고서에 수록할 만한 것이 못되었다. 보고서에 수록된 '옥녀봉'의 경우도, 위에서 보는 바와 같이 김정락의 이야기만으로는 실을 만한 것이 못된다. 거의 조사자와 일문일답으로 이루어졌는데, 설화적인 내용은 찾아보기 어렵다.

조사자가 옥녀봉의 유래를 물으니 김정락은 위치만 이야기했다. 조사자가 왜 옥녀봉이라고 부르게 되었는가 하는 것을 구체적으로 따져물어도 했던 말을 횡설수설할 뿐 응당 그렇게 불렀다는 정도로 능쳐버렸다. 다시, 옥녀가 내려오지 않았는가 하고 물으니, "그거야 응당 옥녀가 내레왔길래 옥녀봉이라고 지았는기고"라고 하면서, 여전히 단편적인 말대답에 그치고 있었다. 조사자가 묻는 부분도 제대로 이야기하지 못했다. 조사자가 유도한 말을 되풀이할 정도였다. 따라서 김정락이 이야기한 부분은 이야기로서 수록할 만한 가치가 없는 것이나, 이 이야기를 보완하고자 덧붙여 한 이영우의 이야기가 그럴 듯해서 함께 수록된 것이다. 이영우는 옥녀봉의 형상이, 여자가 거울 함을 앞에 놓고 머리를 풀고 있는 형국이라고 하면서 그

---

109) 趙東一·林在海, 위의 책, p. 616.

봉우리에 옥녀가 내려온다는 것을 재미있게 구연했다.

다른 이야기에서도 마찬가지였다. 김정락이 먼저 단편적으로 이야기를 시작하면 이어서 이영우가 제대로 이야기를 마무리짓기 일쑤였다. '옥녀봉'에 이어서 김정락은 '용이 된 김부대왕'과 '금척의 유래' 등을 구연했다. 이때에도 김정락이 이야기의 단편적인 줄거리만 간단히 대충 이야기하면, 이를 못마땅하게 여긴 이영우가 뒤이어 길고 본격적인 이야기를 다시 했다. 이야기의 길이로 따지면, 이영우의 이야기가 김정락의 이야기에 비해 '용이 된 김부대왕'은 2배 이상, '금척의 유래'는 13배 정도 된다. 김정락이 이야기할 때에는 한두 마디로 끝내버리므로 '옥녀봉' 이야기 때와 마찬가지로 조사자가 몇 차례 이야기를 유도하는 질문을 던져야 그 정도로나마 이야기를 할 수 있었다.

이런 형편으로 보면 김정락은 기억력도 부족하고 창조적 상상력도 거의 없는 이야기꾼이라고 하겠다. 그래도 좌중에서 가장 먼저 이야기를 꺼내는 데 비해, 구연능력이 뛰어난 이영우는 늘 뒤이어 이야기를 다시 하는 것을 보면, 김정락이 이야기하는 데 더 열성적이라고 할 수도 있지만, 좌장으로서의 위치 때문에 다른 사람들이 먼저 나서지 않은 것으로 볼 수도 있다. 이영우는 뛰어난 이야기꾼이지만 김정락에 비해 거의 20세나 아래인 연하이므로,[110] 좌중에 먼저 나서서 이야기할 처지가 못되는 것이다. 그러나 이야기판이 어느 정도 무르익어가면서 정만서 이야기가 시작되자, 이때부터는 이영우가 이야기판을 잡았다.

이야기판이 처음 벌어질 때에는 이야기 솜씨와 상관없이 좌장이 먼저 나서지만, 이야기판이 무르익게 되면 나이의 많고 적음이나 지체의 높낮이보다 이야기 솜씨에 따라 이야기판의 좌장이 다시 결정된다고 볼 수 있겠다. 물론 이러한 현상도 연행집단에 소속되어 있지 않은 낯선 조사자가 참여하여, 의도적인 이야기판이 조성되었을 때 한정되는 것으로 보아야 옳을 것이다.

김정락이 구연한 각편 (바) '용이 된 김부대왕'도 같은 상황에서 이해될

---

110) 김정락은 조사 당시 77세이고 이영우는 59세였다.

수 있다. 그래도 이 이야기는 김정락이 구연한 다른 두 이야기에 비하여
상당히 갖춘 꼴을 하고 있다. 우선 자료부터 보기로 한다.

　　〔김부대왕이 용이 돼서 어쨌다는 말을 들었는가 물으니〕 그런 말씀 있는데.
역사를 요랑하면 그게 아이라요. 〔역사가 아닌 전설을 말해 달라고 하니〕 전설
에는, "내가 죽어가주 용이 돼가주고 섬을 쳐뿌레야 왜놈이 안 건네올 기라
고." 그래서 왕이 죽어가주 구리(구렁이)가 돼가주고 저 안강으로 가이깐데 유
금이들이라 카는 거는, 다른 사람은 마카 "용님 나오신다"고 아(안)하고 유금이
라 카는 아가여(아이가) 말이지 "아 용님 나오신다" 이카이깐데, 득천을 해가
주고, 그래 인자 유금이들이라 이래 했어요.
　　〔무엇을 쳤던가 물으니〕 동해 열두 섬인데, 그놈을 다 치다가 하이, 울릉도
는 치지 말아라고 하늘에서, "울릉도는 용에 머시이까네, 울릉도는 치지 말
아!" 캐가, 울릉도만 나뒀어. 저 쪼매는 놈이 어째 그리.[111]

　위의 이야기는 김정락의 다른 이야기와 달리 한 편의 설화로서 독자성을
인정받을 수 있다. 구술이 단순하고 간략하지만 김부형의 줄거리에서 크게
이탈되지 않았다. 화소로 따지면 김부형의 화소 3과 8만 없다. 즉 산이 물
을 막고 있어서 농사를 지을 수 없었는데(화소 3), 용이 되어 득천하면서
물을 막고 있는 산을 쳤다(화소 8)는 대목이 없다. 두 화소는 상응하는 것
이므로 함께 있거나 없어야 한다. 여기서는 함께 빠졌다. 물론 뒤이어서
이영우가 이 대목을 중심으로 다시 이야기했다. 이영우의 이야기는 섬을
치고 왜적을 막는 대목은 없다. 유금형에 속하는 이야기를 했다. 호국룡이
섬을 쳐서 왜적을 막고자 하는 이야기는 고형의 역사적 이야기라면 물길을
트고 들을 만드는 이야기는 근대적인 이야기라고 할 수 있다. 김정락은 고
형의 이야기를, 이영우는 근대형을 이야기한 셈이다.
　김정락은 고형의 전승을 역사적 사실과 함께 인식하고 있었다. 조사자가
이야기를 듣고자 김부대왕이 용이 되어서 득천했다는 이야기를 들어보자고
했더니, 김정락은 그런 이야기는 있지만 역사적 사실과 다르다고 했다. 조
사자가 다시 역사가 아닌 전설을 말해 달라고 하니 "전설에는" 하고 이 이
야기를 시작했다. 그러나 용의 득천 대목까지만 이야기하고 멈추었다. 조

---

111) 趙東一・林在海, 주 108)의 책, p.617.

사자가 다시 용이 득천하면서 무엇을 쳤느냐고 물으니 동해 열두 섬을 치고 울릉도를 치지 않은 까닭을 들려주었다. 조사자가 몇 차례 이야기의 내용을 구체적으로 묻지 않았으면, 이 정도로 구연되기도 어렵다.

창의적인 구연은 처음부터 기대하기 어렵다. 공동으로 전승되는 부분을 힘겹게 기억해서 겨우 구연하는 정도였다. 그러니 이야기의 길이가 자연히 짧고 줄거리 중심의 전달에 머무르게 되었다. 같은 변이유형에 속하는 차만리의 각편 (마)에 비하면, 화소 12개 가운데서 둘만 빠졌지만, 실제 이야기의 길이는 3분의 1도 채 못된다. 김정락은 기억력이 약하고 창의적인 구연능력도 부족하지만 자기 고장의 전설을 다른 사람들에게 널리 들려주어야 한다는 의무감 때문에 나서서 이야기한 셈이다. 그래서 경주와 관련되지 않은 이야기는 한 편도 구연하지 않았다.

4) 이승안의 '경순왕과 주금이들'

이승안(남·60)은 현곡면 가정 1리에 사는 분이다. 좌중에 여러 분이 모여서 이야기판을 벌이는데 늦게 와서 합석했다. 회재(晦齋) 이언적(李彦迪)의 후손으로서 한학을 상당히 익힌 분이다. 역사적 사실에 대해서도 상당히 밝았다. 망건을 쓴 채, 다리를 가부좌한 앉음새로 수염을 쓰다듬으면서 이야기하는 좌중을 관망했다. 좌중에는 정만서 이야기가 10여 편 이상 계속되고 있었다. 이때에는 계속 듣기만 했다. 그러다가 이 고장의 명망있는 인물에 관한 이야기가 나오자 가끔씩 참견했다. 정확하게 모르는 인명이나 연대 등을 알려주는 것이었다. 이런 사정은 계속 정만서 이야기를 하던 김원락(남·61)이 '최산림의 재주와 술법'을 이야기하는 구연상황에서 잘 드러나 있다.

정만서 이야기는 그만하고 화제가 최산림 이야기로 옮아갔다. 최산림의 육대 손인 최해철씨가 下邱에 살고 있다고 했다. 그 자리에 있던 이승안은 최산림의 이름이 구슬 玉 변에 林자 한, 즉 琳이라고 했다. 그러자 이야기가 시작되었다.[112]

---

112) 趙東一, 주 107)의 책, p. 104.

김원락은 이 마을의 최고 이야기꾼이다. 특히 김삿갓 이야기와 정만서 이야기를 잘 해서 별명이 '요새(요즈음) 김삿갓', 또는 '정만서 옥편'으로 불릴 정도이다.[113] 조사자가 이분의 요청에 따라 우립(又笠) 또는 하담(河 譚)·천담(川譚) 등의 호를[114] 지어줄 정도로 이야기를 물 흐르듯이 잘했다. 한시도 짓고 이야기 중에 문자도 곧잘 썼다. 그러나 최산림(崔山林)의 휘자 (諱字)가 무엇인가 하는 것은 역시 좌중에서 이승안만이 알고 있었다. 허구 적인 이야기에 뛰어난 김원락도, 이와 같은 역사적 사실에 대해서는 이승 안을 당하지 못했다.

이승안은 계속 청중 노릇을 하면서 다른 사람의 이야기에 참견을 하다가 마침내 자신의 이야기를 했다. 이승안의 이야기는 모두 지역 전설이었다. 처음에는 '장수 나지 못하게 혈 지른 이야기'를[115] 몇 사람과 다투면서 이 야기했다. 조사자의 물음에 답하면서 이야기한 것이다. 다른 사람들은 한 일합방 후에 왜놈들이 들어와서 장수 날 자리를 혈(穴) 질렀다고 하는데, 이승안은 "그 왜놈들이? 그런 게 아이라. 대국서 본데 그 어른이 이여송 이가, 이여송이가, 이여송이가 안 질렀나?"고 하면서 제각기 자기 주장을 폈다. 이를 계기로 이승안은 본격적으로 이야기를 하기 시작했다. 이승안 의 이야기 목록을 정리해 본다. 괄호 안의 숫자는 현곡면 설화번호이다.

   (49) 곽대주 살림 모으는 운수 : 월성군 서면 운대리에 사는 곽대주라는 사람이
      아주 인색하게 굴다가 어느 날 밤에 닭이 한 마리 죽자, 이를 계기로 소를 잡
      아 큰 잔치를 베풀고 남을 돕기 시작했다.

---

113) 趙東一, 위의 책, p. 25 참조.
114) 趙東一, 위의 책, p. 26. "돌아와서 감사하다는 편지를 냈더니, 답장을 하면서 자
   기 호를 지어달라고 했다. 궁리 끝에 세 가지 호를 지어 보내고 그중에서 택하라고
   했다. 김삿갓 이야기를 잘하고 재주가 김삿갓에 못지않으니 又笠이라고 하든가, 이
   야기를 물흐르듯이 하니 河譚이라고 하든가, '하담'이 너무 거창하면 줄여서 川譚이
   라고 하는 것이 어떻겠느냐고 했다. 그랬더니 그중에서 '천담'을 택하겠으며, 친구
   들을 모아서 잔치를 하며 호를 공포하겠다고 했다."
      연구자가 3년 뒤에 다시 이분을 찾아뵙고 정만서 이야기의 변이를 조사하고자 들
   렀더니, 호를 '천담'으로 하겠다는 편지를 띄운 다음에 다시 '하담'으로 고쳐서 현
   재 '하담'으로 쓰고 있다고 했다. '하담'이 너무 거창해서 소박한 '천담'을 택했
   으나 '천'자가 선친의 호에 들어 있으므로 이를 피하고자 '하담'으로 확정했다고 했
   다.
115) 趙東一, 위의 책, pp. 114~116, 현곡면 설화 48.

(50) **효자 손순** : 김원락의 이야기를 보충해서 했다. 전체 이야기는 《명심보감》(明心寶鑑) 효행편에 있는 것과 같다. 종을 치는 상황을 구체적으로 이야기했다.

(53) **경순왕과 주금이들** : 유금형의 각편 (사)에 해당하는 이야기이다.

(73) **횡재를 한 등금장수** : 어물을 파는 등금장수 월성 이씨가 화적들이 숨겨놓은 돈을 발견해서 큰 부자가 되고 그 아들을 좌수까지 시켰다. 좌수아들이 그 재산을 물려받아 경주 중고등학교를 세워서 아직도 유지하고 있다.

이승안이 처음에 한 혈 지른 이야기는 단편적인 내용이었으나, 다음의 이야기는 상당히 풍부한 내용을 지녔다. 다른 고장에서 이야기되면 민담으로 구연될 만한 것들이었다. 이승안은 이들 이야기를 모두 경주 또는 월성 지역의 구체적인 마을과 관련지워 이야기했다. 이야기 속의 인명도 구체적으로 알고 있었다. 지역전설로서의 성격이 뚜렷한 것만 이야기한 셈이다. 장소의 구체성, 인물의 구체성, 시대의 구체성을 함께 확보하고 있기 때문이다. 고장의 역사를 이야기로 구연했다고 하겠다.

이승안이 현곡면 설화 48, 49, 50을 이어서 하고, 잠시 뒤에 다시 53을 하고서는 쉬었다. 그동안 김원락이 정만서 이야기를 주로 했다. 김원락에 의해 이야기판이 정만서·김삿갓 등 우스개 이야기로 바뀌었다. 그런데 이승안은 다시 지역전설을 꺼냈다. 설화 73의 '횡재를 한 등금장수' 이야기는 경주중고등학교 교주(校主) 집안의 실화(實話)인 셈이다. 이승안은 좌중의 다른 사람과 달리 사실이라고 여기는 고장의 이야기만 골라서 해왔다. 따라서 이야기판이 크게 바뀌어도 이에 상관하지 않고 자신이 할 만한 이야기만 선별적으로 한 것이다. 이승안 역시 이야기를 문학으로서보다 사기로서 인식하고 있는 것이다.

역사에 상당히 밝고 이야기를 사기로 인식하고 있는 이승안이 들려준 이야기가 바로 유금형의 기본형에 해당되는 각편 (사) '경순왕과 주금이들'이다. 이승안은 다른 이야기꾼들과 달리 김부대왕이라고 하지 않고 김부의 시호를 살려서 '경순왕'(敬順王)이라고 했다. 이야기의 전체적인 줄거리는 유금형으로서, 역사적 기록과 상당한 차이를 보이는 변이유형을 그대로 유지하고 있지만, 유금형에서 널리 호칭되는 김부대왕이 이승안 개인의 역사적 지식에 따라 경순왕으로 호칭된 것이다. 경순왕이 신라말의 왕이라는 것도 이야기 서두에 밝히고 있다. 이승안은 역사를 상당히 알고 사실 중심의 이야기를 주로 구연했지만, 지역의 전승공동체에 의한 유형차원의 전승을 벗어나지는 않았다. 다만 인명이나 지명 등을 개인적인 인식에 따라 독자적으로 사용할 뿐이다.

이승안이 역사적 지식이 풍부하고 인명과 지명을 정확하게 알고 있다다는 것은 이야기의 시작에서부터 드러나고 있다.

> 신라말이라요. 신라말인데 경순왕이 신라말 왕인가? 글때는 주금이들이 兄山, 弟山 그기 인자 글때 끊겠그던. 끊겠는데 그 물이 사무(줄곧) 돌아가주고 저게 저 杞溪, 淸河 이리 재로 그리 넘었답니다. 그리 넘어가주고 그래 張保皐라고 신라 그 무역상 하는데, 이 배로 신라아 들어왔다는 기라. 저저 조막배를 타고 신라로 들왔다는데. 경순왕이 가만이 생각해 보이 아매도 자꾸 성 안에 물이 들와요. 비가 자꾸 오이.[116]

우리는 여기서 몇 가지 사실을 주목할 수 있다. 다들 김부대왕이라고 하는 호칭을 이승안은 경순왕이라고 했다. 또 다들 유금이들이라고 하는 들 이름도 '주금이들'이라고 했다. 김부대왕을 경순왕이라고 하는 것은 좀더 정당한 호칭이며 역사적 용어로서 적절하다 할 수 있다. 그러나 유금이들을 주금이들이라고 한 것은 잘못된 것이다. 유금은 강동면에 있는 실제 마을 이름이기 때문이다. 유금이들은 강동면 유금리에 이웃해 있는 들 이름이다. 이 설화가 수집된 경주·월성지역에는 주금이라는 곳이 없다. 특히 이승안이 이야기하는 것처럼 '안강 주금들'은 없다. 그러므로 이야기가 전승과정에서 '유금'이 '주금'으로 와전되었거나, 아니면 이승안이 제대로 기억하지 못한 까닭으로 볼 수 있다. 이러한 문제는 이야기를 통해서 확인할 수 있다.

> 그래 인자 경순왕이 그래가주고 용이 돼가주고, 안강 주금들이라고 있어요. 바로 그 저 良洞 앞에, 거 어디쯤 시방 역 앞에, 그 어데 주금들이라 그데(그러데). 〔청중 : 바리 그 안강 그 머시기, 양동학교 건너.〕 학교 건너 맞은편, 그기 주금들이라. 주금들이라고 있어. 그런데 거 인자 용이 돼가주고. 〔청중 :

---

116) 趙東一, 위의 책, p.124.

거 옛날 전쟁터라. 주금이 사람이 많이 죽었다고 '죽음들'이라.] 그래가주고
거기서러 인자 용이 돼가주고……[117]

　위의 이야기로 보아서 주금이들은 유금이들을 잘못 알고 있는 탓에 변이
된 것이다. 만일 주금이들이 다른 곳에 있으면, 유금이들의 유래담이 주금
이들의 유래담으로 흡인되어 전승되는 것이라 할 수 있다. 그러나 안강읍
근처에 있는 들을 가리키므로 역시 유금이들을 지칭하는 것이다. 이야기꾼
의 기억력이 약하면 이와 같은 변이를 일으킬 수 있다.[118] 그런데 흥미있는
것은 조사자가 유금이들의 유래를 이야기해 달라고 했는데도 이승안은 유
금이들이 아니라 주금이들이라고 하면서[119] 실제로는 유금이들의 이야기를
한 걸 보면 유금을 주금으로 잘못 기억해 낸 것이 아니라, 이승안은 처음
부터 주금이들로 잘못 알고 있었던 것이다. 뿐만 아니라 주금이들은 옛날
에 사람이 많이 죽은 전쟁터이므로 '죽음들'이라고 한다는 설명까지 덧붙
이는 청중이 있었다. 와전에 의해 주금들에 관한 새로운 민속어원설이 생
겨나고 있다.

　우리가 이야기의 서두에서 또 하나 주목해야 할 것은 장보고가 이 강을
이용하여 경주까지 배를 타고 드나들며 무역을 했다는 사실이다. 이 대목
다음에 바로 경순왕이 물걱정을 하는 이야기가 나왔다. 이승안이 형산강을
이용하는 장보고를 인식하는 태도와, 형산강을 걱정거리로 인식하고 쳐버
리려고 하는 경순왕을 인식하는 태도에서, 그의 역사의식을 포착할 수 있
기 때문이다. 이러한 역사의식은 이야기의 말미에서 좀더 구체적으로 드러
난다.

　이야기의 말미를 보면, 다른 각편들에서는 드러나지 않는 이야기꾼의 개
인적인 역사의식을 파악할 수 있다. 경순왕이 용이 되어 '형산 매기'를 끊
은 것은 형산강의 물이 성 안까지 들어오기 때문이다. "자꾸 물이 들어오
이, 도저히 여 살 수가 없어. 아 이래가 안될따고" 생각한 것은 경순왕이

---

117) 趙東一, 위의 책, p. 125.
118) Stith Thompson, *The Folktale*, Ams Press, 1979, p. 437. "이야기에서 만들어지는
　　 최초의 변이는 의심할 바 없이 기억의 오류에 의한 실수이다. "
119) 趙東一, 앞의 책, p. 124의 구연상황을 참조하기 바람.

다. 그래서 경순왕은 용이 되자 형제산 '매기'를 끊었다. 그런데 장보고는
이 강을 이용하여 경주를 드나들며 무역을 했던 것이다.

> "할매야, 그게 구리가 아이다. 용이라고 말이지. 용님이라."
> 이리 하이께네, 그래 그 소리를 듣고 고개를 번쩍 들고 휙 돌아가주고 인자
> 형산강 형제산 그 매기를 끊었어요. 그래 나와가주고 신라도 그때 가 망했다
> 그디더(그럽디다). 서울로 말하면 여내(역시) 한강 한가지라.[120]

이야기 말미에 경순왕이 '형산 매기'를 끊고 나서 신라가 망했다고 한
다. 즉 경주에 물이 빠지고 나니 신라가 망했다는 말이다. 경주의 형산강
은 서울의 한강 한가진데, 그 물이 빠져버리니 제 기능을 발휘하지 못하는
것이다. 한강이 서울의 젖줄이라면 형산강은 경주의 젖줄이다. 한강이 서
울의 물길이라면 형산강은 경주의 물길이다. 맥을 끊고 물이 빠지도록 한
것은 경주의 젖줄을 끊은 것이고 경주의 수상 교통로를 폐쇄해 버린 것이
다.

형산강의 긍정적 기능은 이야기의 서두에 밝혀놓은 바와 같이, 장보고와
같은 무역상이 배를 타고 자유로이 경주까지 드나들 수 있었다는 것이다.
물이 빠져야 한다고 생각한 것은 경순왕의 생각이라면, 물이 있어야 한다
고 생각한 것은 이야기꾼 이승안의 생각이다. 물이 있어야 장보고처럼 물
길을 이용해서 무역을 할 수 있다. 그러므로 경순왕이 득천하면서 맥을 끊
고 물이 빠지게 한 것은 신라를 망하게 한 원인이라고 이야기한 것이다.
유금이들을 주금이들로 알고 있는 것도 이러한 부정적인 인식과 관련되어
있을 것 같기도 하다. 신라가 망한 원인을 독자적으로 파악하고 있는 이승
안 개인의 역사의식이 이 이야기에 반영되었다고 할 수 있다.

5) 김봉조와 박동준의 '유금이들'

김봉조(남·71)와 박동준(남·73)은 같은 이야기판에서 유금형의 설화를
서로 다투면서 이야기했다. 좌중에서 오고가는 말 가운데 김부대왕이 용이
되어갔다는 말이 있었으므로 연구자가 그에 관한 이야기를 들어보자고 청

---

120) 趙東一, 위의 책, p. 125.

했다. 그러자 좌중은 경주 서천(西川)의 이야기라서 여기서는 잘 모른다고 사양했다. 또는 오래된 이야기라서 알 수도 없다고 했다. 좌중이 모두 모른다고 하니 김봉조가 나서서 각편 (아) '용이 되어서 득천한 김부대왕'을 구연했다. 이 이야기를 듣고 있던 박동준이 그렇지 않다고 하면서 이야기를 다시 했다.[121] 박동준이 다시 한 이야기 역시 어긋나게 나가자 청중의 참견이 심했다. 박동준은 이를 수습하고자 "그 유금이 이야기는 또 내가 하지" 하면서 각편 (자) '유금이들'을 다시 구연했다. 먼저 김봉조와 각편 (아)와의 관계를 살펴보자.

김봉조는 울산이 생장지이다. 고향은 울산 두동면 두서동이다. 조부는 참봉을 지냈고 천석꾼으로 알려진 거부였다. 어머니로부터 늘 들어오던 조부대의 일화를 민담처럼 들려주기도 했다. 바로 선대까지만 해도 머슴을 여러 명 거느리고 있을 정도로 넉넉했으나, 자기 대에 와서는 그렇지 못했다. 양반의 세력으로 나쁜 짓 하는 동네사람들에게 벌을 많이 주어서 지금처럼 가세가 기울어지게 되었다고 생각하고 있었다. 공부가 싫어서 일본·울산 등지를 돌아다녔고 중년에는 폐결핵을 앓아서 재산을 다 날려버리고, 이 마을에 정착하게 되었다. 들어온 분답지 않게 이 고장의 전설에 밝았다. 처음부터 다른 사람이 하는 이야기에 참견하여 자신의 주장을 폈다.[122] 그러면서도 자신이 이야기하는 중에 다른 사람이 참견하면 아주 싫어했다. 지금의 형편으로 봐서는 그럴 처지가 못되지만 과거의 지체로 보아 자부심을 가질 만하기 때문이다.

각편 (아) '용이 되어서 득천한 김부대왕'도 이 고장 사람들은 딴 고장의 이야기이고 오래된 이야기라서 알 수 없다고 하는데, 김봉조가 나서서 이야기를 먼저 했다. 경주에 강물이 많아서 김부대왕이 용이 되어 강을 치고자 했는데, 용이 되지 못하고 뱀이 되어 있을 때 할머니 등에 업힌 아이가 용님이라고 하여, 마침내 호국룡이 되어 득천했다는 데까지는 다른 각편과 비슷하게 이야기했다. 이때까지는 청중의 참견도 없었다. 이야기를 그대로 수용한 것이다. 그런데 득천과정에 무엇을 쳤는가, 그리고 그 들의

121) 趙東一·林在海, 주 75)의 책, p. 47.
122) 趙東一·林在海, 위의 책, pp. 23~24.

300

이름을 무엇이라 했는가 하는 데서 이야기가 순조롭게 전개되지 못했다.
자연히 좌중의 참견이 많아졌다. 용락(龍落)과 유금(有琴)이들을 왔다갔다했
다. 좌중의 반응이 부정적이었다. 마침내 박동준이 나서서 이야기를 중단
시키는 단계에까지 이르렀다.

　　그래가 마 서상가(형산강)을, 그거 저 용락이 그걸로 그 들고 쳤부레가주고,
　그래가 그 걸이 시방(지금) 그거 인자 저 물이 인자 사방 터지고, 경주가 [청
　중 여럿이 그렇지 않다고 하자, 큰소리로] 내가 입띰(입담)이 없어서 그렇지
　그 나는 그래 들었어.
　　박동준 : 가마 있어, 그렇잖에.
　　김봉조 : 에 그 이얘기 잘 해조라. [123]

　김봉조의 이야기가 위의 대목에 이르자 좌중이 한결같이 그렇지 않다고
들 하고 제각기 한마디씩 참견했다. 이에 김봉조는 언성을 높여서 "내가
입띰(입담)이 없어서 그렇지 그 나는 그래 들었어" 하고 자신의 주장을 계
속 내세웠다. 이야기꾼이 자신의 이야기를 맞는 것으로 내세울 때는 흔히
자기 이야기가 옳다고 하기보다 자기는 그렇게 들었노라고 하는 것을 강조
한다. 그것은 이야기가 구비전승되기 때문이다. 따라서 앞의 이야기꾼, 또
는 이야기의 전승적인 성격에 의존해서 자신의 이야기가 타당하다는 것을
내세우게 된다. 김봉조의 항변을 통해서 또 하나 주목할 것은 들은 대로
이야기해서는 설득력을 지닐 수 없다는 것이다. 이야기하는 사람은 입담이
있어야 한다고 했다. 들은 이야기를 입담있게 이야기한다는 것은 이야기꾼
이 전승되는 이야기를 그럴 듯하게 재창조해서 구연해야 설득력을 지닐 수
있다는 말이다.

　이렇게 항변하던 김봉조도 박동준이 정색을 하고 이야기판에 나서니 물
러섰다. 박동준은 김봉조의 과거 지체 못지않았던 선비 집안일뿐만 아니라
연장(年長)이자, 이야기도 썩 잘하는 이야기판의 좌장이기 때문이다. 박동
준이 "가마 있어, 그렇잖에"라고 하니, 김봉조는 이내 기세가 꺾여서 "그
이얘기 잘 해조라" 하고는 이야기꾼의 자리를 박동준에게 내주었다. 박동
준은 점잖게 나서서 "인제(지금) 이얘기는 마커(전부) 사적에 있는 일인데,

───────
123) 趙東一·林在海, 위의 책, p. 48.

그 와 그래 이얘기해 가주는 안되는데" 하면서, 딴 고장의 이야기라서 모른다고 할 때와는 딴판으로, 김봉조의 이야기를 다시 했다.

좌중이 김봉조의 이야기를 부정하고, 또 박동준이 그의 이야기를 가로막고 나선 것은 김봉조가 용락과 유금이라는 곳을 잘 모르고 아이의 이름도 혼란을 가져왔기 때문이다. 이러한 혼란을 일으킨 데에는 청중의 잘못된 개입도 한몫 한다. 김봉조가 혼란을 일으킨 부분을 보자.

> "하이구, 할매야 구리가 아이다 용님이다."
> 그래 그 인자 용님아 크는 소리를 듣고 거기다 그 인자 龍落이 걸로(개울을) 그걸 인자 들고 치는데, 그거 有琴이들 그거, 그거를 용락이 앞으로, 아 아(아기) 이름이 가가(그애가) 〔청중 : 그래, 용락들이라꼬.〕 그래, 그 그래가주고 인자 그거러 인자 〔청중 : 그걸로 용락들이라 칸다.〕 그거 마 글로 써놓고 그 들으는 가(그 아이의) 들이라 이카고〔청중 : 용락들이라고 이래 있어요.〕 그래 마 곽재(갑자기) 마 녹산백락(뇌성벽력)을 하고 마……[124]

위의 인용을 보면, 김봉조는 유금이들과 용락들을 같은 지역으로 이해하고 있다. 참견을 한 청중도 마찬가지이다. 원래는 유금이들이었는데, 용님이라고 한 아이의 이름이 '용락'이므로, 유금이들을 용락이라는 아이의 소유로 하고 그들의 이름도 용락들이라 했다는 것이다. 청중도 계속해서 세 차례나 용락들이라고 참견했다. 처음에 용이 득천해서 용락 걸(개울)을 친다고 한 것은 유금이들에서 용락들로 바뀐 지금의 지명을 일컬은 것이다. 그래서 얼른 유금이들이라는 말을 다시 한 것이다. 김봉조가 용락과 유금을 혼동하여 이야기하고 청중 한 사람이 이에 맞장구를 침으로써 이야기가 이런 방향으로 마무리되게 되었는데, 좌중이 나서서 이 대목을 부정한 것이다.

그럼 구체적으로 용락과 유금은 동일한 지역의 다른 이름인가, 아니면 서로 다른 지역의 이름인가, 하는 것을 먼저 알아봐야 하겠다. 좌중의 사람들 중 상당수가 이 지역을 동일한 곳으로 알고 있으나 사실은 그렇지 않다. '용락'과 '유금'은 서로 다른 곳의 지명이다. 용락은 월성군 천북면 남쪽 물천리의 자연취락 이름이다. 경주에서 동북쪽으로 약 4킬로미터 떨어

---

124) 위와 같음.

져 있다. 그런데 유금리는 월성군 강동면 북쪽에 위치하고 있는 마을이다. 경주에서 같은 방향으로 약 16킬로미터 떨어져 있어 오히려 포항권과 더 가깝다. 그러므로 경주를 중심으로 김부대왕의 득천을 이야기하는 사람들은 왕이 '용락'에서 득천하면서 장애물을 쳤다고 이야기할 수 있다. 이 이야기를 수집한 외동면 입실리는 경주와 더 가깝다. 그러나 유금이들의 유래도 들은 바 있다. 그래서 유금이들을 용락들과 같은 지역의 다른 이름으로 이야기한 것이다. 이 고장 토박이가 아닌 김봉조로서는 이런 혼란에 빠질 수 있다.

'용락'은 지명으로 보아 용과 관련된 지역이다. 적어도 전설적 관련을 지닐 만한 지역이다. 전설상 용이 득천한 곳일 수도 있고, 용이 득천하다가 떨어진 곳일 수도 있으며, 또는 김봉조의 이야기와 같이 용이 득천하면서 맥을 쳐버린 곳일 수도 있다. 이처럼 지명 자체가 호국룡 설화를 끌어들이는 경우가 있다. 지명과 무관하지만, 이야기꾼이 인식하는 가까운 지역과 관련되어 이야기될 수도 있다. 몇 가지 예를 들어보면, '용이 된 김부대왕'과[125] '형산강을 친 김부대왕'에는[126] 형산강이 등장하는데, '김부대왕이 용이 된 이야기'에는 "안강들이잖에, 손살맥이 거 올라가다가 쳐가주고"라고[127] 하여, '손살맥이'가 나타난다. 이야기꾼이 직접 인식하고 있는 지명들이 유금이들을 대신한다. 이야기꾼과 가까이 있는 증거물이 이미 있는 이야기를 끌어들여 재창조하는 흡인력을 지니고 있기 때문이다.

이제는 박동준의 이야기를 살펴보기로 하자. 박동준의 이야기 역시 처음에는 제대로 나갔다. 그러다가 김봉조와 같은 대목에 이르러 온전하게 수습하지 못한 채 엉뚱한 방향으로 이야기를 끌고 갔다. 따라서 처음에는 청중의 지지를 받다가 나중에는 청중의 부정적인 반응을 받게 되었다. 그러자 더욱 횡설수설하게 되었다. 서두 부분부터 그 변화과정을 보기로 한다.

　　김부대왕 용 돼 올러갈 때는 그치이 이무이(이무기)그던. 그 날 때는 [김봉조 : 옳지러!] 이무이 저 서상가(형산강) 그 저 경나말이지, [김봉조 : 옳지

---

125) 趙東一, 주 107)의 책, p. 43.
126) 趙東一·林在海, 주 108)의 책, p. 234.
127) 趙東一·林在海, 주 108)의 책, p. 566.

러!] 개(강)이 있는데, 도적이 붙어가, 그래가 애를 묵고 해가,

"내가 죽어가주 시방 요이(용이) 돼야 저놈을 끊을 낀데."

서상가(형산강)을 끊어야 되그던. 될 챔이래. 한참 후에 자기가 죽었다 말이래. 그뒤에는 그 인자 치이까드로(치니까) 그 가오(결과)는 어찌어찌케 된고 한 글으마는 물이 여가 아 있는강, 그기 저 쌍기팔기(三奇八怪)에[128] 아 있나? 〔청중 : 그래.〕 물이는(물은) 위로만 올라가고 모래는 알로(아래로) 빠지고 그게 애 있나.[129] 그랬고. 〔청중 혼잣말로 : 그거는 그 전설 아이다.〕[130]

처음 부분은 상당히 그럴 듯하게 이야기되었다. 문무형과 같은 고형의 화소도 다소 보인다. 그래서 앞서 구연했던 김봉조가 한 대목씩 들으면서 '옳지러!' 하고 맞장구를 쳤다. 그러나 용이 되어 득천하는 부분에 이르러서는 엉뚱하게 삼기팔괴(三奇八怪)를 들고 나왔다. 김봉조처럼 유금이들이나 용락들 가운데 어느 하나도 거론하지 않았다. 딴 이야기를 늘어놓은 것이다. 그러자 청중의 반응은 즉각 달라졌다. "그거는 그 전설 아이다"고 하는 것이다. 박동준은 계속 이야기를 이었는데 더 엉뚱하게 나갔다. 전후 문맥이 서로 이어지지 않고 의미도 제대로 통하지 않았다. 자연히 말귀도 알아듣기 어려워졌다. 따라서 조사보고서에는 '채록불능'이라는 부분이 거듭 나온다. 박동준 자신이 이야기를 스스로 얼버무리는 것 같기도 했다. 이야기가 막혔기 때문이다. 김봉조보다 더 횡설수설한 셈이다. 위에서 인용한 이야기의 다음 대목 내용을 간추려본다.

손자가 부친이 없을 때 조부상을 당했다. 부친이 돌아올 때까지 시체를 그냥 두라고 했는데, 손자가 부친이 돌아오기 전에 시체를 치워버렸다. 부친이 이 사실을 알고 "나는 용 돼 올라간다" 하고는 용이 되어 올라갔다. 아무리 가문해라도 김부대왕이 득천한 날은 비가 왔다. 용이 득천한 자리에는 여러 가지 공사를 많이 했다. 그 자리는 바위로 이루어져 있다.[131]

---

128) 三奇八怪는 경주에 세 가지 기이한 것과 여덟 가지 괴이한 것이 있다고 해서 관용구로 쓰이는 표현이다.

129) 이것은 八怪 중의 하나로서 '文川倒沙'라고 표현되는데, 문천의 물은 아래로 흐르는데 강바닥의 모래는 거꾸로 역류한다는 말이다.

130) 趙東一·林在海, 주 75)의 책, pp. 48~49.

131) 趙東一·林在海, 위의 책, p. 49. 자료가 복잡하므로 이해하기 쉽도록 간략하게 정리했다.

이야기를 듣고 연구자가 그 바위의 위치를 물으니, 계당 또는 양동이라고 하다가 말을 고치면서 감포읍이라고 했다. 이때 청중 여럿이 제각기 나서서 각자의 주장을 폈다. 박동준은 그 바위에 대해서 그럴 듯하게 설명하려고 애썼으나 확실히 알지 못했으므로 자신이 없었다. 따라서 말귀는 더욱 알아듣기 어려웠다. 연구자가 몇 차례 물어보아도 마찬가지였다. 청중의 참견도 많았다. 그러니 박동준은 궁지에 몰렸다. 김봉조의 이야기를 가로맡고 나서는 자신도 납득이 되지 않는 방향으로 이야기를 하고 있었기 때문이다. 김봉조는 기껏해야 지명에 혼란이 있었지만, 박동준의 이야기는 줄거리조차 종잡을 수 없게 되었다. 스스로 이를 인정하지 않을 수 없다. 그래서 마침내는 "그 유금이 그 이얘기는 또 내가 하지"하면서, 청중이 요청이라도 하듯이 새삼스럽게 유금이들 이야기를 다시 하겠다고 나섰다. 이렇게 해서 다시 들려준 것이 유금형 각편 (자)이다.

각편 (자)를 살피기 전에 박동준에 대해서 좀더 자세히 알아둘 필요가 있다. 박동준은 입실 경로당에서 가장 이야기를 많이 한 분이다. 처음에는 이야기하기를 사양하거나 다른 사람의 이야기에 참견만 하다가 연구자가 자신의 이야기에 관심을 기울이자 스스로 이야기를 하겠다고 나섰다. 전설도 다수 구연했지만 민담을 더욱 많이 구연했다. 민담은 대체로 긴 것이었으며, 아주 특이한 것도 있었다. 박동준은 이야기를 어릴 때 자기 집에 머물렀던 과객들에게서 들었다고 했다. 자신의 선대(先代)까지는 글을 잘했기 때문에 자기 집에 과객들이 많이 모여들었고 과객들은 저마다 자기 고장의 이야기를 하곤 해서, 여러 가지 다양한 이야기를 들을 수 있었던 것이다. 자신은 글을 잘하지 못한다고 하면서도 이야기의 주인공은 글 잘하는 사람들이 등장하고, 이 고장에 살면서도 이야기의 배경이 되는 지역으로는 멀리 떨어져 있는 안동(安東)을 주로 일컫는 것을 보면 과객들의 영향이 컸다는 것을 알 수 있다.[132]

이런 사정으로 보아, 박동준은 여러 지역의 다양한 이야기를 폭넓게 알고 있다는 것을 짐작할 수 있다. 그럼에도 김부대왕 이야기를 먼저 나서서

---

132) 趙東一·林在海, 위의 책, pp. 24~25.

하지 않고 딴 고장의 이야기이므로 모른다고 한 것은 이야기판이 처음 시작된 터이라 연구자의 의도를 몰랐기 때문이다. 즉 연구자가 이 고장 전설을 수집하러 온 것으로 보고, 다른 고장의 이야기는 애써 삼간 것이다. 그러나 김봉조가 이야기를 어긋나게 하고 있으므로 나서지 않을 수 없었다. 하지만 박동준 자신도 제대로 마무리짓지 못하고 말았다. 너무 성급하게 나섰기 때문에 김봉조의 이야기가 잘못되었다는 것은 알고 있지만, 스스로 바르게 이야기할 수는 없었다. 각처의 이야기를 두루 알고 있는 박동준은 스스로 구연하고자 한 이야기가 아니라, 남의 이야기를 갑자기 떠맡고 나섰으니 미처 정리할 수 있는 기회를 가지지 못한 것이다. 그러니 이야기 말미에 부친이 없는데 손자가 조부의 시체를 처리했다든가, 문무왕이 득천하는 날에는 아무리 가물어도 비가 온다든가, 또는 용이 득천한 자리에 공사를 많이 했다든가 하는 등의 이런저런 이야기를 임기응변으로 끌어붙여서 마무리하고자 무리를 하게 된다.

이야기 서두에 형산강에 도적이 붙어서 그것을 막고자 형산강을 치고자 했다는 것은 왜적을 막고자 섬을 치려고 한 문무형의 이야기와 관련되어 있다. 그리고 말미 부분에 김부대왕이 득천한 곳을 어떤 바위라고 하면서 바위의 소재지를 감포읍이라고 한 것 역시 대왕암이 나오는 문무형의 흔적이다. 따라서 박동준은 좌중의 다른 사람들과 달리, 문무형의 이야기도 어느 정도 기억하고 있는 것이다. 과객들을 통해서 들을 기회를 가졌던 셈이다. 그러나 역시 확실하게 구연할 수 있는 것은 유금형의 설화이다. 김봉조의 이야기를 맡아서 수습하려다 실패했지만, 이것저것 이야기하는 과정에[133] 유금형 이야기를 정리할 수 있었던 것이다. 그래서 앞의 이야기를 포기한 채 유금형 이야기는 자신있게 다시 하겠다고 하면서 유금형의 각편(자)를 이어서 구연한 것이다.

아깨 그거(유금이들 이야기)는 니(네) 살 먹은 아가(아기를) 업고, 내 손자

---

133) 박동준은 김봉조의 이야기를 수습하느라 '삼기팔괴'도 들고 나왔고, 엉뚱한 장례 과정이나, 용이 득천한 날 비가 반드시 온다는 등의 이야기를 여러 각도로 했다. 이렇게 임기응변으로 끌어붙일 수 있는 것도 박동준의 역량으로 볼 수 있겠다. 보유하고 있는 이야기가 많기 때문이다.

를 업고 이래 갔다 하이, 나가이깐드로(나가니까) 구리(구렁이)가 마, 아, 집 동 같은 놈이 들어 있그던, 정구이 늙으이가,

"이 구리 봐라!"

크이,

"[작은 소리로] 아이고 어무, [말을 바꾸어] 할매요. 그게 아임더(아닙니 다). 용님임더. 지금 용 돼가 득천합니더."

꼬, 그 말에 마, 저, 요이 됐단 말이다. 요이 돼가 득천하는 질에 그리 마 저 기 유금이들로 치고, 이래가 그랬다고. 그래가주[청중 : 그래 유금이뜰으는, 유 금이뜰으는 그래 용랙이][134] 그래.

"이 들을 유금이 주라!"

그래 유금이들, 유금이들, 그건 그래 된 기요.[135]

위의 인용은 각편 (자) '유금이들'의 전문이다. 그런데 이 이야기의 처음 부분은 구연되지 않았다. 구연할 필요가 없기 때문이다. 김봉조도 각편 (아)에서 처음 부분을 구연했고, 자신도 김봉조의 이야기를 보완하고자 처음 부분을 구연했기 때문이다. 앞에서 이야기된 부분을 거듭 이야기할 필요가 없으므로 유금이들 이야기로서 문제되었던 부분만을 한정해서 이야기한 것이다. 이로써 유금이들의 유래담으로 분명한 성격을 지니게 되었다. 특히 용님이라고 불러준 유금이라는 아이에게 득천하면서 만든 들을 주는 대목이 대화체로 실감나게 구연되었다. "이 들을 유금이 주라!"고 하여, 유금이들이 되었다는 것을 온전하게 마무리지은 것이다. 청중도 이 제는 더 이상 참견이 없었다.

우리는 이 이야기판에서 몇 가지 사실을 확인할 수 있었다. 첫째, 전설은 다투면서 구연된다는 것이다.[136] 그러나 이것은 이야기판의 형식적인 인식이자 전설의 외연적 이해인 것이다. 더 중요한 것은 다른 데 있다. 즉, 이야기의 연행은 청중을 대상으로 하고, 그 청중의 일정한 수용기준에 의해서 평가되고 있다는 것이다. 평가에 따라 청중에게 수용되기도 하고 거부되기도 한다. 이야기꾼의 이야기가 지나치게 자의적일 때에는 청중이 참

---

134) 이 청중은 아직도 유금이들과 용락들을 같은 곳으로 알고 있다.

135) 趙東一・林在海, 주 75)의 책, pp. 50~51.

136) Linda Dégh・Andrew Vázsonyi, "Legend and Belief," Dan Ben-Amos ed., *Folklore Genres*, University of Texas Press, 1976, p. 101.

견하여 객관성을 확보하도록 수정하거나, 가로막고 나서서 다시 구연하는
것이다. 그러므로, 청중은 이야기꾼의 자의적인 왜곡으로부터 설화를 보호
하는 적극적인 구실을 하는 것이다.

둘째, 이야기는 연행과정에서 이야기꾼 개인의 주관이 개입될 수 있으나
연행공동체의 집단의식에 의해 어느 정도 객관성이 유지된다고 할 수 있
다. 그리고 많은 이야기를 알고 있는 이야기꾼은 여러 가지 이야기를 다양
하게 할 수 있는 역량을 지녔지만 보유목록의 풍부성 때문에 오히려 특정
유형의 이야기가 다른 유형의 이야기에 영향을 받아 순수성을 잃을 가능성
도 있다고 하겠다. 그러나 이러한 오류 역시 청중의 집단적 수용력에 의해
교정될 수 있는 기회를 가지게 되는 것이다. 따라서 설화의 전승은 자가교
정력을 지니고 있다고 하겠다. 그러므로 이야기꾼 개인에 의한 의도적인
왜곡은 쉽사리 허용되지 않는다. 연행현장에서 듣는이들에 의해 또는 전승
과정에서 전승담당자들에 의해 왜곡된 부분들이 집단적 공감력을 확보할
수 있도록 수정·복원되는 것이다. 이러한 복원력이 설화의 자가교정력인
것이다.

4. 연행현장의 상황과 설화의 연행법칙

연행현장에서는 설화의 생산과 수용이 동시적으로 이루어진다. 설화를
연행하는 이야기꾼은 설화의 생산자이자 수용자이다. 수용자 노릇을 했기
때문에 설화를 생산할 수 있는 것이다. 문헌설화의 경우도 마찬가지다. 이
러한 관계를 수용미학에 입각해서 검토하면, 설화생산의 주체는 설화의 연
행 및 수록양식에 따라 자신의 수용태도를 나타내고 있는 것이다.

설화를 어떻게 받아들이느냐에 따라 긍정적 수용과 부정적 수용으로 나
눌 수 있으며, 수용한 이야기를 어떻게 재생산하느냐에 따라 단순한 수용,
생산적 수용, 분석적 수용, 분석·생산적 수용 등으로 구분할 수 있다. 분
석적 수용은 설화의 분석에 따른 논평이 이루어지는 경우이다. 김현감호
설화에 대한 일연의 평문은 여기에 해당된다. 생산적 수용은, 들은 설화를
바탕으로 새로운 작품을 재창조해 내는 경우이다. 일연의 찬(讚)이나 노승

의 호승 설화가 여기에 해당된다. 구전설화 가운데 변이유형은 생산적 수용의 결과라 할 수 있다.

연행현장인 이야기판의 상황 및 이야기꾼의 성격에 따라 설화는 제각기 다르게 연행된다. 그러나 설화의 작품과 연행상황을 자세하게 관련지워 분석해 보면 일정한 질서가 있다. 어떤 경우는 연행법칙으로 규정할 수 있는 체계도 보인다. 논의의 결과를 요약해 본다.

첫째, 한 이야기판에서 연행된 설화의 목록은 자연스러운 상태의 경우 계기적인 질서가 있다. 앞에서 연행된 설화의 목록이 다음의 연행목록에 영향을 주기 때문이다. 따라서 연행목록은 이야기꾼의 계기적인 연상력에 근거하고 있으므로 개연성을 지닐 수밖에 없다. 그러므로 이야기판에 참여한 연행공동체, 또는 이야기꾼 개인의 설화 보유목록은 무질서하지만, 연행목록은 상당히 체계적이게 되는 것이다.

둘째, 이야기꾼은 일정한 성향의 설화를 특히 중점적으로 연행하는 경우가 있다. 연행목록의 영향도 받지만 설화에 대한 개인적인 인식에 의해 스스로 연행목록을 선택하는 것이다. 설화를 사기로 인식하는 사람은 역사적 사실 중심의 이야기를 한다면, 설법으로 인식하는 사람은 불교적인 이야기를 하고, 문학으로 인식하는 사람은 허구적인 이야기를 주로 한다. 사기로 인식하는 이는 정확성을 강조하고 설법으로 인식하는 이는 부처와 스님의 신이한 능력을 강조하며, 문학으로 인식하는 이는 이야기의 흥미를 중시한다. 이야기꾼의 개인적 의식이나 기대가 이야기에 투사되어 있기 때문이다.

셋째, 같은 설화가 거듭 연행되는 경우에는 이야기꾼 사이에 일종의 다툼이 일어난다. 이런 현상을 두고 전설은 다투면서 연행되는 이야기라고 규정하는 것은 피상적인 인식이다. 이 다툼을 통해서 이루어지는 것은 연행상의 오류와 이야기꾼의 왜곡을 바로잡아주는 수정·보완작업이다. 청중은 이야기꾼의 자의적인 왜곡이나 착각에 의한 오류를 집단적 전승력에 의해 교정하는 기회를 갖기 위해, 이야기꾼으로 나서 다시 구연하는 것이다. 그러므로 설화는 구연되는 까닭에 기록전승과 달리 연행현장에서 자가교정력을 지니게 되는 것이다.

넷째, 이야기를 하는 태도에 따라 전달자적 이야기꾼, 전지자적 이야기꾼, 경험자적 이야기꾼이 있다. 소설기술론적 측면에서 보면, 삼인칭 작가 관찰자적 서술, 전지적 작가 서술, 일인칭 서술에 해당된다. 이러한 연행 방식에 따라 화법(話法)도 다르다. 사적의 유래를 설명하는 식으로 이야기 하는 이야기꾼은 전달자적 입장을 유지하면서 주로 간접화법을 통해 이야기한다. 스스로 겪은 일처럼 이야기하는 이야기꾼은 경험담을 털어놓듯 직접화법으로 이야기한다.

다섯째, 구연능력이 뛰어난 이야기꾼은 원유형에 가까운 이야기를 풍부하게 연행하고 전승현장의 상황을 어느 정도 뛰어넘어 개성있는 이야기를 연행한다. 기억력과 창조력이 함께 뛰어난 까닭이다. 창조력이 뛰어나고 주제의식이 강한 이야기꾼은 독창적인 변이유형을 생산한다. 구연능력이 떨어지는 이야기꾼은 일종의 의무감에서 이야기를 하며, 단편적인 유래담을 주로 연행한다. 민담을 구연하는 경우에는 구조적 파탄을 일으켜 이야기답지 않게 연행되기 일쑤이다. 다른 설화의 삽화들이 섞여들어 혼란을 겪기도 한다.

여섯째, 이야기꾼의 논쟁적 연행은 두 가지 양상으로 나타난다. 이야기를 통해서 표현하고자 하는 의식이 다른 경우에는 구연목록이 대립적이다. 이 경우에는 직접적인 논쟁이 표면화되지 않는 것이 일반적이다. 이야기의 틀린 부분을 교정하고 빠뜨린 부분을 보완하고자 하는 경우에는 작품 자체가 논쟁적이다. 이때에는 앞의 이야기가 잘못되었음을 직접 지적하며 청중 노릇을 하던 이야기꾼이 이야기를 다시 하겠다고 나선다. 다시 연행되는 이야기는 앞의 이야기에서 잘못되었거나 빠뜨린 부분을 특히 강조해서 거듭 구연하는 경향이 있다.

일곱째, 이야기꾼의 성격과 처지에 따라, 이야기판에 이야기꾼으로 나서는 경향이 다르다. 신분과 지체를 중요시하는 이야기꾼은 이야기판에 얼른 나서지 않는다. 다른 사람의 연행을 지적하고 보완하는 이야기를 하다가 마침내 자기의식을 드러내는 이야기를 본격적으로 한다. 그러나 고장과 가문에 얽힌 이야기를 할 때에는 사정이 바뀐다. 자신의 지체를 옹호하고 유식함을 과시하는 데에는 적극적이다. 한편 구연능력이 뛰어나지만 이야기판의 뒷전으로 밀리는 이야기꾼도 있다. 나이가 젊거나 지체가 높지 못한 사람들이 이런 경향을 보인다. 그러나 이야기판이 무르익게 되면 구연능력이 떨어지는 좌장들은 물러나고 우수한 이야기꾼이 이야기판의 새로운 좌장 구실을 하게 된다.

제9장 결   론

1. 현장론적 분석모형의 수립

　지금까지, 가설에 따라 설정된 분석층위와 분석항목에 근거하여, 이론적
인 검토와 함께 설화의 작품을 구체적으로 분석함으로써, 현장론적 연구에
서 제기된 문제들을 새로운 시각에서 체계적으로 해명해 왔다. 그러나 설
정된 분석항목이 문제의 초점에 따라 제각기 작품에 적용되고 검증되었으
므로, 현장론적 연구의 이론적인 체계가 총체적인 분석모형으로 정리되지
못했다. 그러므로 여기서는 계속해서 논의된 현장론적 방법론의 분석모형
을 총체적으로 체계화시키고, 각 분석층위와 항목에 의해 논의된 결과를
종합적으로 정리함으로써, 이 연구의 성과를 일괄하고자 한다.
　현장론적 분석모형은 작품 자체의 분석에 한정되어서는 그 의의를 주장
하기 어렵다. 유형차원과 각편차원의 변이양상 및 통시적 전승에 따른 역
사적 검토가 가능해야 한다. 그리고 사회적 측면에서 설화의 전승현장과
작품의 생성·전승·변이의 관계도 밝힐 수 있어야 한다. 좀더 구체적으로
는 이야기꾼과 청중의 관계 속에서 설화의 연행이 어떻게 이루어지는가 하
는 문제도 연행현장의 상황과 더불어 세부적으로 해명될 수 있어야 한다.
따라서 현장론적 분석모형은 작품 자체의 분석체계이면서, 작품의 전승과
연행에 영향을 미치는 현장상황과의 관계도 유기적으로 해명하는 분석체계
여야 한다. 그러므로 설화의 층위에 따른 분석항목들은 작품의 내용을 구
성하는 부분이어야 할 뿐 아니라 작품의 전승과 연행에 일정하게 작용하는
ㅡ   ㄷ서도 문제되어야 한다. 이런 문제의식에 입각해서 논의한 결과,
          석층위와 분석항목이 현장론적 연구에서 제기되는 여러
              로 해명해 주는 분석모형임을 확인할 수 있었다. 그러므

로 이 연구의 가장 구체적인 성과인 현장론적 분석모형과 그 논의과정을
아래에 집약적으로 정리한다.

먼저 분석층위를 고려한 다음 분석항목을 설정하는 순서로 논의를 진행
시켰다. 다른 연구와 달리 현장론적 연구에서 특히 분석층위가 문제되는
것은 이른바 총체적 접근에 따른 현장상황의 변이들이 실제 작품과 평면적
인 관계에 있는 것이 아니라 입체적인 관계에 있기 때문이다. 다양하게 존
재하는 각 변수들은 서로 다른 층위에서 설화의 전승 및 연행에 영향을 미
치고 있으므로, 분석의 층위가 마땅히 고려되어야 한다.

현장상황과 설화의 관계가 유기적으로 분석되어야 하므로, 분석층위도
함께 설정될 필요가 있다. 먼저 현장상황의 층위를 보면, 현장상황은 설화
가 직접 연행되는 이야기판의 상황과, 이야기판을 둘러싸고 있는 지역공동
체의 상황으로 그 층위가 둘로 존재한다. 이야기판이 설화의 연행현장이라
면, 지역공동체는 설화의 전승현장이다. 연행현장은 사회적으로 형성된 가
변적 일시적 공간인 데 비해, 전승현장은 역사적으로 형성된 전통적 지속
적 공간이다.

설화의 분석층위도 현장상황의 분석층위에 입각해 있다. 설화는 구체적
인 작품으로 실현된 각편과, 이 각편에 의해 추상적으로 전승되는 유형이
있다.[1] 유형은 전승현장을 기반으로 하여 역사적으로 지속되는 것이라면,
각편은 연행현장에서 일시적으로 생산되는 것이다. 그러므로 분석층위는
설화의 유형과 전승현장, 설화의 각편과 연행현장의 두 층위로 설정될 수
있다.

그러나 실제로 존재하는 설화의 작품은 이렇게 단순하지는 않다. 전승현
장과 연행현장도 저마다 다르며, 설화의 유형과 각편도 서로 다르게 전승
되고 연행되기 때문이다. 따라서 전승현장과 연행현장에 따라 유형차원과
각편차원의 변이를 일으키게 된다. 설화는 이러한 변이에 따라 유형차원에

---

1) 이를 역으로 말하면, 추상적으로 전승되는 유형에 의해 구체적인 각편이 연행된다
고 할 수 있다. 설화의 존재양식을 전승과 연행으로 구분하거나 작품상의 층위를 유
형과 각편으로 구분하는 것은, 이들 개념을 독립적인 관계에서 분석적으로 해체시
키려는 것이 아니라, 상호 변증법적인 관계에서 유기적으로 해명하기 위한 것이다.

서는 원유형과 변이유형, 각편차원에서는 기본형과 변이형으로 존재하게
된다. 그러나 원유형과 변이유형은 유형에 귀속되고, 기본형과 변이형은
각편에 귀속되는 관계에 있으며, 각편 역시 원유형 또는 변이유형에 귀속
되는 관계에 있다. 그러므로 설화의 분석층위는 아래와 같이 설정된다.

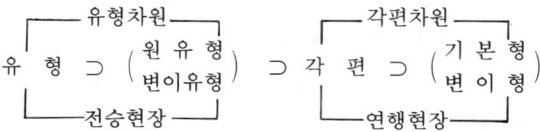

 설화의 분석층위가 마련됨에 따라 분석항목도 설정되어야 한다. 분석항
목은 유형차원과 각편차원의 동질성과 이질성을 함께 분석할 수 있는 체계
를 지녀야 한다. 따라서 설화의 구체적인 내용을 분석할 수 있는 항목이면
서 현장상황에 의해 설화의 전승과 연행에 일정한 기능을 발휘하는 항목이
어야 한다. 그러므로 설화의 내용을 이루는 최소 단위인 화소를 작품 속에
서 기능하는 구실에 따라 범주화하면 새로운 분석항목이 될 수 있다.
 화소는 설화의 줄거리를 이루는 한 단위요소라는 점에서 일치하지만, 작
품의 생성·전승·변이에 작용하는 기능은 제각기 다르다. 그리고 화소의
이러한 기능은 설화의 분석층위에 따라 일정하게 작용된다.
 원형화소는 유형화소에 종속되지 않으면서 설화의 각편들을 유형차원에
서 동질성을 지니게 한다. 종속화소는 유형화소의 제약을 받으며 유형차원
의 이질성을 지니도록 한다. 따라서 원형화소는 해당 유형의 모든 설화에
나타나지만, 종속화소는 변이유형에만 한정적으로 나타난다. 따라서 종속
화소는 유형화소와 함께 변이유형의 개성을 부각시키면서 각편차원의 동질
성을 확보해 준다.
 변이화소는 종속화소 가운데에서 해당 변이유형에 일관되게 나타나지 않
는 화소이다. 자의적인 변형·생성·탈락이 가능하다. 따라서 구체적인 변
이양상에 따라 변형화소·생성화소·탈락화소로 구별된다. 변이화소가 변
이하는 데에도 일정한 질서가 있다. 즉 전승력을 상실해서 탈락되는 경우
에도 변형을 통해 불안정성을 보이다가 마침내 탈락되는 것이다. 그리고

이러한 변이현상도 작품 자체의 유기성과, 작품 외적 상황의 변화에 따라 나타난다.

각 화소들은 작품의 서로 다른 충위에서 제각기 다른 기능을 한다. 유형화소와 변이화소는 각기 유형차원과 각편차원에서 변이유형 및 변이형을 생성하고 판별하는 기능을 한다면, 원형화소와 종속화소는 각기 유형차원과 각편차원에서 동질성을 확보해 주는 기능을 하는 것이다. 따라서 이들 네 화소는 작품의 두 충위에서 동질성과 이질성을 함께 지니도록 함으로써, 설화가 변화하는 가운데 지속성을 지니며 전승되도록 하는 것이다. 그러나 화소체계는 개별적인 기능을 독자적으로 발휘하는 것은 아니다. 각 화소는 제각기 고유한 기능이 있으나 상호 유기적인 관련 속에서 작품을 생성·전승·변이시키는 것이다. 그것은 화소가 작품의 서사적 구조를 이루는 유기적인 전체의 한 부분이기 때문이다.

또한 각 화소들은 작품 외적 변수들과 일정한 관련을 맺고 있다. 즉 현장상황의 문제들을 검토하는 분석단위 구실을 하는 것이다. 변이화소는 연행현장에서 이야기꾼의 연행과 청중의 수용에 따라 쉽게 바뀔 수 있는 부분이다. 유형화소와 종속화소는 전승현장의 문화적 생태적 환경에 의해 생성되고 전승된다. 전승공동체의 집단의식에 의해 전승되고 변이되는 화소가 유형차원의 변이를 가능하게 하는 화소들인 것이다. 원형화소는 전승현장의 상황에 거의 영향을 받지 않는 설화의 근간이다. 전승현장을 두루 포괄하는 좀더 광범위한 전승지역과 관련되어 있다. 원형화소는 구체적인 전승공동체를 두루 포함하는 민족공동체의 집단의식에 의해 생성·전승되는 것이다. 그러므로 화소체계는 설화의 작품 자체를 충위별 문제에 따라 분석할 수 있는 항목을 제공하며, 작품 외적 상황의 변수에 따라 현장론적 분석의 항목도 제공하는 것이다. 이에 따라 화소체계를 범주화하면 다음과 같다.

유형화소 : 유형차원에서 이야기를 생성하고 사건의 전개를 가능하게 하는 원동력 구실을 하면서 전승현장에 따라 유형차원의 변이를 일으키는 화소이다. 유형화소는 설화의 가장 핵심적 화소이면서 변이유형과 1 대 1의 대응을 이루고 있어, 유형차원의 변이를 결정하고 주제를 표출해 준다.

　원형화소 : 유형차원에서 이야기 생성과 사건전개의 근간을 이루되, 전승 현장과 상관없이 해당 유형의 설화들을 유형차원에서 동질성을 지니도록 하므로 유형의 구심점이 되는 화소이다. 유형화소의 변이를 초월하여 모든 변이유형에 일관되게 나타나므로 원형의 본디 모습을 그대로 유지하고 있다. 따라서 유형화소와 함께 원형화소의 서사적 합성은 설화의 심층구조를 이룬다.

　종속화소 : 유형화소에 종속되어 구체적으로 이야기의 줄거리를 합성하고 사건의 전개에 통일성을 유지하게 하는 구실을 하며 각편차원에서 동질성을 유지하는 화소이다. 연행현장에 상관없이 해당 변이유형에 한해서 일관되게 나타나므로 변이유형의 개성을 지니도록 한다.

　변이화소 : 종속화소와 달리 그때마다 자유롭게 나타나는 화소로서 연행현장에 따라 생성·변형·탈락에 의해 각편차원에서 변이형을 생산하는 화소이다. 다른 화소와 유기적인 관련을 맺고 있지 않으므로 가변성이 가장 크다.

　화소를 위와 같이 범주화함으로써 분석층위와 분석항목이 유기적인 관계 속에서 설정되었다. 이들 분석항목을 통해서 작품 자체의 분석도 유형차원과 각편차원에서 가능하게 되고, 설화의 전승과 연행에 따른 변이양상도 현장상황의 층위에 따라 논의할 수 있게 되었다. 분석층위와 분석항목의 관계를 체계화하면 설화의 현장론적 분석모형이 된다.

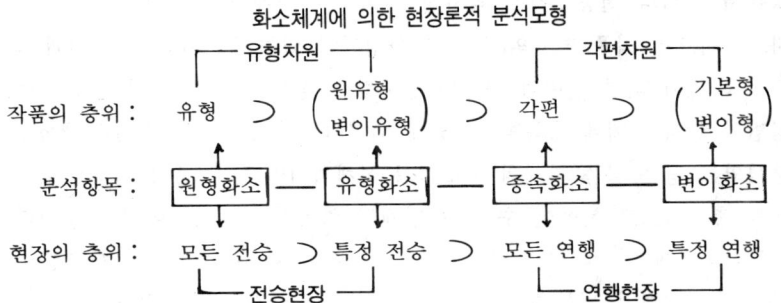

화소체계에 의한 현장론적 분석모형

　현장상황의 문제들과 작품의 관계를 분석해 보면, 위의 분석처럼 화소체계와 분석의 문제들이 정확하게 대응하는 것은 아니다. 현장상황이 특별

316

한 경우에는 사정이 달라질 수 있기 때문이다. 논리적인 체계는 정연하지만 실제 나타나는 현상은 다양한 것이다. 이를테면 창작력이 뛰어나고 주제의식이 강한 이야기꾼이 특별한 이야기판을 차렸을 때에는 변이화소에 의한 각편차원의 변이형을 생산하는 데 만족하지 않고, 변이유형을 생산하는 비약을 하기도 하는 것이다. 따라서 분석항목과 현장상황, 화소작품의 관계가 '유형화소 : 특정 전승현장 : 변이유형' 또는 '변이화소 : 특정 연행현장 : 변이형'과 같이 고정적으로 대응된다는 데 집착해서는 안된다. 상황은 가변적이므로 분석의 체계도 융통성 있게 적용할 필요가 있다.

논의의 과정에서, 앞의 분석모형에 따른 분석항목 외에 한층 세부적인 분석항목이 별도로 설정되기도 했다. 유형화소의 변이체계를 밝히기 위해서 화소를 이루는 하위 분석항목인 '요소'로 다시 분석할 필요가 있었기 때문이다. '요소'의 변이도 구체적으로 검토하기 위해 그 '속성'이 문제되어야 했다. 그러므로 화소가 이야기를 분석하고 합성하는 최소 단위의 분석항목은 아니다. 좀더 면밀한 분석을 위해서는 '요소' 또는 '속성'이 분석항목으로 설정될 필요가 있는 것이다.

이상의 논의로써, 우리는 설화의 생성·전승·변이에 따른 여러 가지 분석항목들을 일정한 층위와 체계 속에서 설정할 수 있었다. 이들 분석항목을 통해서 현장에서 가변적으로 전승되고 연행되는 설화의 생생한 모습을 작품 자체로서 해명할 수 있게 됨은 물론, 현장상황의 변수들과 상호 관계 속에서 설화의 전승법칙을 역사적 사회적 맥락에서 해명할 수 있게 되었다. 그러므로 작품 자체의 분석에 한정되어 있는 구조주의적 방법과 작품 외적 상황에 의한 가변적 특성만 문제삼는 상황론적 방법 및 연행 중심적 방법의 한계를 함께 극복할 수 있게 되었다. 이 연구에서 수립된 현장론적 분석의 모형은 작품 자체의 구조적 분석체계이면서, 작품과 현장상황의 관계를 총체적으로 분석할 수 있는 입체적 역동적 분석체계이기 때문이다.

분석모형에 입각해서 역사적인 검토를 한 결과, 문화사의 전개과정에 따라 축소지향적인 퇴화론적 전승의 설화와, 확대지향적인 발전론적 전승의 설화가 있었다. 상대적으로 변화지향적인 변동론적 전승의 설화도 상정할 수 있었다. 전설의 내용은 지배층 중심의 역사적 사실에서 민중 중심의 현실적 문제를 허구적으로 표현하는 방향으로 변이되면서 전승되고 있었다.

설화의 전승과 유형차원의 변이는 전승현장과 관련되어 있다. 설화의 전승력은 발생지역과의 관계보다 전승지역의 증거물과 더 깊은 관련을 맺고 있다. 따라서 발생지역과의 지리적 거리와 상관없이 이야기와 관련된 증거물이나 생태학적 환경에 의해 전승력을 획득하게 된다. 유형차원의 변이도 마찬가지이다. 그러므로 역사지리학적 관점보다 문화적 생태학적 관점에서 설화의 전승과 변이를 논의할 필요가 있다.

각편차원의 변이는 연행현장에서 이루어진다. 연행목록은 일정한 체계를 이루고 있으며, 이야기꾼의 의식 및 청중의 반응에 따라 연행양상이 달라진다. 이야기의 화법이 달라지는가 하면, 이야기꾼과 청중 사이에 논쟁이 일어나기도 한다. 청중에 의해 같은 이야기의 중복 연행으로 직접적인 논쟁이 빚어지기도 하지만, 이러한 논쟁을 통해서 이야기꾼의 오류가 교정되기도 한다. 설화는 구비전승되는 탓에 이야기꾼 개인에 의해 일방적으로 왜곡되는 것을 막아주는 자가교정력을 갖추고 있는 것이다.

현장론적 시각에서 보면 문헌설화도 전승과정에서 다각적으로 변이된다. 수록자와 문헌의 성격에 따라 의도적으로 자료를 변이시키기 때문이다. 문헌전승의 변이양상은 두 가지로 나타난다. 문헌을 전거로 한 경우에는 설화를 변이시키지 않고 다른 기술물을 통해서 수록자의 주관적 견해를 각기 드러내는데, 구전자료를 수록한 경우에는 설화 자체를 자유롭게 변이시켜 기록하고 있다. 그러므로 문헌설화도 현장론적인 관점에서 다룰 필요가 있다.

2. 요약 및 마무리

설화연구의 방향은 설화가 구전되는 현장에서 제기된 총체적 인식에 따라 크게 달라졌다. 작품 자체의 분석을 중요시하던 '구조주의적 연구'에서 작품을 연행하는 과정과 이야기꾼 및 청중을 함께 주목해야 한다는 '연행중심적 방법' 및 작품이 전승되는 지역사회의 여러 상황을 함께 고려해야 한다는 '상황론적 방법'으로 나아가고 있다. 이들 연구방법은 설화연구의 바람직한 방향을 제시하긴 했지만 이론적인 분석모형을 수립하는 데까지 이르지는 못했다. 따라서 설화연구의 논리적 체계를 확보한 이론으로 평가 받지 못하고 있다. 그러므로 이 연구는 연행 중심적 방법과 상황론적 방법 을 포괄하는 '현장론적 연구'의 방법론적 체계를 세우고자 이론적인 분석 모형을 수립하는 데 목적을 두고 있다.

이 연구는 설화연구의 현장론적 분석모형을 마련하고자, 이론적인 검토 를 통한 방법론을 모색하고 작품분석에 의한 실증적인 연구를 함께 시도하 게 되었다. 방법론의 수립은 '연행 중심적 방법'과 '상황론적 방법'의 관 점을 합일시키는 가운데 설화가 실제로 살아 존재하는 현장상황을 고려하 여, 설화의 문학적 사회적 역사적 연구를 포괄할 수 있는 분석의 모형을 화소체계에 의해 설정함으로써 현장론적 방법에 의한 설화의 이론적 연구 를 가능하게 했다. 실증적 연구는 이론적인 논의에서 마련된 분석모형에 입각해서 김현감호 설화와 호국룡 설화의 다양한 각편들을 총체적인 시각 에서 층위별 분석항목에 따라 분석하는 작업을 수행했다. 이 작업을 통해 서 현장론적 분석모형의 방법론적 타당성을 검증하고 연역적 추론의 한계 를 자료의 실상에 맞게 귀납적으로 보완하는 기회를 가졌다. 그 결과 설화 작품의 구조와 의미를 유형과 각편의 층위에 따라서 제각기 밝힐 수 있는 작품론에 이를 수 있었다. 우선 현장론적 분석모형의 수립과정과 성과부터 간추려본다.

현장론적 연구는 설화의 연행현장, 전승현장의 상황들을 고려하면서 설 화의 생성·전승·변이 문제를 문학적 사회적 역사적 분석을 통해 총체적 으로 해명해야 하므로, 분석항목이나 분석모형이 평면적으로 설정될 수 없 다. 설화의 작품은 전승에 의한 유형과 연행에 의한 각편의 두 층위로 존 재하며, 현장상황 역시 전승현장과 연행현장의 두 층위로 나뉘어 있다. 그 러므로 설화의 변이도 전승과 연행의 현장에서 이원적으로 일어난다. 전승 과정에서 일어나는 유형차원의 변이는 원유형과 변이유형으로 작품의 유형 이 바뀐다면, 연행과정에서 이루어지는 각편차원의 변이는 기본형과 변이 형으로 유형 안에서 작품의 형태만 바뀐다.

유형과 각편, 또는 변이유형과 변이형, 전승현장과 연행현장 등의 관계는 독립적으로 분리되어 있는 것이 아니라, 구체적인 작품인 각편에 수렴되어 있는 상호 변증법적인 관계에 있는 것이다. 변이화소에 의한 각편차원의 변이가 계속 양적으로 축적되어서 마침내 유형화소에 의한 유형차원의 질적 변이가 일어나는 것이다. 따라서 작품의 층위별 분석항목은 각편을 통해서 모색되어야 한다. 각편의 내용을 이루는 최소의 분석단위를 일반적으로 화소라 한다. 화소는 설화를 이루는 한 요소라는 점에서 서로 같은 개념이지만, 작품 속에서 기능하는 구실은 제각기 다르다. 즉, 설화작품이 생성·전승·변이에 독자적인 기능을 발휘하는 것이다. 그러므로 설화의 각 층위에 작용하는 화소의 기능에 따라 현장론적 연구의 분석항목으로서 다음과 같은 화소체계를 새로 설정할 수 있다.

유형화소 : 이야기를 전개하는 원동력이 되는 화소이면서 유형차원의 변이를 결정하는 화소이다. 전승현장과 밀접한 관련성을 지니며 유형화소의 차이에 의해 변이유형을 생산한다.

원형화소 : 이야기의 근간을 이루는 화소로서 해당 유형의 모든 각편에 두루 나타난다. 전승현장과 상관없이 원형을 유지하며 유형차원의 동질성을 지니게 한다. 그러므로 설화의 본디 모습을 가장 잘 유지하고 있는 화소이다.

종속화소 : 유형화소에 엄격히 종속되어 있으며 해당 변이유형에 두루 나타난다. 연행현장과 상관없이 각편차원의 동질성을 유지한다. 변이유형의 독자적 개성을 확보해 준다.

변이화소 : 유형화소에 종속되지 않은 채 연행현장에 따라 자유롭게 변이된다. 변이화소의 유무동이(有無同異)에 따라 각편차원의 변이형이 생긴다. 이야기꾼의 재량과 연행상황에 따라 생성·변형·탈락된다.

이러한 화소체계는 작품 자체의 분석은 물론, 설화의 전승과 연행에 따른 유형과 각편차원의 변이양상을 현장상황의 층위에 따라 분석할 수 있는 입체적 분석항목이 될 수 있다. 이를 체계화하면 다음과 같은 분석모형이 된다.

다음의 분석모형을 화소체계에 의한 현장론적 분석모형이라 할 수 있다. 이 모형에 따라 김현감호 설화와 호국룡 설화의 각편을 검토했다. 검토 및 적용과정에서 좀더 세부적인 분석항목이 필요했다. 특히 유형화소의 변이체계를 분석하는 경우에 화소를 이루는 '요소'와 요소의 '속성'이 문제되었다. 그러므로 더 미세한 분석의 경우에는 화소체계에 의한 분석항목 외에 더 작은 단위의 분석항목이 필요한 셈이다. 분석결과를 요약 정리하는 것으로 마무리짓고자 한다.

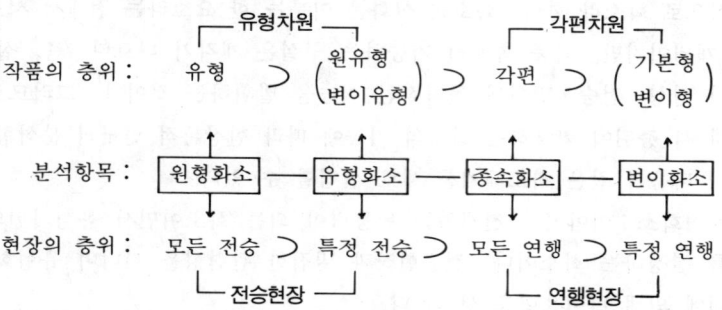

첫째, 현장론적 분석모형을 체계화함으로써 현장론적 방법에 의한 설화의 이론적인 연구가 가능하게 되었다. 이 분석모형은 설화의 존재양식과 현장상황의 각 층위를 상호 관계 속에서 파악하고, 이들 층위와 설화작품과의 관계를 화소체계에 의해 분석할 수 있는 총체적 연구의 길을 연 것이므로, 화소체계에 의한 현장론적 분석모형이라고 할 수 있다.

둘째, 분석모형을 수립하는 과정에서, 설화의 존재양식은 전승과 연행에 따라 유형과 각편의 두 차원으로 존재함을 알 수 있었고, 이러한 전승과 연행을 가능하게 하는 현장상황 역시 전승현장과 연행현장으로 나뉘어 있음을 알 수 있었다. 따라서 전승과 연행의 존재양식, 유형과 각편의 작품, 전승현장과 연행현장의 상황이 제각기 유기적으로 대응하고 있는 가운데, 설화는 구체적인 작품으로 생성·전승·변이되는 것이다. 그러므로 전승현장에 따라 전승이 달라지면 유형차원의 변이가 일어나고, 연행현장에 따라 연행이 달라지면 각편차원의 변이가 일어나는 것이다.

셋째, 전승과 연행, 유형과 각편, 전승현장과 연행현장으로 구분되는 각 분석층위의 이원성은 독립적으로 분리되어 있는 것이 아니라, 상호 변증법적 관계에서 유기적으로 통일되어 있는 것이다. 연행 없는 전승이 존재할 수 없는 것처럼, 전승이 전제되지 않은 연행도 존재할 수 없다. 유형과 각 편 및 전승현장과 연행현장의 관계도 마찬가지이다. 따라서 각 층위별 분석내용은 구체적인 작품에 모두 수렴되어 있다. 그러므로 분석항목은 구체적인 작품인 각편에서 추출되어야 하고, 분석층위의 문제들도 각편을 통해서 분석되어야 한다.

넷째, 각편의 서사적 합성을 ·이루고 있는 화소는 제각기 분석층위에 일정한 관련성을 지니고 있으면서, 설화의 전승과 변이에 독자적인 기능을 발휘하고 있다. 이러한 화소의 기능에 따라 전승 및 유형차원에서 작용하는 원형화소와 유형화소, 연행 및 각편차원에서 작용하는 종속화소와 변이화소를 설정할 수 있었다. 원형화소와 종속화소는 각 층위에서 동질성을 확보해 주고, 유형화소와 변이화소는 각 층위에서 이질성을 획득해 준다. 특히 변이화소는 그 양상에 따라 생성화소·변형화소·탈락화소로 다시 변별되며 이들 화소의 지속성 여부에 의해 설화의 생존사(生存史)를 파악할 수 있었다.

다섯째, 화소체계에 의해 화소의 기능이 분석층위에 따라 분명해짐으로써 설화의 현장론적 분석모형을 수립할 수 있었고, 이에 따라 설화 자체의 형성, 전승원리 및 작품의 외적 변수와의 관계 등이 일정한 맥락 속에서 체계적으로 논의될 수 있었다. 종래 막연하게 규정되던 규범형과 변이형을 화소체계에 의해 유형차원과 각편차원으로 나누어서 원유형과 변이유형, 기본형과 변이형으로 명쾌하게 규정할 수 있게 되었다. 그리고 유형 및 각편차원의 변이원인을 현장상황과 관련지워 논의할 수 있는 분석항목이 마련되었다.

여섯째, 문헌전승도 구비전승과 마찬가지로 가변적으로 전승된다. 문헌전승 역시 이야기꾼의 세계관 및 문헌의 성격에 의해 일정한 방향으로 변이되기 때문이다. 전승양식은 참고한 전거에 따라 다르다. 문헌을 전거로 한 경우에 설화는 그대로 수록하되 부가적인 기술물을 통해서 설화의 의미를 가변적으로 전달하고, 구비자료를 전거로 한 경우에 설화 자체를 변이시켜 수록한다.

일곱째, 설화의 통시적 전승은 설화의 생존사를 인식하는 시각에서, 발전론적 전승과정에 있는 것과 퇴화론적 전승과정에 있는 것, 변동론적 전승과정에 있는 것 등으로 구분할 수 있다. 이에 따라 확대지향적인 변이형, 축소지향적인 변이형, 변화지향적인 변이형이 나타난다. 그러므로 설화는 전승되면서 퇴화된다든가 발전된다는 일반론은 단선적인 이해일 수밖에 없다. 전승의 방향은 문화사적 전개 및 문학사적 전개방향과 일치하며, 일반적으로 지배층 중심의 과거사실 전달에서, 민중적 삶의 현실문제와 관련하여 민중의식을 반영하는 방향으로 변이되면서 전승되고 있다.

여덟째, 전승현장의 상황과 설화의 전승양상을 검토한 결과, 원형의 설화는 발생지역보다 증거물과 더 깊게 관련되어 전승되고 있음을 확인했다. 이런 현상은 증거물의 흡인력에 의해 획득된 전설적 전승력이라 할 수 있다. 전파과정의 변이도 역사적 지리적 거리보다 문화적 생태학적 거리에 더 강한 영향을 받고 있다. 이처럼 설화는 발생지역보다 전승지역의 상황에 더 큰 영향을 받으므로, 역사지리학적 관점보다 문화적 생태학적 관점에서 설화의 분포 및 전승의 문제가 해명되어야 바람직한 논의에 이를 수 있다.

아홉째, 연행현장의 상황과 설화의 연행양상을 관련성 속에 고찰해 보면, 연행목록은 연행공동체의 설화 보유목록과 달리 일정한 체계를 지니고 있으며, 이야기꾼의 의식에 따라 일정한 성향의 설화를 중점적으로 구연하고 이야기의 화법도 일정한 경향을 지니고 있음을 알 수 있다. 그리고 연행과정에서 청중의 개입에 의해, 이야기꾼의 왜곡 또는 연행상의 오류가 자연스럽게 교정되며, 연행상황에서의 논쟁은 연행목록에 의한 간접적 논쟁과, 동일 목록의 중복연행에 의한 직접적 논쟁으로 구분된다. 이야기꾼의 구연능력과 좌중에서 인정되는 지체에 따라 이야기판에서의 역할과 구연에 참여하는 계기 및 적극성이 다르고, 청중의 성격과 반응에 의해 설화의 연행이 직접적인 영향을 받기도 한다.

이 연구는 제한된 유형의 설화만을 대상으로 현장론적 분석의 틀을 마련한 것이다. 따라서 이 분석의 틀을 일반화하기 위해서 설화의 자료를 확대하면서 계속적인 검증작업이 뒤따라야 한다. 그리고 문헌자료가 없는 유형의 설화나, 전설이 아니어서 설화의 발생시기와 발생지를 추론할 수 없는 경우에, 전승에 따른 역사적 검토나 전파에 따른 확산의 과정을 체계적으로 연구할 수 있는 길도 더 따져봐야 할 과제이다.

현장론적 연구는 전승현장과 연행현장의 다양한 상황을 체계적으로 범주화하고, 그에 따른 현장상황의 성격과 설화의 전승관계를 면밀하게 검토하는 방향으로 계속 나아가야 한다. 그래야 전승법칙과 연행법칙을 현장론적 관점에서 타당성있게 추론할 수 있고, 전승원리와 연행원리로 밝혀낼 수 있다. 이 연구는 설화의 작품을 중심으로 한 연구이므로 해당 설화와 관련된 전승현장과 연행현장만 한정적으로 논의되었다. 그러므로 전승현장 중심의 연구와 연행현장 중심의 연구가 별도로 이루어져야 할 필요가 있다. 이야기꾼 중심의 연구도 연행현장에서 분리시켜 독자적인 연구가 이루어져야 할 것이다. 이들 연구는, 여기서 이루어진 작품 중심의 현장론적 연구를 시작으로 하여 계속되는 다음 작업으로 이어져야 할 연구자의 과제로 남겨둔다.

The Field-Contextual Study on
the Folk Narrative

The direction of the study on the folk narrative differs widely according to the holistic recognition raised up in the field-context where it spreads by orals. The study of the folk narrative has been made progress from the structuralist approach setting great importance on analyzing the text, to the performance-centered approach, noticing the course of performance, the informant and the audience, and the contextual method, considering various situations of its community handing down the works. These approaches provided, the direction of the folk narrative study, having not established the theoretical analisis-model. Therefore each method is not valued on the objective theory. The purpose of this study is to formulate the analytical model for the methodological system of the field-contextual study including the performance-centered approach and the contextual method.

In the field-contextual study, the analytical item or model can not be established on a level because the composition, the tradition, and the variation of the folk narrative ought to be interpreted on the whole after considering the performing and the traditional field through cultural, social, and historical analysis. There are two dimensions of the type by

tradition and the version by the performance in the work of folk narra-
tive; the field-context is divided into two dimensions by the performing
field and the traditional one as well. Therefore the folk narrative brings
on the variation dually in the process of the tradition and the perform-
ance. On the occasion of the typical dimension appeared in the process
of the tradition, the type of the work is changed in the arche-type and
the allo-type; only form of the work is changed itself in the case of
variation of the version in performing.

Each relation of the type and the version, the allo-type and the
variant, the traditional field and the performing one is not independently
separaed. They have mutual dialectic relation converged in the version.
Therefore we have to be look after each dimensional analytical item of
the work through the version. The minimal analytical unit of each ver-
sion's contents is generally called a motif. While motif is the same no-
tion in the view of only one element made of version's contents, each
function in the work is different, that is, it does function well in the
composition, the tradition, and the variation of the folk narrative. We
can then reestablish the following motif system in the analytical item of
the field-contextual study according to the function of the motif oper-
ated each dimension of the folk narrative.

(1) The typical motif is generative motif in unfolding the story, deter-
mining the variation of the type. It is closely connected with the tradi-
tional field and produces the allo-type.

(2) The arche-motif consists of the basis of the story and is exten-
sively discovered in every version of its type. It maintains the archetype
and has the same quality of the types regardless of the traditional field.

(3) The dependent motif that maintains the same quality of the ver-
sion regardless of the performing field is strictly subordinated to the
typical motif, and is discovered in its allo-type thoroughly.

326

(4) The variant motif is not subordinated to the typical motif and is freely varied according to the performing field. The variant of version arises according to the presence of the variant motif.

This motif system can be three-dimensional analytical item. We can analyze not only the work but also the type with the tradition and the performance of the folk narrative, and the aspects of the variation according to the dimension in the performing field. The analytical models are as follows;

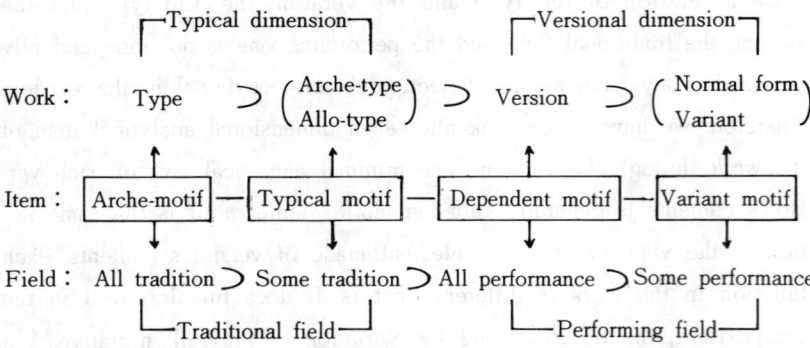

The above is an analytical model of field-contextual method by the motif system. Using each model, I go into the version of two folk narrative, 'Kim Hyun Gam Ho'(Kim Hyun impressed the tiger) and 'Ho Koong Rong'(The Dragon protected the country). On the way to the investigation and application, I need more analytical items in detail. Especially, the factor and the attribute of the factors of the motif are at issue in case of analyzing the variation system of the typical motif. While analyzing in detail, we need smaller analytical item than the analytical one by the motif system.

Upon the historical examination based on the analytical model, there are folk narratives of reduction-directed retrogressive tradition and extension-directed developmental tradition. We can relatively presented the folk narrative of the transform-directed changeable tradition. The contents of legend are varied and handed down from the historical facts of ruling class to folk reality expression fictionally.

The tradition of folk narrative and the variation of type are related to the traditional field. The traditional power of the folk narrative is deeply related to the evidence in the traditional area over the outbreaking one. Accordingly, the power of the tradition can be obtained due to the evidence related to story and the ecological environment in no relation to the out-breaking area and the geographical distance. The variation of the type is the same. Therefore we need to study the tradition and the variation of the folk narrative in the cultural and the ecological point of view rather than the view point of historic-geographic.

The version is varied in the performing field. The oral repertoire consists of the regular system; the oral style becomes changeable according to the informant's sense and the response of the audience. The speech of the story is changing, and there is a controversy between the informant and the audience too. Though the discussion is going on because of the audience's double performances, the informant's errors are revised through their discussion.

Judged from the view point of field-contextual method, literal folk narrative is varied versatilely in the process of the tradition because the text is changed by the editor and the contents of the classical books intentionally. I can find out two aspects of the variation in the literal tradition. First each editor states own objective opinion in the other reviews without changing the folk narrative in case of indicating the sources the classical books. Second in time of recording the oral text he writes down the folk narrative after changing it freely. Therefore, it is natural that literal folk narrative should be handled in the new point of field-context.

부록 1. 김현감호 설화 자료

문헌자료 1. 《三國遺事》卷五, 感通 第七

金現感虎

新羅俗. 每當仲春. 初八至十五日. 都人士女. 競遶興輪寺之殿塔爲福會. 元聖王代. 有郎君金現者. 夜深獨處不息. 有一處女念佛隨遶. 相感而目送之. 遶畢. 引入屛處通焉. 女將還. 現從之. 女辭拒而强隨之. 行至西山之麓. 入一茅店. 有老嫗問女曰. 附率者何人. 女陳其情. 嫗曰. 雖好事不如無也. 然遂事不可諫也. 且藏於密. 恐汝弟兄之惡也. 把郎而匿之奧. 小選有三虎. 咆哮而至. 作人語曰. 家有腥膻之氣. 療飢何幸. 嫗與女叱曰. 爾鼻之爽乎. 何言之狂. 時有天唱. 爾輩嗜害物命尤多. 宜誅一以徵惡. 三獸聞之. 皆有憂色. 女謂曰. 三兄若能遠避而自懲. 我能代受其罰. 皆喜俛首夎尾而遁去. 女入謂郎曰. 始吾耻君子之辱臨弊族. 故辭禁爾. 今旣無隱. 敢布腹心. 且賤妾之於郎君, 雖曰非類. 得陪一夕之歡. 義重結褵之好. 三兄之惡. 天旣厭之. 一家之殃. 予欲當之. 與其死於等閑人之手. 曷若伏於郎君刃下. 以報之德乎. 妾以明日入市爲害劇. 則國人無如我何. 大王必募以重爵而捉我矣. 君其無惬. 追我乎城北林中. 吾將待之. 現曰. 人交人, 彝倫之道. 異類而交, 蓋非常也. 旣得從容. 固多天幸. 何可忍賣於伉儷之死, 僥倖一世之爵祿乎. 女曰. 郎君無有此言. 今妾之壽夭, 蓋天命也. 亦吾願也. 郎君之慶也. 予族之福也. 國人之喜也. 一死而五利備. 其可違乎 但爲妾創寺. 講眞詮. 資勝報. 則郎君之惠莫大焉. 遂相泣而別. 次日果有猛虎. 入城中. 剽甚無敢當. 元聖王聞之. 申令曰. 戡虎者爵二級. 現詣闕奏曰. 小臣能之. 乃先賜爵以激之. 現持短兵入林中. 虎變爲娘子. 熙怡而笑曰. 昨夜共郎君繾綣之事. 惟君無忽. 今日被爪傷者. 皆塗興輪寺醬. 聆其寺之螺鉢聲. 則可治. 乃取現所佩刀. 自頸而仆. 乃虎也. 現出林而託旦. 今玆虎易搏矣. 匿其由不洩. 但依諭而治之. 其瘡皆効. 今俗亦用其方. 現旣登庸. 創寺於西川邊. 號虎願寺. 常講梵網經. 以導虎之冥遊. 亦報其殺身成己之恩. 現臨卒. 深感前事之異. 乃筆成傳. 俗始聞知. 因名論虎林. 稱于今. 貞元九年. 申屠澄自黃冠. 調補漢州什方縣之尉. 至眞符縣之東十里許. 遇風雪大寒. 馬不能前. 路傍有茅舍. 中有煙火甚溫. 照燈下就之. 有老父嫗及處子. 環火而坐. 其女年方十四五. 雖蓬髮垢衣. 雪膚花臉, 擧止姸媚. 父嫗見澄來. 遽起曰. 客甚衝寒雪. 請前就火. 澄坐良久. 天色已暝. 風雪不止. 澄曰. 西去縣尙遠. 請宿于此. 父嫗曰. 苟不以蓬蓽爲陋. 敢承命. 澄遂解鞍施衾幬. 其女見客方止. 修容艷粧. 自簾箔間出. 有閑雅之態. 猶過初時. 澄曰. 小娘子明惠過人甚. 幸未婚. 敢請自媒如何. 翁曰. 不期貴客欲採拾. 豈定分也. 澄遂修子婿之禮.

澄乃以所乘馬, 載之而行. 旣至官. 俸祿甚薄. 妻力以成家. 無不歡心. 後秩滿將歸. 已生一男一女. 亦甚明惠. 澄尤加敬愛. 嘗作贈內詩云. 一官慚梅福, 三年愧孟光. 此情何所喩. 川上有鴛鴦. 其妻終日吟諷. 似默有和者. 未嘗出口. 澄罷官. 罄室歸本家. 妻忽悵然謂澄曰. 見贈一篇. 尋卽有和. 乃吟曰. 琴瑟情雖重. 山林志自深. 常憂時節變. 辜負百年心. 遂與訪其家. 不復有人矣. 妻思慕之甚. 盡日涕泣. 忽壁角見一虎皮. 妻大笑曰. 不知此物尙在耶. 遂取披之. 卽變爲虎. 哮吼拏攫. 突門而出. 澄驚避之. 携二子尋其路. 望山林大哭數日. 竟不知所之. 噫. 澄現二公之接異物也. 變爲人妻則同矣. 而贈背人詩. 然後哮吼拏攫而走. 與現之虎異矣. 現之虎不得已而傷人. 然善誘良方以救人. 獸有爲仁如彼者. 今有人而不如獸者. 何哉. 詳觀事之終始. 感人於旋遶佛寺中. 天唱徵惡. 以自代之. 傳神方以救人. 置精廬講佛戒. 非徒獸之性仁者也. 蓋大聖應物之多方. 感現公之能致精於旋遶. 欲報冥益耳. 宜其當時能受禧佑乎. 讚曰. 山家不耐三兄惡. 蘭吐那堪一諾芳. 義重數條輕萬死. 許身林下落花忙.

문헌자료 2. 《東京雜記》卷三, 異聞

論虎藪

新羅俗 每仲春初八日至十五日 都人士女競遶興輪寺殿塔 爲福會 元聖王時有郎君金現者 夜深獨遶 有一處女念佛隨遶 相感而目送之 遶畢 引入屛處 通焉 女將還 現從之 女辭拒而强隨之 行至西山麓 入一茅店 有老嫗問曰 附率者何人 女陳其情 嫗曰 雖好事 恐汝弟兄之惡也 把郎而匿之 少頃 有三虎咆哮而至作人語曰 家有腥膻之氣 療飢何幸 嫗與女叱曰 爾鼻之爽乎 何言之狂也 時有天唱 爾輩嗜害物命 宜誅一以懲惡 三虎聞之 皆有憂色 女曰 三兄若能遠避 我能代受其罰 皆喜而遁去 女入謂卽曰 賤妾之於郎君 雖曰 非類 得陪一夕之歡 義重結褵之好 三兄之惡天旣厭之 一家之殃 予欲當之 與其死於他人之手 曷若伏於郎君之刃 以報之德乎 妾以明日入市爲害 則國人無如我何 王必募以重爵而捉我矣 君其無怯 追我於城北林中 現曰 異類而交 蓋非常也 何可忍賣於伉儷之死僥倖一世之爵祿乎 女曰 妾之壽夭 蓋天命也 亦吾願也 郎君之慶也 予族之福也 國人之喜也 一死而五利備 其可違乎 但爲妾創寺 講眞詮資勝報 則郎君之惠 莫大焉 遂相泣而別翌日 果有猛虎 入城中 剽甚 無敢當 王聞之 申令曰 戡虎者 爵二級 現詣闕曰 小臣能之 乃先賜爵以激之 現將短兵入林中 虎變爲娘子 熙怡而笑曰 昨夜共郎君綢繆之事 惟君無忽 今日被爪傷者 皆塗興輪寺醬 聆其寺螺鉢聲 則可治 乃取現所佩刀 自剄而仆 乃虎也 現出曰 虎已搏矣 匿其由不洩 但依諭而治之 其瘡皆效 今俗亦用其方 現旣登庸 創寺於西川邊 號虎願寺 常講梵網經 以導虎之冥報 名其林曰 論虎林 讚曰 山家不耐三兄惡 蘭吐那堪一諾芳 義重數條輕萬死 許身林下落花忙 以上出三國遺事

문헌자료 3. 《大東韻府群玉》卷十五, 願

虎　願

新羅俗每當仲春初八至十五日都人士, 女競遶興輪寺塔爲福會元聖王時有郎金現者夜深獨遶不息有一女隨遶現逐通而隨去女曰妾明日入市爲害則王必募以重爵而捕我矣君其無慽追我于北林中吾將待之但爲我創資報勝則郎君之惠也遂相泣別翌日果有猛虎入城中無敢當者王令曰有能捕虎者爵二級現詣闕奏曰小臣能之現持短兵入北林中虎變爲娘子笑曰昨日繾綣之事惟君無忽乃取現所佩刀自剄而仆乃虎也現旣登庸創寺於西川邊號曰 ——
(殊異傳)

문헌자료 4. 《補閑集》卷下

虎　僧

邊山有一老宿, 自言往時聞高敞縣人設燃燈會, 往觀焉, 有一少年異於尋常者, 問諸左右, 皆曰不知誰之子, 及罷去, 踵其後追至于山麓, 少年告曰莫我追, 我居陋不堪寄宿, 師曰日暮矣, 將安適歸, 曰業已俱來, 不可辭以僻陋, 行有老嫗出迎曰咄爾兒子, 若汝兩兄見之, 此師其爲食乎, 師至是, 知其爲虎窟, 欲出去, 嫗曰二子已回來, 若强去必殆矣, 因携持而入, 少年曰吾恐甚, 請以師置母之後, 須臾二虎將一兎入來, 嫗欲其不久滯也, 曰我與汝等共一兎, 其何以療飢, 速遠出更求食來, 虎作人語而對曰, 母有食, 何更求爲, 即出去, 良久復來曰我從山主所乞禱, 各得食, 小妹可從來, 何能忍飢自苦, 復出去, 俄有來呼者曰, 以若之子女, 婆娑於州里間, 主命罰之, 詰朝當住入高敞縣檻穽中就死, 少年曰主命也, 不可逃, 今幸逢師亦命也, 方我入檻中, 衆來制我, 恐不忍生嗔, 師宜來告衆寧却曰我能獨斃之, 持短槍而前, 吾出一言而死, 師之惠也, 明旦至縣, 聞檻中有虎, 師往如其言却衆, 持短槍以直前, 虎曰我向某村某家, 受生爲男子, 至年十二三時往謁師, 剃髮以度我, 即接刃自穴其胸而斃, 後十五年師偶出洞門, 見一童子拜於道左, 問之, 曰我乃某村男子也, 師憶向檻虎之言, 而髡爲沙彌頗穎悟可愛, 忽遁去不知所之, 後聞曰嚴寺師修秘呪, 以加持力日服人, 承命赴畿內蘭若, 師往省之乃向沙彌也, 此說甚怪誕, 世謂讖有虎僧之說, 惟曰嚴師當之, 此亦難憑.

구전자료 1. 《韓國口碑文學大系》 4-1, p.177

〈신평면 설화 2〉
초대리 2구, 1979년 11월 11일, 인권환·윤석달·양희찬 조사.
진경성, 남·29.

신흥사 유래

옛날 당진 신평(新平)에서 성씨라는 사람이 살았는데 그런데 이 사람이 순 머슴만 살았지.

뭐 공부 하나 못허구 나이 삼십에 장가도 못 들었는데 나이가, 아주 그냥 노총각이거든. 여덟 살이나 뭐 열 살에 민며느리로 데려다놓고 기르다가 이렇게 장가를 가고 하는 세상인데. 그런데, 머슴을 계속 살아서 돈은 불었는데, 장가를 못 갔으니, 이 사람이 괴로운 거여.

그래서 하루는 중이, 스님이 신평이란 마을에서 좀 떨어진 덴데 거기를 쓱 지나면서 하는 얘기가,

"아니 당신은 왜 돈은 많이 불었으면서두 장가를 안드냐"고 허니까.

이 성씨라는 사람이,

"아이쿠 잘 만났습니다. 나도 그것이 소원인데, 어떻게 했으면 장가를 들겠냐"고 하니까, 이 스님이,

"그러면 우리 절로 오라"고.

"우리 절로 오면 내가 다 알려준다"고.

게 이제 그 이튿날 목욕을 깨끗이 하고, 그 절에 가가지고 하는 얘기가,

"어떻게 하면 장가를 드느냐"고 하니까,

절에 가면 탑이 있잖여, 탑. 이 탑을 이백 일 동안, 이 탑을 이백 일 동안, 하루도 빼놓지 말고 여덟 시면 여덟 시, 아홉 시면 아홉 시, 시간을 정해서 거기 그러니까 신도라고 그러지.

말하자면, 그걸 믿는 사람을 신도라고 그러는디, 거기 그 믿는 사람도 여덟 시, 밤 여덟 시, 오후, 그때 와서 계속 도는 사람들인데, 이 성씨도 그렇게 했거든.

그래서 이 성씨가 가만히 생각해 보니까, 어렵지 않거든. 그래서 인제 그렇게 한다고 허락을 했어. 그래가지고 이백 일 동안 거진 도는데 딱 삼 일을 남겨놓고 이제 머슴을 살다보니까. 그래도 그때도 머슴을 살았는데, 보니께, 가을 추수 땐데 어늦은 거여.

시간이 그런데 그냥 뿌리치고 올 수도 없고, 쥔네 보는데 뿌리치고 일허다 말고, "나 탑 돌러 간다"고 갈 수도 없고, 그래서 여덟 시가 좀 넘은 거여. 그래가지고, 일이 다 끝나구 밥도 안먹구 목욕 재계 싹 허구선 가니까, 벌써 딴 사람들은 거의

거진 다 끝나서, 끝나가지고, 내려오구 자기는 계속 도는 거여.

근데 딱 세 바퀴 남겨놓구 이젠 소원을 빌면서 탑을 돌면서, 세 바퀴를 남겨놓구, 딱 쳐다보니께 앞에 뒷모습이 그냥 그렇게 이쁜 아가씨가 졸랑졸랑 돌거든, 앞에서 돌거든.

그래서 새아씨인지 아가씨인지 뒷모습은 여자니께. 뒷모습이 그렇게 예쁠 수가 없었대. 뒷모습을 보면서두,

"야, 참 이쁘다."

하면서두 내 목적은 앞으로 사흘이 남았고, 지금 돌 것도 세 바퀴가 남았으니까, 그래서 인제 그걸,

"난 다 돌아야 된다"고.

목적을 허구선, 다 돌구나니간 이 여자도 다 돈 듯이 저쪽으로, 산께로, 산 쪽으로 가거든. 그래서,

"에이 쌍꺼 밑져야 본전이라"구.

"말이나 한번 걸어본다"구. 그래가지구, 인제.

"아 이 여보슈 색씨, 나는 사실 장가를 못 들어서 이 탑을 돌고 있는데 당신은 워째서 이걸 돌고 있소." 그러니까,

그 여자 허는 얘기가,

"나는 인간에게 죄를 많이 졌기 때문에 이 세상에 나와서 죄를 많이 지었고, 살생을 많이 했기 때문에 그것을 참회하기 위해서 이걸 돌고 있다."

고 하니까 이 성씨 하는 얘기가 여자를 만났는데 보니까 여자가 너무너무 예쁜 거여. 뭐 양귀비는 절루 가라지. 그래가지고 붙잡고 사정을 한 거여.

"자, 나는 당신하고 도저히 떨어지면 못살겠어. 허니까, 난 당신이 마음에 드니까 나허구 결혼해 주십시오." 하니까,

이 여자가 소용없다고 하는데 하도 간청을 하니까, 그러면 내가 내 육체를 한 번은 보여줄 테니까 이것으로 끝내자구. 그러니까 가만히 생각하니까 여태 여자 한 번도 못봤는데 아주 좋거든. 가자고, 그래서 그 법당 옆에, 절 앞에 가랑잎이 수박히 쌓였다고 가랑잎 옆에서 끝내고 났는데 이 여자가 옷을 주워 입고서 허는 얘기가,

"난 갈테니까, 당신도 가라"고 말이여.

그러니까 소용없다고, 당신 가는 디까지 끝까지 쫓아가서 죽던지 살던지 당신만 옆에 있는 데서 내가 죽으면 된다고 끝까지 쫓아가는 거여. 막무가내로 쫓아가는 거여. 게 증히 그러면 가자구.

그래가지구 산속으로 산속으로 한참 가는데 불이 반짝반짝 켜 있는 거여. 거길 떡 가니까, 할머니가 앉아 있어. 게 하는 얘기가.

"어머니 이 사람이 나를 이렇게 이렇게 했고, 그래서 오지 말라고 했는데 쫓아왔다구" 하니까.

허는 얘기가 어머니 하는 얘기가 골방에다 쳐넣구 잠그라고 그러거든, 게 성씨가

가만히 생각을 허니께 사원데 한 번을 잤어도 사위는 사원데, 골방에다 쳐넣구 잠
그라니 참 이상허거든. 그래도 이제 사랑을 허니께 여자가, 여자가 뜩 쳐넣구 잠그
더라 이런 얘기여. 여기 조금만 앉아 있으라고, 그러면서 그래 조금 있으니까 밖에
서 쿵쿵거리구 그냥 서넛이 온 것 같애. 바깥에는 나가보지 못허구 골방이니께 보
일 데도 없구, 근데 아이 인(人)내가 난다구. 어머니 인내가 난다구.

남자 목소리여. 그런데 가만히 보니까, 아니 무슨 인내냐구. 그 어머니가 허는 얘
기가 절루 가라고 말이여. 무슨 인내냐구 허는 거여. 어머니가, 그런데 가만히 있으
니께 이상허거든. 헌데 허는 얘기가 그러는 거여. 하늘에서 그냥 번개같은 소리가
꽝 허구 일어나더니,

"느네들은 살생을 많이 했기 때문에 누구 하나는 죽어야 된다."

그러니까 여자가 허는 얘기가 대뜸 그 이제 딸이지. 내가 죽겠다고 계약을 한 거
여.

"내가 죽을 테니까 우리 오빠덜을 살려주십쇼."

말이여. 해서 계약을 맺은 거여. 내가 죽는다고 빨리 가시라구, 딴 데로 가시라
구. 게 어머니하고 오빠들은 다 가구 떡 들어오는 거여. 들어오는데 보니까 그렇게
이쁠 수가 없는 거여. 허는 얘기가 이제 그러는거. 성씨 보구.

"하 여보, 난 인간이 아닙니다."

하니까 나를 사랑하지 마십시오. 소용없다구 성씨가, 나는 네가 인간이건 아니건
상관없다 이거여. 난 네 모습만 보면 황홀하니깐,

"난 고대 죽어도 괜찮으니깐 상관없소." 그러니까,

"당신이 들었었는지 모르지만, 난 죽기로 계약을 했소."

그러니까 내가 대신 죽는다구 죽을 때까지 같이 살자구. 이런 식으로 나간 거여.
그래 하루 저녁을 잘 잤어. 인간들처럼 똑같이 잔 거여. 그러구 이틀째 되는 날 허
는 얘기가 그 이튿날이지 그러니까 일어나서 밥을 딱 지어와서 하는 얘기가,

"여보, 나는 당신허구 살래야 살 수가 없습니다. 허니까 앞으로, 좋은 여자 만나
서 살 수 있는 길을 내가 만들어주겠소."

허니까 그렇게 따라주십시오 허니까 소용없다구, 성씨가 머리를 내두르는 거여.

"듣던 안듣던 내 얘기나 들으시오."

여자 얘기가, 당신 내 얘기나 들으시오. 저 아래 내려가서 고을에 내려가서 그 옛
날에 보면 벼슬 헌 사람들이 고을에 살잖아유.

지금으로 말하면 한 군수나 도지사 집에 거기 가서 내가 호랭이로 변해가지구 할
퀴구 물고 뜯구 허면은 현상금이 붙을 거다, 벼슬이 붙을 거다. 이런 얘기지. 그러
면 저 호랭이를 죽이는 사람은 뭐 벼슬자리를 준다든지 이런 예감이 있으니깐 그렇
기 헐 때 당신이 나를 죽여주쇼 말이여. 그러면 내가 죽을 테니까. 난 어차피 죽을
테니까. 천만에 막 대가리를 썰썰 내두르는 거여. 이 성씨는,

"무슨 소리를, 당신을 죽이고 내가 잘살 것 같으냐"구.

하루 저녁이라도 같이 살겠다. 이런 얘기여 그날 또 하룻밤 자는 거지. 자구 뜩

아침에 일어나보니까, 여자가 없는 거여. 변소를 갔나 보니께, 뒷간에도 없구. 아무 데도 없는 거여.

그래서 이상허다 해서 있으니까 나무꾼이 올라와가지고. 나무꾼이 올라오거든, 이 사람이 담배도 없구 그러니까,

"말초 좀 한 대 주쇼."

말초 좀 한 대 달라구 허니까 말초를 한 대 주는 거여. 주면서 인제 이 얘기 저 얘기 하다보니까 하는 얘기가 저 고을에는 호랭이나 나타나가지구, 할퀴고 물고 황 우 역사 장사여도 그 호랭이를 쥑이지 못해서 현상금이 붙고 벼슬자리 큰 게 붙었 다고 말이여. 그렇게 붙은 거여. 그래서 가만히 생각허니까 야, 이거 일은 벌어진 거니까, 어차피 내려가서 고을 영감한테 뚝 하는 얘기가,

"내가 죽이겠습니다" 허니까,

뚝 보니까 주제도 그렇고 힘도 쓸 것 같지 않은데, 죽인다고 그러거든. 그래가지 구 그러면,

"죽이면 그 벼슬자리를 주겠다."

해서 계약을 다 쓰고, 돈두 좀 받구, 칼하구 창을 가지고 뒷동산에 올라갔어. 올라 가니까 자기 부인이 있는 거여. 산꼭대기에서 아주 어여쁜 여인이 그날따라 더 이 쁘다 그런 얘기여. 호랭이가 부인으로 변한 거지. 그래가지구 그 부인 앞에서 성씨 가 하는 얘기가,

"여보 왜 여기 와 있느냐"구.

우리 어서 가자구 말이여. 안 올려구 그러니까 그 여자가 하는 얘기가 바짝 오지 말라구. 왜 그러느냐구 그러니까, 날 어서 죽여달라구. 칼로 날 죽여달라고 이거 무 슨 소리냐구.

그 여자를 뚝 안으려고 하니까 그 남자의, 성씨의 앞에다 찬 칼을 빼가지고 자기 배를 찌른 거여. 자기 배를 찔러가지구 '꽝' 하구 넘어져가면서 막 그냥 천둥 허는 소리가 나는데 보니까, 큰 호랭이루 변한 거여. 너무너무 큰 호랭이라 죽고 났는데 보니까 그 호랭이를 부둥켜안고 울자니 쪼금 울다 보니까 징그러운 거여. 호랭이니 까 도심했을 땐 여자지만, 너무너무 큰 호랭이라. 호랭이도 보통 큰 호랭이가 아니 여. 내려가서,

"자 죽였습니다. 올라가 보십시오."

허니까 고을 영감이 올라가보니 진짜 죽은 거거든. 어 똑같은 호랭이여, 지랄빵 구 든 호랭이가, 하면서 아 그 얘기를 빼놓구 했구나. 그 호랭이가 죽을 때 허는 얘기 가,

"당신허구 나허구 처음 만났던 절 옆에 가랑잎을 헤쳐보면 캠파리(사금파리)가, 질그릇 깨진 곳에 물이 고여 있습니다. 그 물을 나한테 물리고 할퀸 사람한테 발러 주면 씻은듯 낫습니다."

이 얘기를 허구 죽은 거여.

"그러구 나 죽거들랑 여기다가 절이나 지어주고 나를 좀 위해주십시오."

그렇게 얘길 허구서 끝난 거여. 헌데 그러구 났는데, 장정 칠팔 명이 와서 호랭이를 메가는 데 너무너무 큰 거여 호랭이가. 그래가지고, 그 고을 영감이 큰 벼슬자리를 주어서 이 사람이 벼슬하는데 장가드는 게 문제가 아니잖여? 까짓 거 장가야 이제 골러가며 들지. 아이, 머슴 살다가 장가드는 거야 골라가며 들지, 해가지고 거기 가서 헤쳐보니까 증말 캠파리가 있는 거여.

그 캠파리 물을 발라주니까, 금방 막 낫는 거여. 딱지져 떨어지구, 딱지져 떨어지구. 그래가지구 거기다가 절을 지어가지구 지금으로 말하면 삼신당이지. 그것이 신평면에 가면 망각산이라는 데가 있유. 망각산에 절 망각산 망각재 절인디 그 절이 지금 신흥사로 이름이 돼있유. 그 절이 유래가 산신각이 유래가 된거구.

구전자료 2. 《韓國口碑文學大系》 7-2, p. 701

〈감포읍 설화 28〉
대본 3리 대밑, 1979년 8월 16일, 임재해 조사.
김복종, 남·79.

호암사의 유래

앞의 이야기에 이어서 김분이(여·74)가 중 이야기가 나왔으니 나도 중 이야기를
한 번 하겠다고 하면서 '당금 애기'와 비슷한 이야기를 했다. 채록하지 않는다. 김
분이의 이야기가 끝나자 기다렸다는 듯이 제보자가 "내 또 하나 하지" 하면서 이 이
야기를 시작했다. 이 이야기가 끝나고 조사자가 제보자에게 전 제보자를 물으니
"들었다기보담도 지아가주고도 하고 글치 머"라고 했다. 호암사가 어디 있느냐고
물으니 "그건 내가 모르지 그저 이야기만 들었지"라고 했다. 《삼국유사》 소재 설화
'김현감호'(金現感虎)와 비슷한 이야기이다.

옛날에는 경주서 호암사라꼬 절이 있어요. 경주 호암사가 있는데, 김평식이라 카
는 사람이 경주 참 오래 사든 사람인데. 그 경주 그 참 어느 절에서, 그 앉은 좌빈
들이 칠월 칠석이나 오월 단오나 삼월 삼짇날이나, 거기 불공축원으로 마이 하러
가셨는데, 아 저 사람이 하리는 가마이 생각크이, 이넘의 거 그 처러 불공축원을 다
했샀는데, 내가 귀영일체로, 귀영일체로 내가 절간을 한 번 구경을 갈밖에 없다. 그
래 김평식이라 카는 사람이 그 절을 떡 찾아갔어.

그 절을 찾아가이, 아 그날사 보이, 오이 같은 저임하게 시강차이 되자카니,[1] 아
무도 그거 불공하러 오는 사람도 없고, 단지 지 혼차 하나뿌이라. 절간 대청으로 실
한 번 돌아와보이, 첨에는 돌아갈 때는 아무도 사람이 없는데, 아 두 분은 돌아오
이, 아 웬 여자가 거 뒤에 하나 돌아보이 따라오는기라. 따라오는데, 그 이상스럽
다. 아, 해가 일모(日暮)가 다 되게 이런데. "이거 불공축원하러 온 사람 글으며
는 저기 어째 저거 내 뒤로 따라댕길 택이 있나?" 저 사람이 두 바꾸 돌꼽(무렵)에
시 바꿀(세 바퀴를) 돌지. 시 바구를 탁 도이, 저 여자도 그뒤를 돌아가주고 아 시
바꾸로 돌아오는기라. 그리이 저 여자는 마 암말도(아무 말도) 안하고 이래 있으이,
그래 그 김평식이라 크는 사람이,
"여보시오! 남녀가 다를 망정 말 한마디 물어봅시다."
"예."
"그래 와, 다른 사람은 오늘이 여 불공축원을 다 가고 히지고(헤어지고) 없는데,

---

1) '오후에 느지막한 시간이 되니'로 볼 수 있으나 확실하지 않다.

당신은 무신 소원성취가 있어가지고 오늘 여기다 이래 돌고, 아 절 안을 돌고 있나?"

"그래 난또, 당신은 머라(뭐 하러) 왔는교?"

"그래 저 여자가 묻는기라.

"난또 여 불공축원할라꼬 왔네."

"난또 불공축원할라꼬."

"아, 그라머 우리가 오늘 저녁에 같이 좋다고."

그래 대청에 가가지고, 물론 그거 여자도 무진 불공을 하는지 안하는지, 이 사람도 여자를 저걸 머시기 해가지고 지도 인자 불공을 하는 채로 그거 인자 대처에 드가가, 불공을 떡 하는데. 그 여자도 같이 절로 하고 석불을, 부처놓고 같이 하는 기라. 하는데, 그날 밤에 밤이 야심해가 글차 크이, 여자가 거서 그날 저녁에 잘 놀고 했는데, 밤이 야밤쭈이나 되이 고마 여자가 나서는 기라.

"나는 가야 되겠심더."

"아이, 그라문 자기 밑에 나도 한 번 따라가먼 어떻겠노?"

"아마 내가 가는 곳으는 못 온다."

카는 기라. 이년들 거 가마 남자가 생각을 하이, 저 사람이 가마 생각을 하이, '지가 나카 오늘 저녁에 같이 인자 놀고 했는데, 차마 지가 짐스일뿌러로(짐승일지라도) 해꼬지(해롭게) 하지는 안하' 싶어.

"아, 나도 한 번 따라가머 싶은 생각이 있다."

"아, 정 글크던(그렇거든) 내한테 한 번 따라가자꼬. 그 내 가는 데로 몬따라 올 껍니더."

그그던. 그랬는데 요늠으는 인제 저 여자를 저저 뒤를 붙잡고 따라가는데. 아주 첩첩 산골짜기로 머 질이 있는동 없는동, 저 여자 밑에마 뒤를 따라가 뽀꾼(힘껏), 머 지도 죽을판 살판 걷지. 머 여자는 잘 가는지 못 가는지 이래가 가는데.

첩첩산골에 어디로 갔는지 가이, 날이 버러 새북날이 거의 거 떡 됐는데.

"엄마!" 카이, 호호한 늙으이가 나오디, [청중 : 엄마 캐요?] 야,

"야, 이년의 가시나야, 머 이적지(이때까지) 머하고 버러 밤이 새북날이 되두록 이적지 있었노?"

이래고. 그래 "손님은 내가 뺵에, 드갔다가 나오끼 손님은 여기 쪼매 계시라고." 하고 밖에 놔두고 지가 드가가,

"엄마, 그래 손님이 이래 왔는데."

"아, 요년의 가시나야, 손님은 말라(뭐 하려고) 이렇게 이 산중에 델고 왔노?"

"아, 그, 날 따라올라 카는 거 할 수 없어가 내가 델고 왔심더."

"그러머 손님 들오라 캐라."

그래가 저 여자가 나가디, 아 머 그마 인저 그렇다 캐노이, 저녁도 굶고 이렇자 캐노이 마 거추룩하그던(시장하거든). 밥을 한 상 잘 해가, 그래 주는 거로 먹고.

그래가주고 있이, 인자 그날은 그래가주고 밤을 세우고, 그 이튿날 저녁에 땅거미

스르르 들만하이, 머가 "횟수!" 그며 총각앗넘(총각 아이놈)이 싯(세) 놈이 아, 방 밖에 삭뜩(선뜻) 들어올라서는 기라.

"아이고 우야꼬? 아이고 이런 넘의 며칠을 댕겨도 다시 마 배를 쫄쫄 곯고, 하, 거 하나도 머머 먹는 게 없고[빠르게] 쫄쫄 곯고 댕겼는데. 아이고! 여, 오늘 여거 오늘 여기 오이. 좋은 냄이가(냄새가) 나서는데, 인자 포식을 할따."

이래 하그던. 아, 가마이 생각하이, 저 여자가 그거 가마 생각크이, '지 따라온, 아, 사람으로 그 참 지거 오라비가 웃놈이 저거 머 잡아먹을라 카이 그거 큰 일이 다.' 싶으그던.

"오빠요, 오빠요,"
카이,
"와!"
크이,

"그래이라 하늘에 옥황님이 내라와서가, 우리 저 사람 인명을 해꼬지 한다고, 우 리 잡으라 옥황님이 여기 계시는데. 오라배가 여기 있으며 당장 죽을끼이, 시방은 어떻든지 배를 곯케나 말게나 도주를 하소."

"아이구, 옥황님이 여기 내려왔단 말가?"

"왔입니더. 저기 바(방에) 아 앉았는교?"

그거 인자 바 앉았으이, 사람이 이래 둥그렇게 하나 앉았그던. 마 이넘들이 죽을 판 살판 달려갔다. 달려가고 그래가 가마 생각하이, 여 오래 놔도가는, 마 지체할 수 없고, 그날 밤에.

"어예, 이래 하지 마고 당신이 고향으로 가야 되겠다고."

이래이,

"아! 이넘의 고향을 찾아갈라 카이, 내가 심심산곡으로 어디로 왔는도, 몇백 리 도 왔는도, 몇천 리도 왔는동 내가 모르는데. 그래 내가 갈 수가 있나?"

"갈라 카머 내가 절깐 그꺼지는 데려다줄 모애이 어짜든지 가라."

"아, 그라머 가지러."

"그런데, 그래 당신 잘에 내가 부탁할 말이 있다고."

"그래 무신 말이 니가 부탁할 말이 있노?"

"그래이라, 우리 우리 엄마도 뱀이고(범이고) 나도 뱀이고 우리 오빠도 다 뱀인 데. 우리가 언제 죽기나 총끝에 다 죽을 모야인데. 총끝에 활끝에 다 죽을 모야인 데. 총끝에 활끝에 우리가 다 죽을 모야인데. 내가 세상에 났다가 사람 혀용(形容) 으로 하기도 하고 이라는데. 내가 죽은 짐스일망정 내가 이름이나 하나 뒤야 안 되 겠나?"

"그럼 니로 어떻게 내가 하노?"

"그래이라 내가. 예산대호(如山大虎)가 나가가, 서울 장원 안에 가도 하나도 날 잡을 포수는 없을 끼라꼬, 혼갑을 지르고 가거이, 어떻든지 당신은 내가 아 계룡 숲에 거 숲속으로, 신라 때 계룡숲 속으로 날로(내가) 드가그덩. 어짜든지 약간만

쩝적거렸부도 내가 죽을 모야이, 그래가 내 죽은 혼령을 갖다가 호암사 카는 절로 이룩해가. 날로 제물로 그려가. 범을 기려가지고〔녹음 테이프 감포 5 앞면에서 뒷면 으로〕내 혼려로 호암사로 이룩해 가주고 거기 내 혀용으로 범을 기려가 거기 놔 둘 것 같으면, 내가 천만년을 가도 내 이름이 애 있겠나꼬?"

그래, 인자 하고 유언을 하고, 그리고 등에 업히라 케가, 여 여 그때는 인자 벰이 되는 기라. 벰이 돼가 벰의 등떠리에 앉아가 한참 눈깜아 있이,

"인자 곧 내리소."

크그던. 보이, 그 젠장 그날 밤에 그 호구한다 크는 그 절깐에 있는 기라. 절깐을 떡 내려와가 인자 글타 캐노이,

"인자 나는 갑니더."

그래 그 인자 거기더러(거기에서) 히고(헤어져) 갔는데. 그래고 언제 시(時)가 됐는동. 신라 그때 그때 그라고, 아! 그 난데없는 벰이 아주 예산대호가 그 마 경주 와가 아, 와가주고 마 소도 물아 헉슬이고(물어 해치고) 사람도 물어 해뜨리고 머 이짓을 하는데. 그리이, 나라 대왕이 있다가,

"아, 이거 어짜든지 우리 조선으로²⁾ 저 범을 잡자크마 일자(일등) 포수를 다 들여 야, 영남 포수를 들여야 저 범을 잡을꺼이, 포수를 취하라!"

포수가 천만 명이 있어도, 그 범 잡는 포수가 없어. 그리가지고 그래가주

"여 저 범을 잡을 이 있으며는, 참 벼슬을 좋은 벼슬로 세상으로 주고, 세상으로 묵고 사고 하두록 다 여전케 해줄 모야이니, 누가 범 잡을 사람이 있나?"

그래 이거 김평식이라 카는 이 사람이 아 드가가,

"아, 소인이 그 범을 잡겠심더."

아, 이 사람이 드가이 마, 고고 계림 숲속을 드가가, 마 범 따라가 드가이, 마 얼 매 있으이 마 범이 죽는 기라. 그래가 그 참 호암사 절로, 인자 이 사람이 그 돈을 받어가 호암사 절로 지아가지고 그 범을 그레(그려) 붙이고.

그케 옛날엔 안 그런기요. 저 여 티전 너리게 "장자 한 잔 들고 보이, 장자 수풀 에 범이 드러 일자 포수 다 드러도 그 범 한 마리 못잡았다." 그기 그거라요.

---

2) '신라'를 잘못 말한 것이다.

구전자료 3. 《韓國口碑文學大系》 7-2, p. 770

〈감포읍 설화 45〉
김포읍 경로당, 1979년 8월 18일, 임재해 조사.
김만갑, 남·69.

호륜사의 유래
조사자가 도술 부리는 이야기를 듣고 싶다고 하니 제보자가 이 이야기를 했다.
제보자는 거의 두시간째 계속해서 이야기를 하고 있는 중이다. 좌중에는 바둑에 정
신을 팔고 있는 분도 있었지만 제보자의 이야기에 관심을 기울이고 있는 분도 상당
히 있었다. 이야기가 끝났을 때, 사기에 있는 이야기가 아니냐고 물으니 '예전부터
있는 이야기'라고만 했다. 이 이야기에 참견을 하던 청중(최병원·81)도 그런 이야
기는 이전부터 있었다고 했다. 다시 누구에게 이 이야기를 들었느냐고 하니 "꼭 누
구한테 들었다 클 수도 없고 하다보만 생각키지"라고 했다. 절의 위치도 몰랐다.

호륜사라. 범 호(虎)자, 바퀴 륜(輪)자, 호륜사라는 절이 있답니다. 그래서 어느
청춘이 "내가 장차 어떻게 해서 국가에 유공(有功)하고 후세에 이름을 남길 수 있는
사람이 되겠느냐?" 카는 걸 늘 항상 생각을 하고 있는데, 그래 인제 어느 절, 밤쭝
돼서 그 절을 세 분(번)만 돌며는 소원성취가 된다. 모든 일이 마음대로 이루어진
다. 그러한 말을 들었답니다.
듣고, 과연 그 절에 가서 재밤쭝 돼가, 가가주 도다가이(돌다보니까) 뒤에 어떤
아주 여화미색(如花美色) 같은 처녀가 〔잠시 머뭇거리다가〕 돌아요. 같이 뒤를 따라
돌그던. 그르이 남자 생각에 그걸 머, 〔미소지으며〕 심회를 알 수 있그던. 그러나
내 목적 달성하기 위해서는 그 절을 세 번 돌아야 되그던. 세 번 돌고 마지막 돌고
는 가마 생각해 보니, '저 처녀에게 내가 범해야 되느냐 그양 가야 되느냐?' 이래
망설이고 있는데, 처녀가 먼첨 말을 해요.
"당신이 그래 어데 계시며 무슨 목적으로써 이 절을 세 번 돕니까?"
묻그던, 〔잠시 후〕 그래,
"나는 그른 기 아이고 남아가 이 세상에 태어나서 그래도 보람있는 삶을 살아야
되겠고, 그래 내가 죽은 뒤라도 후세에 이름을 남길 수 있는 그르한 큰 뜻을 가지
고 이 절을 돌았습니다."
말을 하니께, 그래,
"생객이 그렇다고 하며는 나를 따라갑시다."
이카그던, 그르이, 그래이라도(그렇지 않아도) 남자 생각에 처녀가 그래 도이까(도
니까) 마음은 〔미소지으며〕 은근히 어이?[1] 남녀의 길이 멀고도 가까운 긴데. 〔빠르

게] 가고 싶은 생각은 있는데, 가자 카이 이거는 좋단 말이라. [본래대로] 그래서 그 절을 떠나가주고 숲을 넘고 고개를 넘고, 이래가주고 가는 곳이 어느 아주 수목이 울밀한 그런 숲속으로 드가요.

숲속에 턱 드가이께(들어가니까) 초가 삼간 집이 한 칸 떡 있는데. 그래 그 처녀가

"어무이 인제 돌아옵니다."

카이,

[반가운 듯 빠르게] "아! 오나? [의아한 듯 천천히] 그런데 어떤 손님을 저래 모시고 오노?"

이카그덩, 아 그래,

"아, 그래 아이라 그 손님도 보니 저와 같은 목적으로 아무 절, 그 절을 세 번 돕디다. 저도 같이 심심차이(심심하지 않게) 그분하고 그 절을 세 번 돌아오는 길입니다."

이러카그덩.

[작은 소리로] "아, 그래 [본래 소리로] 그렇지마는 저 손님을 우리 집에 데리고 와서는 대다히(대단히) 곤란은 일이 있을 낀데. 어떻게 해야 되겠노?"

이러카그덩.

"어쩔 수 있습니까?"

[청중 : 그분들도 미성저(未婚)이다. 남자도?] 그렇지요.

"그래, 그러면 우리 저 다락바(다락방)이 있으이께, 그 손님을 우리 다락바에 저 가서 모셔놔라."

이카그덩. 그래 다락방 올라가여 숨겨놨다.

[목소리를 높이며] 쪼매(조금) 있으이 아주 소리가 고마 야단시럽고, 소리가 야단시럽고 이런 작단을 지기디마는(하더니만), 여산대호 두 마리가 마다(마당에) 슬슬 기오그덩. 오디마는 멀 어짜는지 한 번 꼴때비(곤두박질을) 히떡 넘으이 사람이 됐뿌리(됐어). 사람이 돼가주,

"어무이 인제 돌아오는 길입니다."

[작은 소리로] 아 그래. 아 그래 너희들 오늘 중에는 내 말을 꼭 듣고 [큰 소리로] 꼼짝 말아래이!"

이카그덩. 그래 [빠르게] 이넘들이 머라 카는 게 애이라,

"아 어디 인적 냄, 사람의 냄새가 납니다."

[청중 : 인내] 아 [말을 고치는 뜻으로],

"인내가 납니다."

이카그던.

[큰 소리로] "이, 이놈들 무신(무슨) 그런 불랭한(불량한) 소릴 하느냐? 꼼짝 말

---

1) '마음은 은근히 좋지 않겠느냐?'라는 청유형의 표현이다.

고 내 말을 들어라."

"아, 인내가 납니다."

〔큰 소리로〕"아, 그런 기 아이다."

야단을 쳤부러. 야단을 치고 그래, 그 익일날 인제 그 두, 범 두 마리는 또 어데 갔부리고 그래 인제 늙으이하고 처녀하고 있어.

그래 인제 처녀가 불러 하는 말이,

"며칠 후 한 정오 되며는 신라 거 궁성 안에 여산대호가 나타날 낍니다. 큰 범이 나타날 낍니다. 그러면 국가에서 그 범을 잡기 위해서 천금상 만호(千金賞萬戶)를 봉하고 그 범을 잡으, 잡으며는 특상을 준다고 할 낍니다. 할할 그때에 당신이 범을 잡으시오."

"아이구, 그렇지만 그 범을 내가 어애(어떻게) 잡노?"

"아, 그 범은 용이하게 잡을 수 있도록 할 모야이까네. 당신이 그 범이 나타나그던 내가 잡겠다고 자원(自願)을 하고 그 범 가는 곳만 활, 칼이만 칼, 활이만 활을 가지고 당도해 보란 말이다. 당도해 보면 목적이 달성될 모야이께 그래 따라가라." 카그덩, 그래 과연 참, 그 말을 듣고 하직하고 왔단 말이라.

왔는데, 참 과연 그날 정오가 되이께, 아 신라 그 궁성내에 큰 범이 나타났는데. 저 범을 잡는 사람은 천금상에다 만호를 봉한다고 이런 방무(榜文)이 떡 내 걸렀어. 가히 아무도 달려드는 사람이 없단 말이지. 〔빠르게〕내 죽은 뒤엔 세상은 없는데 누가 달려들까라? 그래 저 사람이 자원을 했그덩.

"내가 잡겠다."

"그럼 잡아라."

〔본래대로〕그래 활을 미고 칼을 쥐고 범 뒤를 따르이, 범은 그저 머〔청중:굼실 굼실 간다.〕비호겉이 고마 마 달아나그던. 달아나는 뒤따랐다. 말을 타고 달린다. 따르이, 바로 며칠 전에 가든 그 숲속에 거(거기) 가여. 거 가디마는 범은 간 곳이 없고 사람이 있어. 그래

"나를 죽이라!"

이 카그던. 감히 칼을 꼽을 수가 없단 말이지. 그러이 그 처녀가 칼을 빼앗아 가자(자기) 복장(腹腸)에 꼽는단 말이지. 〔청중:처자를?〕응, 복장에 꼽으이께 범이라. 바로 그부(분)이. 〔청중:그 여자가 범이래?〕예, 범이래. 그러이 그 가족이 모두 범이라. 범인데 워낙 수천년 묵어노이 사람도 될 수 있고 범도 될 수 있고, 이래서, 그 범을 잡았다고 해서 국가에서 천금상 만호를 봉하고 거게다, 그 사람이 가마이 생각커 보이, "내가 이러한 은혜를 입었는데 그냥둘 수 없다." 캐서 범 호자, 바퀴 륜자, 절사자, 호륜사(虎輪寺)라는 절을 세웠다. 그런 이얘기가 있습디다.

구전자료 4. 《韓國口碑文學大系》6-6, p.577

〈하의면 설화 16〉
오림리, 1984년 8월 3일, 최덕원 조사.
강은상, 남·56.

탑돌이와 호랑이 처녀
조사자가 동물변신담을 청하였더니 한참 생각하다 꺼낸 이야기다.

탑돌이는 옛날에 인자 불교 인자 절에서 하는 일인 모양인디, 에이 그 탑을 아 하루 가서 백 번 돌아야 인자 어떤 무슨 복을 준다 해서 인자 그 사람이 인자 절에 가서 인자 날마다 고요한 열두 시 자정, 옛날 말로 자정에 인자 자정부터서 탑을 도는디, 정성껏 인자 도는디 딴 사람들도 와서 인자 전부 탑을 도나 그냥 몇 번 돌고 전부 가뿔고 그란디, 자기는 인자 그 탑을 백 번 돌기 위해서 계속 자기 혼자 남아 그란디 혼자 남은디, 아니 멀리 보니까 아니 멀리 보니까 어여쁜 어 아가씨가 그 옆에서 자기하고 같이 탑을 계속 돈 것 같거든.

그래서 저, '어 아가씨도 나와 같이 인자 그런 인자 탑을 돈 것이구나.'하고 돌아 보니까 절세미인이여.

그나저나 탑을 돈 사람이 그런 부정한 생각도 할 수 없고 그런 나쁜 이성을 가질 수 없고 해서 인자 계속 돌다보면 그 사람도 가고 자기도 가고 그렁께 날마다 도는데, 하루는 인자 어 한 한 달쯤 돌아가니까 그 어여쁜 아가씨가 자꾸 옆으로 인자 한 발썩 한 발썩 가까와져갖고 같이 인자 뽀짝 종이맬로 나하고 서서 같이 인자 돌디끼 도는디, 부부간에 이렇게 도는 것같이 도는디 그렇게 정이 들었어.

정이 들어가지고 인자 결과적으로는 인자 탑을 돌고, 둘이 인자 그런 얘기 저런 얘기 탑을 도는 서로 인자 내력을 이야기하는디,
"나는 호랑이요."
여자가 그 하는 말이,
"나는 실지 호랑인디 내가 인간으로 화하기 위해서 이 탑을 도요. 그러니까 서방님께서는 나를 버리지 마시고 나를 호랑이로 생각 말고 인간으로 태어나게 해서 꼭 나 시긴 대로 한 번 해주시오."
아, 그래서 인자 정이 들어놓고 보니까, 이것이 참 버릴 수도 없고 그래서 인자 그 인자 여자집으로 갔다 그것이여. 아, 여자집을 가서 보니까 아마 전부 인자 그런 호랑이가 둔갑해 가지고 사는 집이였던 모양인디.
아 쪼금 있은께 즈그 오빠가 싯(셋)이 있어. 호랑이 오빠 즈그 싯이 있고 인자 여동생 한나 호랑이 둔갑해 가지고 인자 그 남자를 좋아해서 데려갔는디, 쪼금 있

은께 웅 소리가 나더니 그냥 앞에 마당에가 호랑이가 뚝뚝 떨어져, 아 그라더니 그냥 이 남자가 그냥 기절해 부리니까 얼른 선반 우에다 올려놓고는 고놈을 즈그 오빠들 보고 인자 가서,

"좌우간 내가 오늘 이런 사유가 있으니 오빠들 전부 나가시오"

하니까 대차 즈그 오빠네들이 즈그 여동생 말 듣고 다시 나가거든. 아 그래갖고 얼른 선반 우에 와서 인자 남자를 끄내갖고 따순 물 끓여갖고 어뜨게 밈을 먹이고 해서 그 남자를 살렸단 말이여. 아 살려갖고 딱 보니까 살았거든.

"내일은 인자 내가 인도환생을 하는 날이 아니면 나는 죽을 날이오. 그란디 이 장안에 분명히 호랭이가 나타나갖고 인자 장꾼들 전부 해칠 것이니 당신이 안 나오면 이건 누가 제재할 수가 없을 것이오. 막을 수가 없으니까 나를 여자로 생각 말고 무조건 칼 하나 들고 있다가 당신이 내가 잡은다고 딱 쫓아나와갖고 잡어불면 당신은 이 세상에서 두터운 공을 쌓을 것이오."

그래갖고 인자 아 공을 쌓기 위해서 자기는 인자 끝까지 지키고 있다 이것이여. 좌우간 인자 호랑이가 그 자기 애인인 줄도 알고 그래와서 인자, 앞으로 내일 날만 새기만 기다리고 있는데, 대차 그날 장이 생겼는데 호랑이가 나타났다고 인자 장은 들썩했제. 인자 궁궐까지 알았제. 그러니까 호랑이를 잡은 사람은 정석 3천 석을 주마 해갖고는 막 그냥 방을 붙여놓고 사방디서 사람치고 인자 했는디, 그 이놈이 어째 그 자기가 하는 이애기를 가만히 들어보니까 기억이 나.

"에이 아서라 내가 한 번 그대로 해봐야 씨것다."

그러고 인자 가서 인자 그 방을 보고 가서,

"내가 저 호랑이를 잡을랍니다."

그런께,

"니가 잡으면 정석 3천 석을 주마."

아 그래갖고 딱 계약을 하고는 인자 칼 하나를 딱 몸에다 품고는 인자 그 호랭이를 쫓은단 말이여. 그라니까 요새 말로는 저런 미친 놈이 진장 호랑이를 저 맨손으로 잡는다니 전부 인자 그때도 비웃었을 모양이제. 그란디 호랑이를 막 쫓그던. 대차 호랑이가 나타나니까 쫓으니까 다른 사람은 막 해친디 그놈이 쫓으니까 도망을 하그든 호랑이가. 그런디 어느 고약한 산골로 들어가더니 반듯이 드러누워갖고는 그때 쫓아갈 때마다 어여쁜 자기 애인 같아. 그 탑돌이 하면서 같이 사귄 애인. 아 그란디,

"빨리 나 좀 죽여주시오. 시간이 가뿔면 안돼요. 빨리 좀 죽여주시오."

하니까, 하 그래도 자기 애인이라 못 죽여.

"그래 너하고 나하고 이렇게 백년 해로를 맺었는디 그 널 내가 죽여야……."

"막 제발 날 안 죽여주면 당신도 죽소."

하고 하니까, '에라 모르것다.' 그래갖고 그냥 칼로 탁 쑤셔부리니까 대차 뻐드러진 것이 호랑이였다 그것이여. 그래,

"내가 호랭이를 잡았습니다."

하고 와서 고하니까.

"찰말로 니가 호랭이를 잡었냐."

하고 가서 확인해 보니까 그때 호랑이가 죽었드라는 그런 전설이 있습니다.

구전자료 5. 《韓國口碑文學大系》 7-3, p. 568

〈경주시 설화 8〉
황오동 경로당, 1979년 12월 1일, 조동일 조사.
오기생, 남·73.

호랑이 처녀의 죽음

이야기를 하나 하라고 권하니, "화랭이 난 유래를 이야기하겠다"고 했다. 그러자. "화랭이는 김유신이 첩이 아이냐"라고 하는 사람도 있었다. 무슨 이야기가 나올지 궁금하게 여기면서 들어보니, 김현감호(金現感虎)라고 해서 《삼국유사》에 실려 있는 것과 흡사했다.

화랭이라고 잘난 청년이 하나 있었는데. 월성 숲에 내(늘) 갱비로(경비를) 했어. 갱비로 내 이래 하다가이꺼네, 하룻밤에는 달이 환한데, 어떤 난데없는 처녀 아가 하나,
"자기가 머 머하로 댕기노?"
하이,
"월성 숲에 경비하로 댕긴다."
"그러면 우리 집이 놀로 가자."
"가자."
그래, 가이, 오새 여 화장터 있는데, 그 골째기라. 그러고, 떡 올라가이, 참 초가 삼간을 지아놓고, 늙은 노부모가 하나 있는데,
"엄마, 엄마 손님 오신다."
이카이,
"어디 손님이고?"
"어디 손님이기나, 손님 오신다."
"들오라 캐라."
그래 떡 디갔다. 디가이, 아주 노모가 하나 앉았어.
"오빠는 어디 갔노?"
물으이께,
"니거 오빠는 금방 이리 나갔다. 나갔이니, 잠깐 있으면 올꺼다."
그래 그 총각 아로 장방아(광에다) 잡아 여뿌랬어. 장방아 딱 잡아 여놓고, 문을 닫아놓고. 그래 있이이, 우 그디마는 빔이(범이) 한 마리 들어온다.
"아이, 인내(사람 냄새)야."
크그덩,

"하이고, 오빠도 얄궂이네. 엄마캉 둘이 있는데, 무신 인내가 나노?
엄마캉 둘이 있는데 무신 인내가 나노?"
그래이, 〔냄새 맡는 시늉을 하면서〕
"하 나는 인내가 나네. 나네."
그래 한참 있디이, 마 떡 가뿌는 기라. 그러 그러고 날이 떡 샜다. 새가, 그래 그
처녀 아가 하는 말이, 머라 크는 게 애이라,
"인자 저 신라 땅아 가가, 우야든지 마 어야든지 야단을 지길 꺼 겉으면, 자기,
잡을 사람 하나도 없을 끼라고. 자기가 몽두리 가 오먼, 내가 죽는다. 때리먼 내가
죽는다. 그러먼 자기가 이림이 좀 있을 꺼다. 그럴 끼라."
그래 그 여자 하는 고 날자에 마 장원 안에 마 떠들썩한다. 마 빔이(범이) 들와
가, 돌고, 머 이래 하이, 감당을 몬한다 말이다. 자 범 잡는 사람은 머라 크든고?
머라 크는고, 무슨 머를 봉한다 크든고? 〔청중 : 천금상 만호후〕봉한다. 삼천 만호
후 봉한다 크든가. 봉한다. 그래 이제 그랬다.
"저 범을 내가 잡을 모애이, 어떻게 하겠입니꺼?"
"삼천만군을 봉한다."
이카그덩. 그래 몽두리로 들고 나갔다 말이다. 그래가 나가이, 범이 마 가마이 있는
기라. 그래가 그 범을 때리잡았다. 때리잡고 나이, 그 사람이 머시 상을 타고, 그래
서 오늘날까지 화랑, 화랑 크는 기라. 꽃화자. 그래서 화랑이라 크는 기라.〔청중 :
월성 숲에 범이 있었단다.〕

구전자료 6. 《韓國口碑文學大系》 8-1, p. 52

〈신현읍 설화 10〉
상동리 용산, 1979년 7월 27일, 정상박·최미호 조사.
김임수, 여·68

호랑이 처녀

마지막으로 호랑이 이야기를 또 하나 하겠다면서 구술한 것이다. 《삼국유사》의
김현감호(金現感虎)가 민담으로 된 것인데, 탑을 돌며 만나는 앞부분이 없어졌다.
그외에도 상당한 변모양상을 보인다. 어릴 때 가친에게 들은 이야기라고 한다.

옛날, 참 총각이 하나 참 저거(자기) 부모도 괴롭어서(가난하여) 형편이 없는데,
참 타령을 하고 노래를 부르고 저 산중에 올라가앙께(올라가니까) 한 예쁜 처이(처
녀)가 하나 빨래를 시냇가에서 빨래를 하거든. 빨래를 해. 그래 이리 가몬 어디로
가느냐고. 요(여기) 올라가몬 절이 있는데, 그리 가몬 저거 어마이가 살고 계신데,
저거 어마이가 나오거들랑 물 좀 돌라 캐가이고 그래 자기 떠 무라(먹어라) 쿠거든
(하거든), 나 못하고 할무이가 좀 떠돌라 캐라 이래가이고, 샘이에서 바가지로 물로
떠거들랑 그 물에다 팍 주(주어) 엉어가이고 마 뚜벙을(뚜껑을) 덮어서 눌리서 쥑이
삐리라(죽여버리라)고 쿠거든. 그래서 이 처이가 그날 시킨 대로 이 사람이 그래 가
서 그래 노고 할머니가 나와.
"아이고, 어데서 왔노?"
물이 먹고 집다고 물 좀 주라 하니, 그래 떠 무우라 쿠거든. 아이고 노 할머니가
좀 떠달라고, 할머니가 떠달라고. 그래 할 수 없이 물을 이리 떠달라고 카니, 마 참
그 처니 시킨 대로 했어. 깜쪽시리 쥑이삐리고 그란께나 처이가 이석 있은께 올라
갔거든.
또 인자 저거 오빠가 하나 있어서 저어 강년네 고로 딱 해서 오는 질에다 해가이
고 활로 쏴서 쥑이삐리라 쿠거든. 그래 인자 또 나가서 처니 시키는 대로 해가이고
오거든. 그래 활로 쏴서 인자 제 오래비를 쥑이삐리고. 그래 인제 참 부부겉이(같
이) 해가지고 [조사자 : 저거 오래비를, 처이 오래비를 죽여요?] 처이 오래비 그기
호랭이라. 처이가 그리 시키요. 그래 활로 쏴서 오거들랑 쥑이삐라고 처이가 시켰
어.
그래가이고 마 총각 이것도 그럴 때라. 그래 저거 집에 참 부모 없이 조실부모하
고 슬피 크다가 그래 인자 이 처이가 부부겉이 이리 해갖고 서울로 올라갔거든. 올
라가갖고 서울 장안에 가서 인자 이 처니가 댕기면서 사람을 많이 궂히(해쳤어). 호
랭이가 돼가이고 호랑이가 궂히. 임금님이 궂힌다고 장안에 있는 벼슬을, 호랭이

잡는 사람이 있으몬 천금상 만호후로 봉할 꺼마꼬 그리 하거든요. 그래 이게 인자 벼슬을 준다 그말 아이요? 그래 인자 막 방을 막 붙여놓았거든.

놓은께 하리(하루)는 사람을 많이 궂히다가 들어와가이고 이 사람 보고 나가 아무데 가서 빈장(언덕)에 가서 나가 누웠을 낀께, 당신이 총을 쏴갖고 나로 쥑이가이고(가지고) 살뿐 아무도 모르게, 그라니께 사람들이 다 마 서울 장안에 꽉 찼재. 풍수(뒤에 포수라고 정정했음)라는 거는 마 모두 다 들어 찼는데 거기서 한쪽 날개를 비든가 탁 비가이고 숨어삐리라고 그라지 않으몬 그 사람들한테 맞아 죽을 끼라고. 숨어삐고 그리 하라고.

그래서 처이가 시키는 대로 그날 저녁에 그 뭐 질에다가 누워가이고 있으몬 호랭이가 돼갖고, 누웠지. 뭐 그래 마 총을 쏴서 호랑이를 쥑이다(죽였다). 쥑이갖고 살뿐 분질러갖고[1] 처이 시키는 대로 숨었다. 숨고 살뿐(살며시) 그래, 모두 호랑이 보고 서리(서로) 잡았다고 서리 풍수들이[정정하면서] 포수가 인자 서리 잡았다 쿠면 서로 막 임금한테 막 뵌다고 말이지 풍수가, 풍수잖이[부정하면서], 포수가, 포수가.[청취 불능]

이 사람이 그래 숨어 있다가 낸중에(나중에) 진짜로 나가 잡았으니 보라꼬. 호랭이를 인자 잡은 그석에 딱딱 맞차보몬 뉘가 잡은지 확실하거든요.[조사자 : 어데를?] 호랭이 꼬리로 문질러가이고(분질러가지고) 것다가(그것에다가) 대보몬(대어 보면) 나가 이 참 진짜로 나가 이 잡은 사람이라고. 이리 인자 맞차보몬 대절해 보몬(대질해 보면) 되거든요. 그래 인자 딱 대절로 해본께 이 사람이 네(너희들) 만판(아무리) 그래 싸도(그렇게 하여도) 소용없고 이 사람이 확실하다 그랍니다. 그래가아(가지고) 천금상 만호후로 봉해갖고 그 사람이 참 잘 됐어. 잘 돼삐리니, 첨(처음)에는 고생을 해도 잘 됐어.

---

1) 호랑이 몸의 한 부분을 꺾어가지고.

부록 2. 호국룡 설화 자료

문헌자료 1. 《三國史記》卷七, 新羅本紀 第七

文武王

秋七月一日 王薨 諡曰文武 群臣以遺言葬東海口大石上 俗傳王化爲龍 仍指其石爲大王石.

문헌자료 2. 《三國遺事》卷二, 紀異 第二

文虎王 法敏

大王御國二十一年. 以永隆二年辛巳崩. 遺詔葬於東海中大巖上. 王平時常謂智義法師曰. 朕身後願爲護國大龍, 崇奉佛法. 守護邦家. 法師曰. 龍爲畜報何. 王曰. 我厭世間榮華久矣. 若麤報爲畜. 則雅合朕懷矣.

문헌자료 3. 《世宗實錄》卷百五十, 地理志 慶尙道 慶州府

利見臺

在東海濱, 世傳 倭國數侵 新羅, 文武王患之, 誓死爲龍, 護邦國而禦寇盜將薨, 遺命葬我于東海濱水中, 子神文王 從之, 葬後追慕, 築臺望之, 有大龍見于海中, 因名之曰利見臺, 鄕人至今稱爲大王岩 臺下七十步詐海中, 有石四角 聳出如四門, 是其葬處, 金富軾云, 文武王薨, 群臣以遺命, 葬東海口大石上, 俗傳王化爲龍, 仍指其石爲大王石.

문헌자료 4. 《東國輿地勝覽》卷二十一, 慶州 樓亭

利見臺

在府東五十里海岸. 世傳 倭國數侵新羅 文武王患之 誓死爲龍護邦國 而禦寇盜 將薨遺命葬我于東海濱水中 神文王從之葬後追慕築臺望之 有大龍見于海中 因名曰利見臺 臺下十步海中 有石四角聳出 如四門是其葬處 至今稱爲大王岩. 李文和詩羅代君王孝子臺 如今登耻巳封苔寬旌羽蓋腸堪斷峻宇離墻址自類 雲漢分明着北斗 煙濤髣髴望東萊 可憐波上白鷗鳥 潮去潮來依舊廻

문헌자료 5. 《東國輿地勝覽》 卷 二十一, 慶州 佛宇

感恩寺

在府東五十里 其東三里有利見臺 寺中古記云 新羅文武王遺詔 藏骨於東海邊 遂爲海龍
神文王爲父王 創寺於東海 上金堂砌下開一穴 乃龍之入寺旋繞之處 其穴至今尙在

문헌자료 6. 《三國遺事》 卷 二, 紀異 第二

萬波息笛

寺中記云 文武王欲鎭倭兵 故始創此寺 未畢而崩 爲海龍 其子神文立 開耀二年畢 排金
堂砌下 東向開一穴 乃龍之入寺旋繞之備 蓋遺詔之葬骨處 名大王岩 寺名感恩寺 後見
龍現形處 名利見臺

구전자료 1. 《韓國口碑文學大系》 7-2, p. 633

〈감포읍 설화 5〉
양북면 봉길리 수제동, 1979년 8월 16일, 임재해 조사.
최원섭, 남·45.

이견대

관리소 앞 식당에서 보니 이견대가 건너다보였다. 조사자가 이견대에 관한 이야기를 듣고 싶다고 하니 제보자가 이 이야기를 했다. 이야기를 하기 전에 칠월 칠석날이 되면 문무왕 자손들이 해마다 대왕암에 제사를 지낸다는 이야기를 했다. 무당은 참석하지 않고 제관만 참석하여 제사를 지낸다고 했다.

그 이견대 옛날 유래를 이약하라 크이, 인자 문무왕이 에 여게 머 세상을 떠나실 때, 인자 그 왜적을 막기 위해서 수장(水葬)을, 동해바다에 수장을 해주먼 내가 왜적을 막아주겠다 카는 유언을 했답니다. 그래서 아들 신문왕이 문무왕을 그 인자 대왕암에서 수장을 하고 인자 감은사 절을 지어가 거서 축수를 했답니다. 그래서 인자 문두대왕이 용으로 변화돼가 하늘을 득천할 무렵에 꿈에 현모을 하기를, "내가 머지않에 곧 하늘에 득천할 것이니 네가 나를 보고 싶거든 거 와서 지키라." 이래 됐그던.

그래서 인자 신문왕이 그 집을 짓고 문무대왕이 하늘에 호국의 용이 돼가 가는 것을 보기 위해 지킸다. 그래서 그 인자 용이 돼가는 걸 봤다. 이로운 것을 봤다. 이래가주고 이견대라고 했는데. 그래 인자 기초만 발견해 놨다가, 해놨다가 금년도에 공사를 했습니다.

구전자료 2. 《韓國口碑文學大系》 7-2, p.635

〈감포읍 설화 8〉
양북면 봉길리 수제동, 1979년 8월 16일, 임재해 조사.
주영학, 남·48

대왕암과 이견대

식당에서 나와 부락으로 들어가는 길에 대왕암을 바라보면서 해변의 모래사장에
앉아 있는 제보자와 김두만(남·53)을 만났다. 밭에 나가는 길이라고 하면서 괭이를
들고 앉아 있었다. 대왕암에 관해서 여러 가지로 물으니 제보자가 먼저 이 이야기
를 했다.

머 전설에 신라 삼십대 문무대왕이라꼬 서울에서 인자 족보가 있그던. 족보를 보
고 [조사자 : 그전에 머 종소리가 나고 머 그랬다 이카는 이야기는?] 아 그것은 임
란 때 왜적이, 일본 사람들이 왜적이, 조선이 돼가 있을 때, 여기 머 전설이 많죠.
이견대라고 저 건너 있었고 [이견대를 가리키면서] 감은사 탑이 있었고. 그 문무
대왕이 생전에 왜적들이 자꾸 침범을 하니, 내가 죽어가 왜적을 칠라며넌 내가 죽
어가 용이 돼가, 여거 멫 섬이 있었어. 열두 섬이 있었어. 섬을 치고, 내가 용이 될
것이라.
자기 딸이 있었고 아들이 있었는데 유언을 하고 죽었어요. 죽으이 참고 씨긴 대
로, 내가 죽거들랑, 아이(아직) 조 건너 이견대(이견대)라고 있심더. 대본 카는데.
이견대 가서 고 앉아 탑 경비를 함(한번) 해보자. 아, 경비를 해보이까 우리는 이거
머 세맥[1]은 여거 모리지요. 대략 이야길 들었는데. 그래 참 보이 머 그으다(거기다)
유해를 말이지 갖다다가 우에(어떻게) 썼는지 옛날에는 그래 씨고, 아들이 지키가
경비를 하이, 마 벌거이(벌겋게) 마 하늘이 마 용마 운애(雲靉)가 찌고 마, 이래가
마 참, 마 용이 돼가 득천이 되더라 카는 그런 전설이 있어요.
옛날에 여 이름이 문무대왕이라 앤캤고 저 경주 괘릉 글은데, 그기 문무대왕이라
캤는데. 지금은 이거 말고 이기 문무대왕이라.

---

1) 세목은, 자세한 내력은.

구전자료 3. 《韓國口碑文學大系》 7-2, p. 647

〈감포읍 설화 15〉
대본 3리 대밀, 1979년 8월 6일, 임재해 조사.
주봉이, 남·71.

문무왕의 득천

김복종이 대왕암과 문무왕 때문에 요사이 대본리가 발달이 된다고 하는 이야기를 하고 있는데, 제보자가 이야기할 뜻을 비쳤다. 제보자는 김복종이 앞서 한 문무대왕에 관한 이야기가 자기가 알고 있는 이야기와 다르다는 생각에서 이 이야기를 다시 했다.

와 근나 하면(왜 그러냐 하면) 참 대왕님이 동해 열두 섬이 있일 때는 어 왜벼(왜병)이 조선을 감, 해꾸지 할라꼬 자꼬 오기 때문에, 그 대왕님이 생각할 때 "내가 언제라도 죽어가 인동을 해가 요(용)이 되야 이 동해 열두 섬을 쳤부야(쳐버려야) 이 왜병이 조선을 범하지 안한다." 이런 장 명치를(명심을) 하고 있었답니다. 이랬 샀는데.
그래가 인제 그 마 세상을 이 세상을 떠났는데, 그래 참 예(용)이 돼가 징개맹개들에[1] 거게 인자 인자 예이 될또 안될똥 인자, 용소리를 들어야 요(용)이 돼가 나가지. 자기만 용 됐다 캐가주고 용소리를 못 들으며 요이 돼도 득천을 몬하그던. 그래 인자 그만 인간이 다 지내도,
"아고, 저 진대이[2] 봐라 구리이 봐라."
이라지, 용이라 크는 말로 못 들어가 이 득천을 몬해. 몬해가 그래 인제 수차례 눕 아가 있어요. 밤이나 낮이나 언제든지 용, 용님 크는 소리 들을라꼬. 들어야, 자 여 요이 득천을 하는데. 〔청중 : 용님 크는 소리 들어야.〕 그래 인자 용님 크는 소리를 몬 들으이 마캐(전부) 보고 진대라 크고 구리이라 크이까네, 우째 그래 요이 될 수가 있나 말이다. 용이라 크먼 하늘을 나는 〔청중 : 큰 사람을 몬 만내 그래, 큰 사람을 몬 만내 그래요.〕 그래, 그래가, 인자 징개맹개들에 그기 인제 그거 그 땅에 눕어가주고 있어.
그래가 인제 그 할매가 손주를 업고 가는데. 그래 할매가
"아, 요 저 구리이 봐라 !"

---

1) 들 이름이다. 지금의 유금들을 가리킨다.
2) 구렁이의 별칭인 듯하다. 특히 굵은 구렁이를 가리킨다고 했다.

이라커든, 그래 저거 손자가

　〔점잖은 소리로〕"아이고 할매야, 그 구리 애이다. 용님이다."

그래 인제 그 아가 용님이다 카는 소리를 듣고 득천을 했어요. 용이 됐다는 말이래. 〔청중 : 그 인제 유금이뜰〕 그래, 그래 유금이떠러(유금이에게) 그래 인자 〔청중 : 암만 그래 큰 사람이……〕 그래 어린아가 보이 할매 등어리 업겠는데. 그 인자 징개맹개들에 유금이라 크는 그 아해(아이)가 그 인자 용이라꼬 그래 불러주이 요이 됐다고요.[3]

그래가주고 요이 돼가 나갔는데. 동해 열두 섬을 참 치고, 아까 이 형님(김복종) 말따나 열두 섬을 치고 저 인자 저거저거 〔청중 : 성산가 푸주푸주[4]〕 그래, 그 인자 그거 다 앤 쳤나. 그래 인자 저— 울령도 섬을 칠라 크이, 하늘에 참 옥황님이가 일렀다 말이지.

"조선에 그 수구맥이까네[5] 몬 친다."

꼬 이래가, 그 참 요이 돼도 하늘님 말리는 데 못 쳤다 말이지. 그래 그 인자 참 그래 될 때는 그 살기, 내가 이얘기를 쫌 질게 했대이,[6] 살기 살 때에 부자간에 의논이 있았어. 부자간에 의논을 할 때, 어째 했노 크며,

"내가 언제라도 죽어가 인동환생(人同幻生) 요이 되야, 이 조선을 좀 사두록(살도록) 해주고, 동해 열두 섬을 내가 쳐야 왜벼이 우리 조선을 범하지 안한다."

이래 됐던 모양이지요. 이래가 인자 그리 돼, 그래 "언제던지 니가 내가 용이 돼가지고 가디라도 부자 상봉할라 크걸랑, 내 얼굴을 볼라 크걸랑 그래 인자 대왕바우 저거 인지 오라." 캤어. 대앙바우 저거 오라꼬 인제 하이, 그래 인자 자기는 아부지가 언제든지 인자 한 말이 있이이, 그래 이 머 등거리가 있이 초상은 쳤지요. 초상은 쳤는데, 참말로 아부지가 요이 돼 그런 이력(이력)을 말씀과 같이 실현이 되는강 안되는강, 인제 그래 내 인자 죽은 뒤에는 혼이 우에 되는고 싶아가 인자 그래 요〔이견대 쪽을 가리키며〕 저거 이건대 고고 인자, 고고 끝에 고거 인자 참 대앙바우 마주보고 집(이견대)을 지었던 갑대요.

집을 지아가 그래 인자 그래 인자, 참 저 어른이 인자 아들카 상봉하는 택이라요. 우에 돼가 그래 인자 고개를 대앙 바우다가 인자 썩— 솟가아(솟구쳐)가 걸쳐가주고, 그래 인자 아들을 보라 이기(여겨)가, 그래 아들이 보이 참 저거 아부지가 요이 돼가, 살아가 원한 얘기와 같이 됐그던요.

그래 그렇다고 우리는, 그래 〔웃으면서〕 주장(주로) 어른들 얘기가, 그전에 그런 대로 듣기더만요. 듣기지만 이 이얘기가 이해가 좀 질수(질서, 앞뒤)가 참 책에 카

---

3) 징개밍개들이 용을 득천하게 해준 유금이라는 아이의 이름을 따서 유금이들로 바뀌었다.
4) 형산강의 둑을 가리킨다.
5) 조선의 맥이기 때문에, 조선이 생기는 원인이 된다고 했다.
6) 이야기의 중간 부분을 빠뜨리고 앞질러 했다는 말이다.

356

마 틀리지요?⁷⁾ 〔조사자 : 예〕 책에 카먼 틀리니더.

그래 우리는 이런 얘기도 역사로 전부가, 그 옛날 역사로 그기 이얘기가 맞고.

---

7) 역사에 없는 이야기라는 것을 조사자에게 강조하면서 자신의 이야기에 대한 가치를 높이려고 하는 말이다.

구전자료 4. 《韓國口碑文學大系》 7-2, p. 642

〈감포읍 설화 13〉
대본 3리 대밑, 1979년 8월 16일, 임재해 조사.
김도진, 남·40.

문무왕의 수중릉과 득천

제보자는 동장이었다. 수제동을 나와 대본 3리 동장을 찾으니 마침 길가의 가게
에 있었다. 이견대와 문무왕의 수중릉인 대왕암이 바라보이는 곳이었다. 조사자가
찾아온 까닭을 이야기하고 난 뒤에 문무왕과 대왕암에 얽힌 이야기를 물었더니 이
이야기를 했다. 어릴 때 미역을 캐러 다니면서 할아버지에게서 들은 이야기라고 했
다.

저기 인제 저 안에〔대왕암을 가리키면서〕 가면 왕릉, 지금은 왕릉이라 크지요. 무
덤이라 쿳는 거기 보면 할아버지들이 다니면서 하는 말씀이 여기 인제 문무왕릉께
서, 문무왕께서 인제 용이 돼가주고 가면서 여기 있던 자리다. 쉬었던 자리다. 이렇
게 전설에나 그 할아버지나 이야기했입니다.

그래 그 거 할아버지 돌아가신 지 벌써 올해 37년째가 났나? 〔작은 소리로 생각
하는 듯이〕 아버지도. 〔본래 소리로〕 그때 그전에 인제 할아버지가 그런 말씀을 하
시대요.

그 저저 감은사 그 저저, 탑 있지요 그 사이에 종이 걸려 있었답니다. 옛날에 큰
종이 인자 걸려 있었는데 그 종을 왜적들이, 바다가 저 안에까지〔감은사 쪽을 가리
키면서〕 드가가 있었답니다. 양북까지 그 옛날 몇백년 전에는 그 인제 그까지 인자
왜적이 배를 타다가 절 앞에 갖다가 놔놓고, 그걸(종) 띠가 배에 실꼬 갔다 크구만
요. 배에 실꼬 가면서 머 무슨 머 대〔竹〕로 가 만든 퉁수를[1] 말이지 불었부니까, 그
것이 바위 앞에 어디서 침몰이 됐다. 파도가 어디서 곽재(갑자기) 일어나 갑자기 일
어나가, 그래서 몇 년 전만 해도 몇백 년 전만 해도 거서 파도만 쳐도 그 소리가 들
렸다는 이얘기를 꼭꼭 하시더만요.

하시던데, 인제 우리 증조부님 되시죠. 우리 증조부님이 에릴 때 그 인자 고조부
님하고 같이 다니실 때 소리가 들렸답니다. 그 소리가 거 가서 굴을 따던지 하며는
쿵쿵 들리고 그 소리가 났답니다. 나는데, 지금은 어느 곳에 묻혔겠지요.

〔조사자가 대왕암에 관한 다른 이름이나 이야기는 없느냐고 하니 이야기를 계속
했다.〕 지금은 그런 소리가 없는데 우리 에릴 때, 할아버지카 다니면서 들은 얘긴

---

1) 만파식적을 말한다.

데. 그래서 그때부터 인자 댕바라 캤어요. 저거(대왕암)를 댕바, 옛날 사람이 댕바
라꼬 댕바우라 캤지요. 댕바우 그러이 인자 그 요사이 말하는 대왕암, 댕바, 댕바우
크는 게 역시 대왕암 아입니까.

〔계속해서 문무왕이 득천했다는 이야기와 부락의 원래 이름, 부락의 동제 등에
관해서 이야기를 했다. 조사자가 문무왕이 득천할 때 섬을 친 유래에 대해서 묻자
이 이야기를 했다.〕

그 머 열두 섬 친 거 말입니까? 쳤다 카는 그런 전설은 어떻게 너러(내려)왔느냐
크먼, 문무왕께서 왕께서 인제 대왕께서 신라 삼국을 통일하고 보이까, 그 남는 걱
저이 무엇이냐. 우리나라가 제일 가까이 섬을 둘고 있는 도해(동해) 열두 섬이 있었
답니다. 지금이 저저 뱃사람들은 잘 알지 있는, 저 가면 거기 가면 이 안에도 아직
깊으고 거기 가면 굉장히 얕은 데가 있입니다.[2] 거 인제 거기 인제 그 섬이 있으니
까, 왜적이 거기 와서 중간에 군량미도 피토이고[3] 거서 인제 도발을 마이 한다 말
입니다. 그래서 그걸 인제 올라가시면서 해결을 지우고 갔다는 이런 전설이 남아
있죠. 그래서 문무왕릉이 최고, 문무왕이 원한 데가 여기다. 자기 무덤을 묻는 데
가. 그런 전설이 있지요. 순 왜적을 막기 위해서 인제 열두 섬을 인제 없앴다는 이
런 거죠.

---

2) 아주 얕은 곳은 옛날에 섬이 있었던 자리라는 뜻이다. 문무왕이 득천하면서 섬을
   쳤지만, 그 섬이 있었던 자리는 뿌리가 남아서 아주 얕다는 말이다.
3) 군량미도 빼앗고.

구전자료 5. 《人物傳說의 意味와 機能》, p. 48

영해면 대진 2동 대진, 1977년 8월 14일.
차만리, 남·82.

짐부대왕 호국룡

이 섬이가 포항서부터 시작해가 울릉도꺼정 꼭 열두 섬이가 잇게 나갔답니다. 이 거는 징거가 확실하지요. 우리가 봤입니다. 이 밑에 이런[1] 바우가 있입니다. 환하게 보입니다. 물 밑에 바우가 있입니다. 환하게 보입니다. 여거 운당이라 크는. 이쭘 가다가 시퍼렇다가도 그런 데가 나서고. 울릉도 근방아 가까이 주위가 팔십 리라 크는데. 이짝은 나두고. 이 옛날 섬을 왜 그런가 하면 짐부대왕이라고 옛날(말하는 이의 아우 차마산;신라 말에) 짐부대왕이라고 있일 때, 나라 정치를 할 때, 저 섬에 일본눔이 자꾸 분재가주고[2] 우리 조선이 도대체 살 수가 없단 말이래. 고마 상근 저거와 주둥해 가주고 조선을 해룹게 하고. 그래가주 이 짐부대왕이 평생을 살았일 때 유언을 했어요.

"내가 죽어 용이 됐으먼, 용이 됐으먼 저 섬을 다 쳤뿌먼 나라가 태평 나라가 될 텐데, 그렇게 할 수가 없나." 하고 이 어른이 고마 몇 년 살다가 국상이 났든 모영이래. 절에 가가주고, 절에, 여 포항 우에 손살맥이라고 있입니다. 손살맥이 절에 거게 안강들이라고 있는데, 손살맥이가 이렇게 맥혔어요. 이전에 포항 거거 포항으로 내레오는 그게 맥혜가주, 안강들이 들을 못해 먹었어요. 못이가 돼가주고, 수만 정보 몬해 먹고 이랬는데. 그래 이 양반이 죽어서 혼령이 돼가주고, 머냐 할 것 같으면, 큰 뱀이가 돼 나왔단 말이래. 마 저 지둥가리[3] 겉은 뱀이 돼 나와가주 세상 사람이 모도 귀경하로 간단 말이래. "아따 뱀이도 굵다" 하고. 뱀이라 크머, 만날 오늘 닐[4] 언제라도 굵다 크고, 이래다가 한 노파가 손자를 업고 귀경하로 갔어요. 고마 우리가 전설 들은 이얘기지. 구경하로 가이께네, 아 마카[5] 노소가 뱀이라고 칸다. 뱀이라고 카는데 아가, 업힌 아가, 서너너덧 살 먹은 아가, 업힌 아가.

"할매, 그게 뱀이 아이다."

"야야, 뱀이 아이고 머고?"

"용이다. 용이구마."

그 소리를 하이, 그 뱀이가 고마 구부를[6] 친단 말이래. 구부를 치고 고마 서기가

---

1) 아주 큰 바위임을 형용하면서.
2) 소란하게 해서.
3) (집 지을 때 쓰는) 기둥.
4) 내일.
5) 모두.
6) 구비를.

뻗치고 요동을 하는거라. 거 손살맥이 안에는 못이 있었는데. 못에 있다가 이 뱀이 가 못뚝에 나와가주고, 시상 사람에게 그랬다가, 용이라 크는 소리를 듣골라 뱀이 가 돼서[7] 고마 산을 안 쳐뿌뤘어. 그 용이가 그래가주 포항으로 터좌가주, 안강들이 오늘날꺼짐들 온당히 해먹은 것은, 그 턋뿐 때문이래. 그래가주 그 아 이름이 유금 이라 카는 안데, 그 들에 첫번째 해에는 가에 돌아가머 깃발을 마카 꽂아났어요. 전 저[8] 깃발을 꼽했단 말이래. 그 인지 깃발을 꼽핸 이유는 유금이들이라고 제목을 해 놓았단 말이래. 그래가주, 그기 유금이들이라고, 요새는 안강들이라 그지마는, 유금 이들이라고. 유금이, 전부 그 아 차지가 됐지.

우리 알기에는 그리 가 나가머 열두 섬을 다 쳤단 말이래. 다 쳤는데, 울릉도를 마자 칠라 카이께네, 하늘에서 왼다 말이래. "아 그 수궁이께, 동해 수궁이께 그 섬 을 몬친다"고 그래가주 울릉도 하나만 남았다고 하는 말이 오늘날까지 전해오니더. 현지 가보먼 방우가 마카 있읍니다. 이 물 속에 갱빈이 아주 드러나 있입니다. 내가 봤는데.

---

7) '용이 돼서'의 잘못이다.
8) 전부.

구전자료 6. 《韓國口碑文學大系》 7-3, p.617

〈경주시 설화 18〉
중앙 경로당, 1979년 12월 1일, 조동일 조사.
김정락, 남 · 77. 이영우, 남 · 59.

용이 된 김부대왕

설화 17이 끝나자, 김부대왕이 용이 돼서 어쨌다는 말을 들었는가 물었다. 그랬더니 먼저 김정락씨가 대답을 했고, 이어서 이영우씨가 더 길게 이야기했다. 두 분의 이야기는 흥미로운 차이점이 있으므로 함께 수록한다.

김정락 : 〔김부대왕이 용이 돼서 어쨌다는 말을 들었는가 물으니〕 그런 말씀 있는데. 그런 말씀 있는데. 역사를 요량하면 그게 아이라요. 〔역사가 아닌 전설을 말해 달라고 하니〕 전설에는,

"내가 죽어가주 용이 돼가주고 섬을 쳐뿌래야 왜놈이 안 건네 올기라고."

그래서 왕이 죽어가주 구리(구렁이)가 돼가주고 저 안강으로 가이깐데 유금이들이라 카는 거는 다른 사람은 마카 "용님 나오신다고" 아(안)하고 유금이라 카는 아가여(아이가) 말이지 "아 용님 나오신다" 이카이깐데, 득천을 해가주고, 그래 인자 유금이들이라 이래 했어요.

〔무엇을 쳤던가 물으니,〕 동해 열두 섬인데, 그놈을 다 치다가 하이, 울릉도는 치지 말아라고 하늘에서, "울릉도는 용에 머시이까네, 울릉도는 치지 말아" 캐가, 울릉도만 나뒀어. 저 쪼매는 놈이 어째 그리.[1] 〔청중 : 그런 전설이 있어요.〕

이영우 : 김부대왕 크는 거는, 우리는 그래 들었는데. 신라 전, 고려전, 옛날이그덩. 옛날이그덩. 옛날에 경주가 아 강이라. 왜 강이냐 하면 시방 안강 양살매기 포항 너러가는 양살매기가 강이 이래 꽉 맥해가 있을 적에, 그리 물이 나갈 데가 없고, 그러이 경주가 강이그덩. 강인데.

물이 인자, 큰 비가 와서 물이 채면 못이 돼가주고, 에 맬개가(모두가) 어예 그노크면, 저 북쪽 가면 청하 엿재로 넘어가고, 나갈 자리가 없네. 경주 강이 떡 돼가, 안강은 푸주(마을 이름)는 머라고 전설이 있그덩.

있일 직에 경주서 이짝 한쪽 구식(구석)에서러 공사를 할라 크이 다시 물이 채가 있이이 늘굴 재주도 없고, 이 물 안 채는 요 자리만 있이이, 한쪽에만 있이이. 그래 자기가(김부대왕이) 평생으로 소원을 하는 것이,

---

1) 그 유금이라는 아이가 어찌 그리 영리한지, 다른 사람은 알아보지 못했는데 용이 용인 줄 알았다는 말이다.

"내가 경주 터를 보며는 멫 년 이후에 천년 도읍지가 될 자린데, 이거를 어떻기 해야 그런 장소를 맨들어내꼬?"

물만 없이먼 되그덩. 그래 자기가

"나는 죽으며는 용이 돼가, 내 힘으로는 사람으 힘으로는 할 수가 없고, 용이 돼가주고 하늘에 득천을 할 직에 바리 포항 내레가는 푸주 양살매기 카는 고 잘매기만 내가 딱 끊어뿌리면 여가 바다가 없어지고 좋다."

이런 의미로 가 자기가 사람도 그 용에 대한 무신 공부로 한다 그데. 그 말이, 공부로 해서, 자기가 그 힘 아이며는 몬하이, 그래가 하이, 세상을 뜨고 어 보이까네, 참 용이 돼가주고 하늘에 득천을 해가 올라가며는 양살매기를 탁 끊었다 카데.

단 한 분 마 꼬리로 딱 치이, 어예 됐기나 마 여게는 마 육지가 되고, 거 마 내레가고, 그래가, 거 짐부대왕 크는 이야기를 우리가 들었는데.

그 짐부대왕이라는 전설에 말로, 양살매기 그 우에 가며는 그 절이 있는데, 절에 그 모세났다 크데. 〔조사자 : 뭘 모셔났어요?〕 짐부대왕으 예전 화상을, 푸주 양살매기 가만 가며는 절이 있어. 그 만당아(꼭대기에) 올라가면 절이 있어요. 그래. 〔조사자 : 동해에 섬을 쳤다는 말은 못 들었던가요〕. 못 들었읍니다.

구전자료 7. 《韓國口碑文學大系》7-1, p.124

〈현곡면 설화 53〉
가정 1리 가정, 1979년 2월 24일, 조동일·임재해 조사.
이승안, 남·60.

경순왕과 주금이들

안강 근처 유금이들의 유래를 물으니, 이 사람 저 사람 한마디씩 하다가, 이승안
이 이야기를 처음부터 했다. 그런데 '유금이들'은 아니고 '주금이들'이라고 했다.

신라말이라요. 신라말인데. 경순왕이 신라말 왕인가? 글 때는 주금이들이, 형산
(兄山), 제산(弟山) 그 그기 인자 글 때 끊겠그던. 끊겠는데, 그 물이 사무(줄곧)
돌아가주고 저게 저 기계(杞溪), 청하(淸河) 이리재로 그리 넘었답니다. 그리 넘어
가주고 그래 장보고라고 신라 그 무역상 하는데, 이 배로 신라아 들어왔다는 기라.
저저 조막배를 타고 신라로 들왔다는데. 경순왕이 가마이 생각해 보이, 아매도 자
꾸 성 안에 물이 들와요. 비가 자꾸 오이. 거 또 누수(漏水)가 되이까네. 요시 그
성 일하는 거 보면, 물이 빠져가 표 나지와. 〔청중 : 그건 몇 평 될란고 몰나? 그
성이 그게.〕
자꾸 물이 들어오이, 도저히 여 살 수가 없어. 아 이래가 안될따고. 둔법이라고,
그 말이 있잖나? 둔법이라고. 둔법을 해가주고, 용이 돼가주고, 인자 사무 밟았어
요. 어디메, 이리저리 밟아보고, 어디메쯤 끊어야 그기 된다고.[1] 그래 인자 경순왕
이 그래가주고, 용이 돼가주고, 안강 주금들이라고 있어요. 바로 그 저 양동(良洞)
앞에, 거 어디쯤 시방 역 앞에, 그 어데 주금들이라 그데(그러데). 〔청중 : 바리 그
안강 그 머시기, 양동학교 건너.〕 학교 건너 맞은편, 그기 주금들이라. 주금들이라
고 있어. 그런데 거 인자 용이 돼가주고. 〔청중 : 거 옛날 전쟁터라. 주금이. 사람이
많이 죽었다고 '죽음 들'이라.〕 그래가주고 거기서러 인자 용이 돼가주고 인자 형산
강에서 이리저리 떠가주고 인자 머 인자 주금들이 있는 데로 그머 올라왔다 긋지
(그러지) 아매(아마도).
그리 올라오이, 그래 어느 노모가 어린 아이를 업고 인제 보는데, 그 노모가 있다
가,
"야, 이 구리(구렁이) 바라."
고 이카이께네. 그 용은 용이라 캐야 득천을 한다 카데. 그런데 그래 그 업힌 아이

---

1) 어디쯤 끊어야 물이 잘 빠지고 경주가 물에 잠길 염려가 없는지 살펴보았다는 말이
다.

가,

"할매야, 그게 구리가 아이다. 용이라고 말이지. 용님이라고."

이리 하이까네, 그래 그 소리를 듣고 고개를 번쩍 들고 획 돌아가주고 인자 형신강 형제산(兄弟山) 그 매기를 끊었어요. 그래 나와가주고 신라도 그때가 망했다 그니더. 서울로 말하면 여내(바로) 한강 한가지라.[2] 물이 그래가 돌더란 말이요, 그래 암만 좋은 거나 말이요, 그게 머 그런 전설이.

〔조사자 : 그래가주고 저 머 바다에 가서 섬을 쳤다는 말은 없던가요?〕 없어요. 섬을 쳤단 말은 없어요. 〔청중 : 그 말은 없어요.〕 그저 그것만 그 산만 끊었지. 그래 그 인자 형산 제산이거든. 끊어가주고. 끊어가 본데는 그 형제산이라 긋든가(그러던가)? 본데 무슨무슨 산이 그래가주 형산강이라 이 강이.

---

2) 형산강이 서울의 한강과 같은 성격을 가진 강이다.

구전자료 8. 《韓國口碑文學大系》 7-3, p. 47

〈외동면 설화 4〉
입실 경로당, 1979년 4월 5일, 조동일·임재해·조건상·정억수 조사.
김봉조, 남·71. 박동준, 남·73.

용이 되어서 득천한 김부대왕

앞에서 김부대왕이 용이 되어 갔다는 이야기가 나왔으므로 그 이야기를 듣고 싶
다고 했다. 그러자, 그것은 경주 서천(西川)의 이야기라서 여기서는 잘 모른다고 했
다. 오래된 이야기라서 알 수 없다고 했다. 좌중이 모두 모른다고 하니 김봉조가 이
야기를 시작했는데, 이야기를 듣고 있던 박동준이 그렇지 않다면서 이야기를 다시
했다.

김봉조 : [기록에 의함] 그거는 인제 말이 그렇드라. 김부[이하 녹음]대왕 저 경주
여게 한찬 여 울리고 있을 때에, 거 인제 경주가 개(강)이그던요. 개이 됐는데, 만
날 문지바아(문지방에) 여게 인자 자기 집 앞에 개이 돼가주고 만날 넘청넘청 그러
이까네, 그기 포부가 돼가주고 그래,
"내가 죽으며는 서상가(형산강)을,¹⁾ 이거를 내가 쳤부머 여(여기)가 육지가 되고,
여가 대명지가 될 모애이(모양이)까네, 어야든지 내가 죽걸랑 마 내가 머가 돼가
주고, 구리(구렁이)가 돼가주고 거 있일 모야이께네, [큰 소리로] 그 용님이라꼬,
용님 소리 시 분(세 번)만 들으만 [본래 소리로] 이꽁지(꼬리)로 가주고 서상가을
친다꼬."
이런 말로 하는 따문에 [큰 소리로] 인들꺼 예이(용이) 돼가주고 거기 떡 나눕어
가(드러누워서) 있으이 곽주에(곽중에, 갑자기) 아이구 깜짝 놀래 마,
"아이구! 구리 봐라! 구리 봐라."
캐. 그래 늘 구리 소리를 늘 듣고, 이래 웅치고 눕어가 있는데, 그래 늙으이가 알라
(아기)를 하나 업고 [본래 소리로] 아를 한 댓 살(다섯 살) 먹는 거를 업고 이래 지
내가다가 지거(자기의) 할매가 인제 [큰 소리로] 깜짝 놀래가주고,
"아이구, 이 구리 봐라!"
이카이, [아주 작은 소리로]
"아이구, 할매야 구리가 아이다 용님이다."
그래 그 인자 용님이라 크는 소리를 듣고, 거기다 그 인자 용락(龍落)이 걸로(개

---
1) 형산강을 일컫는다. 형산강은 경주 서쪽으로부터 유금리를 거쳐 영일만으로 흐른
다.

울을) 그걸 인자 들고 치는데, 그거 유금(有琴)이 들 그거, 그거를 용락이 앞으로,
아 아(아기) 이름이 가가(그 애가) [청중 : 그래, 용락들이라꼬] 그래, 그 그래가주
고 인자 그거러 인자 [청중 : 그걸로 용락들이라 칸다.] 그거 마 글로 써놓고 그 들
으는 가가(그 아이의) 들이라 이카고[2] [청중 : 용락들이라고 이래 있어요.] 그래 마
곽재 마 녹산백락(뇌성벽력)을 하고 마, 그래가 마 서상가을, 그거 저 용락이 그걸
로 그 들고 쳤부레가주고, 그래가 그걸이 시방(지금) 그거 인자 저 물이 인자 사방
터지고, 경주가 [청중 여럿이 그렇지 않다고 하자, 큰 소리로] 내가 입띰(입담)이
없어서 그렇지 나는 그래 들었어.

박동준 : 가마 있어, 그렇잖에.

김봉조 : 에 그 이얘기 잘 해조라.

박동준 : 그 인제(지금) 이얘기는 마커(전부) 사적에 있는 일인데, 그 와 그래 이
얘기 해가주는 안되는데.

김봉조 : 그래 사적에 있다.

박동준 : 김부대왕 용 돼 올러갈 때는, 그치이 이무이(이무기)그던, 그 날 때는
[김봉조 : 옳지러 !] 이무이 저 서상가 그 저 경나 말이지, [김봉조 : 옳지러 !] 개이
있는데, 도적이 붙어가, 그래가 애를 묵고 해가,

"내가 죽어가주 시방 요이(용이) 돼야 저놈을 끊을 낀데."

소상가을 끊어야 되그던. 될 챔이래. 한참 후에 자기가 죽었다 말이래. 그 뒤에는
그 인자 치이깐드로 그 가오(결과)는 어찌어찌케 된고 한끝으마는 물이 여가 아 있
는강, 그기 저 쌍기팔기(三奇八怪)에 아 있나? [청중 : 그래] 물이는(물은) 위로만
올라가고 모래는 알로(아래로) 빠지고 그게 얘있나. 그랬고, [청중 혼자말로 : 그거
는 그 전설 아이다.] 그 이억(자기) 아들이 가만 보이까네, 아버이가 머 부재(不在)
해가 돌아오는 날까지는 신체(시체)를 가마 나아도라 캤그던, 돌아올 챔인데 이거
마 생소(生孫)이 이 문제를 당해서, 체아(치워)부렸그던. 신체를 체았부이 할 수 없
어. [채록 불능] 대번 와가주고,

"나는 용 돼 올라간다."

캤그던.

영감이 용 돼가, 되노이 가문 해라도 김부대왕 용 돼가 올러갈 때는 그날은 비왔
다 그그던.[3] 비가 오고, [조사자 : 아하, 예] 비가 오고, 인제 이래가 그래 인자 그
대발(꼭대기)에 그 저 김부대왕 용 돼 올러간 자리에 그 흙일(공사)로 얼매로 하고
있고, 그 요이 가고 향바(향방)으로 그 바우에. 거는 사적에 있는 이얘긴데, [조사
자 : 예, 김부대왕이 용 돼 올러간 바우가 어느, 어느 동네에 있었다고 하였는가

---

2) 아이의 이름이 용락이기 때문에 용이 득천하면서 '용락들'이라고 이름을 지어주었
   다는 말. 그러나, 제보자에 따라서는 용락은 용이 둑(혹은 산)을 꼬리로 쳐서 떨어뜨
   렸기 때문에 붙여진 이름이라고 했다. 또는 그 아이의 이름이 유금이기 때문에 유금
   들이라 한다고 했다.
3) 김부대왕이 용이 되어서 득천하던 날 비가 왔는데 그 날짜는 모른다고 했다.

요?〕그 계당이라고, 양동〔부정하면서〕감포읍낸가 고 읍이 돼가 있다.

〔청중 : 여럿이 이야기가 혼입되어 채록 불능〕

읍에, 그거 내 예전 바우〔채록 불능〕그 자우 바우 바우라꼬, 바우가 있는데, 거 가가(거기 가서) 논다고. 〔조사자 : 회양바우라꼬요?〕예, 바우에 거 가가 꼭대기 〔청중 : 형산매기에 그 바우, 바우 새에 그 저 이시미가.〕그래 용 돼가 올라가 신려 (신령)이 비를 타고 그 〔청중 : 이전 양동 골짜기 거.〕그랬고, 그 유금이 그 이얘기 는 또 내가 하지.

구전자료 9. 《韓國口碑文學大系》 7-3, p. 50

〈외동면 설화 5〉

입실 경로당, 1979년 4월 5일, 조동일·임재해·조건상·정억수 조사.
박동준, 남·73.

유금이들

제보자가 김부대왕 이야기(설화 4)를 하는데, 좌중이 유금이들 이야기를 계속하자, 유금이들 이야기를 자기가 또 하겠다고 했다. 김부대왕 이야기와 유금이들 이야기는 비슷하다. 둘 다 용이 못 된 구렁이가 용이라는 말을 듣고 용이 되어 득천하는 이야기다. 득천하면서 꼬리로 장애물을 치고 들을 만드는 것도 같다. 그래서 대부분의 사람들은 두 이야기를 구별하지 않고 한다. 그러나 앞 이야기의 '용락'과 뒷 이야기의 '유금리'는 서로 다른 곳의 지명이다. '용락'은 천북면 남쪽 물천리의 자연부락명이며, 경주에서 동북쪽으로 약 4킬로미터 떨어져 있고, '유금리'는 강동면 북쪽에 위치하고 있으며, 경주에서 약 16킬로미터나 떨어져 있어 오히려 포항권과 더 가깝다. 김부대왕은 사람에 따라서 다르게 이야기되어진다. 용락에서 득천했다고 하는이도 있고 유금들에서 득천했다고 하는이도 있다. 이 제보자는 용락과 유금을 구별하고 이야기도 구별해서 했다.

아깨 그거(유금이들 이야기)는 니(네) 살 먹은 아가(아기를) 업고, 내 손자를 업고 이래 갔다하이, 나가이깐드로 구리가 마, 아, 집동 걸은 놈이 들어 있그던. 정구이 늙으이가,
"이 구리 봐라!"
크이,
[작은 소리로] "아이고 어무, 할매요. 그게 아임더. 용님임더. 지금 용 돼가 득천합니더."
꼬, 그 말에 마, 저, 요이 됐단 말이다. 요이 돼가 득천하는 질에 그리 마 저기 유금이들로 치고, 이래가 그랬다고, 그래가주 [청중1) : 그래 유금이뜰으는, 유금이 뜰으는 그래 용락이] 그래,
"이 들을 유금이 주라!"
그래 유금이들, 유금이들, 그건 그래 된기요.2)

---

1) 이 청중은 아직도 유금과 용락을 같은 곳으로 알고 있다.
2) 조사자가 '주금이들' 이야기도 들었다고 하니, 주금이나 유금이나 같은 이야기라고 했다.

구전자료 10. 《韓國口碑文學大系》 7-3, p. 210

〈안강읍 설화 7〉

산대 5리 석정, 1979년 5월 20일, ·조동일·이정인·정연봉·이상필 조사.
황진우, 남·65.

유금이들의 내력

길가 나무그늘에서 제보자가 혼자 앉아 쉬고 있었다. 조사자들이 인사를 하고 이런저런 이야기 끝에 제보를 요청하게 되었다. 이 이야기는 듣기만 했지 본 일은 없다고 했다.

옛날에 그런 뭣이 있었는데, 여게 머 말은 안강 카는 여게가, 그 머 바다라 카는 그런 말이 있어요. 강이 돼가 있었고, 사람이 안 살았다 카는 뭐이 있어요.

형산이, 저 형산이, 형산강 밑에 인자 유금이들이라고 있어요. 유금이들이라꼬 있는데, 그 들에서 인자 거는 들이 있었고, 여는 인자 강이 돼가 이런데, 장 봐서 (늘 봐서) 인자 이 들을 해먹어야 되이 그래 진무대왕이라 카이가(하는 이가) 그 시대라요. 그 시댄데. 진부대왕이 용이 돼가 인자 올라갈 머신데. 용이 안되고 그 유금이들에 참 마 큰 구리(구렁이)가 돼가 있었어요.

그래 모도(모두) 가는 사람이, 질(길) 가는 사림이 구리 굴따고(굵다고) 이런 말이 있었어요. "구리 굴따." 카이.

"할매(할머니), 그 구리 아일시더(아닙니다). 아인데, 그거는 용인데요."
이랬그덩.

그라이 그 '용' 소리 듣고 득천했다 캐요. 득천하며 인자 참 형산을 마 올라가눔에(올라가는 걸음에) 둘러 쳤어. 그래 인자 들이, 그 아가여(아이가) 유씨라. 유씬데 그 인자 '유금이뜰이다' 말이 그래 났답니다.

인 용 문 헌

1. 資料 (1) ; 文獻資料

覺　訓,《海東高僧傳》.

權文海,《大東韻府群玉》.

金富軾,《三國史記》.

閔周冕,《東京雜記》.

徐居正,《東文選》.

一　然,《三國遺事》.

崔　滋,《補閑集》.

《東國輿地勝覽》.

《世宗實錄地理志》

2. 資料 (2) ; 口傳資料

印權煥,《韓國口碑文學大系》4-1, 忠南 唐津郡篇, 한국정신문화연구원, 1980.

林在海,《韓國口碑文學大系》7-9, 慶北 安東市郡篇, 한국정신문화연구원, 1982.

鄭尙圤·柳鍾穆,《韓國口碑文學大系》8-1, 慶南 巨濟郡篇, 한국정신문화연구원,
　　　1980.

趙東一,《韓國口碑文學大系》7-1, 慶北 慶州·月城郡篇, 한국정신문화연구원, 1980.

趙東一·林在海,《韓國口碑文學大系》7-2, 7-3, 慶州·月城郡篇, 한국정신문화연구
　　　원, 1980.

──,《韓國口碑文學大系》7-7, 慶北 盈德郡篇, 한국정신문화연구원, 1981.

崔德源,《韓國口碑文學大系》6-6, 全南 新安郡篇, 한국정신문화연구원, 1985.

3. 論著 (1) ; 國內篇

姜秦玉,〈口傳說話 類型郡의 存在樣相과 意味層位〉, 이화여대 대학원 박사논문,
　　　1986.

高柄翊,〈三國史記에 있어서의 歷史叙述〉,《東亞交涉史의 硏究》, 일조각, 1969.

權相老 譯解,《三國遺事》, 동서문화사, 1978.

권이구,〈전통적 생활양식의 생태학적 측면〉,《傳統的 生活樣式의 硏究》하, 한국정
　　　신문화연구원, 1984.

金大琡,〈女人發福 說話의 硏究〉, 이화여대 대학원 박사논문, 1988.

金東旭,《春香傳硏究》, 연세대출판부, 1965, 增補版(1976).

金善豐,〈美國 民俗學界의 動向과 方法〉,《關東大 論文集》12, 관동대학, 1984.

金烈圭,《韓國民俗과 文學硏究》, 일조각, 1975.

——,《韓國神話와 巫俗硏究》, 일조각, 1977.

——,〈總論;民談을 보는 多樣한 눈〉,《民談學槪論》, 일조각, 1982.

—— 외,《民談學槪論》, 일조각, 1982.

金榮晩,〈三國遺事 所載 說話의 通時的 硏究〉,《韓國文學論叢》4, 한국문학회, 1981.

——,〈民譚의 敎訓性에 대한 狀況論的 硏究〉,《韓國文學論叢》5, 한국문학회, 1982.

金泰永,〈三國遺事에 보이는 一然의 歷史認識에 대하여〉, 李佑成·姜萬吉,《韓國의 歷史認識》, 창작과비평사, 1976.

金宅圭,《韓國民俗文藝論》, 일조각, 1980.

金鉉龍,《韓中小說說話比較硏究》, 일지사, 1976.

——,《韓國古說話論》, 새문사, 1984.

金和經,《韓國說話의 硏究》, 영남대출판부, 1987.

羅京洙,《韓國 建國神話 硏究》, 전남대 대학원 박사논문, 1988.

朴湧植,《韓國說話의 原始宗敎思想硏究》, 일지사, 1984.

徐大錫,《韓國巫歌의 硏究》, 문학사상사, 1980.

成耆說,《韓國口碑傳承의 硏究》, 일조각, 1976.

——,《韓國民譚의 比較硏究》, 일조각, 1979.

——,〈傳播論〉, 金烈圭 외,《民談學槪論》, 일조각, 1982.

成炳禧·林在海,《韓國民俗學의 課題와 方法》, 정음사, 1986.

孫晋泰,《韓國民族說話의 硏究》, 을유문화사, 1947.

申月均,《韓國風水說話와 敍事構造의 意味 分析》, 인하대 대학원 박사논문, 1989.

沈載完,《時調의 文獻的 硏究》, 세종문화사, 1972.

柳增善,《嶺南의 傳說》, 형설출판사, 1971.

尹榮玉,《新羅詩歌의 硏究》, 형설출판사, 1980.

李基白,〈'三國史記'의 史學史的 意義〉,《韓國史學의 方向》, 일조각, 1978.

李杜鉉 외,《韓國民俗學槪說》, 민중서관, 1974.

李鳳麟,〈三國遺事의 象徵性 硏究〉, 民族文化硏究所編,《三國遺事硏究》상, 영남대 출판부, 1983.

李商燮,〈역사주의 비평의 방법〉,《문학연구방법》, 탐구당, 1972.

李相日,〈變身說話의 類型分析과 原初意識〉,《大東文化硏究》8, 성균관대 대동문화 연구원, 1971.

李錫浩 역,《東京雜記》, 대양서적, 1978.

李憲洪,〈訟事 모티브의 敍事的 수용과 그 의미〉1,《台也崔東元先生華甲紀念國文學 論叢》, 1983.

372

任敎姬, 〈演戲 中心으로 본 民俗〉, 《月刊朝鮮》 12월호, 1983.

林在海, 〈護國龍說話의 傳承樣相과 神人關係〉, 《韓國民俗學》 13, 民俗學會, 1980.

_____, 〈전설과 역사〉, 黃浿江 외, 《韓國文學硏究入門》, 지식산업사, 1982.

_____, 〈歷史의 理解와 文學의 歷史的 硏究〉, 《정신문화연구》 1983년 겨울호, 한국정신문화연구원, 1984.

_____, 〈마을공동체의 성격과 설화의 전승양상〉, 《韓國民俗學》 18, 民俗學會, 1985.

_____, 〈설화의 존재양식과 갈래체계〉, 《口碑文學》 8, 한국정신문화연구원, 1985.

_____, 〈이야기 세계의 폭과 의식의 깊이〉, 《월간대학》 창간호, 1985. 12.

_____, 《민속문화론》, 문학과지성사, 1986.

_____, 〈설화 유형분류의 평가와 활용〉, 《口碑文學》 9, 한국정신문화연구원, 1989.

임철호, 《설화와 민중의 역사의식》, 집문당, 1989.

張德順, 《韓國說話文學硏究》, 서울대출판부, 1970.

_____ 외, 《口碑文學槪說》, 일조각, 1971.

丁奎福, 〈原典批評의 理論과 實際〉, 申東旭 편, 《文藝批評論》, 고려원, 1984.

鄭漢淑, 《小說技術論》, 고려대출판부, 1973.

趙東一, 《人物傳說의 意味와 機能》, 영남대출판부, 1979.

_____, 《구비문학의 세계》, 새문사, 1980.

_____, 《동학성립과 이야기》, 홍성사, 1981.

_____, 《한국문학통사》 1, 지식산업사, 1982.

_____, 《韓國說話와 民衆意識》, 정음사, 1985.

_____, 〈'한국구비문학대계' 자료수집과 설화 분류의 기본 원리〉, 《정신문화연구》 겨울호, 한국정신문화연구원, 1985.

_____, 《韓國口碑文學大系》 別册附錄(Ⅱ)── 韓國說話類型分類集, 한국정신문화연구원, 1989.

曹喜雄, 〈千兩짜리 豫言說話〉, 《李崇寧先生古稀紀念國語國文學論叢》, 1977.

_____, 《朝鮮後期의 文獻說話硏究》, 형설출판사, 1980.

_____, 《韓國說話의 類型的 硏究》, 한국연구원, 1983.

_____, 《說話學綱要》, 새문사, 1989.

車鳳禧, 《수용미학》, 문학과지성사, 1985.

車溶柱, 〈金現感虎의 比較硏究〉, 《淸州女子師範大學 論文集》 7, 淸州女子師範大學, 1978.

千惠淑, 《傳說의 神話的 性格에 관한 硏究》, 계명대 대학원 박사논문, 1987.

崔吉城, 《韓國巫俗의 硏究》, 아세아문화사, 1978.

崔南善, 〈三國遺事 解題〉, 《新訂 三國遺事》, 六堂崔南善全集 8, 현암사, 1973.

崔來沃, 《韓國口碑傳說의 硏究》, 일조각, 1981.

崔仁鶴, 《韓國·日本의 說話硏究》, 인하대출판부, 1987.

_____, 《韓國說話論》, 형설출판사, 1982.

崔貞茂, 〈演行中心의 民談學과 그 歷史的 背景〉, 金烈圭 외, 《民談學槪論》, 일조각, 1982.

崔正如・徐大錫, 《東海岸巫歌》, 형설출판사, 1974.

韓國佛敎硏究院, 《新羅의 廢寺》 1, 일지사, 1975.

黃壽永, 〈新羅文武大王陵發見의 意義〉, 《新東亞》, 1967년 7월호.

黃浿江, 《新羅佛敎說話硏究》, 일지사, 1975.

Choi In-Hak, *A Type Index of Korean Folktales*, Myong Ji University Publishing, 1979.

Yim Dawn hee, "A Teller and His Tale," 《東國大 論文集》, 동국대 대학원, 1984.

4. 論著 (2);國外篇

Abrahams, Roger D., "Introductory Remarks to a Rhetorical Theory of Folklore," *Journal of American Folklore* 81, 1968.

_____, "Personal Power and Social Restraint in the Definition of Folklore," Américo Paredes and Richard Bauman eds., *Toward New Perspectives in Folklore*, The University of Texas Press, 1972.

_____, "The Complex Relations of Simple Forms," Dan Ben-Amos ed., *Folklore Genres*, University of Texas Press, 1976.

Bauman, Richard, *Verbal Art as Performance*, Waveland Press, Inc., 1984.

Ben-Amos, Dan, "Toward a Definition of Folklore in Context," *Journal of American Folklore* 84, 1971.

Ben-Amos, Dan・Kenneth S. Goldstein, *Folklore Performance and Communication*, Mouton, 1975.

Campbell, Joseph, *The Hero with a Thousand Faces*, Princeton University Press, 1972.

Dégh, Linda, "Some Questions of the Social Function of Story-telling," *Acta Ethnographia* 6, 1957.

_____, *Folktale and Society*, Indiana University Press, 1969.

_____, "Biology of Story-telling," *Folklore Preprint Series* Vol.7, No.3, 1979.

Dégh, Linda・Andrew Vázsonyi, "Legend and Belief," Dan Ben-Amos ed., *Folklore Genres*, University Texas Press, 1976.

Dorson, Richard M., *Folklore and Folklife*, The University of Chicago Press, 1972.

_____, "Oral Styles of American Narrators," *Folklife; Selected Essays*, Indiana University Press, 1972.

Dundes, Alan, "Texture, Text and Context," *Southern Folklore Quarterly* 28, 1964.

———, "Structural Typology in North American Folktales," *The Study of Folklore*, Prentice-Hall, Inc., 1965.

———, "The Devolutionary Premise in Folklore Theory," *Journal of Folklore Institute* Vol. 6, No. 1, 1969.

———, *Interpreting Folklore*, Indiana University Press, 1980.

Finnegan, Ruth, *Oral Poetry*, Cambridge University Press, 1977.

Frazei, James George, *The New Golden Bough*, The New American Library, 1964.

Gennep, Arnold Van, *The Rite of Passage*, The University of Chicago Press, 1961.

Georges, Robert A., "Toward an Understanding of Storytelling Events," *Journal of American Folklore* 82, 1969.

Goldmann, Lucien, *Toward a Sociology of the Novel*, Tavistok Publications, 1975.

Leach, Maria, *Dictionary of Folklore, Mythology and Legend*, Funk & Wagnalls Company, 1950.

Lévi-Strauss, Claude, "The Structural Study of Myth," Thomas A. Sebeok ed., *Myth : A Symposium*, Indiana University Press, 1958.

Lord, Albert B., *The Singer of Tales*, Atheneum, 1973.

Olrik, Axel, "Epic Laws of Folk Narrative," Alan Dundes ed., *The Study of Folklore*, Prentice-Hall. Inc., 1965.

Paredes, Américo and Richard Bauman eds., *Toward New Perspectives in Folklore*, The University of Texas Press, 1972.

Propp, Vladimir, *Morphology of the Folktale*, University of Texas Press, 1968.

Raffel, Burton, "The Manner of Boyan : Translating Oral Literature," *Oral Tradition* Vol. 1, No. 1, Slavica, 1986.

Scholes, Robert · Kellogg Robert, *The Nature of Narrative*, Oxford University Press, 1966.

Thompson, Stith, "The Star Husband Tale," Alan Dundes ed., *The Study of Folklore*, Prentice-Hall, Inc., 1965.

———, *The Folktale*, Ams Press, 1979.

Vansina, Jan, *Oral Tradition*, Penguin Books, 1965.

Wolff, Janet, *The Social Production of Art*, The Macmillan Press, 1981.

막스 뤼티, 李相日 역, 《유럽의 民話》, 중앙일보사, 1978.

毛澤東, 李騰淵 역, 《실천론 · 모순론》, 두레, 1989.

Hauser, Arnold, 崔成萬 · 李丙珍 역, 《藝術의 社會學》, 한길사, 1983.

Swingewood, Alan, Diana Laurenson, 鄭惠善 역, 《文學의 社會學》, 한길사, 1984.

Weisstein, Ulrich, 이유영 역, 《비교문학론》, 홍성사, 1982.

F. E. 존스톤·H. 셀비, 權彝九 역, 《現代文化人類學》, 탐구당, 1981.

찾아보기

378